Kurt Rothmann

Kleine Geschichte
der deutschen Literatur

Philipp Reclam jun. Stuttgart

RECLAMS UNIVERSAL-BIBLIOTHEK Nr. 9906
Alle Rechte vorbehalten
© 1978, 2003 Philipp Reclam jun. GmbH & Co., Stuttgart
Erweiterte Ausgabe 2003
Gesamtherstellung: Reclam, Ditzingen. Printed in Germany 2006
RECLAM, UNIVERSAL-BIBLIOTHEK und
RECLAMS UNIVERSAL-BIBLIOTHEK sind eingetragene
Marken der Philipp Reclam jun. GmbH & Co., Stuttgart
ISBN-13: 978-3-15-009906-3
ISBN-10: 3-15-009906-4

www.reclam.de

Vorwort

Die Kleine Literaturgeschichte möchte an einer begrenzten und sorgfältig erwogenen Auswahl von Titeln aus dem Literaturkanon[1] einen einführenden Überblick über die deutsche Dichtung und ihre geschichtliche Entwicklung geben und zugleich zum Lesen der Werke selber anregen.

Als Leitfaden soll die zusammengedrängte Darstellung weder den Eindruck der Lückenhaftigkeit noch den der Vollständigkeit erwecken, sondern mit wechselnder Methode bündige Zusammenhänge hervorheben. Dabei fordert die Kürze, daß gelegentlich ein Autor oder ein Werk stellvertretend für eine Gruppe steht und daß auf die Geschichte der Philosophie oder auf Kunst-, Politik- und Sozialwissenschaften nur dann verwiesen wird, wenn diese ohne große stoffliche Belastung literarische Zusammenhänge begreiflich machen.

Zum Nachschlagen findet der Leser im Anhang ein Personenregister sowie ein Verweisregister für die im Text und in den Anmerkungen gegebenen Sach- und Fachworterläuterungen.

---

1 ›Kanon‹ (griech., ›Richtschnur, Maßstab‹) meint in der Literatur eine als allgemeingültig und dauernd verbindlich gedachte Auswahl vorbildlicher Werke (nach: Gero von Wilpert, *Sachwörterbuch der Literatur*, 5. Auflage, Stuttgart 1969; vgl. S. 307).

Inhalt

1. Die alt- und mittelhochdeutsche Literatur[1]
(750–1350)

a) Denkmäler aus germanischer Zeit

Die germanischen Dichter der heidnischen Zeit kennen wir nicht. Denn vor der Christianisierung im 8. Jahrhundert schrieb und las im deutschen Sprachraum kaum jemand. Die sozialen Belange, meist kultisches und kriegerisches Brauchtum, fanden ihren Ausdruck in formelhaften Zaubersprüchen, Rätseln, Sprichwörtern und Merkversen[2], die ausschließlich mündlich weitergegeben wurden.

Erst im 10. Jahrhundert schrieb ein Mönch in Fulda zwei solcher Zaubersprüche aus dem frühen 8. Jahrhundert auf. In karolingischer Minuskel[3] schrieb er sie auf das leere Vorsatzblatt einer Meßhandschrift aus dem 9. Jahrhundert. Man entdeckte die Sprüche 1841 in Merseburg und nennt sie darum die *Merseburger Zaubersprüche*. Der erste Spruch sollte der Gefangenenbefreiung dienen; er lautet:

Eiris sâzun idisi[4],   sâzun hera duoder.
suma hapt heptidun,   suma heri lezidun,

---

1 ›Althochdeutsch‹ (ahd.) nennt man die deutsche Sprache zwischen 750 und 1050. – ›Mittelhochdeutsch‹ (mhd.) bezeichnet den Zustand zwischen 1050 und 1350; danach spricht man vom ›Neuhochdeutschen‹ (nhd.). – ›Hochdeutsch‹ meinte zunächst die ober- und mitteldeutschen Mundarten, die sich durch eine Lautverschiebung von den niederdeutschen getrennt hatten; dann die auf der Sprache der sächsischen Kanzleien beruhende deutsche Schriftsprache im Unterschied zu den gesprochenen Mundarten.

2 Der Vers ist eine metrisch gegliederte Wortreihe, die Zeile eines Gedichts in gebundener Rede. Vgl. Langzeile, Anm. 6, Knittelvers, Kap. 2, Anm. 7, Alexandriner und Hexameter, S. 49, Blankvers, Kap. 4, Anm. 18 usw.

3 Unter Karl dem Großen (742–814) gebräuchliche Schrift aus Kleinbuchstaben (Minuskeln).

4 Idise sind göttliche Frauen, den Walküren ähnlich, die als Schlachtenlenkerinnen die Gefallenen nach Walhall geleiten.

suma clûbôdun   umbi cuoniouuidi:
insprinc haptbandun,   invar vîgandun.

(Einst setzten sich Schicksalsfrauen, setzten sich hierhin und
dorthin.
Einige knüpften Bande; einige hielten Heere auf;
Einige rissen an den Fesseln:
Entspring den Fesseln, entgeh den Feinden!)

Wie das Gebet will der Zauberspruch in die Wirklichkeit
eingreifen, indem er die regierenden Mächte, Götter oder
Dämonen, zur Handlung bewegt. Bewegende, magische
Kraft traute man vor allem dem sprachbesonderen Wort
zu. Im germanischen Zauberspruch liegt die Besonderheit
in einer formelhaften Verdichtung: Auf die erzählerische
Einleitung (*spel*) und die dreigliedrige Vorbildhandlung
(vgl. oben: Einige...; einige...; einige...) folgt in Be-
fehlsform das eigentliche Mahn- oder Zauberwort (*galstar*
›Geflüster‹). Der zweite *Merseburger Zauberspruch*, der
verrenkte Pferdebeine heilen soll, ist ebenso aufgebaut.
Ein weiteres germanisches Formelement ist der Stabreim
(Alliteration). Der Stab- oder Anreim hebt die bedeu-
tungsschweren Wörter im Vers durch gleichen Anlaut der
betonten Stammsilben hervor: »*h*ápt *h*éptidun«. – Von den
Konsonanten stabt (alliteriert) nur jeder mit seinesgleichen.
Die Vokale dagegen staben sämtliche untereinander: »*É*iris
*s*âzun *í*disi«.
Dem Mönch in Fulda war diese alte Form des Anreims
offenbar nicht mehr geläufig; für das Mahnwort im letzten Vers benutzt er jedenfalls den viel jüngeren Endreim
(vgl. Otfrid von Weißenburg, Kap. 1b):

insprinc hapt*band*un,   invar vig*and*un.

Neben den Zaubersprüchen, Rätseln, Sprichwörtern und
Merkversen kannten die Germanen den singbaren Text.
Da gab es zum einen den *leich* (von gotisch *laikan* ›sprin-
gen, tanzen‹), ein Bewegungslied, das ursprünglich rhythmische Arbeit oder Tanz begleitete; zum anderen gab es
das *liod*, das als *wini-liod* (›Liebeslied‹) oder als Preis-

und Heldenlied vorgetragen wurde. In den Preisliedern
verherrlichte der adlige Dichter-Sänger (*Skoph* ›Schöpfer‹)
die lebenden Herrscher, in den Heldenliedern die toten
Heroen und die Werthaltungen ihrer Gesellschaft.

Wieder waren es Mönche in Fulda, die uns das einzige
Beispiel eines deutschen Heldenliedes überliefert haben.
Sie schrieben das nach einer älteren Vorlage um 810 oder
820 entstandene *Hildebrandslied* innen auf die Deckel
eines Gebetbuches. Das *Hildebrandslied* erzählt einen tragischen Zweikampf zwischen Vater und Sohn. Nach drei-
ßigjähriger Abwesenheit im Dienste Dietrichs von Bern
kehrt Hildebrand heim. Er trifft auf seinen Sohn Hadu-
brand und gibt sich als dessen Vater zu erkennen. Hadu-
brand aber glaubt, sein Vater sei gefallen; er hält Hilde-
brands Auskunft für feige List und verhöhnt ihn. Nach
dieser Beleidigung ist der Kampf für jeden ritterlichen
Krieger unausweichlich.

Der Konflikt[5] zwischen Ehrgebot und Vaterliebe ist ebenso
wie seine Lösung durch das Schwert heroisch-heidnisch.
Dennoch ruft Hildebrand bereits nicht mehr heidnische
Götter an, sondern den christlichen Weltenlenker:

»welagá nu, waltant got [quad Hiltibrant], wewurt skihit.
ih wallota sumaro enti wintro sehstic ur lante,
[...]
nu scal mih suasat chind suertu hauwan,
breton mit sinu billiu, eddo ih imo ti banin werdan. [...]«

(»Weh, allmächtiger Gott [rief Hildebrand], jetzt vollzieht sich
Unheilsschicksal.
Ich zog sechzig Sommer und Winter im Ausland umher.
[...]
Nun soll mich das eigene Kind mit dem Schwert (er)schlagen,
mit seinem Schwert treffen, oder ich selbst ihm zum Tode
werden. [...]«)

5 Wichtiger als der äußere Streit der Parteien im dramatischen Konflikt (von lat. *conflictus* ›Zusammenstoß‹) ist immer der tragische
Konflikt, der Widerstreit gegensätzlicher, meist einander ausschließender Werthaltungen im Inneren des Helden. Vgl. *deus ex machina*,
Kap. 4, Anm. 17.

Der Text bricht nach 68 stabenden Langzeilen[6] aus Raummangel mitten im Kampf ab. Aus anderen Überlieferungen des Stoffes und dem düsteren, ernsten Ton der germanischen Heldenlieder erschließt man, daß Hildebrand seinen Sohn tötet. – Erst in der Fassung des *Jüngeren Hildebrandsliedes* aus dem 13. Jahrhundert endet die Begegnung untragisch mit fröhlichem Wiedererkennen im Familienkreis.

Obgleich das *Hildebrandslied* mit seiner Tragik[7] in knapper und zugleich anschaulicher Form ein literarästhetisch bedeutsames Kunstwerk ist, wird das Fragment[8] aus Fulda heute meist nur noch als Ursprungszeugnis deutschsprachiger Dichtung zur Kenntnis genommen.

b) Die geistliche Dichtung des frühen Mittelalters

Die germanischen Heldenlieder, die Karl der Große (742 bis 814) hatte sammeln lassen, ließ sein Sohn, Ludwig der Fromme (778–840), aus religiösen Bedenken verbrennen. So kam es, daß die Tradition der vorchristlichen Dichtung abriß und nur althochdeutsche Schriften, die im Dienst christlicher Bekehrung standen, überliefert wurden:

---

6 Die Langzeile ist das formale Grundelement des epischen Stabreimverses. Sie besteht aus der Anzeile und der Abzeile. Beide Kurzzeilen gliedern sich wieder in zwei Langtakte mit Haupt- und Nebenhebungen. Am Beispiel:

Langzeile
Kurzzeilen: Anzeile ⟶ Abzeile
Langtakte
wélaga nû   wáltant got,   wéwurt skíhit.
(Hauptstab)

7 ›Tragik‹ meint den unausweichlichen, schicksalhaften Untergang des Helden im Widerstreit gleichrangiger, einander ausschließender Werte.

8 ›Fragment‹ (von lat. *fragmentum* ›Bruchstück‹), ein unvollständig überliefertes oder aus äußeren oder inneren Gründen unvollständig gebliebenes Werk.

Glossen[9], Interlinearversionen[10], Abschwörungs- und Taufgelöbnisse, Gebete, Beichtformeln usw., geistliche Gebrauchsliteratur ohne Reiz und Nachwirkung, bis auf die *Evangelienharmonie* (abgeschlossen 863/871) OTFRIDS VON WEISSENBURG.

Der Theologe Otfrid wollte den Vornehmen seiner Zeit das Leben Jesu nahebringen, um die frommen Herrschaften vor dem Lärm der Welt und weltlicher Dichtung zu bewahren. Zugleich wollte er beweisen, daß man Christus nicht nur in klösterlichem Latein, sondern auch in der Volkssprache loben könne. Darum verarbeitete er in südrheinfränkischer Mundart die vier Evangelien zu einem einzigen Bericht, einer sogenannten *Evangelienharmonie*.

Das fünfbändige Erbauungsbuch mit seinen vier Widmungen, den Anfangs- und Schlußgebeten und den zahllosen erläuternden und moralisierenden Einschüben macht einen pomphaften, gelehrten Eindruck; und doch war es für die Geschichte der deutschen Literatur von bahnbrechender Bedeutung. Denn Otfrid entwickelte hier in Anlehnung an die lateinische Hymnendichtung den deutschen Endreim, der nun den alten Stabreim für immer ablöst.

Dieser formalästhetische Wandel vom Stabreim zum Endreim war keine Äußerlichkeit. Vielmehr verlangte der neue christliche Inhalt, der sich beständig gegen germanischheidnisches Gedankengut durchzusetzen suchte, ganz wesentlich nach einer eigenen sprachlichen Form. Nur so erklärt es sich, daß Otfrid mit seiner formalästhetisch wegbereitenden Leistung den unbekannten Dichter des *Heliand* (830) überflügelte, dessen Evangelienharmonie in altsächsischen Stabreimen wohl poetischer ist, aber in einer zu vermeidenden Formtradition stand.

Otfrids großartiger Beweis, daß man Gott nicht nur in den kirchlichen »Edelzungen«, Griechisch und Latein, loben könne, verfing zunächst nicht. Mit dem Ende der

---

9 Eine Glosse (von griech. *glossa* ›Zunge‹) ist ein erklärungsbedürftiger Ausdruck, dann dessen Übersetzung und Erklärung.

10 Wörtliche Übersetzungen zwischen den Zeilen lateinischer Texte.

karolingischen Renaissance um 900 und dem Aufblühen der lateinischen Klosterkultur unter den Ottonen verschwand alle volkssprachliche Dichtung für rund hundertfünfzig Jahre. Wer damals überhaupt lesen und schreiben konnte, der konnte auch Latein und war damit zufrieden. Erst als es darum ging, die weltverneinenden Ideen der kluniazensischen Reform[11] ins Volk zu tragen, besannen sich die Geistlichen wieder der Volkssprache.

Die Bußpredigten und Erinnerungen an den Tod waren anfänglich unbeholfene Versuche. Doch am Ende der neuen Bemühungen um die deutsche Sprache steht ein glanzvolles Beispiel dichterischer Prosa,[12] in der auch der dogmatische Geist Clunys einer persönlicheren, gefühlsbetonten Frömmigkeit gewichen ist. Anstelle Christi rückt nun Maria in den Mittelpunkt kultischer Verehrung.

Das *St. Trudperter Hohe Lied* (um 1150) ist eine für Nonnen geschriebene Auslegung des Hohenliedes Salomonis. Der Bräutigam des biblischen Buches wird darin als der Heilige Geist gedeutet und die Braut als Maria, oder aber als die gläubige Einzelseele. Marias Empfängnis wird so zum Vorbild für die göttliche Empfängnis, die sich in jedem Menschen wiederholen kann. Vorbedingung für die mystische Vereinigung der Seele mit Gott ist tugendhaftes Leben; dazu fordert das Klosterbuch in kunstvollen Parallelismen[13] auf:

---

11 Die Mönche des französischen Klosters Cluny führten im 10. und 11. Jahrhundert asketische Reformen des Ordenswesens durch und gaben damit das Vorbild kirchlicher Weltverachtung.

12 ›Prosa‹ (von lat. *prosa oratio* ›geradeausgerichtete, d. h. schlichte Rede‹) meint eigentlich die ungebundene Rede, die im Gegensatz zum Vers weder durch Rhythmus noch Reim festgelegt ist. Das *St. Trudperter Hohe Lied* zeigt, wie weit sich dichterisch geformte Prosa dem Vers nähern kann.

13 ›Parallelismus‹ nennt man den formalen, auch inhaltlichen Gleichlauf der Wörter in zwei oder mehreren aufeinanderfolgenden Sätzen oder Versen. Der Parallelismus ist ein Stilmittel, das besonders in Sakralsprachen häufig vorkommt. Vgl. den *Merseburger Zauberspruch*, Kap. 1a.

Mögest du reine Gedanken haben;
  so gewinnst du die Gehorsamkeit wieder
    und den heiligen Glauben,
      die Adam verlor
        durch eitle Großsucht.

Mögest du freundliche Worte sprechen;
  so gewinnst du die Geduld wieder
    und die heilige Hoffnung,
      die Eva verlor
        durch die Begierde.

Mögest du gute Werke tun;
  so gewinnst du die Demut wieder
    und die heilige Liebe,
      die der Teufel verlor
        durch seine Überheblichkeit.

Wenn also der Mensch in Gedanken, Wort und Werken gut ist, wenn er sich in den Klostertugenden Gehorsamkeit, Geduld und Demut übt und in den theologischen Tugenden Glaube, Hoffnung und Liebe, wenn er, wie der Prolog[14] verlangt, mit allen Seelenkräften nach den Kardinaltugenden strebt, »so wird der Mensch endlich eines mit Gott in der Weisheit«.

Man nennt die Mystik des *St. Trudperter Hohen Liedes*, die immer an die rationale Methode der Textdeutung gebunden ist, spekulativ; im Gegensatz zu der schwärmerischen, affektiven Nonnenmystik im 13. und 14. Jahrhundert.

Der neue Marienkult, der sich im *Hohen Lied* zeigt, steht im Zusammenhang mit anderen Mariendichtungen wie etwa Bruder Wernhers *Driu liet von der maget* (1172). Von hier empfing die weltliche Frauenverehrung des höfischen Minnesangs ihren Zug zur ideellen Übersteigerung.

---

14 ›Prolog‹ (griech., ›Vorrede‹), Einleitung oder Vorspiel (im Gegensatz zum ›Epilog‹, vgl. Kap. 14, Anm. 36); vgl. die Prologe zu Goethes *Faust*.

c) Die höfische Dichtung des hohen Mittelalters

Nachdem die Bekehrung der Germanen zum Christentum abgeschlossen und die dogmatische Glaubensstrenge der Geistlichen in eine allgemeine, persönlichere Frömmigkeit übergegangen war, setzte eine Verweltlichung ein, die unter Friedrich Barbarossa (1152–1190) den Weg zu einem ersten klassischen Aufschwung der deutschen Literatur ebnete.

Der Grundgedanke des Kreuzzuges hatte den Ritter zum »Gottesstreiter« aufgewertet. Die tatsächlichen Kreuzzugserfahrungen seit 1096 hatten darüber hinaus den geistigen Horizont der Ritterschaft allmählich so sehr erweitert, daß sich der Ritterstand endlich mit gefestigtem weltbürgerlichen Selbstverständnis von der Vorherrschaft der Geistlichkeit befreite und eigene Maßstäbe für seine höfische Gesellschaft setzte.

Nicht länger wurden Weltverachtung und einsiedlerische Bußfertigkeit angestrebt, sondern Daseinsfreude und gesellschaftliche Kultur. Die neuen Tugenden hießen:

froide und *hoher muot*:	Freude und seelisches Hochgestimmtsein
zuht und *mâze*:	Anstand, Wohlerzogenheit und Mäßigung der Leidenschaften
êre:	weniger, was man heute unter Ehre versteht, sondern mehr äußerliches Ansehen, Geltung, Würde
triuwe und *stæte*:	Treue, Aufrichtigkeit und Beständigkeit, Verläßlichkeit
dazu *milte*:	Freigebigkeit, Großzügigkeit mit materiellem Besitz
und *hohe minne*:	eine ganz besondere Verehrung der Frauen

Die höfische Dichtung ging nicht darauf aus, gesellschaftliche Wirklichkeit abzubilden, sondern Muster aufzustellen, nach denen sich der höfische Zeitgenosse richten konnte. Dieser gesellschaftliche Charakter der höfischen Dichtung fällt besonders am Minnesang auf. Die ›hohe Minne‹ gilt keiner Geliebten, die den Werbungen ihres Verehrers nachgeben dürfte; vielmehr wenden sich die Lieder an die hochgestellte, meist verheiratete Herrin im Mittelpunkt der höfischen Gesellschaft, an die *hêre frouwe*, die als Quelle festlicher Lebensfreude und seelischer Hochgestimmtheit vorgestellt wird. Um ihretwillen vollbringt der Ritter nicht nur kühne Waffentaten, um der Verehrten würdig zu sein, verhält sich der Ritter auch sonst in jeder Hinsicht ohne Fehl und Tadel. »Swer guotes wîbes minne hât, / der schamt sich aller missetât«, sagt Walther von der Vogelweide.

Die Gewährung ihrer Gunst bedeutet die Frau mit einem Lächeln, einem Blick, einem Neigen des Kopfes. Die Erotik ist in diesen Zeichen derart vergeistigt, daß es auf die persönlichen Züge der Frau eigentlich nicht mehr ankommt. Die dem Verhältnis zwischen Lehnsherrn und Dienstmann nachgebildete Beziehung zwischen der Herrin und ihrem Ritter hat rein symbolischen Wert. Entscheidend ist allein die (leidenschaftliche) Anbetung und die ihr entspringende läuternde Kraft. Eine Liebeserfüllung wäre hier unschicklich und würde alles zerstören.

Namhafte Sänger dieser hohen Minne waren Heinrich von Veldeke, Friedrich von Hausen, Heinrich von Morungen, Hartmann von Aue und Reinmar von Hagenau, genannt der Alte. WALTHER VON DER VOGELWEIDE (um 1168–1228), wohl der bedeutendste Lyriker[15] der mittelhochdeutschen Zeit, sang zunächst unter dem Einfluß Reinmars am Wiener Hof:

> Al mîn fröide lît an einem wîbe:
> der herze ist ganzer tugende vol,

---

15 Die Lyrik (von griech. *lyrikos* ›zum Spiel der Leier gehörig‹) ist neben Epik (vgl. Kap. 1, Anm. 19) und Drama (vgl. Kap. 3, Anm. 11) die subjektivste der drei Hauptgattungen in der Dichtung. Mit den Gestaltungsmitteln der gebundenen Rede (Rhythmus, Reim, Vers, Strophe usw.) formt der Lyriker Erlebnisse, Gedanken, Gefühle und Leidenschaften in spruch- oder liedhaften Texten.

und ist sô geschaffen an ir lîbe
daz man ir gerne dienen sol.
Ich erwirbe ein lachen wol von ir.
des muoz sie gestaten mir;
wie mac siz behüeten,
ich enfröwe mich nâch ir güeten.[16]

(Meine ganze Freude ist eine Frau,
deren Herz voller Tugend ist.
Sie ist so schön,
daß man ihr gerne dient.
Vielleicht gelingt es mir, daß sie mir zulächelt.
Das muß sie mir gewähren;
wie könnte sie es mir versagen,
ich freue mich so auf ihren Gruß.)

Doch bald meinte Walther, daß die grundsätzliche Un-
erfüllbarkeit der Werbungen die Frauen hochmütig mache;
er entschied:

ich wil mîn lop kêren
an wîp die kunnen danken.
waz hân ich von den überhêren?

Damit wandte sich Walther der sogenannten ›niederen
Minne‹ zu. In seinen Mädchenliedern besingt er ungekünstelte, gegenseitige Gefühle, das Liebesglück, das, abgesehen vom Tagelied[17], nur in der Ehe oder aber außerhalb der höfischen Standesgesellschaft erlaubt war. Die
Töne, die Walther in diesen Liedern anschlägt, waren
richtungweisend für die Entwicklung der Lyrik; sie sprechen auch uns heute noch unmittelbar an. Zeitlos schön

---

16 Die Strophenform nennt man ›Kanzone‹. Sie teilt sich in den
   Aufgesang (Vers 1–4) und den Abgesang (Vers 5–8). Der Aufgesang
   ist noch einmal in zwei Stollen gegliedert.
17 Das Tagelied oder Wächterlied schildert die Trennung zweier
   Liebender am Morgen nach einer unerlaubten, heimlichen Liebes-
   nacht. Durch Vogelstimme oder Wächterruf geweckt, versichern
   Dame und Ritter einander ihrer Liebe und ihres Abschiedsschmer-
   zes. Vgl. das frühe Tagelied Dietmars von Aist, »Slâfst du, friedel ziere?«, und *Romeo und Julia*: »Es war die Nachtigall und
   nicht die Lerche«.

wie Goethes »Mailied« ist Walthers Mädchenlied »Under der linden«.

Als Spruchdichter[18] hat Walther sich mit den geistigen Problemen seiner Zeit auseinandergesetzt. Vorrangig war damals die Frage, wie die nunmehr bejahte Welt und das humanistische Menschenbild mit dem Jenseitsglauben in Übereinstimmung zu bringen seien. Die aus der Antike bekannten Güter:

das *utile*:	Besitz	*varnde guot*
das *honestum*:	Ansehen	*êre*
das *summum bonum*:	Gott	*gotes hulde*

werden dualistisch aufgeteilt: Besitz und Ansehen gelten als weltliches, die Gnade als geistliches Gut. Alle drei Güter zu erwerben, d. h. Gott und der Welt zu gefallen, war die schwere Aufgabe, die alle Herzen bewegte. Die höfischen Epiker haben immer wieder versucht, beispielhafte Lösungen zu entwerfen. Doch Walther hat auch hier Zweifel gegenüber der Idealisierung in der höfischen Dichtung:

> [. . .] dô dâhte ich mir vil ange,
> wie man zer welte solte leben.
> deheinen rât kond ich gegeben,
> wie man driu dinc erwurbe,
> der keines niht verdurbe.
> diu zwei sint êre und varnde guot,
> daz dicke ein ander schaden tuot.
> daz dritte ist gotes hulde,
> der zweier übergulde.
> die wolte ich gerne in einen schrîn:
> jâ leider desn mac niht gesîn,
> daz guot und weltlich êre
> und gotes hulde mêre
> zesamene in ein herze komen.

---

18 Die mittelhochdeutsche Spruchdichtung ist dem Lied verwandt. Sie behandelt in knapper Form persönliche, religiöse, politische oder moralisch-lehrhafte Themen. Von dem Sangspruch ist der gesprochene Spruch zu unterscheiden, der sich zum Epigramm entwickelte. Vgl. S. 58.

([. . .] ich dachte lange darüber nach,
wie man leben solle.
Ich fand keinen Rat,
wie man drei Dinge
miteinander vereinen könne:
Die beiden ersten sind Ehre und Besitz,
von denen eines dem anderen abträglich ist,
das dritte ist die Gnade Gottes,
glänzender noch als die beiden anderen.
Die hätte ich gerne in einem Schrein,
aber das ist leider unmöglich,
daß Besitz und weltliches Ansehen und Gottes Gnade dazu
in *einem* Herzen zusammenkommen.)

Gegenstand der höfischen Epik[19] ist die *âventiure*[20], das
Abenteuer, in dem der Ritter nach *êre* strebt, nach Frauen-
gunst und Waffenruhm. Das *varnde guot* fällt dem erfolgreichen Helden dabei zu, ohne daß er darauf aus
wäre; er braucht es eigentlich nur, um seine *milte* damit
zu beweisen.
HARTMANN VON AUE (um 1165–1215), der erste große
Epiker deutscher Sprache, erschloß seinem Publikum die
Artusepik des Franzosen Chrétien de Troyes. Er zeigt an
zwei Artushelden, in welchen weltlichen Konflikt der Bewährung suchende Ritter möglicherweise gerät: Der Ritter
Erec (1180/85) »verligt« sich aus übergroßer Liebe zu seiner Gattin Ênîte, d. h., er vergißt den ritterlichen Kampf.
Der Ritter *Iwein* (um 1200) dagegen »verrîtet« sich und

---

19 ›Epik‹ im weitesten Sinne heißt erzählende Dichtung und bezeichnet
   neben Drama und Lyrik eine der drei Hauptgattungen der Dichtung. – Das Epos im engeren Sinne ist eine breit angelegte, idealisierende Verserzählung in gehobener Sprache, wie z. B. der *Parzival* oder das *Nibelungenlied*.
20 ›Aventiure‹, mittellateinisch (mlat.) *adventura* ›Abenteuer, gewagtes
   Unternehmen‹, dann Erzählung davon als Kapitel der Dichtung,
   endlich das Epos selbst. – Im *Iwein*, Vers 531 ff. erklärt der Held
   den neuen Begriff: »Als Ritter reite ich aus, um einen Mann zu
   suchen, der, gewappnet wie ich, mit mir kämpft. Erschlägt der
   mich, so gereicht ihm dies zum Lob, besiege ich ihn aber, so hält
   man mich für trefflicher als jetzt.«

vergißt über dem Kämpfen seine Herrin Laudine. – Beide Ritter verletzen die *mâze* und werden darum aus der Tafelrunde des Königs Artus ausgeschlossen, bis sie ihre Fehler in weiteren Abenteuern wiedergutgemacht haben.

In seinen höfischen Legenden[21] *Gregorius* (1187/89) und *Der arme Heinrich* (um 1195) geht es Hartmann von Aue um den bedrohlicheren Zwiespalt zwischen weltlicher *êre* und *gotes hulde*. Anknüpfend an die geistliche Dichtung des 12. Jahrhunderts, verlangt er im Widerstreit zwischen Gott und Welt die Aufopferung der weltlichen Güter und ein Sich-Ausliefern an die Gnade Gottes. Gregorius und der arme Heinrich weisen den Weg.

Gregorius ist das Kind geschwisterlicher Blutschande. Ausgesetzt und als Findling im Kloster erzogen, erringt er nach tüchtiger Ritterfahrt Gattin und Besitz. Doch die Gattin stellt sich als seine Mutter heraus. Siebzehn Jahre lang büß Gregorius nun wie ein orientalischer Säulenheiliger seine Schuld, die allein im Nichtwissen bestand, bis er endlich von Gott zum Papst berufen wird.

Der arme Heinrich ist wie Gregorius ein »guter Sünder«. Er wird mitten im blühenden Leben vom Aussatz befallen. Demütig wie Hiob nimmt er die Erinnerung an den Tod hin, verschenkt seine Habe und lebt zurückgezogen auf einem Meierhof. Als das elfjährige Töchterchen des Bauern erfährt, daß das Selbstopfer einer reinen Jungfrau den armen Heinrich vom Aussatz heilen kann, will es den guten Herrn erlösen und sich den Himmel verdienen. (Die Todessehnsucht des Mädchens und Heinrichs Weltfreude veranschaulichen den Dualismus des Weltbildes.) Doch im Augenblick, als dem Mädchen das Messer an die Brust gesetzt wird, erkennt Heinrich den Widersinn des Opfers und die Pflicht, sich allein der Gnade Gottes zu überlassen. Er gebietet Einhalt und wird eben dadurch erlöst. Das

---

21 ›Legende‹ (lat. *legenda* ›das zu Lesende‹) meinte zunächst den Bericht vom Leben eines Heiligen am Tag seiner Verehrung; dann die sagenhaft ausgestaltete Erzählung vom Leben eines Heiligen oder Märtyrers als literarische Gattung.

opferbereite Mädchen nimmt er zur Gemahlin. – Der kurze, novellenhafte Text ist leicht im Original zu lesen.

WOLFRAM VON ESCHENBACH (um 1170–1220), der größte Epiker des deutschen Mittelalters, meinte, eine Harmonisierung zwischen Gott und Mensch müsse auch ohne Weltabkehr möglich sein. Als Modell einer Lösung bietet er die Laienfrömmigkeit des Gralsrittertums. In seinem Versroman *Parzival* (um 1200 – um 1210), dem ersten Entwicklungsroman (vgl. Kap. 4, Anm. 25) der Weltliteratur, führt Wolfram seinen Helden analog zur Heilsgeschichte (Paradies, Sündenfall, Erlösung) aus der Unerfahrenheit durch den Zweifel zum vorbestimmten Heil.

Parzival wird geboren, nachdem sein Vater in einer Aventiure gefallen ist. Seine Mutter Herzeloyde will ihn darum von allem Ritterwesen fernhalten. Sie läßt ihn in paradiesischer Unerfahrenheit aufwachsen. Als er dennoch aufbricht, um Ritter zu werden, steckt sie ihn in Torenkleider. In seiner »tumbheit« sieht Parzival nicht, daß Herzeloyde vor Gram über seinen Abschied stirbt. Er erschlägt in unritterlichem Kampf einen Artusritter und versäumt, den Gralskönig Anfortas nach seinem Leid zu fragen, weil er ein äußerliches Höflichkeitsgebot (»irn sult niht vil gevrâgen«) über spontanes Mitleid stellt. Als ihn die Gralsbotin darum verflucht, überfällt ihn der »zwîvel«. Er glaubt sich von Gott betrogen und kündigt ihm die Gefolgschaftstreue auf. Nach vielen Abenteuern und durch die Belehrung des Klausners Trevrizent begreift Parzival, daß nicht Trotz, sondern demütige Anerkennung unverschuldeter Schuld als Sünde nötig ist, um durch Gottes Gnade zum Heil, zur »saelde«, zu gelangen. Parzivals vorbestimmtes Schicksal erfüllt sich nach demütiger Umkehr, indem er Anfortas durch die Mitleidsfrage (»waz wirret dier?«) erlöst und selbst Gralskönig wird. – Der Dichter faßt zusammen:

> swes lebn sich sô verendet,
> daz got niht wirt gepfendet
> der sêle durch des lîbes schulde,

und der doch der werlde hulde
behalten kan mit werdekeit,
daz ist ein nütziu arbeit.

(Wes Leben so sich endet,
Daß er Gott nicht entwendet
Die Seele durch des Leibes Schuld
Und er daneben doch die Huld
Der Welt mit Ehren sich erhält,
Der hat sein Leben wohl bestellt.
Wilhelm Hertz)

Der »wîse man von Eschenbach: laien munt nie baz ge-
sprach«, lobte Wolframs Zeitgenosse Wirnt von Grafen-
berg in seinem *Wigalois*; und der Literaturhistoriker Fritz
Martini stellt fest: von Parzivals Seelendrama »führt der
innere Weg unmittelbar zu Goethes *Faust*«. Und doch gab
es an dem vielgelesenen Epos auch sofort Kritik: GOTT-
FRIED VON STRASSBURG (um 1200) tadelte Wolfram als
»vindaere wilder maere«, dessen dunkler Stil ohne Dol-
metscher unverständlich sei; dagegen lobe er sich die
»cristallinen wortelin« Hartmanns. Mit seinem *Tristan*
(um 1210) führte Gottfried selbst die mittelhochdeutsche
Epik durch eine betörend musikalische Sprache auf ihren
formalen Höhepunkt.
Tristan wirbt für seinen Oheim König Marke um die
Hand Isoldes und genießt durch ein Versehen den Lie-
bestrank mit Isolde, den diese mit König Marke teilen
sollte. In grenzenloser Liebe zueinander überschreiten
Tristan und Isolde darauf alle gesellschaftlichen Gebote
der Ehre und Treue und bezahlen ihr Glück mit ständiger
Bedrohung, mit Verfolgung, Verbannung und Tod.
Im Prolog sagt Gottfried, es sei Aufgabe der Dichtung,
des Guten in der Welt zu gedenken. In diesem Sinne wendet er sich mit seiner »senemaere«, dem Sehnsuchtsgedicht,
an die Gemeinde der »edelen herzen«, die vom Andenken
an die großen Liebenden zehren:

[. . .] ein man ein wip, ein wip ein man,
Tristan Isolt, Isolt Tristan.
[. . .]
Ir leben, ir tot sint unser brot.
sus [so] lebet ir leben, sus lebet ir tot.
sus lebet si noch und sint doch tot.
und ist ir tot der lebenden brot.

Mit dieser Anspielung auf die Eucharistie macht Gottfried
die Liebenden zu Minneheiligen und verleiht ihrer Leidenschaft die Würde des Mysteriums. Doch entschieden
diesseitig, verzichtet das Gedicht, das leider Fragment
blieb, auf die christliche Metaphysik.
Die höfischen Versepen gaben mit ihrer idealisierten,
märchenhaften Artuswelt Vorbilder für verfeinerte Lebens-
art durch Mäßigung (*Erec, Iwein*), Demut (*Parzival*) und
Minne (*Tristan*). Das *Nibelungenlied* knüpft als Heldenepos an die vorchristliche Tradition des germanischen Heldenliedes an (vgl. *Hildebrandslied,* Kap. 1a) und unterscheidet sich daher wesentlich von der auf Läuterung bedachten Artusepik.
Zwar werden auch hier Ehre, Kampfesmut und Gefolgschaftstreue gepriesen, jedoch in heroisch-tragischer Unbe-
dingtheit. Bis auf Rüdiger und Dietrich handeln die Helden des *Nibelungenliedes* nicht in Befolgung göttlicher
Gebote und ohne Rücksicht auf ihre künftige Seligkeit.
Sie stehen vielmehr als autonome sittliche Persönlichkeiten,
von keinem dualistischen Zweifel gebrochen, einem Schicksal gegenüber, das sie unerbittlich in jene Auswegslosigkeit
führt, in der sich der tragische Held behaupten muß: Ohne
Klage oder Reue gehen sie voll maßloser Leidenschaft
ihren Weg und triumphieren im rauschhaften Untergang.
Erschüttert von der dämonischen Erhabenheit, verzichtet
die Dichtung auf jedes moralisierende Urteil.
Die Verfasser der Legenden und der Artusepen nannten
für gewöhnlich ihre Namen; die Dichter der Heldenlieder
traten dagegen hinter ihrem Werk zurück. So wissen wir
nicht, wer das *Nibelungenlied* geschrieben hat. Wahrschein-

lich entstand es um 1200 am Hofe des Passauer Bischofs Wolfger.

Der Stoff, der hier in 39 Aventiuren vereinigt wurde, stammt aus sehr verschiedenen älteren Quellen. Der erste Teil streift als Vorgeschichte die Jung-Siegfried-Sagen[22] (Hagen unterrichtet, wie der Drachentöter in den Besitz des Nibelungenhortes kam). Die Werbungsfahrt nach Island stützt sich auf alte Brünhildsagen, der Frauenstreit und Siegfrieds Tod auf eine jüngere, teilhistorische Sage der Merowinger. Kriemhilds Rache und vor allem der Untergang der Burgunder im zweiten Teil haben mit Etzel[23] und Dietrich[24] deutliche historische Wurzeln im 5. und 6. Jahrhundert.

Der unbekannte Dichter, der die heroische Handlung behutsam seiner Zeit anpaßte, erzählt mit spürbarer Lebensnähe und voll innerer Beteiligung »in Kürenberges wise«; das heißt, er entwickelte aus der lyrischen Strophe[25] des Kürenbergers die Nibelungenstrophe[26], die zur Hauptversart des deutschen Heldenepos wurde. Das *Nibelungenlied* beginnt:

> Uns ist in alten maeren   wunders vil geseit
> von helden lobebaeren,   von grôzer arebeit,

22 Die Sage, die im Gegensatz zur Legende (vgl. Anm. 21) ursprünglich mündlich überliefert wurde, ist eine Erzählung, die im Gegensatz zum Märchen (vgl. S. 145 ff.) einen geschichtlichen Kern hat und darum Personen, Ort und Zeit genauer benennt.

23 Attila (434–453), König der nach Europa eingebrochenen mongolischen Hunnen.

24 Dietrich von Bern (d. i. Verona), der Ostgotenkönig Theoderich der Große (454–526).

25 Die Strophe (griech., ›Wendung‹, nämlich die des singenden Chores am Altar) ist eine aus zwei oder mehreren Versen bestehende Formeinheit gebundener Rede.

26 Die Nibelungenstrophe besteht aus vier Langzeilen (vgl. Anm. 6), die paarweise reimen. Die vierhebigen Anzeilen enden mit klingender Kadenz, d. h. mit einer Nebenhebung: *máe/rèn*. Die ersten drei Abzeilen enden mit einer Pause anstelle der vierten Hebung; man nennt das eine ›stumpfe Kadenz‹. Die letzte Abzeile ist vierhebig mit voller Kadenz, d. h. mit einer Haupthebung im letzten Takt: *ságen*.

von fröuden, hôchgezîten, von weinen und von klagen,
von küener recken strîten muget ir nu wunder hoeren sagen.[27]

(In alten Geschichten wird uns viel Erstaunliches berichtet:
von ruhmwürdigen Helden, von großen Taten, von Freuden
und Festen, von Weinen und Klagen, vom Kampf kühner
Krieger sollt ihr jetzt Unerhörtes vernehmen.)

Ein Grundzug dieser Dichtung ist es, zu zeigen, »wie liebe
mit leide ze jungest lônen kan« (»wie die Freude zuletzt
im Leid endet«). Dementsprechend endet das Gedicht:

Ine kan iu niht bescheiden, waz sider dâ geschach:
wan ritter unde vrouwen weinen man dâ sach,
dar zuo die edeln knehte, ir lieben friunde tôt.
hie hât daz maere ein ende: daz ist der Nibelunge nôt.

(Ich kann euch nicht berichten, was danach geschah: nur, daß
man Ritter, Damen und Knappen den Tod ihrer Lieben be-
weinen sah. Damit endet die Geschichte vom Kampf der
Nibelungen.)

34 Handschriften zeugen von der Beliebtheit dieser Dichtung, die oft nachgestaltet wurde, ohne uns je wieder so
zu ergreifen wie in dieser frühen Form. Das *Nibelungenlied* ist nach Goethes Urteil »klassisch wie der Homer«.

d) Übergang zur bürgerlichen Dichtung des späten Mittelalters

Die höfische Literatur blühte in dem kurzen Zeitraum
zwischen 1180 und 1220. Mit dem Niedergang des staufi-
schen Kaisertums und der allmählichen Verlagerung der
literarischen Zentren von den Fürstenhöfen in die Städte

---

27 Die Reime »maeren–lobebaeren« und »hochgezîten–strîten« innerhalb des eigentlichen Verses nennt man ›Binnenreime‹; vgl. auch
das Verszitat von Zesen auf S. 57. Die Binnenreime sind eine
Überstrukturierung, die hier auf eine jüngere Entstehung der Strophe schließen läßt.

setzte die Verbürgerlichung der Literatur ein. Statt ein eigenes künstlerisches Programm zu entwerfen, ahmten bürgerliche Epigonen[28] die Standesdichtung der Ritter nach. Die beliebten Stoffe wurden teils pseudohistorisch aufgeschwellt, teils zu vordergründigen Schwänken verkürzt oder auch moralisch lehrhaft ausgedeutet. Immer aber waren die Umwandlungen von so empfindlichem Formverlust begleitet, daß nur wenige denkwürdige Zeugnisse entstanden. Den Ursprung dieser Entwicklung findet man bereits bei Neidhart von Reuental und Wernher dem Gärtner.

NEIDHART VON REUENTAL (um 1180 – um 1240) dichtete schwungvolle Tanzlieder, die man nach Sommer- und Winterliedern unterscheidet. In diesen Liedern belustigt Neidhart die Hofgesellschaft, indem er ihr den *dörper* (›Bauer‹) im höfischen Gewand vorführt und zunächst mit den Stilbrüchen der Travestie[29] spielt. Unversehens stellte sich aber die belachte Unstimmigkeit zwischen dem ideellen höfischen Anspruch und der groben Wirklichkeit als tatsächlich angemessenes Bild der Zeit heraus. Der Verfall des Ritterstandes und der Aufstieg des Bürgertums waren durch Spott nicht aufzuhalten. Umsonst wurden Neidharts Lieder immer beißender.

Nach bilderreichem Sommerlob oder knapperer Winterklage schildert Neidhart, untermischt mit Formeln des Minnesangs, wie sich die tanzsüchtige Dorfjugend unter der Linde oder winters in der ausgeräumten Stube lärmend vergnügt. Die höfisch aufgeputzten Bauerngecken verwickeln sich dabei nicht selten in Streit und Prügelei. Als Neidhart einsehen muß, daß sich der Ritter Reuental in diesem

---

28 ›Epigone‹ (griech., ›der Nachgeborene‹), der vorfindliche Leistungen unschöpferisch nachahmt wie z. B. die Erben literarischer Blütezeiten die klassischen Werke in der sogenannten Epigonendichtung, besonders im 19. Jahrhundert (vgl. S. 165).

29 Die Travestie (von ital. *travestire* ›verkleiden‹) ist eine der Parodie ähnliche Verspottung einer Dichtung, wobei dem als bekannt vorauszusetzenden übernommenen Inhalt eine neue, unpassende, lächerliche Gestalt gegeben wird.

derben Milieu nicht behaupten kann, schmäht er Frau
werltsüeze und zieht sich schmollend zurück.

WERNER DER GARTENAERE reagiert auf die Zeichen der
gesellschaftlichen Umschichtung weniger mit Spott als mit
ernster Zeitkritik und didaktischer Mahnung.[30] Er geht
davon aus, daß die ständische Ordnung der Gesellschaft
gottgewollt sei, und zeigt am Beispiel seines *Meier Helmbrecht* (1250/82), wie anmaßende Überschreitung der Stan-
desgrenze den Frevler notwendig zum Untergang führt.

Der eitle Bauer Helmbrecht hört nicht auf die Warnung
seines rechtschaffenen Vaters: »dîn ordenunge ist der
phluoc«. Er putzt sich höfisch heraus und wird Raubritter. Er kränkt seine Eltern und verheiratet seine Schwester mit einem Spießgesellen. Am Ende wird er vom
Henker geblendet und verstümmelt, vom Vater des Hofes
verwiesen und von anderen Bauern aus Rache erhängt.
Das Symbol[31] seiner Überheblichkeit, die kunstvoll ver-
zierte Haube, endet zerfetzt am Boden. – Das kleine
novellistische Meisterwerk ist leicht im Original zu lesen.

Wie so oft in Zeiten des Umbruchs und der Unsicherheit
nahmen die Menschen wieder häufiger Zuflucht zur Religion, nicht selten sogar zur mystischen Einkehr: Welt-
abgewandt, in die eigene Seele versenkt, suchten die Mystiker den tröstenden Beweis ihrer Gotteskindschaft in der
unio mystica. Durch Askese des Leibes (Fasten, Schweigen,
Wachen) bei gleichzeitiger Anstrengung aller Seelenkräfte
(Denken, Fühlen, Wollen) wurde ihnen gelegentlich ihr
»geist recht verstoln licht eins halben Ave Marien lang«

---

30 Didaktische oder lehrhafte Dichtungen möchten allgemeingültige
    Erkenntnisse, Wissen und Wahrheiten vermitteln wie z. B. die al-
    ten Fabeln, Parabeln und Gleichnisse oder wie Brecht mit seinen
    politischen Lehrstücken.

31 ›Symbol‹ nennt man das in der Dichtung sinnlich gegebene, bild-
    hafte Zeichen, das, wie Helmbrechts Haube, über sich selbst hin-
    ausweist auf einen höheren abstrakten Bereich, hier den gesell-
    schaftlichen Stand des Adels. – Vgl. die »blaue Blume« im *Hein-
    rich von Ofterdingen* (Novalis) als Symbol für die romantische
    Poesie (S. 141).

(Tauler). Von diesem inneren Erleben beseligt, drängte es die Mystiker oft, ihre Visionen in überschwenglichen Worten mitzuteilen, so daß die deutsche Sprache gerade dieser religiösen Praxis eine außerordentliche Bereicherung des Wortschatzes auf dem Gebiet des Geistig-Seelischen verdankt.

Das eindrucksvollste dichterische Zeugnis deutscher Frauenmystik stammt von MECHTHILD VON MAGDEBURG (1207/10 bis 1282/83). Es ist das Offenbarungsbuch mit dem Titel *Das fließende Licht der Gottheit* (1250–1281/82).

Die Begine Mechthild erlebte die mystische Vereinigung als geistliche Hochzeit mit Gott, als erotische Ekstase ihrer Seele. In Anlehnung an das Hohelied Salomonis (vgl. das *St. Trudperter Hohe Lied*, Kap. 1b) spricht ihr Seelenbräutigam:

> Ich erwarte dich in dem Baumgarten der Liebe
> und breche dir die Blume der süßen Vereinigung
> und bereite dir da ein Bett
> aus dem lustvollen Gras der heiligen Erkenntnis,
> und die helle Sonne meiner ewigen Gottheit
> bescheint dich mit dem heimlichen Wunder meiner Lust [. . .].

Das ursprünglich niederdeutsche Buch berichtet in ausdrucksstarker, bildhafter Sprache von Mechthilds Visionen, Prophezeiungen und Lehren, bald in den Formen geistlicher Lyrik, hymnischer Gebete oder gereimter Sinnsprüche, bald in den Formen des Dialogs oder des Lehrgedichts.

Der Dominikaner MEISTER ECKHART (um 1260–1327) und seine Schüler HEINRICH SEUSE (um 1295–1366) und JOHANNES TAULER (um 1300–1361) führten später in ihren Predigten und Andachtsbüchern das mystische Denken fort. Meister Eckharts Spekulationen kreisten um die Vorstellung der Geburt Gottes in der Seele aus dem gottverwandten »Seelenfünklein«. Durch ihren Zug zum ganz Persönlichen bereitete die mystische Frömmigkeit allmählich den Boden für Luthers Reformation, in der das Heil des Menschen als allein vom Glauben (*sola fidem*) abhängend erklärt wurde (vgl. Kap. 2c).

2. Die frühneuhochdeutsche[1] Literatur (1350–1600)

Die Autoren der frühneuhochdeutschen Literatur wollten vor allem unterhalten und belehren. Sie bedienten sich dazu der unterschiedlichsten literarischen Formen; meist jedoch, ohne diese zu wirklicher ästhetischer Bedeutung zu bringen. So stehen dem neuen Formenreichtum dieser Epoche verhältnismäßig wenige hervorragende Einzelwerke gegenüber.

Auf dem Gebiet der Lyrik entwickelte sich aus dem höfischen Minnesang der bürgerliche Meistersang. Aus den Liedern der niederen Minne entstand das Volkslied, das oft durch Kontrafaktur[2] zum Kirchenlied weiterverwandelt wurde.

Durch Prosa-Auflösungen der mittelhochdeutschen Versepen entstanden als sogenannte Volksbücher die ersten Helden-, Ritter- und Abenteuerromane. Kürzere Erzählungen wie Fabeln, Novellen, Schwänke und Fazetien[3] wurden, angeregt durch Boccaccios *Decamerone* (1349/53), vielfach gesammelt und gebündelt herausgegeben. – Für das religiöse Publikum gab es Predigtsammlungen und erbauliche Andachts-, Gebets- und Sterbebüchlein.

Das geistliche Spiel, das aus der lateinischen Liturgie der Ostermesse hervorgegangen war, führte bald zur dialogi-

---

1 ›Frühneuhochdeutsch‹ (frühnhd.) nennt man die Übergangsperiode vom Mittelhochdeutschen zum Neuhochdeutschen zwischen 1350 und 1600. Vgl. Kap. 1, Anm. 1.

2 ›Kontrafaktur‹ nennt man die Umdichtung eines weltlichen Liedes zum Kirchenlied – und umgekehrt – mit unveränderter Melodie; z. B. Luthers Umwandlung des Liedes »Aus fremden Landen komm ich her« zu »Vom Himmel hoch da komm ich her«.

3 Facetiae (lat., ›launige Einfälle‹) waren kleine, geistreiche, witzig pointierte Reden oder Erzählungen, die aus der italienischen Renaissance über die Humanisten zu den formvergröbernden Volksbuchschreibern gelangten. Vgl. z. B. *Schimpf und Ernst* (1522) von Johannes Pauli (1450/54 bis nach 1520).

schen Darstellung des Heilsgeschehens anläßlich anderer Kirchenfeste. Den ursprünglichen Osterspielen traten Weihnachtsspiele, Fronleichnams- und Passionsspiele zur Seite, deren immer volkreichere Aufführungen endlich aus der Kirche auf den Marktplatz verlegt werden mußten, wo sie in der Schwellform mehrtägiger Festspiele oft die Bürgerschaft ganzer Städte beherrschten. – Neben dem geistlichen Spiel gab es als weltlichen Vorläufer des Dramas das possenhafte Fastnachtspiel mit dem Hang zu grobianischer Verwilderung. Beide volkstümlichen Vorformen wurden nach der Reformation vom humanistischen Schuldrama abgelöst. Das Humanistendrama, das zuerst der lateinischen Sprach- und Redeschulung diente, knüpfte an das antike Drama an und führte die Spieldauer und die Zahl der Darsteller auf ein vernünftiges Maß zurück. Als auf Anregung Luthers und Melanchthons (1497–1560) das Schuldrama in deutscher Sprache Konfliktstoffe der Reformation aufgriff, antwortete die Gegenreformation mit dem sogenannten Jesuitendrama (vgl. Kap. 3b).

Darüber hinaus bediente man sich in der geistig-politischen Auseinandersetzung der alten Form des Streitgesprächs, des öffentlichen Briefes und neuerdings der Flugschrift und des Flugblattes. In allen diesen Formen aber sprachen die Autoren mit Vorliebe allegorisch (vgl. Kap. 3, Anm. 14), lehrhaft (vgl. Kap. 1, Anm. 30) und satirisch (vgl. Kap. 8, Anm. 11).

a) Volkstümliche Schriftsteller

Als Totenklage für seine Frau Margaretha verfaßte der Schulrektor und Notar JOHANNES VON TEPL (um 1350 bis 1414) in Saaz ein Streitgespräch mit dem Tode. Einem dichterischen Topos[4] folgend, stellt er sich darin dem Tod

---

4 Der Topos (griech., ›Ort‹) ist ein literarischer Gemeinplatz, eine ausschmückende Formel, Phrase, Wendung, ein Zitat, Bild, Em-

als ein Mann der Feder vor: »Ich bins genant ein acker-
man, von vogelwat ist mein pflug, und wone in Behemer
lande.« Das in der Form eines mittelalterlichen Gerichts-
prozesses angelegte Streitgespräch heißt danach *Der Ackermann aus Böhmen* (kurz nach 1400).

Des Raubes und Mordes angeklagt, begegnet der Tod dem
Ackermann zuerst mit kaltem Spott. Nachdem sich der
aufgebrachte Kläger aber mäßigt und der Dialog[5] von
dem persönlichen Anlaß zu einer grundsätzlichen Betrachtung von Leben und Tod übergeht, rät der Tod begütig-
end zu stoischer und augustinischer Weltverachtung:

> [...] alles irdisch ding und lieb muß zu leide werden. Leid
> ist liebes ende, der freuden ende trauren ist, nach lust unlust
> muß komen, willens ende ist unwillen. Zu solchem ende
> laufen alle lebendige ding.

Der Ackermann verteidigt gegenüber solchen Hinweisen
auf Nichtigkeit und Vergänglichkeit die Schönheit des Lebens und das menschliche Glücksverlangen; bis nach 32
Kapitelchen, in denen abwechselnd der Tod und der Ackermann sprechen, im 33. Kapitel das Urteil Gottes ergeht:

> Der klaget, das nicht sein ist; diser rümet sich herschaft, die
> er nicht von ihm selber hat. Jedoch der krieg ist nicht gar
> one sache: ir habet beide wol gefochten. Den twinget leid zu
> klagen, disen die anfechtung des klagers, die warheit zu
> sagen. Darumb: klager, habe ere, Tod, habe sige, seit [weil]
> jeder mensche das leben dem Tode, den leib der erden, die
> sele uns pflichtig ist zu geben.

Mag dies Ende auch mittelalterlich sein, neu ist sicher die
gepflegte Prosa, in der zum erstenmal die Stilmittel der
lateinischen Rhetorik virtuos in deutscher Sprache gehand-

---

blem oder Motiv, das nicht neugeschöpft, sondern als dichterisches
Versatzstück verwendet wird. Im folgenden das Bild vom Papier
als Acker, die Feder als Pflug und der Tinte als Samen.
5 Der ›Dialog‹ (griech., ›Zwiegespräch‹) meint nicht nur die Wechsel-
rede im Drama, sondern auch die selbständige literarische Form
der philosophischen Erörterung in Rede und Gegenrede; vgl. Pla-
tons Dialoge oder Hans Sachs, Anm. 19.

habt werden. Der formale Rang, dazu die gedankliche Tiefe machten den *Ackermann aus Böhmen* allerdings zu einem anspruchsvollen Buch. Die große Leserschaft wünschte volkstümlicheren Stoff:

Einzigartig vor Goethes *Werther* ist in der deutschen Literatur der europäische Bucherfolg, den der Straßburger Rechtsgelehrte SEBASTIAN BRANT (1458–1521) mit seinem *Narrenschiff* (1494) erzielte. Dieses Buch, das bereits im Erscheinungsjahr drei Raubdrucker beschäftigte, das gleich zweimal ins Lateinische übersetzt wurde und dessen Text Geiler von Kaisersberg 1498/99 in einem Zyklus von 146 Predigten auslegte, rief die zweihundert Jahre lang beliebte Narrenliteratur ins Leben. Den Verfasser Brant verglichen die begeisterten Zeitgenossen mit Petrarca, mit Dante, ja, mit Homer.[6] – Wie Sokrates meinte Brant, Sünde und Untugend hätten ihre Ursache allein in Unkenntnis. Um durch Belehrung die sündhafte Narretei zu vertreiben, wählt Brant daher den unterhaltsamen Weg der negativen Didaktik und läßt in 112 flugblattähnlichen Kapiteln die personifizierten Laster Revue passieren. Er sagt:

> Den narren spiegel ich diß nenn
> In dem ein yeder narr sich kenn
> Wer yeder sy wurt er bericht
> Wer recht in narren spiegel sicht
> Wer sich recht spiegelt
> der lert wol
> Das er nit wis sich achten sol.

Das ist nämlich der Hauptfehler der Narren, daß sie ihre Narrheit nicht eingestehen wollen:

> Eyn narr ist wer gesprechen dar
> Das er reyn sig von sünden gar
> Doch yedem narren das gebrist
> Das er nit syn will
> das er ist.

6 Das Buch ist mit über hundert Holzschnitten illustriert, von denen eine größere Zahl Albrecht Dürer zugeschrieben wird.

Dabei wäre Selbsterkenntnis der erste Schritt zur Besserung:

> Dann wer sich für ein narren acht
> Der ist bald zů eym wisen gmacht.

Wo Brant mit christlicher Sündenschelte auf den Glauben verweist, spürt man noch mittelalterlichen Ernst und Eifer; doch wo er den innerweltlichen Narren vor der Vernunft lächerlich macht, weht der frischere Wind bürgerlich-humanistischer Satire.

Johannes von Tepl, der Elsässer Sebastian Brant und seine Landsleute, der berühmte Prediger GEILER VON KAISERSBERG (1445–1510), der Pädagoge JAKOB WIMPFELING (1450 bis 1528), THOMAS MURNER (um 1475–1537) und später der Jurist JOHANN FISCHART (um 1546–1590) waren eigentlich Gelehrte, die sich nur um der breiteren Wirkung ihrer Lebenslehre willen an den volkssprachigen Hörer und Leser wandten. HANS SACHS (1494–1576) dagegen war selbst ein Mann aus dem Volke: Nürnberger Bürger, Schuhmachermeister und literaturbegeisterter Autodidakt, der jeden Stoff, dessen er gewahr wurde, aufgriff und, mit einer biederen Moral versehen, in Knittelverse[7] brachte. Wenn ihm die Moral eindrucksvoll genug schien, bearbeitete er denselben Stoff gleich mehrfach als Lied, als Erzählung und als Spiel. Auf diese Weise reimte der Unermüdliche über sechstausend Dichtungen zusammen. In seinen Meisterliedern bemühte sich Hans Sachs vergeblich um volksliedhafte Natürlichkeit. Die in den Tabulaturen, den Regelbüchern der Singschulen, vorgeschriebene Behandlung von Sprache, Reim, Betonung usw., deren Regelhaf-

---

7 Der Knittelvers ist ein im Paarreim stehender Vers mit freier Senkungsfüllung oder, wie bei Hans Sachs, mit alternierendem Akzent: acht bis neun Silben, abwechselnd betont. Durch die freie Senkungsfüllung, d. h. die Spannung zwischen alternierendem Versrhythmus und davon abweichendem Sprachrhythmus, entsteht jene Holprigkeit, die dem Vers den Namen gibt. Vgl. den zweiten Vers der »Wittenbergisch Nachtigall« (1523): »WAcht áuff es náhent gén dem tág / Jch hór singén im grünen hág [...].«

tigkeit beim Vortrag von »Merkern«[8] überwacht wurde, zwang jeden Meistersinger zu handwerklicher Pedanterie und Künstelei.[9] Aber als Schwankerzähler und als Dichter von Fastnachtspielen wird Hans Sachs heute noch geschätzt.

Das Fastnachtspiel ist wohl kaum, wie man lange Zeit glaubte, aus alten Fruchtbarkeitsriten hervorgegangen. Es entstand viel eher unabhängig von solchen Maskeraden um 1430/40 in Lübeck und Nürnberg als belustigender, seltener als besinnlicher Beitrag zum Fastnachtstreiben.

Hans Sachs, Meister dieses anspruchslosen Volksschauspiels, hat 85 Fastnachtspiele hinterlassen, die zum Teil heute noch aufgeführt werden. Diese durchschnittlich 340 Verse umfassenden Dialoge zwischen drei bis sechs Personen sind anschaulich und ohne überflüssiges Wort ganz und gar für ein realistisches Spiel voll treuherzigen Humors eingerichtet. Wer den *Fahrenden Schüler im Paradies* (1550), *Das Kälberbrüten* (1551) oder *Das heiße Eisen* (1551) liest, sollte sich den Text immer gespielt vorstellen.

Das Fastnachtspiel war ein wichtiger Schritt zur Entwicklung des deutschen Dramas. Wichtiger noch für die Entwicklung des Romans war das sogenannte Volksbuch. Das Aufkommen des Papiers und Gutenbergs Erfindung des Buchdrucks mit beweglichen Lettern (1453) verbilligten die Herstellung der Bücher so wirkungsvoll, daß es plötzlich möglich wurde, die wachsende bürgerliche Leserschaft mit den beliebtesten Erzählstoffen des Mittelalters zu versorgen.

Das Wort ›Volksbuch‹[10] meint im weiteren Sinne volks-

8 Durch Wagners Oper *Die Meistersinger* (1868) ist Meister Beckmesser als kleinlicher Kritikaster redensartlich bekannt geworden.

9 Nunnenpecks »Marienstrophe« z. B. in Beckmessers goldenem Ton:

    O
    wer wolt nicht von herzen do
    fro-
    lo-
    cken, jubilieren,
    der reinen maid hofieren.

10 Die Bezeichnung ›Volksbuch‹ stammt von J. Görres, der das Wort

tümliche Lesestoffe unterschiedlichster Herkunft: etwa
die Prosa-Auflösungen der mittelhochdeutschen Versepen
wie *Tristan und Isolde* (1484) und die *Wunderschöne
Historie*[11] *von dem gehörnten Siegfried* (1726); auch die
Erzählungen nach französischen Vorbildern wie die Liebesgeschichte von *Melusine* (1456) und *Die schöne Magelone*
(1535). – Die Volksbücher im engeren Sinne verarbeiten
wie Jörg Wickrams (um 1505 – vor 1562) *Rollwagenbüchlein*
(1555) Erzählungen und Schwänke, die bis dahin nur mündlich überliefert worden waren. Sie kristallisieren sich um historische Personen wie beim *Kurtzweilig Lesen von Dil Ulen-
spiegel* (1515) und in der *Historia von D. Johann Fausten*
(1587); oder sie sind einem bestimmten Thema zugeordnet
wie im *Lalebuch* (1597) und den *Schildbürgern* (1598).
Das Gemeinsame aller Volksbücher ist die gedankliche
Schlichtheit und das vordergründige Interesse am Stoff
bei einfacher, oft derber Darstellung.

b) Die Gelehrten

Wie die Geistlichen im 10. und 11. Jahrhundert (vgl. Kap.
1b) schrieben die deutschen Gelehrten des 15. und 16. Jahrhunderts in eigener Sache lateinisch; allerdings nicht das im
Laufe der Zeit abgewirtschaftete Kirchenlatein, sondern ein
gepflegtes ciceronianisches Latein. Das hatte äußere und
innere Gründe:
Nachdem griechische Gelehrte 1453 auf der Flucht vor
den Türken Manuskripte der antiken Schriftsteller aus
Konstantinopel nach Italien gebracht und daselbst eine

1807 in Anlehnung an den 1771 von Herder eingeführten Begriff
›Volkslied‹ benutzte. Vgl. S. 92.
11 Die Historie (griech., ›Geschichte‹) war im Unterschied zu Fabel
und Märchen ursprünglich die Erzählung einer wahren Begebenheit.
Die im Mittelalter zur Beteuerung der Glaubwürdigkeit oft mißbrauchte Bezeichnung nahm schließlich die Bedeutung des Er-
dichteten an.

Rückbesinnung auf die römische Antike ausgelöst hatten, wurde der Ruf *ad fontes* (›zurück zu den Quellen!‹) bald von allen europäischen Gelehrten verbreitet und befolgt. Die Rückwendung zur Antike, die für die Italiener[12] ein politischer Akt der nationalen Selbstbesinnung gegenüber der französischen und deutschen Fremdherrschaft war, führte in Deutschland zur Entdeckung humanistischer Bildung überhaupt.

Humanitas (›Menschlichkeit‹) nannte Cicero »die ethisch-kulturelle Höchstentfaltung der menschlichen Kräfte in ästhetisch vollendeter Form«.[13] Diese neuentdeckte Würde der Persönlichkeit setzt den freien Gebrauch der Vernunft voraus. Darum verlangten die Humanisten, die das neue Menschenideal vor allem im Redner, im Dichter und im Philosophen verwirklicht sahen, die Befreiung der Wissenschaft und Bildung von der Vormundschaft der Kirche und der scholastischen Philosophie. So wurden die Schulen und Universitäten, die eigentlich eine innere Erneuerung durch Verbindung antiker Weisheit mit christlicher Ethik anstrebten, unversehens zu Wegbereitern der Reformation; d. h. eben jener Bewegung, die mit ihren radikaleren Forderungen dem Humanismus um 1550 ein Ende bereitete.

Der aus Pforzheim stammende Jurist JOHANNES REUCHLIN (1455–1522) war überzeugt davon, daß Sprachverständnis Weltverständnis sei. Er schrieb ein lateinisches Wörterbuch, eine griechische Grammatik und begründete mit seiner hebräischen Sprachlehre die moderne deutsche Hebraistik und Orientalistik. Als nun der konvertierte Kölner Jude Johannes Pfefferkorn (1469–1522/23) von Kaiser Maximilian I. verlangte, man solle die hebräische Literatur der Juden verbrennen, wurde auch der sprachgelehrte Jurist um ein Gutachten gebeten: Reuchlin wies Pfefferkorns An-

---

12 Die Väter des italienischen Humanismus waren Dante (1265–1321), Petrarca (1304–1374) und Boccaccio (1313–1375).

13 *Philosophisches Wörterbuch,* begründet von Heinrich Schmidt, herausgegeben von Georgi Schischkoff, 19. Auflage, Stuttgart 1974.

sinnen zurück und empörte damit die konservativen Kölner Dominikaner, die Reuchlin im Verlauf des sogenannten Hebraismusstreites vor ein Inquisitionsgericht zerrten. Doch die reformfreudigen Humanisten unterstützten Reuchlin, und dieser veröffentlichte die Zuschriften seiner Gesinnungsfreunde unter dem Titel *Clarorum virorum epistolae, latinae, graecae et hebraicae variis temporibus missae ad Joannem Reuchlin Phorcensem* (1514).

Als fingiertes Gegenstück zu diesen »Briefen berühmter Männer« erschienen ein Jahr darauf die *Epistolae obscurorum virorum*, die »Briefe der Dunkelmänner«, in denen die Humanisten, vor allem der Erfurter CROTUS RUBEANUS (um 1480 – um 1545) und sein Freund Ulrich von Hutten die obskuren Ansichten der spätscholastischen Finsterlinge durch scheinbare dümmliche Beipflichtung dem Spott aller »clarorum virorum« auslieferten.

Der eindrucksvollste Vertreter des Humanismus war ERASMUS VON ROTTERDAM (1469?–1536). Dieser weltbürgerliche Gelehrte, der studierend Frankreich, Italien und England bereist und sich dann (1521) in Basel niedergelassen hatte, stand mit fast allen europäischen Geistesgrößen seiner Zeit im Briefwechsel. Seinem englischen Freund Thomas Morus widmete er 1509 *Das Lob der Torheit.* Darin preist die personifizierte Torheit sich selbst und verkündet mit großem rednerischen Aufwand vom Katheder herab, wie wohltätig sie als Gefühlsdusel, als blinder Dünkel oder als schwärmerische Ergriffenheit auf den Menschen wirke. Die Ständekritik ist hier viel nuancierter als bei Sebastian Brant, die Ironie so überlegen und so fein, daß sich der Leser oft fragen muß, ob das Lob ernst oder spöttisch gemeint ist. Die Lebenslust und das harmlose Glück, die der menschlichen Einfalt entspringen, behandelt Erasmus mit versöhnlicher Heiterkeit; schärfer wird seine Satire, wo sie sich gegen die scholastische Theologie und die Mißstände der römischen Geistlichkeit wendet. Da ist, nur halb im Scherz, manches von dem gesagt, was Luther wenige Jahre später laut und mit kompromißlosem Ernst wiederholen sollte. Doch der auf Ausgleich und Toleranz bedachte Erasmus sah voraus, welche Gefahr Luthers religiöse Radikalisierung für die literarische Renaissance[14] der Antike und die aufblühende Bildung bedeuten würde; darum lehnte er es ab, öffentlich für Luther Partei zu ergreifen.

Nicht so der jüngere ULRICH VON HUTTEN (1488–1523), der im zweiten Teil der »Dunkelmännerbriefe« leidenschaftlich für Reuchlin polemisiert hatte und enttäuscht war, als Reuchlin, wie so mancher Humanist, von Luther abrückte. Hutten, der seit 1520 Luthers Sache verfocht, wählte statt der Vita contemplativa des humanistischen Philologen die Vita activa des streitbaren Publizisten.[15] In seiner *Clag vnd vermanung gegen den übermässigen, vnchristlichen gewalt des Bapsts zu Rom vnd der vngeistlichen geistlichen* (1520) sagt er: »Latein ich vor geschriben hab, / das was eim yeden nit bekandt. / Yetzt schrey ich an das vatterlandt / Teütsch nation in irer sprach, / zů bringen dißen dingen rach –« Begeistert aufgenommen wurde »Ain new lied herr Vlrichs von Hutten« (1521), das mit dem Wahlspruch »Ich habs gewagt« allen Pfaffen den Kampf ansagt.

14 Die ›Renaissance‹ (frz., von ital. *rinascimento* ›Wiedergeburt‹, nämlich des klassischen Altertums aus dem Geist des Humanismus) meint jenen um 1400 von Italien ausgegangenen intellektuellen und künstlerischen Individualismus, der durch Überwindung der mittelalterlichen Scholastik zu einer außerordentlichen Blüte in den Naturwissenschaften (Kopernikus, Galilei, Kepler) und in den Künsten führte. Vgl. den Nachhall dieser Zeit in den Erzählungen von C. F. Meyer, S. 191 f.).

15 Vgl. Huttens berühmte Rechtfertigung vom 25. Oktober 1518: »Ad Bilibaldum Pirckheymer Epistola vitae suae rationem exponens«.

c) Der Reformator

Latein war nicht nur die Sprache der deutschen Gelehrten. Latein war von Anfang an die übernationale Verwaltungssprache der römischen Kirche und eine Fachsprache der Geistlichen. Um die Volkssprache bemühten sich die Geistlichen vorzüglich dann, wenn sie besonders breite Wirkung suchten: wie etwa im 9. Jahrhundert Otfrid von Weißenburg mit seiner Bekehrungsabsicht (vgl. Kap. 1b), wie im 11. Jahrhundert die Verfechter der kluniazensischen Reform und wie vor allem jetzt Luther anläßlich seiner Glaubensreform.

MARTIN LUTHER, am 10. November 1483 in Eisleben geboren und 1546 daselbst gestorben, geriet durch die augustinische Lehre von der Prädestination, wonach Gott den einen Teil der Menschheit zur Seligkeit, den anderen zur Verdammnis vorherbestimmt hat, in Seelennot, bis ihm im Wintersemester 1512/13 über dem Studium des Römerbriefes der befreiende Gedanke von der Gnadengerechtigkeit Gottes kam: Das Evangelium, sagt Paulus (1,16 f.), »ist eine Krafft Gottes / die da selig machet / alle / die daran gleuben / [...] / Sintemal darinnen offenbaret wird die Gerechtigkeit / die fur Gott gilt / welche kompt aus glauben in glauben / Wie denn geschrieben stehet / Der Gerechte wird seines Glaubens leben.« Und Römer 3,28: »So halten wir es nu / Das der Mensch gerecht werde / on des Gesetzes werck / alleine durch den Glauben.« Luther nennt den Römerbrief »das rechte Heubtstücke des newen Testaments«, das ihm nun im Licht der Heilsverheißung für alle Gläubigen strahlt: Wer an Christus glaubt, ist gerettet durch Gottes Gnade; der guten Werke bedarf es dazu nicht.

Rechtfertigt aber allein der Glaube den sündigen Menschen vor Gott, so bedarf es auch nicht mehr der kirchlichen Mittlerschaft, vielmehr ist damit das Gewissen des einzelnen auf sich selbst gestellt. Zölibat, Wallfahrt, Seelenmesse, Fürbitte der Heiligen und dergleichen verlieren nach Luthers Textverständnis ihren Sinn. Besonders aber empörte Luther der Ablaßhandel, der Erlaß vermeintlicher Höllenstrafen gegen Geld. Als der päpstliche Ablaßprediger Johann Tetzel (1456–1519) in Thüringen auftauchte, fand Luther es an der Zeit, über die »Kraft der Ablässe« zu diskutieren; schließlich war der Ablaß noch nicht durch das katholische Dogma »definiert«.

Die 95 Thesen, die Luther am 31. Oktober 1517 als Grundlage für die Diskussion an der Wittenberger Schloßkirche anschlug, waren für seine Kollegen bestimmt und darum in lateinischer Sprache abgefaßt. Niemand folgte jedoch der Einladung, und so fand die angekündigte Disputation nicht statt. Der weltgeschichtliche Wirbel entstand vielmehr ganz unbeabsichtigt durch die gedruckten Abzüge der Thesen, die Luther seinen Freunden geschickt hatte und die nun als Einblattdruck schnell die Runde machten.

Nachdem Luthers Reformvorschläge einmal in die Öffentlichkeit gelangt waren und der Streit darum anhob, warb der Reformator in deutscher Sprache beim Adel und im Volk um Gleichgesinnte. In der Flugschrift[16] *An den christlichen Adel deutscher Nation* (1520) bittet Luther die regierenden weltlichen Stände, sich der Kirche, die zur Reformation aus eigener Kraft nicht mehr fähig sei, anzunehmen. Die nominellen Träger des Heiligen Römischen Reiches Deutscher Nation sollten Ernst machen und den christlichen Glauben gegen die römischen Päpste verteidigen:

> *Die Romanisten*[17] *haben drei Mauern* mit großer Schlauheit *um sich gezogen,* mit denen sie sich bisher geschützt, so daß

16 Flugblatt, Einblattdruck und Flugschrift sind mit der Erfindung des Buchdrucks auftauchende Vorformen der Zeitung. Als Dialog, Brief, Gedicht, Lied, Exempel, Fabel, Satire, Travestie usw. versuchten die ohne oder unter falschem Namen erscheinenden, kurzen, oft illustrierten Texte mit polemischer Tendenz und marktschreierischem bis unflätigem Ton die Volksmeinung im politischen Tageskampf zu beeinflussen.

17 Die Verfechter der rechtlichen Vorrangstellung der römischen Kurie und des Papstes.

sie niemand hat können reformieren, wodurch die ganze Christenheit greulich gefallen ist. *Zum ersten:* Wenn man sie bedrängt hat mit weltlicher Gewalt, haben sie behauptet und gesagt, weltliche Gewalt habe kein Recht über sie, sondern im Gegenteil: geistliche sei über die weltliche. *Zum andern:* Hat man sie mit der Heiligen Schrift wollen strafen, setzen sie dagegen: es gebühre die Schrift niemandem auszulegen, denn dem Papst. *Zum dritten:* dreuet man ihnen mit einem Konzilio, so erdichten sie, es könne niemand ein Konzilium berufen denn der Papst. So haben sie uns die drei Ruten uns heimlich gestohlen, damit sie ungestraft bleiben könnten, und haben sich in die sichere Festung dieser drei Mauern gesetzt, alle Büberei und Bosheit zu treiben, die wir denn jetzt sehen; [...].

Nun helf' uns Gott und geb' uns der Posaunen eine, damit die Mauern Jerichos wurden umgeworfen, [...].

Luther entkräftet die päpstlichen Rechtsansprüche und macht 27 sachliche Vorschläge zu »des christlichen Standes Besserung«.

In dem Traktat[18] *Von der Freiheit eines Christenmenschen* (1520) erklärt Luther, ausgehend von 1. Kor. 9,19 und Römer 13,8, die Hauptgrundsätze des reformierten Glaubens: die Rechtfertigung durch den Glauben und den freiwilligen Dienst am Nächsten als Analogie zu Gottes Gnadengerechtigkeit.

Wohlan, mein Gott hat mir unwürdigem, verdammtem Menschen ohn alle Verdienste rein umsonst und aus eitel Barmherzigkeit gegeben durch und in Christo vollen Reichtum allen Frommseins und Seligkeit, so daß ich hinfort nichts mehr bedarf denn glauben, es sei also. Ei, so will ich solchem Vater, der mich mit seinen überschwenglichen Gütern so überschüttet hat, wiederum frei, fröhlich und umsonst tun, was ihm wohlgefällt, und gegen meinen Nächsten auch werden ein Christ, wie Christus mir geworden ist.

Luthers anschauliche und eingängige Beweisführung voll unverblümter Entschiedenheit überzeugte und begeisterte

18 Der oder das Traktat ist eine Abhandlung eines geistig-kulturellen Problems in der Form einer Flugschrift.

viele seiner Zeitgenossen.[19] Angesichts der mannigfach verdorbenen Geistlichkeit hörte man gern, daß der Christ
in Glaubensfragen allein das Wort Gottes zu studieren
und anzuerkennen habe.

Luther gab zu diesem Zweck im September 1522 *Das
Neue Testament Deutsch*[20] und 1534 die erste vollständige
Bibelübersetzung heraus. Er bediente sich in der Übersetzung des Ostmitteldeutschen und erläuterte: »Ich habe
eine allgemein verständliche Sprache und keine besondere;
daher kann man mich in Nieder- und Oberdeutschland
verstehen. Ich rede nach der sächsischen Kanzlei, der alle
deutschen Fürsten folgen.«[21]

Nach dem Grundsatz: so wortgetreu wie nötig und so frei
wie möglich, übertrug Luther die hebräischen und griechischen Quellen[22] in die gehobene Umgangssprache seiner
Zeit und schuf damit ein Prosawerk, das in seiner sprach-
lichen Kraft und Schönheit bis hin zu Brecht als vorbildlich
empfunden werden sollte.

Die Übersetzer vor Luther vermochten sich nicht von ihrer
lateinischen Vorlage zu lösen. Ein kleiner Vergleich kann
Luthers Überlegenheit verdeutlichen; z. B. 1. Kor. 13:

Nürnberger Bibel von 1483:	Luther:
Ob ich red in der zungen der engel vnd der menschen, aber hab ich der lieb nit, ich bin gemacht als ein glockspeys lautend oder als ein schell klingend.	Wenn ich mit Menschen vnd mit Engel zungen redet / vnd hette der Liebe nicht / So were ich ein donend Ertz oder eine klingende Schelle.

19 Vgl. die Verbreitung der Gedanken in volkstümlicher Vereinfachung durch die *Reformationsdialoge* (1524–54) des Hans Sachs;
besonders den ersten Dialog: »Disputation zwischen einem Chor-
herren und Schuchmacher darinn das wort gottes / vnd ein recht
Christlich wesen verfochten würdt.«

20 Bis 1524 anonym, d. h. ohne Angabe des Verfassers (hier: Überset-
zers), erschienen.

21 Die Verbreitung der sächsischen Kanzleisprache wird hier etwas
überschätzt.

22 Den griechischen Urtext des Neuen Testaments hatte der Humanist

Luther rechtfertigt seine gelegentlich freiere Übersetzung im *Sendbrief vom Dolmetschen* (1530) mit der Erklärung:

> [...] man muß nicht die Buchstaben in der lateinischen Sprache fragen, wie man soll Deutsch reden, [...] sondern man muß die Mutter im Hause, die Kinder auf der Gassen, den gemeinen Mann auf dem Markt drum fragen und denselbigen auf das Maul sehen, wie sie reden, und darnach dolmetschen; da verstehen sie es denn und merken, daß man deutsch mit ihnen redet.

Bei der Neuordnung des Gottesdienstes machte Luther das volkssprachliche Kirchenlied zum Bestandteil der Liturgie. Er gab damit den Anstoß zu einem umfangreichen Liedschaffen. Das erste lutherische Gesangbuch war das *Geystliche gesangk Buchleyn* (Wittenberg 1524). Es enthielt 32 deutsche und 5 lateinische Lieder; 24 Lieder stammen von Luther, der bis 1543 noch 12 weitere Lieder dichtete. Das berühmteste ist die Umdichtung des 46. Psalms (Vers 2–8): »Ein feste Burg ist vnser Got«.

Erasmus von Rotterdam, mit lateinischer Übersetzung und mit Anmerkungen versehen, herausgegeben.

3. Barock[1] (1600–1720)

a) Die literarische Reformation

Was Erasmus von Rotterdam befürchtet hatte, war eingetroffen: Die Reformatoren erwiesen sich als ausgesprochen kunstfeindlich.[2] Sie schlugen mit ihren Bemühungen um die Erneuerung des Glaubens alle geistigen Kräfte in Bann und ließen keinen Raum für die Wiedergeburt der Künste in Deutschland. Im Gegenteil, die fanatische Zuspitzung im Streit zwischen den Konfessionen führte endlich zum Dreißigjährigen Krieg (1618–1648), den nur ein Drittel der deutschen Bevölkerung überlebte.

Die humanistische Idee von der heiteren Entfaltung schöner Menschlichkeit ging unter in maßloser Verrohung der Sitten, in religiöser und in wirklich begründeter Daseinsangst. Der mittelalterliche Dualismus zwischen Gott und Welt polarisierte erneut das Weltbild und zerriß die Gemüter zwischen Ewigkeit und Vergänglichkeit, zwischen Seele und Leib, Glauben und Wissen, zwischen Todesangst und Lebenshunger. Dabei klang die Losung *carpe*

---

1 Die Epochenbezeichnung ›der‹ oder ›das Barock‹ stammt aus der Kunstgeschichte. Für die Herkunft des Wortes gibt es zwei Erklärungen: Die auf anschauliche Formen achtende Kunstgeschichte leitet ›Barock‹ von portugiesisch *pérola barroca* ›unregelmäßige Perle‹ her und bringt die Bedeutung in Zusammenhang mit den verschobenen, unregelmäßigen, bizarren Formen der Barockkunst. – Die auf gedankliche Formen achtende Geistesgeschichte erkennt in dem Wort *baroco* die Bezeichnung einer syllogistischen Schlußfigur der scholastischen Logik (nach dem Muster: Alle Menschen sind sterblich, Sokrates ist ein Mensch, also ist Sokrates sterblich). Logisch stimmig führen solche Schlüsse doch nur zum Beweis von Gemeinplätzen. Darum war diese denkerische Umständlichkeit bei den Humanisten als regelwidrig verpönt. – Das Bizarre ist also der Kern auch dieser Erklärung.

2 Obgleich Luther den Bilderstürmern in Wittenberg entgegengetreten war, hatte die Kunst auch für ihn eindeutig und ausschließlich dienende Funktion.

diem kaum weniger angstgepreßt als der Mahnruf *memento mori.*

In dieser Zeit innerer Zerrissenheit und äußerer Unordnung versuchten besonnenere Geister einen Rest menschlicher Würde durch Bemühung um ästhetische Formen zurückzugewinnen. Der schlesische Gelehrte und Diplomat MARTIN OPITZ (1597–1639) legte in seinem *Buch von der Deutschen Poeterey* (1624) das Programm der Barockdichtung nieder. Diese erste deutsche Poetik[3], die sich an bewährten Mustern der Antike orientiert, verwirft die damals verbreitete Fremdwörterei. Im Kapitel »Von der zuebereitung vnd ziehr der worte« mahnt Opitz zum Gebrauch des Hochdeutschen:

> So stehet es auch zum hefftigsten vnsauber / wenn allerley Lateinische / Frantzösische / Spanische vnnd Welsche wörter in den text vnserer rede geflickt werden; als wenn ich wolte sagen:
>
> *Nemt an die courtoisie, vnd die deuotion,*
> *Die euch ein cheualier, madonna, thut erzeigen;*
> *Ein handvol von fauor petirt er nur zue lohn /*
> *Vnd bleibet ewer Knecht vnd seruiteur gantz eigen.*
>
> Wie seltzam dieses nun klinget / so ist nichts desto weniger die thorheit innerhalb kurtzen Jharen so eingeriessen / das ein jeder / der nur drey oder vier außländische wörter / die er zum offtern nicht verstehet / erwuscht hat / bey aller gelegenheit sich bemühet dieselben herauß zue werffen / [...].

Wichtiger als diese sprachreinigende Vorschrift ist die Regelung des Metrums[4]. Opitz stellt fest:

---

3 Eine Poetik enthält die Wissenschaft vom Wesen und die Lehre von den Formen der Dichtkunst. Die ältesten Dichtungstheorien stammen von Aristoteles (Bruchstücke über Tragödie und Epos) und von Horaz: die in Versen geschriebene *Epistula ad Pisones de Arte Poetica* (14 v. Chr.). Die frühen Poetiken waren normativ, d. h. regelsetzende Lehrbücher (wie z. B. die Tabulaturen der Meistersinger, vgl. S. 36 f. oder der sprichwörtlich gewordene *Poetische Trichter* [1647] des Nürnbergers Philipp Harsdörffer). Seit dem 18. Jahrhundert sucht man sich deskriptiv, d. h. beobachtend und beschreibend dem Wesen der Dichtung zu nähern.
4 ›Metrum‹ (lat., ›Maß‹) bezeichnet einmal den Versfuß, d. i. die

Nachmals ist auch ein jeder verß entweder ein iambicus oder trochaicus; nicht zwar das wir auff art der griechen vnnd lateiner eine gewisse grösse der sylben [Länge] können inn acht nemen; sondern das wir aus den accenten vnnd dem thone erkennen / welche sylbe hoch [betont] vnnd welche niedrig [unbetont] gesetzt soll werden. Ein Jambus [∪ ⊥] ist dieser:

> *Erhalt vns Herr bey deinem wort.*

Der folgende ein Trochéus [⊥ ∪]:

> *Mitten wir im leben sind.*[5]

Diese Regelung, die Sprach- und Versrhythmus aneinanderbindet, schließt zugunsten eines sinnvoll alternierenden Verses das bloße Silbenzählen der Meistersinger und die Senkungsfreiheit des Knittelverses aus (vgl. Kap. 2, Anm. 7 und 9). Ausgeschlossen bleiben zunächst auch die daktylischen Formen (⊥ ∪ ∪), Wörter wie ›Fingerchen‹, ›dreigliedrig‹ usw., die erst durch August Buchner (1638) wiedereingeführt werden.

Anstelle des Hexameters empfiehlt Opitz den Alexandriner als Hauptversform. Dieser Vers, der seinen Namen von der französischen Alexanderepik des 12. Jahrhunderts hat, ist ein sechshebiger, jambischer Reimvers mit einer Zäsur nach der dritten Hebung. Die Zäsur legt es den Dichtern nahe, antithetische[6] Halbverse zu bilden; z. B. Opitz:

> Ich weiß nicht, was ich will ‖ ich will nicht, was ich weiß.

Das mochte eine der barocken Zwiespältigkeit angemessene Ausdrucksform sein; Goethe lehnte den Alexandriner, der bis hin zu Lessing das deutsche Drama beherrschte, gerade wegen dieser sich aufdrängenden Dialektik ab.

---

kleinste rhythmische Einheit des Verses, wie Jambus, Trochäus, Daktylus usw.; zum anderen das Versmaß, d. i. das metrische Schema der Verszeile, z. B. den Alexandriner.

5 Die Beispiele sind Kirchenliedanfänge von Luther.

6 Die Antithese (von griech. *anti* ›gegen‹ und *thesis* ›Behauptung‹) dient als rhetorische Figur durch stilistische Gegenüberstellung der Hervorhebung von Gegensätzen.

Wegen der schulmeisterlichen Art seiner Poetik ist Opitz
im 18. Jahrhundert überhaupt scharf kritisiert worden.
Man mochte die aus der Antike übernommene Dreiteilung
in einen niederen, einen mittleren und einen hohen Stil
nicht mehr gelten lassen.[7] Die Unterscheidung zwischen
Tragödie und Komödie nach Tod oder Überleben des
dramatischen Helden erkannte man bald als zu äußerlich.
Die Festlegung, daß eine Tragödie immer eine Haupt- und
Staatsaktion sein müsse, in der eine Standesperson als
Held auftritt, wogegen der einfache Mann bestenfalls ein
Komödienheld sein dürfe,[8] wurde schließlich durch das
Aufkommen des bürgerlichen Trauerspiels überholt. Zu
seiner Zeit aber galt Opitz nicht grundlos als Autorität
und vielseitiger Neuerer. Er hatte unter anderem mit seiner *Dafne* (1626) für den Komponisten Heinrich Schütz
(1585–1672) das erste deutsche Opernlibretto geschrieben
und mit der *Schäfferey Von der Nimfen Hercinie* (1630)
die Schäferdichtung[9] in die deutsche Literatur eingeführt.
Vielleicht hat das *Buch von der Deutschen Poeterey* durch
seinen gelehrten Ton wesentlich zu der scharfen Trennung
zwischen der gesellschaftlich gehobenen Dichtkunst und der
schlichten Volkskunst im Stil des 16. Jahrhunderts (vgl.
S. 36) beigetragen. Doch die kulturellen Mittelpunkte waren
im Barock nun einmal die Höfe der absolutistischen Fürsten, an denen sich gebildete Adlige und bürgerliche Ge-

---

7 »[. . .] so muß man auch nicht von allen dingen auff einerley weise
  reden; sondern zue niedrigen sachen schlechte [d. h. schlichte] /
  zue hohen ansehliche / zue mittelmässigen auch mässige vnd weder zue grosse noch zue gemeine worte brauchen.« (*Poeterey*, Kap.
  6.)
8 »Die Comedie bestehet in schlechtem wesen vnnd personen: redet
  von hochzeiten / gastgeboten / spielen / betrug vnd schalckheit der
  knechte / ruhmrätigen Landtsknechten / buhlersachen / leichtfertig-
  keit der jugend / geitze des alters / kupplerey vnd solchen sachen /
  die täglich vnter gemeinen Leuten vorlauffen.« (*Poeterey*, Kap. 5.)
9 Die Schäferdichtung, auch ›arkadische‹, ›bukolische‹ oder ›Hirten-
  dichtung‹ genannt, entwirft als Schäferspiel (S. 50), Schäferlied
  (S. 57) oder Schäferroman (S. 60) im Gegensatz zur friedlosen
  Wirklichkeit eine paradiesische Hirtenwelt; vgl. ›Idyll‹, Anm. 20.

lehrte als Träger der literarischen Erneuerung in sogenannten Sprachgesellschaften zusammenschlossen.

Nach dem Vorbild der florentinischen »Accademia della crusca« (gegründet 1582) hatte Fürst Ludwig von Anhalt-Köthen 1617 die erste deutsche Sprachgesellschaft gegründet. Die Vereinigung, die sich »Fruchtbringende Gesellschaft« oder »Palmorden« nannte, zählte in den vierziger Jahren die bekanntesten Dichter und Sprachgelehrten der Zeit zu ihren Mitgliedern: Harsdörffer, Moscherosch, Logau, Gryphius, Rist, von Zesen, Opitz; Tobias Hübner, August Buchner, Johann Georg Schottel u. a. bemühten sich im gesellschaftlichen Kreise Gleichgesinnter – aber nicht ohne Gelehrtenstreit – um die Reinerhaltung der deutschen Sprache von fremden Einflüssen.

Oft erwähnt man, daß die Sprachreiniger in ihrem Übereifer auch alte Lehnwörter ausmerzen wollten, daß sie Wörter wie ›Fenster‹ oder ›Nase‹ durch ›Tageleuchter‹ und ›Gesichtserker‹ ersetzen wollten. Doch sollte man über dieser Abwegigkeit nicht vergessen, daß ohne die Verdienste der barocken Sprachgesellschaften um Poetik, Grammatik und Lexikologie (›Lehre vom Wortschatz‹) der literarische Aufschwung im 18. Jahrhundert kaum möglich gewesen wäre.

b) Das Drama

Das barocke Schauspiel setzt die Tradition der Schuldramen fort, jener Stücke, die in den Gymnasien und Universitäten ursprünglich um der lateinischen Sprach- und Redeschulung willen aufgeführt wurden (vgl. S. 33). Im Zuge der Gegenreformation gewann vor allem das prunkvolle Jesuitendrama an Bedeutung. Eines der erfolgreichsten Stücke dieser Art schrieb JAKOB BIDERMANN (1578 bis 1639).

Bidermann, Professor für Rhetorik in München, später

Bücherzensor in Rom, verband in seinem *Cenodoxus* (1602) das Motiv vom Teufelsbündler Theophilus mit der Gründungslegende des Kartäuserordens. In der Form des barocken Welttheaters mit allegorischen Verkörperungen himmlischer und höllischer Mächte und mit der undramatischen Geradlinigkeit moralischer Erweckungsspiele unter dem Wahlspruch »Sic transit Mundi gloria« (»So vergeht der Glanz der Welt«) rechnet Bidermann mit dem Geist der Renaissance und des Humanismus ab:
Cenodoxus, der ruhmsüchtige Doktor von Paris, täuscht aller Welt gottgefälligen Lebenswandel vor, ist in Wirklichkeit aber ein humanistischer Pharisäer. Nach seinem Tod wird seine dreimal anberaumte Seelenmesse dreimal unterbrochen, weil sich der Leichnam von der Bahre aufrichtet und zum Schrecken der Anwesenden ruft, er sei angeklagt, gerichtet, verdammt. Sein Schüler Bruno flüchtet daraufhin als Einsiedler in die Wildnis:

> Allhie auff Erd / O trewer Gott /
> Schlag drein / haw / brenn / schick Angst vnd Noth /
> All Creutz vnd Peyn / mit ainem Wort /
> Schick her; allein verschon vns dort.
> [...]
> Mein Sinn steht in ein wilden Wald /
> Damit ich dort mein Seel erhalt /
> Daß es mir nit auch also geh /
> Vnd wie dem Cenodoxo gscheh.[10]

Die Überlieferung berichtet, daß 1609 in München vierzehn adelige Hofbeamte unter dem Eindruck des Schauspiels, von Seelenangst gepeinigt, wie Bruno der Welt den Rücken kehrten.
Das erste dramatische Genie in der Geschichte der deutschen Literatur, der Begründer des deutschen Kunstdra-

---

10 Diese Übersetzung in Knittelversen stammt von Joachim Meichel, 1635. Gewöhnlich wurde der Inhalt lateinischer Schuldramen den Zuschauern, die kein Latein konnten, durch schriftliche Zusammenfassungen in deutscher Sprache vermittelt, durch sogenannte Periochen und durch das den Szenen vorangestellte Argument.

mas[11] und der Vollender barocker Dramenkunst in einem, war der gelehrte Glogauer Syndikus ANDREAS GRYPHIUS (1616–1664).

Belesen in den antiken Dramatikern (Seneca, Sophokles und Euripides) und beeinflußt vom Jesuitendrama, übernahm Gryphius von dem niederländischen Rederijker[12] Joost van den Vondel (1587–1679) die Schauspielgliederung in fünf Akte, die Bemühung um die sogenannten drei Einheiten[13] von Zeit, Ort und Handlung und die dem antiken Chor nachgebildeten Reyen. Im feierlichen Schritt des von Opitz so warm empfohlenen Alexandriners zeigt Gryphius im pathetischen Stil des Welttheaters das Allgemeine am besonderen Fall hoher Häupter: *Leo Armenius / oder Jämmerlichen Fürsten-Mords Trauer-Spiel* (1652, Erstfassung 1650), *Ermordete Majestät. Oder Carolus Stuardus* (1657), *Großmüttiger Rechts-Gelehrter / Oder Sterbender Aemilius Paulus Papinianus* (1659).

Der geistige Angelpunkt all dieser Haupt- und Staatsaktionen sind die Ideen der *vanitas* (›Eitelkeit‹) und der Vergänglichkeit, ist der den Barockmenschen ängstende

11 Das Drama (griech., ›Handlung‹) ist neben Epik (vgl. Kap. 1, Anm. 19) und Lyrik (vgl. Kap. 1, Anm. 15) eine der drei Hauptgattungen der Dichtung. Das für die Aufführung bestimmte, in Akte oder Aufzüge und Szenen oder Auftritte gegliederte Drama oder Schauspiel bezeichnet man je nach Ausgang als ›Tragödie‹ (›Trauerspiel‹), ›Komödie‹ (›Lustspiel‹) oder ›Tragikomödie‹.

12 ›Rederijkers‹ (von frz. *rhétoriqueurs*) hießen die Mitglieder der holländischen Rednerkammern am Ende des 14. Jahrhunderts, später alle Dichterrhetoren.

13 Aristoteles verlangte in seiner Poetik für die Tragödie eine abgeschlossene Handlung ohne zerstreuende Episoden. Handlungs- und Aufführungsdauer der griechischen Dramen maßen einen Sonnentag; der Schauplatz blieb, bedingt durch die ständige Anwesenheit des Chores auf der Bühne, unverändert derselbe. – Die Renaissance-Poetiken übernahmen diese praktischen Gepflogenheiten, die später von den französischen Klassikern (Corneille, Racine, Molière) zum Gesetz erklärt wurden. – Als Gottsched die drei Einheiten auch für das deutsche Drama zur verbindlichen Regel erheben wollte, widersprach Lessing in seiner *Hamburgischen Dramaturgie* (1767–69), vgl. S. 73 f.

Gegensatz zwischen Zeit und Ewigkeit. Weil Gryphius vorführen möchte, wie der Mensch durch tugendhaften Verzicht auf zeitliche Güter ewigen Lohn erringen kann, steigert er seine Tugendtragödien zu Märtyrertragödien, in denen die Helden stets und unbeirrbar im Hinblick auf die Ewigkeit handeln. Am Anfang des Trauerspiels *Catharina von Georgien. Oder Bewehrete Beständigkeit* (1651) heißt es: »Der Schauplatz lieget voll Leichen-Bilder / Cronen / Zepter / Schwerdter etc. Vber dem Schau-Platz öffnet sich der Himmel / vnter dem Schau-Platz die Helle. Die Ewigkeit kommet von dem Himmel / vnd bleibet auff dem Schau-Platz stehen.« Die allegorische[14] Figur rät dem Zuschauer, er möge wie die Heldin des Stückes alles Vergängliche verlachen:

Die Königin Catharina weigert sich standhaft, ihren christlichen Glauben aufzugeben und den mächtigen Schah Abas von Persien, der sie schon acht Jahre gefangenhält, zum Gatten zu nehmen. Viel lieber stirbt sie in der Nachfolge Christi den Martertod, den Gryphius als Höhepunkt des Dramas in schauerlicher Ausführlichkeit beschreibt. Dem physischen Untergang der Heldin entspricht das moralische Verderben ihres Peinigers, dem die Tote als Rachegeist erscheint.

Das Trauerspiel *Cardenio und Celinde, Oder Unglücklich Verliebete* (1657) ist insofern bemerkenswert, als es von den poetologischen Grundsätzen der Zeit (vgl. Opitz, Kap. 3a) abweicht und dadurch zu einem Zwischenglied zwischen barocker Staatstragödie und bürgerlichem Trauerspiel wird. »Die Personen«, entschuldigt sich Gryphius im Vorwort, »[...] sind fast zu niedrig vor ein Traur-Spiel [...], die Art zu reden ist gleichfalls nicht viel über die gemeine

---

14 ›Allegorie‹ (von griech. *allegorein* ›anders, d. h. bildlich reden‹) ist ein Begriff der antiken Rhetorik. Das Wort bezeichnet die sinnbildliche Darstellung (meist Personifizierung) einer abstrakten Idee. Im Gegensatz zum Symbol, das stellvertretend auf das Gemeinte hindeutet (vgl. Kap. 1, Anm. 31), »ist« die Allegorie das Gemeinte selbst.

[...].« Gryphius begründet den Bruch der sogenannten Ständeklausel und das untragische Ende mit dem Hinweis, es handle sich hier um eine »warhaffte Geschichte«. Den Inhalt betreffend sagt er: »Mein Vorsatz ist zweyerley Liebe: Eine keusche / sitsame vnd doch inbrünstige in Olympien: Eine rasende / tolle vnd verzweiffelnde in Celinden, abzubilden.« – Cardenio, zunächst der Liebesraserei verfallen, wird durch Olympia, die ihm als Totengerippe erscheint, zur Vernunft gebracht. Nicht minder erfolgreich wirkt die Gespensterkur auf Celinde. Die liebestolle Hetäre wendet sich schließlich dem Himmel zu und schwärmt im Chor der Weltverächter: »Wol dem / der jeden Tag zu seiner Grufft bereit!«

Der episch-deklamatorische Stil macht den Text, für den es damals noch keine öffentlichen Bühnen gab, vorzüglich zum Lesevortrag geeignet. Andererseits birgt gerade die rhetorische Überhöhung die Gefahr, in leeres Pathos und barocken Schwulst zu verfallen. Gryphius selbst nimmt solche Überspanntheit der Sprache in seinen Komödien aufs Korn. In dem »Schimpff-Spiel« *Absurda Comica oder Herr Peter Squentz* (1658) heißt es:

> Verschraubet euch durch Zuthuung euer Füsse vnd Niederlassung der hindersten Oberschenckel auff herumbgesetzte Stühle / schlüsset die *Repositoria* euers gehirnes auff / verschlisset die Mäuler mit dem Schloß deß Stillschweigens / setzt eure 7. Sinnen in die Falten / Herr Peter Squens (*cum titulis plenissimis*) hat etwas nachdenckliches anzumelden.

Der Schulmeister will mit seiner meistersingerhaften Laienbühne Ovids Liebesgeschichte von Pyramus und Thisbe vor der königlichen Familie aufführen. Durch banausischen Dilettantismus gerät das Spiel im Spiel zu einer Rüpelposse, in der die grobe Gemeinsprache der Handwerker den überkandidelten Theaterschwulst auf Schritt und Tritt bloßstellt.[15]
Auch das Scherzspiel von *Horribilicribrifax* (1663) bezieht

15 Der Stoff ist bekannt aus Shakespeares *Sommernachtstraum*.

seine komische Wirkung aus typisierendem Sprachkauder-
welsch.

Daniel Casper von Lohenstein (1635–1683) steigerte die
Eigenart des barocken Trauerspiels zum Manierismus; d. h.,
der innere Zwiespalt zwischen Zeit und Ewigkeit, Glücksverlangen und Verhängnis, Leidenschaft und Vernunft, der
bei Gryphius vor allem auf ethisch-religiöse Besinnung
zielte, wurde nun bei Lohenstein um spektakulärer Wir-
kungen willen in opernhaftem Schaugepränge und in prunk-
voller Rhetorik veräußerlicht. Die mit Metaphern, Emble-
men und Allegorien überladenen, meist bluttriefenden oder
sentimentalen Staatsaktionen waren bei den Zeitgenossen
so beliebt, daß man Lohenstein mit den größten Dramatikern der Antike verglich. Doch wenige Jahre nachdem
die exotischen Heldinnen der »afrikanischen Trauerspiele«
Cleopatra (1661, zweite Fassung 1680) und *Sophonisbe*
(1680) nicht nur ihre Gegenspieler, die römischen Staats-
männer, sondern auch Zuschauer und Leser bestrickt hatten,
bahnte sich ein Stilwandel an, in dessen Licht Lohensteins
Verdienste gering schienen: Seit der Aufklärung wurden
Lohensteins Dramen als barocker Schwulst verschmäht.
Erst in jüngster Zeit beginnt man, diesen Rhetor und Dramatiker geschichtlich zu sehen und gerechter zu beurteilen.

c) Die Lyrik

Die Eigenheiten des literarischen Barock entfalten sich besonders anschaulich in der Lyrik. Gute Beispiele für die
repräsentative Gesellschaftsdichtung im hohen Stil findet
man bei Georg Rudolf Weckherlin (1584–1653), der wie
Opitz in diplomatischen Diensten stand und viele Auftrags-
werke und Gelegenheitsgedichte für höfische Feste und
fürstliche Ehrungen verfaßte. Seiner Dichtungstheorie entsprechend (vgl. Kap. 3a) bemühte sich Martin Opitz (1597
bis 1639) um beispielhaft regelmäßig alternierende Verse

und bezahlte, trotz mancher gelungener Gedichte, die neue Glätte nicht selten mit rhythmischer Eintönigkeit (vgl. das Gedicht »Jetzund kömpt die Nacht herbey«). Die von Opitz in die deutsche Literatur eingeführte Schäferdichtung blühte unter GEORG PHILIPP HARSDÖRFFER (1607–1658), der in Nürnberg den Orden der »Pegnitzschäfer« gründete. In Hamburg gründete JOHANN RIST (1607–1667) den »Elbschwanenorden« und sang:

> O wie selig ist zu schätzen,
> Der in seinem Hüttelein
> Auf gut schäferisch sich ergetzen
> Und sein eigner Herr kann sein.

PHILIPP VON ZESEN (1619–1689), der Gründer der »Deutschgesinnten Genossenschaft« in Hamburg, glänzte mit äußerst musikalischen Versen voller Binnenreime und Assonanzen:

> Glimmert, ihr Sterne, schimmert von ferne
> Blinkert nicht trübe, flinkert zu liebe
> Dieser erfreulichen, lieblichen Zeit.
> Lachet ihr Himmel, machet Getümmel,
> Regnet uns Segen, segnet den Regen
> Der uns in Freude verwandelt das Leid.

CHRISTIAN HOFMANN VON HOFMANNSWALDAU (1617–1679) besang Liebe und Vergänglichkeit und bewies seine Könnerschaft mit langen Bilderketten und Vergleichsreihen z. B. »Auff ihre schultern«. Die »Vergänglichkeit der schönheit« diente dem ehrbaren Breslauer Stadtrat dabei zur dialektischen Steigerung der Erotik:

> Es wird der bleiche tod mit seiner kalten hand
> Dir endlich mit der zeit umb deine brüste streichen [. . .].

Man vergleiche auch die Bilderflut in dem Gedicht »Die Welt«! Als Gipfel spätbarocker Umschreibungssucht erfreut den heutigen Leser das »Allegorisch Sonett« eines unbekannten Verfassers:

> Amanda, liebstes Kind, du Brustlatz kalter Herzen, [usw.].

Wohl ernst gemeint, wog die Bedeutung der sprachspiele-
rischen galanten Dichtung leicht:

> Das Herz ist weit von dem, was eine Feder schreibet,
> Wir dichten ein Gedicht, daß man die Zeit vertreibet,
> In uns flammt keine Brunst, obschon die Blätter brennen
> Von bebender Begier – Es ist ein bloßes Nennen [...][16]

bekennt SIGMUND VON BIRKEN (1626–1681).
Der im Schwulst ausufernden barocken Form steht der
knappe Sinnspruch gegenüber:

> Wie wilstu weisse Lilien zu rothen Rosen machen?
> Küß eine weisse Galathe: sie wird erröthet lachen.

FRIEDRICH VON LOGAU (1604–1655), von dem dieser Sinnspruch stammt, sammelte *Deutscher Sinn-Gedichte drey
Tausend* (1654) unter dem Pseudonym[17] Salomon von
Glogau. JOHANN SCHEFFLER, genannt Angelus Silesius (1624
bis 1677), ist bekannt durch seinen *Cherubinischen Wan-
dersmann* (1674), »Geistreiche Sinn- und Schlußreime« mit
vorwiegend religiösem Inhalt:

> Mensch werde wesentlich: denn wann die Welt vergeht,
> So fält der Zufall weg, daß wesen daß besteht.

> Ich weiß daß ohne mich GOtt nicht ein Nu kan leben,
> Werd' ich zu nicht Er muß von Noth den Geist auffgeben.

Überzeugend klingen all jene Lyriker des Barock, die die
schulgerechte Artistik und die formelhaften Versatzstücke
der Sprache in den Dienst eines unverwechselbar eigenen
Ausdruckes stellen konnten. Dies gelang vor allem PAUL

---

16 Wenn der Satz nicht wie beim Zeilenstil mit dem Vers endet, sondern in den folgenden Vers oder in die folgende Strophe reicht,
so nennt man das ›Zeilensprung‹ oder ›Enjambement‹.

17 Das Pseudonym (von griech. *pseudein* ›täuschen‹ und *onyma* ›Name‹) ist ein Deckname: Salomon von Glogau für Logau, Angelus
Silesius statt Scheffler. Der Augustinermönch und wortgewaltige
Wiener Hofprediger Ulrich Megerle (1644–1709) nannte sich mit
seinem Klosternamen Abraham a Sancta Clara; Novalis ist Friedrich
von Hardenberg, Jean Paul heißt eigentlich Johann Paul Friedrich
Richter usw. Vgl. Raimund, Gotthelf und Lenau.

FLEMING (1609–1640), SIMON DACH (1605–1659) und AN-
DREAS GRYPHIUS (1616–1664), der in seinen Mahngedich-
ten »Es ist alles eitel«, »Menschliches Elende«, »Tränen des
Vaterlandes / anno 1636«, »Die Hölle« und in den »Kirch-
hofsgedanken« die Schattenseite des Lebens mit düsteren
Farben malt. Innigere Töne fanden die Kirchenlieddichter
FRIEDRICH VON SPEE (1591–1635) und PAUL GERHARDT
(1607–1676). Mit innerer Folgerichtigkeit verwandelten sie
Luthers ›Wir‹-Lied der bekennenden Gemeinde zum ›Ich‹-
Lied der gläubigen Einzelseele.
Opitz, Logau, Dach, Fleming, Gryphius, Hofmannswaldau,
Scheffler – die meisten der großen Barocklyriker kamen
aus Schlesien; so auch JOHANN CHRISTIAN GÜNTHER (1695
bis 1723) am Ende der Epoche. Seine Gedichte sind dem
Schwulst bereits so fern und so voll persönlicher Leidenschaft, daß man in dem Frühverstorbenen einen unmittelbaren Vorläufer Goethes sehen wollte. Goethe selbst nennt
Günther »ein entschiedenes Talent, begabt mit Sinnlichkeit,
Einbildungskraft, Gedächtnis, Gabe des Fassens und Ver-
gegenwärtigens, fruchtbar im höchsten Grade«. – Aus dem
Vaterhaus verstoßen, den eigenen Leidenschaften ausgeliefert, war Dichtung Günthers einzige wirtschaftliche und
seelische Lebensgrundlage. Und gerade der enge Zusammenhang zwischen Leben und Werk macht Freude, Not
und Vergänglichkeit beider in Günthers Gedichten er-
schütternd wahrhaftig.

d) Der Roman

Die epische Großform des Romans[18] ist verhältnismäßig
jung. Ihr Vorläufer war das höfische Versepos (*Parzival,
Nibelungenlied, Tristan* usw., vgl. Kap. 1c), das am Ende
des Mittelalters, in Prosa aufgelöst, als Volksbuch (vgl.

18 Das Wort ›Roman‹ kommt aus dem Französischen. Es bezeichnet
im 12. Jahrhundert alles volkssprachliche Schrifttum in der ›lingua

S. 37 f.) und als sogenannter Artus- oder Ritterroman fort-
lebte. Unter dem Einfluß des spanischen Amadis-Romans[19]
entwickelte sich der Ritterroman im Barock zum heroisch-
galanten Roman. Das erfolgreichste Beispiel ist *Die asia-
tische Banise oder das blutig- doch mutige Pegu* (1689) von
HEINRICH ANSHELM VON ZIGLER UND KLIPHAUSEN (1663
bis 1696), die ungeheuer stoffreiche Geschichte eines Staats-
streichs in Hinterindien.

Während das Epos ein idealtypisches Gesamtbild seiner
Zeit und Gesellschaft vorzustellen versuchte, verengte der
Roman den Blickwinkel auf das persönliche Einzelschick-
sal. Hinter der Maske naturverbundener Hirten in arkadi-
schen Idyllen[20] tauchen im Schäferroman sehr persönliche,
oft autobiographische Züge auf. PHILIPP VON ZESENS (1619
bis 1689) *Adriatische Rosemund* (1645) kann hier als Beispiel dienen. Das Vergnügen an den barocken Romanen
steigt beim heutigen Leser, wenn die heroisch-galanten
oder schäferlichen Selbststilisierungen der Gesellschaft durch
ihren Außenseiter, den Schelm, gesehen und beschrieben
und das Alamodewesen damit in Frage gestellt wird.[21]
JOHANN MICHAEL MOSCHEROSCH (1601–1669) verband in
den *Gesichten Philanders von Sittewald* (1642) diese aus
Spanien stammende Form des Schelmenromans mit Formen
der volkstümlichen Literatur aus dem 16. Jahrhundert: mit

romana‹ im Gegensatz zum Gelehrtenlatein. Die Bedeutung verengte sich im 13. Jahrhundert auf ›dichterisches Prosaschrifttum‹.
Mit dieser Bedeutung kam das Wort im 17. Jahrhundert in die
deutsche Sprache.

19 Amadis (Amadeus) hieß der Titelheld eines in ganz Europa verbreiteten Ritter- und Abenteuerromans des 16. Jahrhunderts.

20 Das Idyll (von griech. *eidyllion* ›Bildchen‹ oder ›kleines Gedicht‹)
schildert wie die spätantike bukolische Dichtung und die barocke
Schäferdichtung friedvoll-bescheidenes, ländliches Leben empfindsamer Menschen. (Vgl. Geßner, S. 67 f.)

21 Der Schelmenroman ist ein Abenteuerroman. Sein ruheloser Held,
der Picaro (span., ›Schelm‹), ist, wie Grimmelshausens Landstörzer
Simplicissimus (vgl. S. 61 f.), meist von dunkler oder niederer Herkunft; er schlägt sich mit zweifelhaften Mitteln durch das Leben
und beurteilt die von unten beobachtete Gesellschaft als satirischer
Außenseiter.

Narrenspiegel, Ständesatire und Schwank.[22] Philanders zeitkritische Gesichte sind locker gereihte Stationen einer Höllenwanderung in Anlehnung an die *Sueños* (1635) des Spaniers Quevedo. Im zweiten Teil befreit sich Moscherosch ganz von dieser Vorlage und verwickelt Philander selbst in die Handlung. Im Sinne der patriotischen Sprachgesellschaften muß sich Philander vor Ariovist, Wittekind und anderen germanischen Fürsten wegen neumodischer Unsitten verantworten. Die Helden bezweifeln, daß der »Teutschling« mit den welschen Hof- und Gelehrtenmoden ihr Enkel ist. Ariovist fragt den Verfasser der satirischen Gesichte: »[...] ist euch das Wälsche Gewäsch mehr angelegen als die Mannliche Heldensprach ewrer Vorfahren?« Doch im letzten Gesicht wird der »Mischmäscher« Philander durch Gutachten von Mitgliedern der »Fruchtbringenden Gesellschaft« (vgl. Kap. 3a) rehabilitiert.

Moscherosch gilt als unmittelbarer Vorläufer des Hans Jakob Christoffel von Grimmelshausen – nicht zuletzt, weil der Weltgucker Philander im vorletzten Gesicht, von Reitern verschleppt, zum Soldatenleben gezwungen wird. Grimmelshausen wurde 1621/22 in Gelnhausen geboren. Bei der Zerstörung der Stadt durch die Kroaten floh der Zwölfjährige nach Hanau. Ein Jahr darauf geriet er in hessische Gefangenschaft und zog von da an als Troßbub, Musketier und Regimentsschreiber, dem wechselnden Kriegsglück folgend, bald unter kaiserlichen, bald unter schwedischen Fahnen während der zweiten Hälfte des Dreißigjährigen Krieges durch Deutschland. Nach Kriegsende heiratete er und ließ sich als Gutsverwalter und Gastwirt im Badischen nieder, wo er 1676 als Schultheiß von Renchen starb.

Was Grimmelshausen erlebt und was er gelesen hatte, verarbeitete er planvoll und mit großem erzählerischen Geschick zu einem einzigartigen Zeitgemälde, dem Schelmenroman *Der abentheurliche Simplicissimus Teutsch* (1669).

---

22. Vgl. Brants *Narrenschiff*, S. 35 f.; *Eulenspiegel* usw., S. 38.

Der Knabe Simplicissimus beginnt sein Leben im ersten Buch als Einsiedler, als reiner Tor wie Parzival. Das dritte Buch zeigt den Jüngling als »Jäger von Soest« auf dem Höhepunkt äußerer Erfolge und auf dem Tiefpunkt moralischer Bedenkenlosigkeit. Im fünften Buch entsagt der gereifte Mann der eitlen Welt, um wieder Einsiedler zu werden. Allerdings bricht Simplicissimus in einem angehängten sechsten Buch erneut zur Weltreise auf. Diese *Continuatio* (1669) stellt die Tektonik[23] des Romans in Frage und läßt bezweifeln, daß Grimmelshausen einen zielgerichteten Entwicklungsroman unter dem Motto »nosce te ipsum« (»erkenne dich selbst«) schreiben wollte. Simplicissimus entfaltet sich weder stufenweise wie Parzival noch kontinuierlich wie Wilhelm Meister, sondern bleibt, trotz des Mottos, »ein Ball des unbeständigen Glücks«. Die stoffliche Ausweitung des Romans in einer Reihe simplizianischer Schriften, etwa in *Trutz Simplex Oder Ausführliche und wunderseltzame Lebensbeschreibung der Ertzbetrügerin und Landstörtzerin Courasche* (1670) und *Der seltzame Springinsfeld* (1670), verweist auf die Anfügung als erzählerisches Baugesetz bei Grimmelshausen.

Bei CHRISTIAN REUTER (1665 – um 1712) gehört diese volkstümliche, reihende Erzählweise bereits zur bewußten Selbstdarstellung des Helden. In der »warhafftigen curiösen und sehr gefährlichen Reisebeschreibung zu Wasser und Lande«, einer glänzenden Parodie[24] des höfischen Abenteuerromans, erzählt *Schelmuffsky* (1696) immer wieder

---

23 Der Begriff ›Tektonik‹ bezeichnet den geschlossenen, symmetrischen Aufbau eines Kunstwerkes, als Folge eines strengen Formwillens – im Gegensatz zur offenen Form; hier die vermeintliche Zentralkomposition der Buchanordnung. Vgl. über den Dramenaufbau S. 122.

24 Die Parodie (griech., ›Gegengesang‹) verspottet ernstgemeinte Dichtung durch übertreibende, verzerrende Nachahmung des Stoffes unter Beibehaltung der äußeren Form. So übertreibt Reuter die Abenteuer des höfischen Romans und verwandelt das Heroisch-Galante ins Grobianistische und Gemeine. Die äußere Form, hier der höfische Brief, bleibt dabei als wirkender Gegensatz unverändert.

die unerhörte Geschichte von seiner Geburt, um jedermann zu überzeugen, daß er einer »von den bravsten Kerlen der Welt wäre«, schließlich findet jeder: »[...] es siehet ihn was rechts aus seinen Augen.« Die erste Dame, die ihm begegnet, wird schwach vor seinem Charme und schreibt höfisch, doch unverhohlen:

> Anmuthiger Jüngling.
> Woferne Euchs beliebet diesen Abend noch mein Zimmer zu besehen, so lasset mir durch gegenwärtige Servante Antwort wissen. Adjeu! Eure affectionirte Dame
>> welche bey Euch heute Abend über Tische an der Ecke zur rechten Hand gesessen und manchmahl mit den Knie gestossen
>> La Charmante.

Und »in Hochteutscher Frau Mutter Sprache« berichtet der Grobian später: »Sie fraß mir vor Liebe der Tebel hohlmer bald die Schnautze weg.« – Die phantasievoll erschwindelten Reiseabenteuer sind dem indischen Großmogul gewidmet, dem Schelmuffsky bei einem Besuch die Buchführung in Ordnung gebracht hat.

4. Aufklärung (1720–1785)

a) Das neue Weltbild

Die Philosophie der Empiristen[1] und Rationalisten[2] verminderte auch in Deutschland allmählich den Einfluß dogmatischer Theologen auf das Geistesleben. Die seit Luther verbreitete Seelenangst, das dualistisch zerrissene Weltbild mit der durch den Religionskrieg unterstützten pessimistischen Weltverneinung und der bis zu Gryphius reichende Wunder- und Gespensterglaube wichen im Licht der Vernunft einem neuen Optimismus. Die im 17. Jahrhundert so vielgeschmähte Welt hielt man nun mit LEIBNIZ (1646–1716) für die »beste aller möglichen Welten«. Das Glücksstreben richtete sich jetzt auf das Diesseits, das Denken auf die Nützlichkeit. An die Stelle religiösen Bekehrungseifers traten vernünftige Belehrung und die Idee der Toleranz. Das zur Zeit des Erasmus von Rotterdam verlorengegangene Ideal der Humanität (vgl. Kap. 2b) begann sich im 18. Jahrhundert durchzusetzen. Am Ende der Epoche gab IMMANUEL KANT (1724–1804) die gern zitierte Begriffsbestimmung:

> *Aufklärung ist der Ausgang des Menschen aus seiner selbstverschuldeten Unmündigkeit. Unmündigkeit* ist das Unvermögen, sich seines Verstandes ohne Leitung eines anderen zu bedienen. *Selbstverschuldet* ist diese Unmündigkeit, wenn die Ursache derselben nicht am Mangel des Verstandes, sondern der Entschließung und des Mutes liegt, sich seiner ohne Leitung

---

1 Die Empiristen Bacon (1561–1626), Locke (1632–1704), Berkeley (1684–1753) und Hume (1711–1776) hielten die Erfahrung für die einzige Quelle menschlicher Erkenntnis.

2 Die Rationalisten Descartes (1596–1650), Spinoza (1632–1677) und Leibniz (1646–1716) gingen davon aus, daß alle menschliche Erkenntnis angeborenen, allgemein feststehenden Begriffen und Sätzen entspringe. – Kants Erkenntnistheorie hebt den Konflikt zwischen Empirismus und Rationalismus auf.

eines anderen zu bedienen. Sapere aude! Habe Mut, dich
deines *eigenen* Verstandes zu bedienen! ist also der Wahlspruch der Aufklärung.[3]

Diese durch naturwissenschaftliche Erfolge gesteigerte Wert-
schätzung der Vernunft bedrängte zwar jede Orthodoxie,
doch nicht die subjektive Herzensfrömmigkeit, die ebenso
wie der Rationalismus auf dem Grundgedanken der Toleranz baute. Wie selbstverständlich fiel daher die Verteidigung des Glaubens den Pietisten zu, den Anhängern jener
von Jacob Spener (1635–1705) ins Leben gerufenen Bewegung des deutschen Protestantismus, die sich zwischen 1670
und 1740 von der erstarrenden kirchlichen Institution löste,
um in privaten religiösen Zusammenkünften, in sogenannten Konventikeln, einen bis zur Rührseligkeit gehenden
Seelen- und Freundschaftskult zu pflegen. Man belauschte
seine Seele nach inneren Gotteserlebnissen, die dann in
schwärmerischer Erbauungsliteratur, in Autobiographien,
Briefen, Tagebüchern und ähnlichen Formen als »Bekenntnisse einer schönen Seele« (Goethe) niedergelegt wurden.
Diese Geisteshaltung, in der man oft mehr eine Ergänzung
als einen Gegensatz zum Rationalismus sah, ist später in
säkularisierter Form unter dem Namen ›Empfindsamkeit‹
in die Literaturgeschichte eingegangen. Empfindsamkeit
(1740–1780) macht das Gefühl zum Maßstab, meint das
Aufgeschlossensein für innerseelische Regungen sowie die
Bereitschaft und das Vermögen, empfundene oder beobachtete Stimmungen zu zergliedern und fein abgestuft wiederzugeben.
Für die deutsche Literatur der Aufklärungszeit waren
die geistesgeschichtlichen Strömungen des Rationalismus,
des Pietismus und der Empfindsamkeit von größerer Be-

3 Kant schrieb dies im Jahre 1784. Wie weit die menschliche Vernunft eigentlich reiche, hatte er zuvor in seiner *Kritik der reinen
 Vernunft* (1781) erörtert. Leichter lesen sich die kurze *Grundlegung
 zur Metaphysik der Sitten* (1785, Kap. 6, Anm. 21 und 32) und das
 Traktat *Zum ewigen Frieden* (1795), zwei durch zwingende Beweisführung anregende philosophische Entwürfe zur Ethik und Politik.

deutung als die stilgeschichtliche Entwicklung des Barock zum Rokoko[4]; denn die harmlose, spielerische Rokokodichtung (1730–1750) beschränkte sich in der Nachfolge des antiken Lyrikers Anakreon (6. Jh. v. Chr.) zu sehr auf das Lob der Liebe, des Weines und heiterer Geselligkeit.

b) Lehrgedicht und Lyrik

Die Vernunft, die sich vormals der theologischen Dogmatik zu beugen hatte, sucht am Anfang ihrer Freisetzung deistische Gottesbeweise.[5] Wie der Philosoph Leibniz in seiner *Theodizee* (1710) versucht der Dichter BARTHOLD HEINRICH BROCKES (1680–1747) in der vielbändigen Gedichtsammlung *Irdisches Vergnügen in Gott* (1721–48) »den Schöpfer im Geschöpf« zu erkennen. Unablässig weist Brockes auf Schönheit und Zweckmäßigkeit in der Natur, um aus der Harmonie der Welt auf einen vernünftigen Schöpfer zu schließen. Er meint:

> Wer also jederzeit mit fröhlichem Gemüt
> In allen Dingen Gott als gegenwärtig sieht,
> Wird sich, wenn Seel und Leib sich durch die Sinne freuen,
> Dem großen Geber ja zu widerstreben scheuen.

ALBRECHT VON HALLER (1708–1777), der viel von Brockes lernte, schrieb nach einer botanischen Studienreise in die Berner Bergwelt das Lehrgedicht *Die Alpen* (1729). Das oft überarbeitete Gedicht in zehnzeiligen Alexandriner-Strophen mischt in den Erlebnis- und Studienbericht kulturkritische Gedankengänge und Stilzüge der Schäferdichtung. Haller öffnet seinen Zeitgenossen die Augen für die Schön-

---

4 ›Rokoko‹, von frz. *rocaille* ›Muschel‹, einer häufigen Zierform der Rokokokunst.

5 ›Deismus‹ heißt der Glaube an einen persönlichen Gott, der nach der Schöpfung nicht mehr in den Weltlauf eingreift; im Gegensatz zum Theismus, demzufolge Gott sich heute noch und immer wundertätig wirkend offenbart.

heit des Schweizer Hochgebirges, das man bis dahin als abstoßend wild ansah, und stellt, Rousseau vorwegnehmend, das einfache Leben der Gebirgsbewohner über das bequeme naturferne Leben in den Städten. – Obgleich das Gedicht Vorbild klassizistischer Landschaftsschilderungen wurde, kritisierte Lessing im *Laokoon* (vgl. S. 75 f.) diese Art beschreibender Dichtung.

Dieselbe Kritik trifft das Lehrgedicht *Der Frühling* (1749) von EWALD VON KLEIST (1715–1759), denn auch Kleist, der sich u. a. auf Haller beruft, verfährt nach dem Grundsatz »ut pictura poesis«[6] und reiht auf einem Spaziergang hübsch geschaute Einzelbilder aneinander, ohne das betrachtende Gedicht durch eine Handlung zu einer Einheit zu verknüpfen. Dennoch fand die gefühlvolle idyllische Verklärung des Landlebens und der Natur wegen des damals noch ungewöhnlichen Hexameters[7] außerordentliche Beachtung.

Den Höhepunkt gefühlvoll beschaulicher Naturbetrachtung bilden SALOMON GESSNERS (1730–1788) *Idyllen* (1756). Geßner, der auch Landschaftsmaler und hervorragender Kupferstecher war, fand: »Es ist eine der angenehmsten Verfassungen, in die uns die Einbildungs-Kraft und ein stilles Gemüth setzen können, wenn wir uns mittelst derselben aus unsern Sitten weg, in ein goldnes Weltalter setzen.« Dementsprechend malen seine Idyllen (vgl. Kap. 3,

---

6 »Eine Dichtung ist wie ein Gemälde« (Horaz, *De Arte Poetica*, Vers 361), ein aus dem Zusammenhang gerissener Satz, der von Batteux (1713–1780) erneut in dem Sinne ausgelegt wurde, daß die Dichtung wie die Malerei die Natur nachzuahmen habe.

7 Der Hexameter ist der aus sechs Daktylen bestehende Grundvers des griechischen Epos (vgl. Homers *Ilias* und *Odyssee*). Das Schema des Verses mit katalektischem Schluß (d. h. mit unvollständigem letztem Versfuß), ⏑⏑⏑ ⏑⏑⏑ ⏑⏑⏑ ⏑⏑⏑ ⏑⏑⏑ ⏑⏑, wird um eintöniges Klappern zu vermeiden, durch Verwendung von Spondeen (Jamben mit schwerer Senkung, z. B. ›Weltschmerz‹) abgewandelt. Bei Kleist kommt zu den Spondeen (hier im ersten, dritten und vierten Takt) noch ein Auftakt hinzu: »Empfang mich, schattiger Hayn, voll hoher grüner Gewölbe! / Empfang mich! Fülle mit Ruh und holder Wehmut die Sele!«

Anm. 20) in wohllautender Prosalyrik paradiesische Landschaften, in denen sanftmütige Hirten und schöne Schäferinnen mit griechischen Namen in völliger Übereinstimmung mit einer gartenähnlichen Natur leben. Aus den abgerundeten, fein stilisierten Visionen weht der Geist der griechischen Dichter Theokrit und Longos. Schiller, der an der Form der Idyllen die Vereinigung von Natur und Geist schätzte, bedauerte zugleich ihr elegisches Moment.[8] Die Idyllen, sagt er, »stellen unglücklicherweise das Ziel *hinter* uns, dem sie uns doch *entgegenführen* sollten, und können uns daher bloß das traurige Gefühl eines Verlustes, nicht das fröhliche der Hoffnung einflößen«.

Nicht weniger wirklichkeitsfern als Geßner in den rückwärtsgewandten Idyllen sind die Anakreontiker HAGEDORN (1708–1754), GLEIM (1719–1803), UZ (1720–1796) und GÖTZ (1721–1781), die in leichten, unverbindlichen Liedern Freundschaft und heitere Geselligkeit preisen. – Hagedorn gab den Anstoß:

> Ihr Dichter voller Jugend,
> Wollt ihr bei froher Muße
> Anakreontisch singen,
> So singt von milden Reben,
> Von rosenreichen Hecken,
> Vom Frühling und von Tänzen
> Von Freundschaft und von Liebe; [so weit, so gut]
> Doch höhnet nicht die Gottheit,
> Auch nicht der Gottheit Diener,
> Auch nicht der Gottheit Tempel.
> Verdienet, selbst im Scherzen,
> Den Namen echter Weisen.

8 Das Wort ›Elegie‹ bezeichnete in der griechischen Antike jedes Gedicht in Distichen (vgl. Kap. 6, Anm. 17). Opitz, der auch für die Elegie den Alexandriner (vgl. S. 49) empfiehlt, blickt bereits auf die inhaltlich und stimmungsmäßig eingeschränkte römische Elegie zurück; er schreibt: »In den Elegien hatt man erstlich nur trawrige sachen ./ nachmals auch buhlergeschäffte / klagen der verliebten [...] vnnd dergleichen geschrieben.« In der Zeit der Empfindsamkeit erreicht die wehmütig klagende Dichtung mit Klopstock ihren Höhepunkt.

Gleim erfüllte das Programm mit stets neuer »Einladung zum Tanz«:

> Kein tödliches Sorgen
> Beklemmet die Brust!
> Mit jeglichem Morgen
> Erwach ich zur Lust.
> Hier unter den Reben,
> Die Bacchus gepflanzt,
> Mir Schatten zu geben,
> Sei heute getanzt!

Freund Uz stimmt ein:

> Seht den holden Frühling blühn!
> Soll er ungenossen fliehn?
> Fühlt ihr keine Frühlingstriebe?
> Freunde, weg mit Ernst und Leid!
> In der frohen Blumenzeit
> Herrsche Bacchus und die Liebe.

Und so geschah es denn auch – zumindest dem Wort nach in dieser harmlosen, aber langlebigen Modelyrik, die im Biedermeier noch einmal wiederkehren sollte.

Der bekannteste und beliebteste Dichter um die Mitte des 18. Jahrhunderts war CHRISTIAN FÜRCHTEGOTT GELLERT (1715–1769). Gellert, der nach einer wissenschaftlichen Abhandlung über die Theorie der Fabel[9] in Leipzig Professor der Poesie, Eloquenz und Moral wurde, bewies mit seinen *Fabeln und Erzählungen* (1746 und 1748), daß er die von Äsop (6. Jh. v. Chr.) und La Fontaine (1621 bis 1695) zu uns gekommene Gattung auch praktisch im Griff hatte. Seine 143 Versfabeln erzählen in paarweise gereimten Jamben kleine Begebenheiten, die häufig in einer Nutzanwendung münden. Diese Moral klingt bei Gellert

---

9 Das Wort ›Fabel‹ (von lat. *fabula* ›Erzählung‹) bezeichnet zunächst das Handlungsgerüst dramatischer und epischer Dichtungen; im engeren Sinne ist die Fabel eine kurze Vers- oder Prosaerzählung, die, häufig durch menschlich handelnde Tiere, eine Lebensweisheit oder einen Moralsatz lehrhaft veranschaulicht.

nie gebieterisch, sondern ist immer als eingängige Empfeh-
lung formuliert, so wie Kritik und Spott bei ihm nie verletzen. Die Form der Fabel entsprach dem aufklärerischen
Bedürfnis nach unterhaltender Belehrung; der bis in heu-
tige Lesebücher reichende Ruhm Gellerts gründet aber
vor allem auf jener Liebenswürdigkeit und dem in Deutschland seltenen Geschick, große Kunstfertigkeit mit volkstümlicher Schlichtheit zu verbinden.

Auf dem Hintergrund der erbaulichen, empfindsamen, ver-
spielten oder moralisch-vernünftelnden Poesie der Zeit
wirkte Klopstocks Lyrik wie eine Offenbarung. FRIEDRICH
GOTTLIEB KLOPSTOCK (1724–1803) fühlte sich wie Johann
Christian Günther (vgl. Kap. 3c) zur Dichtung berufen.
Doch wußte er anders als Günther dieser Berufung unbe-
dingte Geltung zu verschaffen. Bereits als Schüler faßte
Klopstock den Plan zu einem Epos, das ihm die Unsterblichkeit eines Homer oder Milton verleihen sollte; und
tatsächlich machten die ersten beiden Gesänge des *Messias*
(1748–73) den kaum dreißigjährigen Klopstock über
Deutschlands Grenzen hinaus berühmt und sicherten ihm
die Lebensgrundlage als erstem deutschen Berufsdichter.
Klopstock, der sich ganz als priesterlichen »Sänger des
Herrn« verstand und daraus ein bisher nie gekanntes
Selbstbewußtsein der Dichterwürde ableitete, verdankt seine
bahnbrechende Wirkung allerdings weniger dem *Messias*
als den frühen *Oden* und Elegien. In diesen seit 1748 erschienenen und 1771 gesammelten Gedichten fallen nicht nur
zum erstenmal seit Günther wieder geistiges Erleben und
Dichten zusammen, vielmehr entdeckt Klopstock hier die
Lyrik als eine rhythmische Bewegung, die sich von allen
vorgegebenen Regeln zu befreien vermag. Über Hexameter und Ode[10] findet er, zuerst 1754 in dem Gedicht

10 Die Ode (griech., ›Gesang‹) behandelt erhabene Inhalte in würde-
vollem, feierlichem Ton mit verhaltenem Pathos. Die meist reim-
losen Strophen haben einen festgelegten metrischen Aufbau. Klopstock verwendet in der Ode »Der Zürchersee« die asklepiadeische
Strophe:

»Die Genesung«, den Weg zu den freien Rhythmen, die reimlos und unabhängig von festen Metren und Strophenformen, unmittelbar dem Gefühl folgen.

Klopstock befaßt sich in seinen Gedichten ausschließlich mit erhabenen Gegenständen, mit Gott, Freiheit und Vaterland, mit Unsterblichkeit, Natur und Freundschaft. Das wirklich Gegebene ist ihm dabei jeweils nur Ausgangspunkt für den irrationalen Flug der Begeisterung und der Ergriffenheit. Die »Elegie« auf die künftige Geliebte, die Gedichte »Der Zürchersee«, »Das Rosenband«, »Die Frühlingsfeier«, »Die frühen Gräber« und die Ode auf den »Eislauf« zeigen unter anderem jene erste rückhaltlose Aussprache hymnisch gesteigerter Empfindungen, die den nachfolgenden Lyrikern Mut machte, hinter modischen Klischees hervorzutreten.

c) Poetik und Drama

Der erste Literaturtheoretiker der Aufklärungszeit war der Leipziger Professor für Philosophie und Dichtkunst JOHANN CHRISTOPH GOTTSCHED (1700–1766). Er schrieb 1730 den *Versuch einer Critischen Dichtkunst vor die Deutschen*, »Darinnen erstlich die allgemeinen Regeln der Poesie, hernach alle besondere Gattungen der Gedichte, abgehandelt und mit Exempeln erläutert werden: Überall aber gezeigt wird Daß das innere Wesen der Poesie in einer Nachahmung der Natur bestehe«.

Schön ist, Mutter Natur, deiner Erfindung Pracht
Auf die Fluren verstreut, schöner ein froh Gesicht,
    Das den größen Gedanken
        Deiner Schöpfung noch *einmal* denkt.

Hölderlin (vgl. S. 128 f.), mit dem die deutsche Odendichtung einen zweiten Gipfel erreicht, verwendet in der Ode »An die Parzen« die ältere alkäische Strophe:

Nur Einen Sommer gönnt, ihr Gewältigen!
    Und einen Herbst zu reifem Gesänge mir,
        Daß williger mein Herz, vom süßen
            Spiele gesättiget, dann mir sterbe.

Als Aufklärer wendet sich Gottsched gegen den Schwulst und die wildwuchernde Phantasie der spätbarocken Opern und der volkstümlichen Stegreifspiele. Er möchte in hochsprachlichen Alexandrinern Vernunft und Geschmack, d. h. Dramen in Übereinstimmung mit den poetischen Regeln zur Geltung bringen. Seine poetischen Regeln gehen aber über das hundert Jahre ältere *Buch von der Deutschen Poeterey* (Opitz, vgl. Kap. 3a) kaum hinaus. Gottsched erhebt die drei Einheiten des Aristoteles (vgl. Kap. 3, Anm. 13) zum Gesetz und behält die äußerliche Unterscheidung zwischen Tragödie und Komödie, die Einteilung der Stilebenen (vgl. Kap. 3, Anm. 7) und auch die Ständeklausel (vgl. S. 50) bei; nur daß jetzt alles ohne Wunder oder Geister vernünftig zuzugehen hat und daß statt des Glaubens jetzt die Moral an erster Stelle steht. Gottscheds Anweisung für den Dramatiker lautet:

> Der Poet wählet sich einen moralischen Lehrsatz, den er seinen Zuschauern auf eine sinnliche Art einprägen will. Dazu ersinnt er sich eine allgemeine Fabel, daraus die Wahrheit eines Satzes erhellet. Hiernächst suchet er in der Historie solche berühmte Leute, denen etwas ähnliches begegnet ist; und von diesen entlehnet er die Namen, für die Personen seiner Fabel; um derselben also ein Ansehen zu geben. Er erdenket sodann alle Umstände dazu, um die Hauptfabel recht wahrscheinlich zu machen; und das werden die Zwischenfabeln, oder Episodia nach neuer Art, genannt. Dieses theilt er dann in fünf Stücke ein, die ohngefähr gleich groß sind, und ordnet sie so, daß natürlicher Weise das letztere aus dem vorhergehenden fließt [...].

So trocken wie diese Anweisung geriet denn auch das Musterstück *Sterbender Cato* (1731), das Gottsched aus zwei zeitgenössischen Cato-Dramen zusammenbastelte. Dennoch war das Stück sehr erfolgreich und half dem Literaturprofessor in praktischer Zusammenarbeit mit der Theaterdirektorin Caroline Neuber (1697–1760), der herabgekommenen Schauspielkunst beim bildungsbeflissenen Bürger neues Ansehen zu verschaffen. Gottscheds und der

Neuberin Theaterreform, die in einer Vertreibung des Hanswurst ihren symbolischen Ausdruck fand, führte Literatur und Bühne wieder zusammen und gab dem damals allzu leichtgenommenen Geschäft der Komödianten Ernst und Würde.

Widerspruch erfuhr Gottsched zuerst 1740 von den Zürichern BODMER (1698–1783) und BREITINGER (1701–1776). Die Schweizer meinten, Dichtung wende sich keinesfalls ausschließlich an den Verstand, sondern auch an das Gemüt; darum gehe es nicht an, die Einbildungskraft auf die wirkliche Welt zu beschränken, vielmehr sei es das Vorrecht der dichterischen Phantasie, auch in nur denkbare Welten vorzudringen, solange sich das Wunderbare in der Poesie mit dem Wahrscheinlichen verbinde.

GOTTHOLD EPHRAIM LESSING (1729–1781) beginnt seinen berühmten *17. Literaturbrief* (1759) mit den Worten:

> »Niemand«, sagen die Verfasser der Bibliothek[11], »wird leugnen, daß die deutsche Schaubühne einen großen Teil ihrer ersten Verbesserung dem Herrn Professor *Gottsched* zu danken habe.«
>
> Ich bin dieser Niemand; ich leugne es geradezu. Es wäre zu wünschen, daß sich Herr *Gottsched* niemals mit dem Theater vermengt hätte.

Lessing, der seine Laufbahn als Dramatiker selbst mit einer bei der Neuberin uraufgeführten Typenkomödie im französischen Stil begonnen hatte, wirft Gottsched die Abhängigkeit von den französischen Klassizisten Corneille, Molière und Racine vor, denn er hat erkannt, daß das Genie und die Leidenschaftlichkeit Shakespeares dem deutschen Wesen und Geschmack weit besser entsprechen als das rationalistische, französierende Theater.

In den 52 Theaterkritiken, die Lessing während seiner Arbeit am Hamburger Nationaltheater schrieb und unter

---

11 Gemeint ist die 1757 von Nicolai (1733–1811) gegründete und 1759 von Weiße (1726–1804) herausgegebene Zeitschrift *Bibliothek der schönen Wissenschaften und freien Künste.*

dem Titel *Hamburgische Dramaturgie*[12] (1767–69) veröffentlichte, wird die Kritik an Gottsched und den französischen Klassizisten fortgeführt; sie mündet in eine grundsätzliche Erörterung der Dramenkunst.

Lessing weist nach, daß Corneille die Poetik des Aristoteles
erst nach Beendigung seines Dramenwerkes gelesen und den
alten Theoretiker, auf den sich die Franzosen als Autorität
beriefen, zur eigenen Rechtfertigung falsch ausgelegt hat. –
Aristoteles definierte:

> Die Tragödie ist die Nachahmung einer edlen und abgeschlos
> senen Handlung von bestimmter Größe in gewählter Rede,
> derart, daß jede Form der Rede in gesonderten Teilen er
> scheint und daß gehandelt und nicht berichtet wird und daß
> mit Hilfe von Mitleid und Furcht eine Reinigung von eben
> diesen Affekten bewerkstelligt wird.[13]

Die Furcht, erläutert Lessing, meint hier nicht, wie Corneille
es wollte, den Schrecken *vor* dem dramatischen Helden,
nicht ein Gruselmoment (*terreur*), das wahlweise und unabhängig vom Mitleid eingesetzt werden kann, sondern
gemeint ist die Furcht *für* den Helden aus einer unlösbar
mit dem Mitleiden verbundenen Sorge des Zuschauers um
sein eigenes Schicksal:

> [...] es ist die Furcht, welche aus unserer Ähnlichkeit mit der
> leidenden Person für uns selbst entspringt; es ist die Furcht,
> daß die Unglücksfälle, die wir über diese verhänget sehen,
> uns selbst treffen können; es ist die Furcht, daß wir der
> bemitleidete Gegenstand selbst werden können. Mit einem
> Worte: diese Furcht ist das auf uns selbst bezogene Mitleid.

Das Mitleid setzt einen Helden voraus, der unverdient
leidet, die Furcht einen Helden, mit dem sich der Zuschauer
identifizieren kann. Darum verwirft Lessing mit Aristoteles
den »völligen Bösewicht«, aber auch den passiven Märtyrer
als dramatischen Helden. – Da das dramatische Spiel seine

---

12 ›Dramaturgie‹ heißt der auf das Drama bezogene Teil der Poetik.
13 Das griechische Wort für den umstrittenen Vorgang der Reinigung
   heißt ›Katharsis‹.

Wirkung aus der Identifikation des Zuschauers mit dem Helden zieht, kommt es überdies auf die Glaubwürdigkeit der Handlung an. Und nur insofern sie die Glaubwürdigkeit unterstützen, haben die drei Einheiten für Lessing Bedeutung. Schlüssigkeit der Handlung, Natürlichkeit der Charaktere und Folgerichtigkeit in allen Beweggründen sind ihm wichtiger als die strenge Wahrung der Einheit von Ort und Zeit. Lessing zeigt, daß gerade die krampfhafte Bemühung der Franzosen um die Einheit von Ort und Zeit zu unglaubwürdigen Verrenkungen im Handlungsablauf geführt haben, ein Grundfehler, der dem dramatischen Genie Shakespeare niemals unterlaufen wäre.

So gründlich wie Lessing in der *Hamburgischen Dramaturgie* die herrschende Meinung über die aristotelischen Dramenregeln überprüfte, so gründlich untersuchte er in der Schrift mit dem Titel *Laokoon oder Über die Grenzen der Malerei und Poesie* (1766) die Nachahmungstheorie, die aus der Poetik des Horaz erwachsen war (vgl. Kap. 4, Anm. 6).

JOHANN JOACHIM WINCKELMANN (1717–1768), dessen *Gedanken über die Nachahmung der griechischen Werke in der Malerei und Bildhauerkunst* (1755) die Griechenbegeisterung der deutschen Klassik prägte, hatte, mit einem Seitenhieb auf Vergil, darauf hingewiesen, daß der Laokoon[14] des spätgriechischen Bildhauers nur seufze, während der Laokoon in der *Aeneis* laut schreie und so die »edle Einfalt und stille Größe« vermissen lasse, die das Hauptkennzeichen griechischer Meisterwerke der bildenden Kunst seien. Lessing, der dagegen anführt, daß auch in Homers Epen die Götter und Helden schreien, nimmt Winckelmanns Bemerkung zum Anlaß, nach dem Grund

14 Der trojanische Apollopriester Laokoon warnte seine Landsleute vor dem hölzernen Pferd, das die Griechen bei ihrem scheinbaren Aufbruch vor Troja zurückgelassen hatten. Bei einem Poseidonopfer am Strand werden Laokoon und seine beiden Söhne von zwei großen Schlangen erwürgt. Die Troer schlagen darauf Laokoons Warnung in den Wind und ziehen das hölzerne Pferd mit den darin versteckten Kriegern in die Stadt.

für die unterschiedliche Darstellung zu fragen. Seine Antwort lautet: nicht der künstlerische Rang bedingt den Unterschied, sondern die unterschiedliche Natur der Künste; denn Lessing schlußfolgert:

Die Anschauungsform der Malerei ist der Raum. Hauptgegenstand der Malerei sind Körper. Das Gestaltungsmittel ist das Nebeneinander von Form und Farbe. – Die Anschauungsform der Poesie dagegen ist die Zeit. Hauptgegenstand der Poesie sind Handlungen. Das Gestaltungsmittel ist das Nacheinander der gesprochenen oder geschriebenen Sprache.

Will nun der Maler Handlungen darstellen, so kann er dies »nur andeutungsweise durch Körper«, indem er einen prägnanten Augenblick, »eine sichtbare stehende Handlung«, festhält. – Will der Dichter Körper darstellen, so kann er dies »nur andeutungsweise durch Handlungen«; Beispiel: »Will uns Homer zeigen, wie Agamemnon bekleidet gewesen, so muß sich der König vor unsern Augen seine völlige Kleidung Stück vor Stück umtun; [...]. Wir sehen die Kleider, indem der Dichter die Handlung des Bekleidens malet.«

So falsch in der Dichtung die Nachahmung der Natur durch handlungslose Beschreibung ist (Lessing denkt an die Gedichte von Brockes, Haller und Ewald von Kleist, vgl. Kap. 4b), so falsch wäre es in der bildenden Kunst, eine fortschreitende Handlung darzustellen. Der Schrei eines Laokoon ist in der Dichtung am Platz, weil er dort vorübergeht; in einem Bildwerk zur Dauer erstarrt, wäre dieser »transitorische Moment« viel schwerer erträglich und würde bei längerer Betrachtung unwahr wirken. – Mit seiner einleuchtenden Abgrenzung der Künste hat Lessing die auf Horaz gründenden Nachahmungstheorien seiner Zeit widerlegt und der Sturm-und-Drang-Ästhetik[15] den Weg geebnet.

---

15 ›Ästhetik‹ (griech.), ursprünglich die Lehre von den Sinneswahrnehmungen; seit Mitte des 18. Jahrhunderts die Wissenschaft von dem Schönen in Kunst und Natur.

Was Lessing als Literaturtheoretiker forderte, hatte er selbst als Dichter bereits zum Teil erfüllt. Entsprechend der Einsicht, daß sich der bürgerliche Zuschauer, um Erschütterung seines Herzens durch Furcht und Mitleid zu erfahren, mit dem dramatischen Helden identifizieren muß, hat Lessing mit der Ständeklausel (vgl. S. 50) gebrochen und 1752 mit *Miß Sara Sampson* ein bürgerliches Trauerspiel geschrieben.

Dieses nach *Cardenio und Celinde* (Gryphius, vgl. Kap. 3b) erste bürgerliche Trauerspiel verzichtet auf den höfischen Heldentypus des französierenden Theaters. Der Name im Titel verrät die Hinwendung zu englischen Vorbildern. Anstelle eines weltbewegenden mythologischen Heroismus sucht das Stück in Anlehnung an Richardsons Roman *Clarissa* (1748, deutsch 1788) und Lillos Drama *The London Merchant* (1731, deutsch 1752) den Konflikt der empfindsamen Seele. Die in Prosa verfaßte Tragödie weckt das Mitleid der Zuschauer durch den »moralisch rührenden Konflikt zwischen Tugendgehorsam und Herzenszärtlichkeit« (Benno von Wiese) und durch der Heldin innere Schönheit im Unglück:

Miß Sara, die von ihrem Geliebten Mellefont entführt worden ist, leidet wegen ihres verlassenen Vaters Gewissensbisse. Mellefonts frühere Geliebte Marwood setzt den Vater auf Saras Spur. Dieser kündigt mit seiner Ankunft den Liebenden zugleich seine Verzeihung an. Die eifersüchtige Marwood, die mit soviel Güte nicht gerechnet hat, vergiftet Sara. Doch von ihres Vaters Güte bewegt, vergibt die sterbende Sara ihrer Mörderin. Über den Tod der edlen Geliebten verzweifelt und voll Reue, daß er sie nicht geehelicht hat, richtet sich Mellefont selbst, nachdem er wie Sara seine und der Marwood Tochter Arabella der Obhut des Alten empfohlen hat.

Nicht weniger bahnbrechend als das erste bürgerliche Trauerspiel war Lessings Lustspiel *Minna von Barnhelm oder Das Soldatenglück* (1767).

Lessings frühe Lustspiele, *Der junge Gelehrte*, *Der Miso-*

gyn, Die alte Jungfer und *Der Weiberfeind*, folgen der überlieferten Form der Typenkomödie. Da wurden einseitig charakterisierte Helden, meist vor der Vernunft ihrer Diener, als Narren verlacht. Das hatte sich überlebt. Lessing mochte nicht mehr wie einst Molière auf die komische Vernichtung ausgehen. Er trat jetzt auch in der Komödie für den wirklichkeitsnäheren »gemischten Charakter« ein. In der *Hamburgischen Dramaturgie* formuliert er das neue Ziel:

> Die Komödie will durch Lachen bessern; aber nicht eben durch Verlachen; nicht gerade diejenigen Unarten, über die sie zu lachen macht, noch weniger bloß und allein die, an welchen sich diese lächerlichen Unarten finden. Ihr wahrer allgemeiner Nutzen liegt in dem Lachen selbst; in der Übung unserer Fähigkeit, das Lächerliche zu bemerken.

Lächerlich wirkt in *Minna von Barnhelm* das unbeeinflußbare Ehrgefühl des Majors von Tellheim. Doch Tellheims Beschränktheit ist keine Narrheit: sie rührt aus einem wohlbegründeten tragischen Konflikt: Der preußische Major, der im Siebenjährigen Krieg[16] für die sächsischen Stände als Bürge eintritt, verliert dabei nicht nur sein Vermögen, sondern kommt gerade durch diese Großmut in ehrenrührigen Verdacht und wird als Offizier verabschiedet. Wegen dieser Umstände löst er seine Verlobung mit Minna von Barnhelm. Das ist für ihn ein unabdingbares Gebot, das nur durch eine sachliche Ehrenrettung, wie sie am Ende des Stückes erfolgt, aufgehoben werden kann. Minnas Überredungskunst muß daran scheitern. Doch die liebenswürdige Sächsin erkennt Tellheims Befangenheit in seiner Tugendgesinnung als Schwäche und wendet gegen diesen Mangel an innerer Freiheit eine lustspielhafte List. Da

---

16 Im Siebenjährigen Krieg (1756–63) kämpften die Preußen unter Friedrich dem Großen (1712–1786) um Schlesien und die Vorherrschaft in Deutschland. Der Sachse Lessing, der die Jahre 1760 bis 1765 in preußischen Diensten als Sekretär des Generals Tauentzien in Breslau verbracht hatte, wollte mit seinem Zeitstück zur Versöhnung zwischen Preußen und Sachsen beitragen.

Tellheim nicht gegen seine Grundsätze zu bewegen ist, dreht Minna den Spieß herum. Sie selbst gibt den Verlobungsring mit der bitteren Bemerkung zurück, daß sie um Tellheims Willen enterbt worden sei. War es erst Ehrensache für den unglücklichen Tellheim, die glückliche Minna zu meiden, so ist es nun gleichfalls Ehrensache, sich mit der vermeintlich unglücklichen zu verbinden: »[...] ihr Unglück hebt mich empor, ich sehe wieder frei um mich, und fühle mich willig und stark, alles für sie zu unternehmen –«

Freilich, die List wird entdeckt, und nichts wäre durch Minnas helle Vernunft und Heiterkeit gewonnen, käme am Ende nicht als *deus ex machina*[17] das Handschreiben des Königs, das Tellheims Ehre wiederherstellt.

Problematischer ist die Tragödie der *Emilia Galotti* (1772). – Ursprünglich war es der tyrannische Dezemvir Appius Claudius, der sich (449 v. Chr.) in Virginia verliebte und seine Macht mißbrauchte, die sittsame Plebejerin ihrem Verlobten Icilius zu entreißen. Um Virginias Freiheit und Tugend zu retten, tötete der Vater Virginius seine Tochter und löste damit den Sturz der Regierung aus.

Lessing, der das Geschehen auf einen absolutistischen Kleinstaat im Italien seiner Zeit überträgt, läßt den Umsturz beiseite und richtet den Blick auf den moralisch-seelischen Zwiespalt des bürgerlichen Vaters und seiner Tochter.

Emilia fürchtet die Nachstellungen des Prinzen von Guastalla, der ihren Bräutigam Graf Appiani ermorden ließ, nicht zuletzt aus der Sorge, verführbar zu sein. Ihr Wort »Ich stehe für nichts« hat man oft getadelt und oft zu rechtfertigen versucht. – Das Rührende der Tragödie liegt in des Vaters Odoardo Bereitschaft, seiner Tochter die Bewährungsprobe abzunehmen. Odoardo wagt nicht mehr, Emilias Schicksal gelassen dem Lauf der »besten aller mög-

---

17 Der *deus ex machina* (lat., ›der Gott aus der Maschine‹) erschien in griechischen Tragödien, um in ausweglosen Konflikten durch Machtspruch zu entscheiden; daher sprichwörtlich für unmotivierte Konfliktlösungen.

lichen Welten« anheimzugeben; er wagt noch nicht den
Fürstenmord, der nach 1789 in seinem Fall verübt worden
wäre; so bleibt ihm nur der übereilt beschlossene Mord an
seiner Tochter, das heißt eine gegen ihn selbst gekehrte
Ohnmachtstat, auf die, wie Kommerell sagt, das Zwielicht
stoischen Übermenschentums fällt. Heute legt man Emilia
Galotti gern als »eines der ersten politischen Dramen der
neueren deutschen Literatur« aus und sieht in dem Stück
Lessings eindeutige »Wendung gegen feudalistische Machtanmaßung und Willkür«.

Als Lessings eigentliches Vermächtnis gilt das in Blankversen[18] geschriebene »dramatische Gedicht« *Nathan der
Weise* (1779).

Lessing hatte als Bibliothekar in Wolfenbüttel unter dem
Titel *Fragmente eines Ungenannten* (1774 ff.) religions-
kritische Schriften aus dem Nachlaß des Deisten (vgl. Anm.
5) Hermann Samuel Reimarus (1694–1768) veröffentlicht
und sich damit die heftigste Kritik strenggläubiger Theologen, vorab des Hamburger Hauptpastors Johann Melchior
Goeze (1717–1786), zugezogen. Der öffentlich ausgetragene
Streit mit Goeze, der für Lessing kein gleichrangiger Gegner
war, hatte soviel Sprengkraft, daß Lessings Dienstherr,
Herzog Karl von Braunschweig, unter dem Druck der
Kirche seinem Bibliothekar in dieser Sache das Wort verbot. Lessing aber, dem es mehr um eine triftige Kritik der
Orthodoxie ging als um den Spaß, Pastor Goeze zu foppen,
brachte das Problem im *Nathan* auf die Bühne.

Im Jerusalem der Kreuzzüge stoßen Vertreter der drei
großen Offenbarungsreligionen, Anhänger des jüdischen,
des christlichen und des mohammedanischen Glaubens, zusammen. Den Kern des sich daraus entfaltenden Ideendra-
mas bildet eine aus Boccaccios *Decamerone* (1349/53)
stammende Beispielgeschichte im dritten Akt. Der in die

---

18 ›Blankvers‹ (von engl. *blank verse*), der reimlose fünfhebige Jambus, den Lessing von Shakespeare (1564–1616) übernahm und der
durch den *Nathan* zum gebräuchlichsten Vers des deutschen Dramas wurde. Vgl. das Verszitat auf S. 81.

Verteidigung seines Glaubens gedrängte Nathan überzeugt mit dieser klug abgewandelten Parabel[19] seine Gegner, daß der Wert geoffenbarter Religionen sich einzig in der sittlichen Bewährung ihrer Anhänger beweisen könne. Die aufgeklärte Vernunft gebietet:

> Es eifre jeder seiner unbestochnen
> Von Vorurteilen freien Liebe nach!

Zum Zeichen, daß wahre Religion auch wahre Humanität bedeutet, stellt sich am Schluß heraus, daß die anfangs verfeindeten Anhänger der verschiedenen Glaubensrichtungen untereinander verwandt sind.

Das Schauspiel bleibt mit seiner märchenhaften Fabel und mit dem idealisierten Helden hinter Lessings eigenen Forderungen nach glaubwürdiger Handlung und wirklichkeitsnahen gemischten Charakteren zurück. Lessing wußte das und verteidigte das Wunderbare seines im *Nathan* gestalteten Lebensideals mit der Bemerkung: »[...] die Welt, wie ich sie mir denke, ist eine ebenso natürliche Welt, und es mag an der Vorsehung wohl nicht allein liegen, daß sie nicht ebenso wirklich ist.« – Solange Humanität und Toleranz pädagogische Ideale sind, wird Lessings *Nathan* in den Leselisten der Schulen ganz oben stehen. Im Dritten Reich war das Stück verboten.

---

19 Die Parabel (griech. *parabole* ›Vergleichung‹) ist eine lehrhafte Erzählung, die wie die Fabel (vgl. Anm. 9) eine Wahrheit durch einen Vorgang aus einem anderen Vorstellungsbereich veranschaulicht. Im Unterschied zur Fabel stimmen in der Parabel Bild und gemeinte Bedeutung (ohne direkten Objektbezug) nur in *einem* Punkt überein. Vgl. die Ringparabel aus Boccaccios *Decamerone* (Giornata I, 3): In einer Familie geht ein kostbarer Ring jeweils vom Vater an den künftigen Erben des Hauses über und kommt so an einen Vater, der keinem seiner drei Söhne das Erbe versagen mag. Er läßt dann zwei Nachbildungen des Ringes fertigen und gibt jedem Sohn insgeheim einen Ring. Nach dem Tod des Vaters wissen die Söhne nicht, wer das Original hat und rechtmäßiger Erbe des Hauses ist. – Dies ist zu übertragen auf den Wahrheitsanspruch der Offenbarungsreligionen.

d) *Roman und Verserzählung*

Der aus dem höfischen Versepos entstandene Roman, der sich über Volksbuch und Ritterroman im Barock zum heroisch-galanten, zum Schäfer- und zum Schelmenroman entwickelt hatte (vgl. Kap. 3d), wurde im 18. Jahrhundert aufklärerisch, empfindsam und moralisch. Diese neuen Züge konnten sich zunächst durchaus mit bewährten alten Motiven verbinden.

Der schiffbrüchige Schelmuffsky, der hinter dem Garten des Bürgermeisters von Amsterdam »anländete«, nahm nur einen Topf Sauerkraut in Besitz; aber schon Simplicissimus war auf einer unbewohnten Südseeinsel gestrandet, die so schön war, daß er beschloß, für immer dort zu bleiben. Jetzt hatte Daniel Defoe (1660?–1731) im *Robinson Crusoe* (1719, deutsch 1720) das abenteuerliche Scheitern zu einer höchst lehrreichen Erfahrung gestaltet und damit unzählige Nachahmer angeregt. Beispielhaft für den religiös-aufklärerischen Geist der Zeit gelang JOHANN GOTTFRIED SCHNABELS (1692–1752) Robinsonade *Wunderliche Fata einiger See-Fahrer, absonderlich Alberti Julii, eines geborenen Sachsens, auf der Insel Felsenburg* (1731–43):

Albert Julius strandet mit Kapitän Lemelie, van Leuven und dessen Braut Concordia auf einer Südseeinsel. Lemelie hat es auf Concordia abgesehen. Er ermordet van Leuven, läuft dann aber in Alberts Messer. Als Albert über seine heimliche Liebe zu Concordia zu sterben droht, bricht Concordia dem toten van Leuven die Treue und heiratet Albert. Mit seinen Kindern, anderen Schiffbrüchigen und wenigen geladenen Einwanderern gründet Albert einen idyllischen patriarchalischen Inselstaat, der, ohne Geld und Standesunterschiede, das tugendfromme Gegenbild zum absolutistischen Staat wird. Durch die Verbindung des Robinson-Motivs mit einer pietistischen Staatsutopie[20] rückt

---

20 ›Utopie‹ (von griech. *u* ›nicht‹ und *topos* ›Ort‹), ›Nirgendwo‹, die nach dem Staatsroman *Utopia* (1516) von Thomas Morus be-

die einsame Insel vom Verbannungsort Gescheiterter zur
Zuflucht Rechtschaffener aus einer verdorbenen Welt auf.
So kündigt sich hier bereits Rousseaus Kulturpessimismus
an.

Die meisten Leser der Romane kamen aus der Leserschaft
der pietistischen Erbauungsliteratur und der nach englischen
Vorbildern entstandenen »Moralischen Wochenschriften«[21].
Diese Leser, die wie der englische Philosoph Shaftesbury
(1671–1713) das Schöne und das Gute mit ein und demselben Organ erfaßten, durchlitten mit schwärmerischer
Lust die von den schönen Seelen in der Dichtung geübte
tugendvolle Entsagung erotischer Erfüllung. Darum ver-
flochten die Erzähler ihre groben Motive aus den barocken
Abenteuerromanen immer enger mit aufklärerischer Tugendgesinnung und empfindsamer Innerlichkeit. GELLERT,
der auch in seinen Versfabeln kunstfertig für Moral eintrat
(vgl. Kap. 4b), lieferte mit dem *Leben der schwedischen
Gräfin von G**** (1747–48) einen »Musterfall moralischer
Planwirtschaft« (Martin Greiner):

Die wohlerzogene Heldin, die als sechzehnjährige Waise
den schwedischen Oberst Graf G. heiratet, wird wegen
ihrer Schönheit vom Prinzen S. verfolgt. Der Prinz schickt
den Grafen im Nordischen Krieg (1700–1721) an die Front
und verurteilt ihn nach verlorener Schlacht zum Tode. In
einem Abschiedsbrief mahnt der Graf seine junge Frau zur
Flucht nach Holland mit Freund R. Die Gräfin, die voll
mütterlicher Fürsorge ihres Gatten frühere Geliebte mit-
nimmt, heiratet dort nach einigen Jahren Freund R. – Da
kommt der totgeglaubte Graf aus sibirischer Gefangen-

nannten Darstellungen idealer, nicht zu verwirklichender Gesell-
schaftsordnungen.

21 Die englischen Essayisten Steele und Addison gaben 1709–11
The Tatler, 1711–12 *The Spectator* und 1713 *The Guardian* heraus, Zeitschriften, die aus puritanischer Sicht den französierenden
Hof in England kritisierten und allgemeiner Sittenlosigkeit ent-
gegenwirken wollten. – Davon angeregt, gab neben anderen Gottsched in Leipzig die »Moralischen Wochenschriften« *Die vernünftigen Tadlerinnen* (1725–27) und *Der Biedermann* (1727–29) heraus.

schaft zurück, und die Gräfin wird wieder Gattin ihres ersten Gemahls. Nach dessen Tod schlägt sie die Hand des inzwischen geläuterten Prinzen S. aus und kehrt zu Freund R. zurück, der vormals so edelmütig verzichtet hatte. – Intrigen, Geschwisterehe und Giftmord in der Nebenhandlung begleiten das tugend- und vernunftge-steuerte Leben der schwedischen Gräfin von G...

Sophiens Reise von Memel nach Sachsen (1769–73) von JOHANN TIMOTHEUS HERMES (1738–1821) nimmt dagegen kein gutes Ende. Nicht nur, daß Sophie nicht weiter als bis Königsberg kommt – Betrug, Spionage und Entführung halten sie im Preußen des Siebenjährigen Krieges auf –, sondern diese schöne Waise kann sich zwischen zwei auf der Reise kennengelernten Liebhabern nicht entscheiden und verspielt, anders als die schwedische Gräfin von G., die Gunst beider. Sophies doppelsinniges Abschiedswort: »Ich geh' nach Sachsen und komm' als die Braut des würdigsten Mannes zurück«, nimmt ihr rechtschaffener Wohltäter Puf für ein Eheversprechen, und als solches versteht und achtet es auch der andere Liebhaber namens Less.., auf den So-phie nun vergeblich wartet. Sophies Zögern gegenüber Puf gilt als leichtfertige Tändelei und als undankbare Sprö-digkeit. Less.. empfindet mit Puf und schreibt empört an den gemeinsamen Freund Gros: »[...] lassen Sie uns nach dem ganzen Maß unsrer Kenntnis und Erfahrung drauf denken, die Sprödigkeit und alles, was unter diesen weiten Titel gehört, so verhaßt zu machen, als einige gutgesinnte Sittenlehrer die Frechheit verhaßt gemacht ha-ben.« Das eben beabsichtigt auch Hermes mit seinem Brief-roman. Doch Sophies doppelsinniges Ausweichen vor Pufs Eheangebot gründete nicht in Sprödigkeit, sondern im Ver-langen, den Gatten selbst zu wählen und sich darin nicht zufälligen Gegebenheiten anzupassen wie die schwedische Gräfin von G. Dieser Eigensinn, der hier fehlschlug, fand günstigere Bedingungen in der *Geschichte des Fräuleins von Sternheim* (1771).

Wielands Kusine SOPHIE VON LA ROCHE (1731–1807)

schrieb mit der *Geschichte des Fräuleins von Sternheim* ein Beispiel vorbildlicher Mädchenerziehung und wurde schlagartig berühmt als erste Romanschriftstellerin.

Wieder ist die Heldin eine schöne, wohlerzogene Waise. Eine gewissenlose Tante möchte sie zur Mätresse des Landesherrn machen. Das Fräulein flüchtet in die Ehe mit Lord Derby, aber dieser Casanova läßt die »Trauung« von einem als Pfarrer verkleideten Diener durchführen, um das schändlich entehrte Fräulein bald wieder zu verlassen. Das wechselvolle Schicksal folgt den von Richardson und Gellert her bekannten Motiven. Neu an der Geschichte ist, daß das Fräulein von Sternheim ihre Erniedrigung durch einen selbstbewußten Entschluß zur Sozialtätigkeit überwindet und an einer Gesindeschule unterrichtet. Diese Selbständigkeit der Heldin begeisterte Herder, Goethe, Lenz und die ganze junge Generation der Stürmer und Dränger, die hier bereits einen Anflug von Selbstbefreiung und Selbstbestimmung witterten und darüber vergaßen, daß das eigentliche Erziehungsideal der La Roche quietistische Gelassenheit war.

Ein ausgeprägtes Zeugnis rationalistischer Aufklärung ist der Roman *Das Leben und die Meinungen des Herrn Magister Sebaldus Nothanker* (1773–76) von CHRISTOPH FRIEDRICH WILHELM NICOLAI (1733–1811). Lessings Freund Nicolai war durch eine streng pietistische Schule[22] zu einem kämpferischen Freigeist geworden, der in allen seinen Schriften für Gewissensfreiheit eintrat.

Der aufrechte, etwas schrullige Pfarrer Sebaldus Nothanker hält sich nicht an das Dogma von der Ewigkeit der Höllenstrafen. Von dem orthodoxen Superintendenten Stauzius[23] zur Rede gestellt, bekennt er, »er glaube nicht, daß es Menschen gezieme, der Güte Gottes Maß und Ziel zu setzen«. Wegen dieser Ansicht wird er des Amtes entho-

---

22 Die Schule der von dem Pietisten August Hermann Francke 1695 begründeten Franckeschen Stiftungen in Halle.

23 Zeitgenössische Leser erkannten in Stauzius den Hamburger Hauptpastor Goeze, der gegen Lessing eiferte, vgl. S. 80.

ben. Mit seiner Stelle verliert er sein Haus; seine Frau
und ein Kind sterben darüber. Durch orthodoxe unduldsame Menschen verliert Sebaldus Nothanker auf einer langen leidvollen Wanderung immer wieder die Lebensgrundlage, sobald er frei seine Meinung sagt und dazu steht –
und das tut er nun einmal.

> »Weg!« rief Sebaldus, dessen Gemüt durch mannigfaltiges
> Unglück verbittert war, »weg mit den Geistlichen, sie sind
> an allem meinem Unglücke schuld! wehe mir! wenn ich mich
> wieder an sie wenden sollte!«

Zuletzt hilft ihm ein Lottogewinn.

Den damals viel gelesenen Erzählern der frühen Aufklärungszeit lag das Triviale[24] oftmals allzunahe. Die große
Ausnahme war CHRISTOPH MARTIN WIELAND (1733–1813),
der neben Klopstock und Lessing der dritte Wegbereiter
der Klassik war.

Wieland entstammte einer in Biberach ansässigen pietistischen Pfarrersfamilie. Von Haller und Klopstock beein-
druckt, glaubte Wieland zunächst, er müsse selbst ein sera-
phischer Dichter werden; und Bodmer, bei dem Wieland
lange Zeit zu Gast war, unterstützte den frommen, aber
abwegigen Selbstentwurf seines begabten Schülers. Nach
drei Verlobungen jedoch, nach erweiterter Lektüre rationalistischer Aufklärer, wie Voltaire, und nach der Aufnahme in aristokratische Kreise verwandelte sich der Se-
raph in sein Gegenteil; er wurde zum lebensfrohen Ro-
kokodichter mit einer eigenen Philosophie der Grazien.
Für den Gegensatz von Vernunft und Sinnlichkeit, den
Wieland in schwärmerischer Religiosität eben noch durch

---

24 Im Gegensatz zur gedanklich und formal anspruchsvollen Dichtung, wie etwa Wielands *Agathon*, und im Gegensatz auch zur
   engagierten Literatur mit ihrer Tendenz, die politischen oder sozialen Zustände auf dem Weg einer allgemeinen Beeinflussung zu
   verändern, unterhält die Trivialliteratur den Leser nach bekannten Mustern, ohne seinen geistigen Horizont zu erweitern; d. h.
   sie bestätigt das Bewußtsein des Lesers, anstatt es zu bilden und zu
   verändern.

Entsagung verdrängen wollte, findet er nun eine ästhetische Lösung: Die Welt der Sinne wird voll bejaht, ihr Genuß aber durch mäßigende Vernunft, durch spöttische oder weise Überlegenheit und Anmut des Geistes zur Lebenskunst erhoben. Wie solche Lebenskunst zu erwerben sei, schildert Wieland in der *Geschichte des Agathon*, dem ersten großen Entwicklungsroman[25] der neueren deutschen Literatur (in drei Fassungen 1766, 1773 und 1794 erschienen):

Der schöne Jüngling Agathon neigt, wie einst der junge Wieland, zu religiöser Schwärmerei. Doch der Betrug eines Priesters und die Nachstellungen einer liebestollen Oberpriesterin vertreiben ihn aus dem Tempel in Delphi.

Agathon flieht nach Athen, wo er zunächst Schüler des idealistischen Philosophen Platon, dann Politiker wird. Durch Mut und Aufrichtigkeit gewinnt er zwar die Liebe des Volkes, doch er scheitert am Haß der Reichen und des eigennützigen Adels:

Als Staatsverbrecher verbannt, fällt er in die Hände von Seeräubern und wird in Smyrna als Sklave an den Sophisten Hippias verkauft.

Hippias, ein genußsüchtiger Zyniker, der in einem »Tempel ausgekünstelter Sinnlichkeit« residiert, möchte Agathons idealistischen Humanitätsglauben zerstören: Er führt Agathon, dessen Idealismus er nicht fortschwatzen kann, schließlich zu der bezaubernden Hetäre Danaë, die in der Rolle der seelenvollen Unschuld den Jüngling betören soll.

---

25 Der Entwicklungsroman schildert die psychologisch folgerichtige Entfaltung eines Menschen aus seinen Anlagen und Erfahrungen. Durch Auseinandersetzungen mit seiner gesellschaftlichen und kulturellen Umwelt reift der oft autobiographische Züge tragende Held des Entwicklungs- oder Bildungsromans zu einer harmonischen Persönlichkeit heran. Vgl. Moritz: *Anton Reiser*, S. 105 f.; Goethe: *Wilhelm Meister*, S. 113 ff.; Jean Paul: *Titan*, S. 127 f.; Tieck: *Franz Sternbald*, S. 139; Novalis: *Heinrich von Ofterdingen*, S. 141 f.; Eichendorff: *Ahnung und Gegenwart*, S. 148; Stifter: *Der Nachsommer*, S. 164 f.; Keller: *Der grüne Heinrich*, S. 189; Raabe: *Der Hungerpastor*, S. 196; Hesse: *Das Glasperlenspiel*, S. 258 f.

Doch Danaë wird statt dessen selbst von echter Liebe zu
Agathon ergriffen und geläutert. – Aus Zorn darüber ent-
hüllt Hippias Danaës Vergangenheit, worauf der enttäuschte
Agathon entflieht.

Er wird Politiker am Tyrannenhof des Platonschülers
Dionysius von Syrakus, scheitert an Hofintrigen und lan-
det im Gefängnis.

Hippias meint, nun endlich sei Agathon vom Idealismus
geheilt. Der Sophist bietet dem gefangenen Idealisten an,
sein Nachfolger in Smyrna zu werden, doch Agathon lehnt
ab. Er wird statt dessen von dem weisen Archytas von
Tarent ausgelöst.

In der kleinen Republik Tarent, die Archytas im Sinne
des Aufklärers Kant lenkt, findet Agathon Danaë wieder
und auch seine Delphische Jugendliebe Psyche, in der er
jetzt seine Schwester erkennt. Die utopische Gesellschaft von
Tarent, in der die Weisheit (Archytas) regiert und das
Schöne (Danaë) wie das Gute (Psyche) beheimatet ist, ist
ein Staatswesen, dem sich Agathon mit Vergnügen und Eifer dauerhaft widmen kann in der Überzeugung, »daß
wahre Aufklärung zu moralischer Besserung das einzige ist,
worauf sich die Hoffnung besserer Zeiten, das ist, besserer
Menschen gründet«.

Die in großartiger Prosa scheinbar umständlich ausgebrei-
tete *Geschichte des Agathon* ist durchwoben von heiterer
Ironie und feinen erotischen Stimmungen.[26] Lessing rühmte
den Roman als den ersten und einzigen für den denkenden
Kopf; und Christian Friedrich von Blankenburg (1744
bis 1796), der die geringgeachteten Romane als Nachfolge-
form der Epen rechtfertigte, stützte seinen *Versuch über den
Roman* (1774) vorzüglich auf Wielands *Agathon*.

Anspruchsloser und dadurch für manchen Leser noch ver-
gnüglicher sind *Die Abderiten* (1774, Umarbeitungen 1778
und 1781). – Abdera war das antike Schilda, die Abderiten
die Schildbürger, die ihren einzigen berühmten Sohn, Demo-

---

26 Als Leseprobe sei das achte Kapitel im fünften Buch empfohlen.

krit[27], für wahnsinnig hielten und in dem Prozeß um eines Esels Schatten ihren Staat aufs Spiel setzten, bis sie von heiliggehaltenen Fröschen aus Abdera vertrieben wurden und nun verstreut in aller Welt zu finden sind.

Noch zwei Verserzählungen Wielands verdienen besondere Beachtung: *Musarion, oder die Philosophie der Grazien* (1768) und *Oberon* (1780).

Musarion veranschaulicht humorvoll die notwendige Verteidigung der Erotik gegen Moralheuchelei und erläutert Wielands oben erwähntes Ideal einer harmonischen Vereinigung von Vernunft und Gefühl in der moralischen Schönheit, in der Anmut.[28]

Im märchenhaften *Oberon* verknüpft Wieland die Parodie mittelalterlicher Ritterepen mit einer idealen Liebesgeschichte. Dieses »Meisterwerk poetischer Kunst« (Goethe) steht thematisch im Zusammenhang mit den großen Humanitätsdichtungen des 18. Jahrhunderts[29] und schlägt eine Brücke zwischen Rokoko und Romantik.

---

27 Griechischer Philosoph und Naturwissenschaftler (etwa 460–370 v. Chr.), der alles Geschehen auf die Bewegung der Atome zurückführte.

28 Vgl. Shaftesburys *moral grace* und Platos *kalokagathie* (›Schöngutheit‹).

29 Lessings *Nathan*, S. 80 f.; Goethes *Iphigenie*, S. 108 f.

5. Sturm und Drang (1767–1785)

a) Das neue Menschenbild

Der Königsberger Philosoph Kant bestimmte den Begriff ›Aufklärung‹ (vgl. Kap. 4a), den Anstoß zur Entwicklung eines Gegenprogramms formulierte ein Königsberger, der sich selbst den »Magus im Norden« nannte: JOHANN GEORG HAMANN (1730–1788).

Nachdem Hamann in London eine überraschende religiöse Erweckung erfahren hatte, verteidigte er seine Wendung gegen die Vernunft der Aufklärer mit der Schrift *Sokratische Denkwürdigkeiten* (1759). Er verwies seine rationalistischen Freunde Kant und Berens an die schöpferischen Kräfte des Gefühls und des Gemüts, die er vor allem in der Sprache am Werk sah. In der *Aesthetica in nuce* (1762)[1] verkündete er:

> Poesie ist die Muttersprache des menschlichen Geschlechts. [...] Sinne und Leidenschaften reden und verstehen nichts als Bilder.[2] In Bildern besteht der ganze Schatz menschlicher Erkenntnis und Glückseligkeit. [...] Die Natur würkt durch Sinne und Leidenschaften. Wer ihre Werkzeuge verstümmelt, wie mag der empfinden? [...] Eure mordlügnerische Philo-

---

1 Neunter von zwölf unter dem Titel *Kreuzzüge des Philologen* (1762) herausgegebenen Aufsätze.

2 In der Antike hielt man das begriffliche Sprechen für das ursprünglichere, für das »eigentliche Sprechen«. Die auf Einfühlung, Beseelung und Veranschaulichung zielende Bildlichkeit der Dichtersprache galt als *impropria dictio*, als »uneigentliche Rede«. Formen der Bildlichkeit sind Parabeln (vgl. Kap. 4, Anm. 19), Gleichnisse und Vergleiche, sind Metaphern (›Wortübertragungen‹, von griech. *meta-pherein* ›übertragen‹) mit ihren Nebenformen der Personifikation (vgl. Kap. 3, Anm. 14) und der Synästhesie (Kap. 8, Anm. 7), sind Symbole (vgl. Kap. 1, Anm. 31), Embleme und Chiffren (Kap. 13, Anm. 10). Vgl. auch Allegorie, Kap. 3, Anm. 31, Topos, Kap. 2, Anm. 4 und Klischee, Kap. 9, Anm. 25; als Beispiel das Zitat Kap. 14, Anm. 26.

sophie hat die Natur aus dem Wege geräumt, und warum
fordert ihr, daß wir selbige nachahmen sollen? – Damit ihr
das Vergnügen erneuren könnt, an den Schülern der Natur
auch Mörder zu werden – [...]. O eine Muse wie das Feuer
eines Goldschmieds, und wie die Seife der Wäscher! – – Sie
wird es wagen, den natürlichen Gebrauch der Sinne von dem
unnatürlichen Gebrauch der Abstraktionen zu läutern [...].
Ein Philosoph, wie Saul, stellt Mönchengesetze – – Leidenschaft allein gibt Abstraktionen sowohl als Hypothesen Hände, Füße, Flügel; – Bildern und Zeichen Geist, Leben und
Zunge – – [...] und wahrlich, wahrlich, Kinder müssen wir
werden, wenn wir den Geist der Wahrheit empfahen sollen,
den die Welt nicht fassen kann [...].

Hamann, der mit solchen und ähnlichen Sätzen den Subjektivismus des Genies über den kritisch denkenden Kopf
erhob, verdeutlichte seine Abkehr vom Rationalismus durch
die »Schreibart der Leidenschaft«. Seine bruchstückhaften
Schriften sind voller Gedankensprünge und schwerverständ-
licher Anspielungen. Sie setzen gegen die aufgeklärte Verstandeshelle dunkle Ahnung und ganzheitliches Fühlen.
Hamanns Freund und Schüler JOHANN GOTTFRIED HERDER
(1744–1803) griff die Idee von der schöpferischen Freiheit
des Individuums auf. Gingen die Aufklärer davon aus, daß
der Mensch im Grunde immer und überall das gleiche Ver-
nunftwesen sei, so lehrte Herder, den Menschen als geschichtliches Wesen zu begreifen, für das die historisch-
geographische Prägung ganz entscheidend ist. Geschichtlich
bedingt ist also auch die Kunst des Menschen. Keinesfalls
ist diese, wie die Aufklärer dachten, an feststehenden, zeit-
losen Maßstäben irgendeiner normativen Regelpoetik zu
messen, sondern ihr Verständnis verlangt geschichtliches
Einfühlungsvermögen.
Herders Blick auf die Entwicklung des Menschen und der
Kunst ließ ihn am Fortschrittsglauben der Aufklärer zweifeln. Gegenüber den zweckgerichteten, moralisch-lehrhaften
Kunstwerken der Aufklärungszeit hatte die Vergangenheit
Besseres zu bieten. Herder teilte Rousseaus Kulturpessimismus und forderte die Rückkehr zur Natürlichkeit volks-

tümlicher Dichtung und zur leidenschaftlichen Erlebnisdichtung des Genies[3].

Unverfälschte Natürlichkeit fand Herder in schlichten gesungenen Liedern, die er sammelte und 1773 erstmals herausgab. Der von Herder dafür geprägte Begriff ›Volkslied‹ war sehr offen. Seine Sammlung *Volkslieder* (1778, seit 1807 unter dem Titel *Stimmen der Völker in Liedern*) enthält neben echten Volksliedern auch bloß volkstümliche Lieder und sogar Kunstlieder, in denen Herder naturpoetisch »wahren Ausdruck der Empfindung und der ganzen Seele« vernahm. Zu solchem Ausdruck fähig waren nach Herders Vorstellungen nicht nur das namenlose Volk, sondern auch die alten Barden[4] und das unverbildete Genie. In der als Programmschrift des Sturm und Drang anzusehenden Aufsatzsammlung *Von deutscher Art und Kunst* (1773) feiert Herder in Ossian[5] den Barden und in Shakespeare die beispielhafte Verkörperung des Genies.

3 Das lateinische Wort *genius* konkurrierte im 18. Jahrhundert mit dem französischen *génie*, das oft mit ›Geist‹ verdeutscht wurde. Gellert, der das Wort ›Genie‹ als einer der ersten in der Mode werdenden Bedeutung häufig gebrauchte, erklärte 1751 in seiner Antrittsvorlesung: »Der Name eines großen Gelehrten wird nicht durch Studieren, nicht durch Regeln [...] allein erworben, es wird Genie, es wird eine gewisse natürliche Größe und Lebhaftigkeit der Seele erfordert.« In der *Kritik der Urteilskraft* (1790) definiert Kant: »Genie ist das Talent (Naturgabe), welches der Kunst die Regel gibt. Da das Talent, als angeborenes produktives Vermögen des Künstlers, selbst zur Natur gehört, so könnte man sich auch so ausdrücken: Genie *ist* die angeborene Gemütsanlage (*ingenium*), durch welche die Natur der Kunst die Regel gibt.« (§ 46.) »Darin ist jedermann einig, daß Genie dem Nachahmungsgeiste gänzlich entgegenzusetzen sei.« (§ 47.) – Zunächst galt Genie als Eigenschaft, später nannte man den Begabten selbst ein Genie, endlich hieß die Epoche des Sturm und Drang, in der die Originalität des Genies verherrlicht wurde, die ›Genieperiode‹.

4 Der Barde war im Mittelalter ein keltischer kultischer Dichtersänger. Klopstock brachte die Bezeichnung irrigerweise in Verbindung mit dem Barditus, dem germanischen Schlachtgeschrei oder Schildgesang, von dem Tacitus berichtet. Er nannte seine vaterländischen Oden und Dramen ›Bardiete‹ und regte damit die Bardendichtung der Stürmer und Dränger an.

5 James Macpherson (1736–1796), Lehrer in Edinburgh, dichtete

Nicht als Dichter, sondern als Denker, der dem deutschen Geistesleben vielfältige und weit über den Augenblick hinauswirkende Anregungen zu geben vermochte, gewann Herder bleibende literaturgeschichtliche Bedeutung.

b) Die Lyrik

> Des Hügels Quell ertönet von Zeus,
>   Von Wodan, der Quell des Hains.
>   Weck' ich aus dem alten Untergange Götter
>   Zu Gemälden des fabelhaften Liedes auf;
>
> So haben die in Teutoniens Hain
>   Edlere Züge für mich!
>   Mich weilet dann der Achäer Hügel nicht:
>   Ich gehe zu dem Quell des Hains!

So sang KLOPSTOCK in der Ode »Der Hügel und der Hain« (1767). Die vaterländische Gesinnung, die Teutoniens Hain dem Hügel der griechischen Musen (dem Helikon) vorzieht, begeisterte eine Gruppe Göttinger Studenten, die sich 1772 unter dem Namen »Der Hain« zu einem Dichterbund zusammenschloß. Der Gründer und Herausgeber des *Göttinger Musenalmanachs* war HEINRICH CHRISTIAN BOIE (1744 bis 1806). JOHANN HEINRICH VOSS (1751–1826), der durch seine großartige Homer-Übersetzung berühmt wurde, war der Vereinsvorstand. Der frühverstorbene LUDWIG HEINRICH CHRISTOPH HÖLTY (1748–1776) trug zarte, melancholische Gedichte bei,[6] und die gräflichen Brüder FRIEDRICH LEOPOLD und CHRISTIAN STOLBERG (1750–1819 und 1748

1761 bis 1765 unter Verwendung alter irischer und schottischer Sagen und Volksballaden Heldenlieder, die er für Übersetzungen alter gälischer Fragmente ausgab. Man glaubte lange, ein Sänger namens Ossian sei der Verfasser gewesen.

6 Vgl. z. B. die Gedichte »Bundsgesang« (»Habt Gottes Segen!«), »An die Grille« (»Warum zirpest du«), »Die Mainacht«, »Das Landleben« (»Wunderseliger Mann«).

bis 1821), die später im Werther-Kostüm mit Goethe in die Schweiz reisten, gaben dem Jugendbund gesellschaftliches Ansehen. Das hochgeschätzte Ehrenmitglied aber war der alte Klopstock selber. – Die Bundesmitglieder gaben einander Klopstocksche Bardennamen und priesen in ihrem Kraftgesang Freiheit, Ehre und Vaterland. Als frohsinnige, treuherzige Naturburschen pflegten sie einen tränenseligen Freundschaftskult und religiösen Tugendeifer nebst deutscher Sitte und Biederkeit. Freigeisterei und literarische Libertinage waren ihnen verhaßt. Was wunder, daß sie Wieland zu ihrem Sündenbock machten.

GOTTFRIED AUGUST BÜRGER (1747–1794) verbrachte nur kurze Zeit in Göttingen. Er bemühte sich, ein Volksdichter im Sinne Herders zu werden, und gewann durch Schöpfung der Kunstballade[7] bleibende literarische Bedeutung. Sein sprachgewaltiges Paradebeispiel der neuen Gedichtform, die »Lenore«, erschien im *Göttinger Musenalmanach auf das Jahr 1774*, einem Bändchen, das neben den besten Gedichten des Göttinger Hain auch Beiträge von Klopstock, Herder, Goethe und Claudius enthält.

MATTHIAS CLAUDIUS (1740–1815), der im ländlichen Wandsbek bei Hamburg mit einer kinderreichen Familie ein bescheidenes idyllisches Leben führte, gab seit 1771 den *Wandsbecker Boten* heraus. Seine gemütvollen, innig-religiösen Gedichte[8] werden gerne mit Johann Peter Hebels Dichtungen verglichen (vgl. Kap. 7). Für einen richtigen Stürmer und Dränger dachte Claudius viel zu konservativ. Als überzeugter Lutheraner blieb er auch nach der Französischen Revolution von 1789 ein Untertan, dem alle Obrigkeit von Gott kommt.

Der zeitübliche Tyrannenhaß, den Claudius im Norden vermissen ließ und der bei den Dichtern im mitteldeut-

---

7 Die Ballade ist ein »Erzählgedicht« mit lyrischer Form und dramatischen Elementen (z. B. Dialog). Goethe nannte die Ballade darum das »Ur-Ei« der Poesie.

8 Vgl. »Abendlied«, »Der Mensch«, »Der Tod und das Mädchen« und »Das Kriegslied«.

schen Hain nur freiheitssüchtige Geste war, hatte im Süden
sachliche Gründe: Anders als Friedrich der Große, welcher
der erste Diener seines Staates sein wollte, verkaufte Herzog Karl Eugen seine württembergischen Landeskinder als
Soldaten an die Kolonialmächte[9] und duldete nicht den geringsten Widerspruch. CHRISTIAN FRIEDRICH DANIEL SCHU-
BART (1739–1791), der mit seiner freimütigen Zeitschrift
Deutsche Chronik Karl Eugens Mißfallen erregt hatte,
wurde 1777 nach Württemberg gelockt und auf der Staats-
festung Hohenasperg eingekerkert. Sein zorniges Gedicht
»Die Fürstengruft« (1780) brachte ihm eine siebenjährige
Haftverlängerung.

Den vollendeten Ausdruck des Genies findet man in der
Jugendlyrik JOHANN WOLFGANG GOETHES (1749–1832).[10]
Der Frankfurter Patriziersohn hatte sechzehnjährig bei den
Leipziger Altmeistern Gottsched und Gellert zu studieren
begonnen, war schwer erkrankt nach Frankfurt heimge-
kehrt und, wiederhergestellt, zur Fortsetzung seiner Studien nach Straßburg gegangen. Dort traf er im Herbst 1770
mit Herder zusammen.

Der um fünf Jahre ältere Herder erkannte Goethes Begabung und setzte sie frei, indem er den Jüngeren durch
Spott, Kritik und anregende Belehrung von der Nachahmung flacher Rokokodichtung abbrachte und für Natur-
und Volkspoesie begeisterte, für Homer, Ossian und Shakespeare.[11]

Goethe, der jetzt volkstümliche Lieder[12] zu dichten und
echte Volkslieder zu sammeln begann, lernte in Sesenheim
die Pfarrerstochter Friederike Brion kennen und ver-

---

9 Vgl. Schubarts Gedicht »Kaplied« (1787) und die zweite Szene im
  zweiten Akt von Schillers *Kabale und Liebe*.
10 Eine Autobiographie, d. h. eine Selbstdarstellung seines Lebens, hat
  Goethe unter dem Titel *Dichtung und Wahrheit* gegeben; vgl.
  S. 115.
11 Vgl. Goethes Rede »Zum Schäkespears-Tag«.
12 Vgl. die Gedichte »Heidenröslein«, »Ein Veilchen auf der Wiese
  stand« und »Der König in Thule«.

ewigte die Geliebte in den *Sesenheimer Liedern*[13] als natürliches, unbefangenes Kind des Volkes.

Goethes neue Lyrik ist Erlebnisdichtung reinster Prägung. Das Gefühl wird hier nicht mehr spielerisch reflektiert und im Hinblick auf die Gesellschaft durch witzige oder ironische Pointen gebrochen und zurückgenommen, sondern das aus der Erschütterung des Herzens mächtig hervorbrechende jugendliche Gefühl teilt sich als unmittelbares, privates Bekenntnis mit,[14] das bis ins letzte hinein wörtlich genommen werden will.

»[...] Gefühl ist alles, / Name Schall und Rauch, / Umnebelnd Himmelsglut«, sagt Faust. In den großen *Hymnen*[15] ist das geniehafte Ichbewußtsein zum »Götterselbstgefühl« (Prometheus) und zum »All-Gefühl« (Mahomet) gesteigert, das die Welt ergreift und dem berauschten Genie anverwandelt: »Ich! Der ich mir alles bin, da ich alles nur durch mich kenne! So ruft jeder, der sich fühlt, und macht große Schritte durch dieses Leben.« (s. Anm. 11.)

c) Das Drama

Für die genialische Gefühlsunmittelbarkeit war die dramatische Gebärde die angemessenste und darum bevorzugte Ausdrucksweise. Ein Dramentitel wurde folgerichtig zum Namen der literarischen Epoche. Allerdings ist das Drama *Sturm und Drang* (1776), das ursprünglich und besser *Wirr-*

---

13 Vgl. »Kleine Blumen, kleine Blätter«, »Es schlug mein Herz. Geschwind, zu Pferde!«, »Erwache Friederike« und das »Maifest«.

14 Die *Sesenheimer Lieder* waren nicht für Mit- und Nachwelt bestimmt; sie gingen handschriftlich an Friederike und blieben lange ungedruckt. Vgl. mit den *Sesenheimer Liedern* die Gedichte an Lili Schönemann: »Neue Liebe, neues Leben«, »Auf dem See« und »Wonne der Wehmut«.

15 »Wandrers Sturmlied«, »Der Wandrer«, »Mahomets-Gesang«, »Prometheus«, »Ganymed«, »An Schwager Kronos« und die »Harzreise im Winter«. Zum Begriff ›Hymne‹ vgl. Kap. 8, Anm. 13.

warr heißen sollte, weniger zeittypisch als etwa *Die Zwil-linge* (1776) oder *Das leidende Weib* (1775) desselben Verfassers FRIEDRICH MAXIMILIAN KLINGER (1752–1831).

Das Trauerspiel *Die Zwillinge,* mit dem Klinger einen Dramenwettbewerb gewann, behandelt das seinerzeit beliebte Motiv vom Bruderzwist: Der maßlose und genialisch unbeherrschte Guelfo erschlägt seinen ausgeglicheneren Bruder Ferdinando aus Eifersucht an dessen Hochzeitsmorgen und fällt unter dem rächenden Streich des Vaters. – Ähnlich geht es bei JOHANN ANTON LEISEWITZ (1752–1806) im *Julius von Tarent* (1776) zu. Schiller griff das Motiv von den verfeindeten Brüdern in den *Räubern* (1781) auf und später noch einmal in der *Braut von Messina* (1803).

Klingers gesellschaftskritische Ehebruchtragödie *Das leidende Weib* entstand unter dem Einfluß von Lessings *Emilia Galotti* (vgl. S. 79 f.) und dem *Hofmeister* von JAKOB MICHAEL REINHOLD LENZ (1751–1792), dem man das Drama lange zuschrieb.

Im Vergleich zu Klingers wirrer Phantasie zeigt Lenz einen fast naturalistischen Blick für die Wirklichkeit. Auf eigene Erfahrungen zurückgreifend, zielt Lenz mit seinen Dramen erklärtermaßen auf gesellschaftliche Veränderung.

Lenz kam wie Herder als Hofmeister nach Straßburg. Er empfand die Abhängigkeit des in adligen Familien dienenden Hauslehrers als beschämend für alle Beteiligten und trat daher in seiner Tragikomödie *Der Hofmeister* (1774) für die klassenlose staatliche Erziehung ein:

Die von ihrem Hofmeister Läuffer verführte Schülerin Gustchen bekommt ein Kind und geht darauf ins Wasser, wobei sie gerade noch von ihrem Vater gerettet werden kann. Der Hofmeister entmannt sich vor Reue und heiratet anschließend seine Schülerin Lise aus der Dorfschule. Die episodenreiche Nebenhandlung fängt das Hallenser Studentenleben ein.

Der biographische Anlaß zur Tragikomödie *Die Soldaten* (1776) war das trügerische Eheversprechen des kurländi-

schen Offiziers Baron von Kleist, den Lenz als Hofmeister
zur Straßburger Garnison begleitet hatte.

Die schöne, ehrgeizige Marie sinkt durch die Großmanns-
sucht ihrer bürgerlichen Eltern und die Intrigen eines hoch-
mütigen, adligen Offizierskorps zur Dirne herab und wird
von Stolzius, ihrem bürgerlichen Bräutigam, an dem Verführer Desportes gerächt. – »Das sind die Folgen des eh-
losen Standes der Herren Soldaten«, heißt es am Schluß;
und »damit die übrigen Gattinnen und Töchter verschont
bleiben«, wird »eine Pflanzschule von Soldatenweibern«
gefordert.

Lenz, der eine Lösung des Problems innerhalb der bestehenden Gesellschaftsordnung suchte, schrieb auch eine Abhandlung *Über die Soldatenehen* und wandte sich in dieser
Sache später an Herzog Karl August von Weimar. Doch
nicht die etwas merkwürdigen Reformvorstellungen, sondern die literarischen Vorzüge des Stückes wiesen in die Zukunft. Lenz baute *Die Soldaten* »shakespearisierend« aus
einer atektonischen (vgl. Kap. 3, Anm. 23), offenen Reihe
von 35 Splitterszenen, in deren kürzester nur sechs Worte
gesprochen werden. Doch Wort und Gebärde sind überall
so fein auf Charakter und Situation abgestimmt, daß Lenz
als Begründer des sozialkritischen Milieudramas in die deutsche Literaturgeschichte einging. Büchner, der den von Lenz
begonnenen Weg fortführen sollte, beschrieb in einem
Novellenbruchstück das Entstehen der geistigen Umnachtung, die über Lenz, den begabten Jugendfreund und Ri-
valen Goethes, 1778 hereinbrach.

*Emilia Galotti, Das leidende Weib, Der Hofmeister, Die
Soldaten* – immer wieder wurden die Spannungen der
Standesgesellschaft in Verführungsdramen behandelt. Aber
erst die Zuspitzung zum Motiv der Kindesmörderin in den
Balladen,[16] in der Gretchentragödie des *Urfaust* und in dem
Drama *Die Kindermörderin* (1776) von HEINRICH LEOPOLD
WAGNER (1747–1779) veranschaulicht die ganze Gefährdung

16 Vgl. Bürger, »Des Pfarrers Tochter von Taubenhain« und Schiller,
»Die Kindsmörderin«.

der Frau in dieser Zeit. Das sich selbst verwirklichende Genie, der Kraftmensch, war meistens ein Mann, war ein »Kerl« wie GOETHES *Götz von Berlichingen mit der eisernen Hand* (1773).

Nachdem Goethe sein Studium in Straßburg als Lizentiat der Rechte beendet hatte, eröffnete er 1771 in Frankfurt eine Anwaltspraxis. Es dauerte aber nicht lange, bis sich Goethes Spaß an der Gerichtsrhetorik erschöpft hatte und das junge Genie die Arbeit kurzerhand fallenließ, um sich einer ihm ebenbürtigen Gestalt aus der vaterländischen Vergangenheit zuzuwenden. Das heißt, Goethe stilisierte den an sich wenig ehrbaren Raubritter Götz von Berlichingen zu einem wehr- und wahrhaftigen Ritter, zu einem Stürmer und Dränger im historischen Gewand. Im Text heißt es über den urwüchsigen Raufbold: »Er ist das Muster eines Ritters, tapfer und edel in seiner Freiheit, und gelassen und treu im Unglück.« Sein Gegenspieler ist der verweichlichte Höfling Weislingen, der sich durch den »Händedruck eines Fürsten, und das Lächeln einer schönen Frau« verführen läßt, seinem Freund Götz den Treueid zu brechen. Danach plagt den Wankelmütigen das Gewissen. Weislingen vergleicht sich mit Götz und klagt: »Ich mag mir vorlügen, ihn hassen, ihm widerstreben ... O warum muß ich ihn kennen, oder warum kann ich nicht der zweite sein.« – »Sein Dasein ist ein Monument deiner Schwäche. Auf! Zerstörs, da noch Zeit ist«, hetzt die schöne Verführerin Adelheid, die Weislingens Haßliebe zu Götz für sich nutzen möchte. Doch als Weislingen zaudert, verwirft sie ihn verächtlich: »Du bist von jeher der Elenden einer gewesen, die weder zum Bösen noch zum Guten einige Kraft haben.« Adelheid läßt Weislingen vergiften.

Auch Götz bricht einen Eid. Er hatte auf Weislingens Betreiben dem Kaiser Urfehde (Friedensversprechen mit Verzicht auf Rache) schwören müssen. Doch als die Bauern aufstehen, um gegen ihre Leibeigenschaft zu kämpfen, wird Götz, der anders als Weislingen nicht der Eitelkeit, sondern der Stimme seines redlichen Herzens gehorcht, Anführer der Bauern und übt noch einmal »in einer ehrlichen Fehd« das Faustrecht. Gefangengenommen, spricht er: »Stirb, Götz – Du hast dich selbst überlebt [...]. Die Nichtswürdigen werden regieren mit List, und der Edle wird in ihre Netze fallen.« Herders schwarzseherischer Geschichtsauffassung entsprechend wird Götz ein Opfer des Zeitgeistes. Die letzten Worte klagen und mahnen: »Edler Mann! Wehe dem Jahrhundert, das dich von sich stieß! [...] Wehe der Nachkommenschaft, die dich verkennt!«

Obgleich das Stück mit 50 Einzelszenen einen epischen Zug hat und, wie Goethe gegen Eckermann bekannte, auf dem Theater nicht recht gehen wollte, erregte es doch durch seine historisierende und volkstümlich-kraftvolle Sprache sowie durch die offene dramatische Form großes Aufsehen. Die jungen Stürmer und Dränger sahen und priesen in Götz ihr Ebenbild.

Hatte Goethe mit seinen frühen Dramen *Götz von Berlichingen* (1773), *Clavigo* (1774) und *Stella* (1776) das Theater des Sturm und Drang eröffnet, so hat es Schiller mit seinen Jugenddramen *Die Räuber* (1781), *Fiesco* (1783) und *Kabale und Liebe* (1784) vollendet.

JOHANN CHRISTOPH FRIEDRICH SCHILLER (1759–1805) wurde als Sohn eines Wundarztes in Marbach am Neckar geboren. Nach dem Wunsch der Eltern sollte er Theologe werden, aber Herzog Karl Eugen verpflichtete den begabten Schüler zum Besuch der Militär-Akademie in Stuttgart. Unter den strengen Vorschriften in dieser Bildungskaserne litt Schiller sieben Jahre. Obgleich den Zöglingen der Karlsschule schöngeistige Literatur zu lesen verboten war, las Schiller viel; unter anderem auch Schubarts Erzählung *Zur Geschichte des menschlichen Herzens*. Hiervon angeregt und beflügelt vom Haß gegen Karl Eugen, beschloß Schiller: »Wir wollen ein Buch machen, das aber durch den Schinder absolut verbrannt werden muß!« So entstanden *Die Räuber*. Nach einem beispiellosen Theatererfolg der Uraufführung in Mannheim bekam Schiller wegen unerlaubter Reise dorthin von Karl Eugen vierzehn Tage Arrest. Der Herzog bestimmte: »[...] bei Strafe der Kassation schreibt Er keine Komödien mehr.« Schiller dachte an Schubart, den der Herzog bereits vier Jahre unrechtmäßig gefangenhielt, und floh aus Württemberg.

In den *Räubern* verkörpern die feindlichen Brüder Karl und Franz Moor den guten und den bösen Menschen. Karl ist der verlorene Sohn, der nach jugendlich ausschweifenden Studienjahren zu seinem Vater und seiner Braut heimkehren möchte. Franz, wie Shakespeares Richard III., ist der gekränkte Zweitgeborene, der mit kalter Überlegung und zynischer List einen Keil zwischen den gemütvollen Karl und seinen guten Vater treibt. Durch seines Bruders gefälschte Briefe verkennt Karl die Liebe seines Vaters; und von der Enttäuschung niedergeschlagen, zweifelt er gleich an der ganzen Menschheit und ihrer sittlichen Ordnung. Er wird zum Räuberhauptmann, um Gerechtigkeit walten zu lassen, wo immer er kann. Doch die Untaten seiner Bande verstricken ihn in so tiefe Schuld, daß am Ende eine Umkehr unmöglich scheint. Erst nachdem er die List seines Bruders und seinen eigenen tragischen Irrtum eingesehen hat, gewinnt Karl die innere Freiheit, sich im eigenen Untergang von der Räuberbande zu lösen. Karl ist endlich bereit, die unvollkommene irdische Ordnung als Stellvertreterin einer höheren Ordnung anzuerkennen:

> [...] da steh ich am Rand eines entsetzlichen Lebens, und erfahre nun mit Zähnklappern und Heulen, daß *zwei Menschen wie ich den ganzen Bau der sittlichen Welt zugrund richten würden.* Gnade – Gnade dem Knaben, der *Dir* vorgreifen wollte – [...]. Aber noch blieb mir etwas übrig, womit ich die beleidigte Gesetze versöhnen, und die mißhandelte Ordnung wiederum heilen kann. Sie bedarf eines Opfers – eines Opfers, das ihre unverletzbare Majestät vor der ganzen Menschheit entfaltet – dieses Opfer bin ich selbst. [...] Ich geh, mich selbst in die Hände der Justiz zu überliefern.

Karls politisch-revolutionärer Aufbruch gegen die Tyrannen wird mit dem Einlenken in diese fromme idealistische Privatlösung zurückgenommen. »Der Verirrte tritt wieder in das Geleise der Gesetze«, heißt es in Schillers Vorrede.

Auch in dem republikanischen Trauerspiel von der *Verschwörung des Fiesco zu Genua* (1783) geht es um einen erhabenen Bösewicht; diesmal um einen historischen aus dem Jahre 1547. Und wieder gilt Schillers Aufmerksamkeit nicht der politischen, sondern der menschlichen Seite des Falles:

Fiesco, der kraftvolle Tatmensch, möchte Genua vor der Tyrannei des Gianettino Doria bewahren. Hinter der Maske eines leichtlebigen Genießers bereitet er klug berechnend die Verschwörung gegen den alten, patriarchalischen Dogen Andreas Doria und dessen anarchischen Neffen Gianettino vor. Doch der leidenschaftlich entschlossene Republikaner Verrina sieht, daß Fiesco Brutus und Caesar in einer Person ist, sieht, wie dessen angeborene Führernatur zwischen Bürgertugend und persönlichem Ehrgeiz schwankt. – »Ein Diadem erkämpfen ist *groß*. Es wegwerfen ist *göttlich*«, sagt sich Fiesco. »Sei frei, Genua, und ich dein *glücklichster* Bürger!« – Verrina aber ist sicher: »Den Tyrannen wird Fiesco stürzen, das ist gewiß! Fiesco wird Genuas gefährlichster Tyrann werden, das ist gewisser!« Und tatsächlich erliegt Fiesco der Verführung durch die Macht. Spitzfindig spekuliert er: »Wenn auch des Betrügers Witz den Betrug nicht adelt, so adelt doch der Preis den Betrüger. Es ist schimpflich, eine Börse zu leeren – es ist frech, eine Million zu veruntreuen, aber es ist namenlos groß, eine Krone zu stehlen.« Vergeblich warnt Fiescos Gattin Leonore vor den Folgen der Machtanmaßung. Der Anschlag gegen die Dorias ist noch nicht zu Ende geführt, da läßt sich Fiesco zum Herzog ausrufen und wird von Verrina ertränkt. – Diesen Schluß, der mit Verrinas Rückkehr zu Andreas Doria der gescheiterten Verschwörung allen Sinn entzieht, hat Schiller verschiedentlich geändert. In der Mannheimer Fassung entsagt Fiesco der Krone; in einer anderen Fassung stellt sich Verrina nach dem Mord an Fiesco dem Gericht des befreiten Volkes.

Den Schluß und Höhepunkt der Sturm-und-Drang-Dramatik bildet Schillers bürgerliches Trauerspiel *Kabale und Liebe* (1784), das zuerst nach der Heldin »Luise Millerin« heißen sollte.

Ähnlich wie in Lessings *Emilia Galotti* (vgl. S. 79 f.) scheitern Luise, die bürgerliche Geliebte, und ihr adliger Bräutigam Ferdinand an Standesunterschieden und Hofintrigen; nur, daß hier – kennzeichnend für den Sturm und Drang – die Liebe und der Wunsch nach ihrer freien Entfaltung leidenschaftlicher brennen und daß die zeitgemäße und wirklichkeitstreuere Darstellung in einer revolutionären Anklage gegen den Absolutismus aufflammt.

Der Stadtmusikant Miller möchte seine Familie schützen, indem er zur Einhaltung der Standesgrenzen auffordert und dem Präsidenten von Walter sagt: »Dero Herr Sohn haben ein Aug auf meine Tochter; meine Tochter ist zu schlecht zu Dero Herrn Sohnes Frau, aber zu Dero Herrn Sohnes Hure ist meine Tochter zu kostbar, und damit basta!« – Luise beugt sich dieser bürgerlichen Denkweise und Moral: »Mein Anspruch war Kirchenraub, und schaurend geb ich ihn auf. [...] Ich entsag ihm für dieses Leben. Dann, Mutter – dann, wenn die Schranken des Unterschieds einstürzen – wenn von uns abspringen all die verhaßte Hülsen des Standes – Menschen nur Menschen sind –« Aber Ferdinand glaubt, das Ideal seiner Liebe gegen die Wirklichkeit der Gesellschaft durchsetzen zu können. Mit der großen Gebärde des Genies ruft er:

> Wer kann den Bund zwoer Herzen lösen, oder die Töne eines Akkords auseinanderreißen? – Ich bin ein Edelmann – Laß doch sehen, ob mein Adelbrief älter ist als der Riß [Entwurf] zum unendlichen Weltall? oder mein Wappen gültiger als die Handschrift des Himmels in Luisens Augen: Dieses Weib ist für diesen Mann? [...] Ich fürchte nichts – nichts – als die Grenzen deiner Liebe. [...] *Mir* vertraue dich. Du brauchst keinen Engel mehr – Ich will mich zwischen dich und das Schicksal werfen [...]. Frei wie ein Mann will ich wählen, daß diese Insektenseelen am Riesenwerk meiner Liebe hinaufschwindeln.

Doch als Luise zögert, ihre Kindespflicht gegen den Vater zu vergessen und die für sie gottgewollte Ordnung zu zerbrechen, mißdeutet Ferdinand diese »kalte Pflicht gegen feurige Liebe«. Sein Zweifel liefert ihn dem Spiel der höfischen Ränke aus. Er wähnt sich von Luise betrogen und – »einst ihr Gott, jetzt ihr Teufel« – vergiftet sie und sich selbst. Die Gewißheit des nahen Todes entbindet Luise von dem Eid, den sie ihren Peinigern gab. Sterbend enthüllt sie ihrem Geliebten, welchem Trug er zum Opfer gefallen ist.

d) Der Roman

Die Romane des Sturm und Drang knüpften gern an die Lebensbeschreibungen und die erbaulichen Bekenntnisse aus der pietistisch geprägten Empfindsamkeit an, denn die neue Brief- und Tagebuchform erlaubte den monologisierenden Herzen, die ganze Spannweite zwischen lyrisch-verhaltenem und dramatisch-brausendem Ausdruck auszuschöpfen. Das beste Beispiel hierfür ist GOETHES Briefroman *Die Leiden des jungen Werthers* (1774).

Goethe war 1772 nach Wetzlar gegangen, um dort am Reichskammergericht juristische Erfahrungen zu sammeln. Doch statt dessen verliebte er sich in Charlotte Buff, die bereits verlobt war. Auch Maximiliane La Roche,[17] in die sich Goethe anschließend in Ehrenbreitstein verliebte, heiratete bald einen anderen. Als Goethe nun noch erfuhr, daß sich sein Wetzlarer Kollege, Lessings junger Freund Jerusalem, wegen unglücklicher Liebe zu einer verheirateten Frau erschossen habe, entledigte sich der Dichter seines »großen Trübsinns« durch den Roman von Werthers Leiden.

17 Maxe, wie Goethe sie nannte, war die Tochter von Wielands Cousine, der Schriftstellerin Sophie von La Roche (vgl. Kap. 4d). Sie heiratete den Frankfurter Kaufmann Peter Anton Brentano. Aus dieser Ehe stammt der romantische Dichter Clemens Brentano (vgl. Kap. 8b).

In ländlicher Umgebung erholt sich Werther von einem Liebeskummer. Er liest Homer und zeichnet nach der Natur. Als er mit Lotte einen Ball besucht und Lotte, von einem Gewitter gefühlvoll gestimmt, den Namen »Klopstock« seufzt, ist Werther überwältigt vom Gleichklang ihrer Herzen. Aber Lotte ist verlobt. Ihr Bräutigam, großzügig zwar gegen Werther, ist ein Pedant, der Selbstmörder verurteilt, statt sie zu bemitleiden. – Werther sucht Ablenkung durch berufliche Tätigkeit in einer anderen Stadt. Er kann sich aber nicht mit den Vorschriften und Zwängen der Arbeitswelt abfinden. Nach der kränkenden Ablehnung im Kreis einer adligen Gesellschaft kehrt er zu Lotte, die inzwischen geheiratet hat, zurück. Er liest ihr in Abwesenheit ihres Gatten seine *Ossian*-Übersetzung (vgl. Anm. 5) vor, und als sich darüber erneut ihre Seelenverwandtschaft offenbart, vergißt er sich und tritt der Geliebten zu nahe. Lotte entflieht, und Werther beschließt sein Ende. Er bittet Lottes Gatten unter dem Vorwand einer Reise um zwei Pistolen und erschießt sich.

Das Außerordentliche an dieser Geschichte ist Werthers Gefühlstitanismus. Im Glück rührt die Natur Werther zu Tränen. Sein berühmter Brief vom 10. Mai schließt mit den Worten: »[...] ich erliege unter der Gewalt der Herrlichkeit dieser Erscheinungen.« Der unglückliche Werther sieht in derselben Natur »nichts, als ein ewig verschlingendes, ewig wiederkäuendes Ungeheur«. Dieser Subjektivismus und der als »Krankheit zum Tode« entschuldigte Selbstmord lösten lange Erörterungen aus, in denen der Sturm der Begeisterung für die Leidenschaft siegte. *Werther* wurde ein ungeheurer europäischer Bucherfolg mit zahllosen ernsten und parodistischen Nachahmungen. Napoleon las den Roman siebenmal. Man handelte mit Chodowieckis Illustrationen zu dem Buch, mit Werther-Nippes und Eau-de-Werther-Parfüm; man kleidete sich wie Werther und, wo sich die Werther-Mode zum schlimmsten Werther-Fieber steigerte, soll es stilechte Selbstmorde gegeben haben.

Auch *Anton Reiser,* der vom Weltschmerz erfüllte Held

eines psychologischen Romans von KARL PHILIPP MORITZ (1756–1793), trug den *Werther* in der Tasche; und Werthers Schwermut »führte [auch] ihn mit schnellen Schritten an den Fluß, wo er die unerträgliche Bürde dieses elenden Daseins abwerfen wollte«. Doch die lehrhafte Tendenz, mit der der Erzähler alles Autobiographische dieser inneren Geschichte des Menschen ins Beispielhafte wendet, beläßt es bei diesem mahnenden Wink. Mit feinen psychologischen und soziologischen Beobachtungen zeigt Moritz im *Anton Reiser* (1785–90), welchen quälenden Umständen der genialische Mensch aus der unteren Gesellschaftsschicht bei seinem Streben nach Selbstverwirklichung ausgesetzt war. Ein höchst aufschlußreiches Buch für den Leser, der die geschichtliche Wirklichkeit der Geniezeit sucht.

Der wenig ansehnliche Anton Reiser identifizierte sich mit Werther bis auf das, was »die eigentlichen Leiden Werthers anbetraf [...] denn ein Mensch der liebte und geliebt ward, schien ihm ein fremdes ganz von ihm verschiedenes Wesen zu sein«. Diese Seite des Genies verkörpert der Held des Romans *Ardinghello und die glückseligen Inseln* (1787) von JOHANN JAKOB WILHELM HEINSE (1746–1803). Ardinghello ist ein florentinischer Maler, adlig, schön und vielseitig begabt. Er entfaltet in völliger Übereinstimmung mit sich selbst sein Genie in kraftvoller Sinnlichkeit und ästhetischem Genuß und gründet am Ende mit seinen Geliebten und Freunden einen Inselstaat, in dem dionysische Sinnenfreude herrscht. Heinses hedonistische Gesinnung,[18] die an Wielands *Agathon* anknüpft und zu den Künstlerromanen der Romantik überleitet, stieß auf Goethes und Schillers Kritik. Dennoch bleibt dieser Roman ein großartiges Zeugnis für das Selbstverständnis und das Selbstgefühl des Genies.

---

18 Der Hedonismus (von griech. *hedone* ›Lust‹) sieht in der Lebensfreude das Lebensziel. Dem weisen, über triebhafte Gelüste erhabenen Hedoniker erweist sich Tugend in feiner Genußfähigkeit. Vgl. Wielands *Agathon* (S. 86 ff.) und *Musarion* (S. 89).

6. Die Klassiker

Der Klassiker, lateinisch *classicus*, war ursprünglich ein römischer Bürger aus der höchsten Steuerklasse, dann, als *scriptor classicus*, ein Schriftsteller ersten Ranges. Dieser Qualitätsbegriff bekam historische Bedeutung, als die Humanisten der Renaissance die Kunst der griechisch-römischen Antike grundsätzlich zum Vorbild erhoben und ›klassisch‹ nannten. Ähnlich bezeichnet nun das Wort jeweils den Zeitraum, in dem einzelne Nationalliteraturen zur höchsten Blüte gelangen. In der deutschen Literatur kommt es nach der heute weniger bekannten mittelhochdeutschen Klassik um 1200 (vgl. Kap. 1c) noch einmal um 1800 zu einer jüngeren und darum noch stärker nachwirkenden Klassik. Diese hauptsächlich von Goethe und Schiller getragene Weimarer Klassik verdient ihren Namen nicht nur als eine zweite Gipfelleistung der deutschen Literatur, sondern auch weil sie an das Humanitätsideal und die antikisierende Kunstauffassung der Renaissance anknüpft und dadurch wie diese mit der Klassik der Antike in Verbindung steht.

Zu den unmittelbaren geistigen Grundlagen der Weimarer Klassik gehört vor allem das aufgeklärte rationale Bewußtsein von der Selbstverantwortlichkeit des Menschen, aber auch die Erfahrungen pietistischer Seeleninnerlichkeit und irrationaler Gemütstiefe des Sturm und Drang.

Innerhalb des idealistischen Weltbildes der Klassiker unterscheidet Hermann August Korff[1] Herders und Goethes Naturidealismus von Kants und Schillers Vernunftidealismus. Das Gemeinsame im Denken der Klassiker war eine humanistische Kulturverklärung auf dem Hintergrund des von Winckelmann entworfenen apollinischen[2] Griechenbil-

---

1 *Geist der Goethezeit*, Leipzig 1966.
2 ›Apollinisch‹ bedeutet: maßvoll und harmonisch wie der griechische Gott Apoll. Die Gegenfigur ist Dionysos, der wilde, berauschte

des, in dem sich das Gute, Wahre und Schöne miteinander vereinen.

Als Wegbereiter der Klassik hatte Klopstock der deutschen Dichtersprache Würde verliehen, Lessing begriffliche Klarheit; Wieland hatte Anmut, Herder Kraft des Ausdruckes beigesteuert. Diese unterschiedlichen Vorzüge zusammengenommen und einem strengen Formwillen unterworfen ergeben nun das Ideal des »großen Stils«. Darin zielt die Bemühung der Klassiker auf ästhetische Harmonie und Vollendung und immer darüber hinaus zugleich auf die Bildung des Menschen.[3]

a) Goethe (1749–1832)

JOHANN WOLFGANG GOETHE, dessen erste Schaffensperiode in die Zeit des Sturm und Drang gefallen war, ging 1775 als Freund des achtzehnjährigen Herzogs Karl August nach Weimar, wo er – eben noch Stürmer und Dränger – nun durch seinen eigenen vorbildhaften Selbsterziehungsprozeß den jungen Regenten dieses sächsischen Kleinstaates zu Verantwortungsbewußtsein und Pflichterfüllung führte und darüber für sich selbst Achtung und Freundschaft der Frau Charlotte von Stein gewann. – Neben dienstlichen Arbeiten und Reisen für die Kriegs- und Wegebaukommission entstand im Frühjahr 1779 das Schauspiel *Iphigenie auf Tauris*. Bei der Uraufführung auf einer Liebhaberbühne spielte Goethe selbst den Orest.

Das mehrfach überarbeitete Stück, das wie *Egmont* und *Tasso* erst später (1787) die endgültige Versfassung bekam, behandelt einen Ausschnitt aus dem Tantaliden-Mythos[4]:

Gott. Die dionysische Seite der griechischen Kultur hat später Nietzsche hervorgehoben und verherrlicht.

3 Vgl. Schiller, *Über die ästhetische Erziehung des Menschen*, S. 118 f.

4 Der Mythos (griech., ›Wort, Erzählung‹) berichtet zur Deutung von Naturerscheinungen und Welträtseln symbolträchtig verdichtet von

Iphigenie, durch die Hand der Göttin Artemis vom Opfer-
altar nach Tauris entführt, dient dort unter dem Bar-
baren-König Thoas als Artemis-Priesterin. Sie bewegt Thoas
dazu, von den landesüblichen Menschenopfern abzulassen.
Doch als sie des Königs Werben um ihre Hand zurückweist,
droht er, die Opferung anlandender Fremdlinge erneut ein-
zuführen. Gerade da erscheinen Iphigenies Bruder Orest
und dessen Freund Pylades. Orest, der, seinen Vater
Agamemnon an Klytämnestra rächend, sich des Mutter-
mordes schuldig gemacht hat und von den Furien verfolgt
wird, ist wahnverstört. Apoll beschied ihm durch Orakel-
spruch: »Bringst du die Schwester, die an Tauris' Ufer /
Im Heiligtume wider Willen bleibt, / Nach Griechenland,
so löset sich der Fluch.« Nun muß sich Iphigenie entscheiden, ob sie Thoas, der ihr vertraut, hintergehen, das Arte-
mis-Bild rauben und mit Orest und Pylades entfliehen will,
oder ob sie Thoas die Wahrheit sagen und sich, Bruder und
Freund der Entscheidung des Barbaren anheimgeben will.
Iphigenie entscheidet sich für Vertrauen und Aufrichtigkeit.
Sie bittet die Götter: »Rettet mich / Und rettet euer Bild
in meiner Seele!« Das ungeheure Wagnis dieser rückhalt-
losen Tugendentscheidung überzeugt Thoas von der Idee
der Humanität. Schweren Herzens läßt er Orest mit seiner
Schwester ziehen. Und da Apoll, bei Goethe anders als bei
Euripides (486–406), nicht das Götterbild seiner Schwester
Artemis, sondern Orests Schwester meinte, ist mit Iphi-
geniens Heimkehr zugleich Orests Auftrag erfüllt und endlich der alte Fluch vom Geschlecht der Tantaliden genommen. – »Alle menschlichen Gebrechen sühnet reine Menschlichkeit«, schrieb Goethe als Widmung in ein Exemplar
des Textes. Es versteht sich, daß dieses Schauspiel, das
Goethe selbst »ganz verteufelt human« nannte, neben Lessings *Nathan* als Muster des Humanitätsdramas gilt.
In den ebenfalls vor der Italienreise (1786–88) entworfenen,

Göttern, Dämonen und sagenhaften Heroen aus der Vorzeit; hier von
den Nachkommen des Tantalos, vgl. Hauptmanns *Atriden*, Kap. 11,
Anm. 13.

aber erst später vollendeten Dramen *Egmont* (1787) und *Tasso* (1790) zeigt Goethe zwei Sturm-und-Drang-Naturen, von denen die eine gerechtfertigt, die andere in ihre Grenzen gewiesen wird.

Lamoral Graf von Egmont (1522–1568) war der geschichtliche Statthalter von Artois und Flandern, den Herzog Alba als Führer des niederländischen Aufstandes gegen die Spanier enthaupten ließ. Bei Goethe findet man ihn nicht als Sechsundvierzigjährigen, der wie Schillers Marquis Posa um eine politische Entscheidung ringt, sondern als Jüngling, der seinem »Dämon« folgt[5] und sich selbst verwirklicht, indem er trotz mannigfacher Warnungen dem tyrannischen Machthaber selbstbewußt und ohne schützende Winkelzüge entgegentritt. Egmont ist überzeugt, daß der »schon tot ist, der um seiner Sicherheit willen lebt«. Er sagt: »[...] daß ich fröhlich bin, die Sachen leicht nehme, rasch lebe, das ist mein Glück; und ich vertausch es nicht gegen die Sicherheit eines Totengewölbes. [...] Wenn ihr das Leben gar zu ernsthaft nehmt, was ist denn dran?« – Doch anders als der vertrauensvolle Thoas läßt sich der hinterhältige Alba nicht durch vorbehaltlose Offenheit entwaffnen. Egmont muß sterben. Herzog Albas Sohn, dessen Freundschaft er gewann, verabschiedet Egmont mit den Worten: »Ich höre auf zu leben; aber ich habe gelebt. So leb auch du, mein Freund, gern und mit Lust, und scheue den Tod nicht!«

Auch der italienische Dichter Torquato Tasso folgt seinem Dämon;[6] und dieser, sein geniales Talent, bringt ihn in Spannungen zu ebender Hofgesellschaft, die ihn fördert und begünstigt.[7] Der Umstand, daß am Hof nicht schon

---

5 Vgl. dazu *Dichtung und Wahrheit*, 20. Buch.

6 Das heißt, er folgt dem Gesetz, wonach er angetreten; vgl. Goethes Gedicht »Urworte. Orphisch: Dämon«; vgl. auch *genius* und *ingenium*, Kap. 5, Anm. 3.

7 Nach dem römischen Ritter Gaius Maecenas (um 70–8 v. Chr.), der u. a. Ovid, Vergil und Horaz förderte, nennt man den freigebigen Gönner der Künstler ›Mäzen‹. Vgl. den Landgrafen Hermann von Thüringen (S. 141).

»erlaubt ist, was gefällt«, sondern nur »erlaubt ist, was sich ziemt«, verlangt von Tasso die Mäßigung seines Temperaments. Aber gerade die Beschränkung durch gesellschaftliche Formen bedeutet eine schwer erträgliche Wesensbeschneidung für das Genie. Vom Überschwang unbeherrschbaren Gefühls hingerissen, verletzt Tasso die höfische Form. Als sein Gönner und seine Geliebte sich darauf von ihm zurückziehen, gerät er, »ein gesteigerter Werther«, an den Rand des Wahns. Ihm bleibt als einziger Trost das Bewußtsein, daß er sein Leid in Dichtung zu verwandeln vermag.

Egmont, Tasso und auch der *Faust* haben ihre Wurzeln im Sturm und Drang. Goethe brachte das Manuskript des *Urfaust* mit nach Weimar. 1790 gab er den *Faust* als Fragment heraus, 1808 den vollständigen ersten Teil. Den zweiten Teil vollendete er 1832, wenige Tage vor seinem Tod. Die Entstehung dieses großartigen Dramas zieht sich damit über fast sechzig Jahre hin. In dieser langen Zeit ging so viel mit in das Werk ein, daß das Ergebnis mit dem Wort ›Klassik‹ kaum zu fassen ist. Im *Faust* gibt es viel mehr Personen, Schauplätze und Episoden[8] als in der *Iphigenie* oder im *Tasso*. Die Zeit springt mehrmals zurück oder scheint in Visionen überhaupt aufgehoben. So entsteht eine vielgestaltige, bilderreiche, mitunter rätselhafte Welt, die, im zweiten Teil verstärkt durch den persönlichen Altersstil Goethes, der Romantik fast näher steht als der Klassik.

Faust, der Teufelsbündler des alten Volksbuches (vgl. S. 38), sucht bei Goethe nicht mehr bloß Reichtum und Macht, sondern er möchte erkennen, »was die Welt / Im Innersten zusammenhält«. Wie die Gedichte von Brockes zeigten,[9] ist dieser auf die Welt gerichtete Wissensdurst aber im Grunde ein deistischer Versuch (vgl. Kap. 4, Anm. 5), Gott zu er-

---

8 Eine Episode (von griech. *epeisodion* ›Einschiebsel‹) ist eine in sich abgeschlossene Nebenhandlung eines Dramas oder Romans, die nur locker mit der Haupthandlung zusammenhängt.

9 Vgl. *Irdisches Vergnügen in Gott*, Kap. 4b.

kennen. Ein Teufelsbund zu diesem Zweck ist weit weniger unmoralisch als der Pakt im Volksbuch. Doch, »es irrt der Mensch, solang' er strebt«. Faust verstrickt sich in schwere Schuld. Bei seiner Verführung Gretchens wird deren Mutter durch einen Schlaftrunk vergiftet und ihr Bruder Valentin im Duell getötet. Faust flieht, und das entehrte und verlassene Gretchen wird als Kindermörderin hingerichtet.

Wie die Gretchentragödie steht auch die Handlung des zweiten, dramatisch weniger bündigen Teils im Rahmen der zwischen Faust und dem Teufel Mephistopheles geschlossenen Wette, wonach Faust, sobald er träger Zufriedenheit erliegt, dem Teufel die Seele schuldet. – Da aber Fausts Verführbarkeit durch Mephisto selbst wiederum Inhalt einer Wette ist, die Mephisto und Gott im Himmel abgeschlossen haben, kann Faust eigentlich nur mit Gott zugleich gewinnen oder verlieren. Doch dieser mysterienspielähnliche[10] äußere Rahmen tritt im Bewußtsein des Zuschauers zurück, so daß im Zusammenspiel mit anderen verborgenen Widersprüchen jenes unauflösliche Geflecht von tragischer Schuld und Rechtfertigung entstehen kann, das noch Generationen begeistern wird. Und weil sich Goethes aus dem Volksbuch hervorgegangener *Faust* bewußt an jeden geistig aufgeschlossenen Menschen wendet, sollte sich auch der unerfahrene Leser weder durch den Ruhm noch durch wichtigtuerische Interpreten des Werkes abschrecken lassen, den *Faust* selbst zu lesen.

Im Streben nach vollendeter Form verglichen die Klassiker ihre Werke gern mit antiken Mustern. Dem Epos (vgl. Kap. 1, Anm. 19) als einer frühen, zugleich hochentwickelten Gattung galt dabei besondere Aufmerksamkeit. Seine Entwicklung war, ausgehend von Homer (*Ilias, Odyssee*), über Vergil (*Aeneis*) zu Dante (*Divina Comedia*) gegangen. Milton (*Paradise Lost*) hatte die Gattung neu belebt, die dann in Deutschland von Klopstock mit dem *Messias* auf-

10 Das Mysterienspiel (griech. *mysterion* zu griech. *mystes* ›der [in die eleusin. Geheimlehre] Eingeweihte‹) ist die im Mittelalter aus der Liturgie erwachsene Dramatisierung geistlicher Stoffe.

gegriffen und schließlich von Voß mit der *Luise* ins Bürgerlich-Idyllische gewandt wurde. Hiervon angeregt, schrieb Goethe 1797 *Hermann und Dorothea*, ein Epos in neun Gesängen. Das seinerzeit vielgepriesene Werk verherrlicht jenes ruhige besitzbürgerliche Gemeinwesen, gegen dessen behaglich-behäbige Trägheit sich Werther aufgelehnt hatte. Auch heute scheint das ungebrochene Verhältnis zum Bürgertum in diesem klassischen Idyll manchem Leser fragwürdig. Die formgeschichtliche Entwicklung der Literatur hat jedenfalls gezeigt, daß sich der ursprünglich erhabene Gegenstand des Epos nicht einfach durch einen alltäglich biederen ersetzen läßt. Vielmehr blieb der von Goethe als »unreine Form« und von Schiller als »Halbbruder der Poesie« geringgeschätzte Prosaroman (vgl. Kap. 3d) der unangefochtene Erbe des formstrengeren Epos. Und Goethe, der einst durch den Roman von *Werthers Leiden* berühmt geworden war, gab dieser zukunftsträchtigen Gattung mit dem *Wilhelm Meister* ein weiteres Musterstück.

Der Entwurf, *Wilhelm Meisters theatralische Sendung*, reicht wiederum in die Sturm-und-Drang-Zeit zurück; und wie der *Faust* wurde dieser »Urmeister« erst auf Schillers Drängen hin nach Goethes Italienreise weiterbearbeitet. Der erste Teil, *Wilhelm Meisters Lehrjahre*, erschien 1795 bis 1796; der zweite, *Wilhelm Meisters Wanderjahre*, 1821 (erweitert 1829). Die gut tausend Seiten umfassende Erzählung, deren Entstehung sich über ein halbes Jahrhundert hinzog, gilt als Muster eines Erziehungsromans[11].

Wilhelm Meister möchte seine natürlichen Anlagen im humanistischen Sinne ganz entfalten und zu einer harmonischen Persönlichkeit ausreifen. Dazu scheint es ihm nötig, »eine öffentliche Person zu sein, und in einem weitern Kreise zu gefallen und zu wirken.« Weil dies aber in der Standesgesellschaft dem Adel vorbehalten ist, wendet sich der bürgerliche Kaufmannssohn dem Theater zu. Er sagt:

---

11 Der Erziehungsroman ist eine Spielart des Entwicklungsromans (vgl. Kap. 4, Anm. 2.), in der auch die erzieherischen Grundsätze zur Sprache gebracht werden.

»Auf den Brettern erscheint der gebildete Mensch so gut persönlich in seinem Glanz als in den obern Klassen.« Entsprechend der damals viel erörterten Bedeutung des Theaters für die Erziehung kommt der Held, dessen Vorname auf das dramatische Genie Shakespeare deutet, mit mannigfachen Formen des Theaterlebens in Berührung. Doch wie sich der ursprüngliche Künstlerroman von der *Theatralischen Sendung* zum allgemeineren Erziehungsroman der *Lehrjahre* entwickelte, verloren das Theater und die künstlerische Meisterschaft des Helden an Gewicht. Wilhelm Meister bleibt Dilettant, das Theater bleibt eine von mehreren Durchgangsstationen auf seinem Bildungsweg. Die geheimnisvolle Turmgesellschaft, die über Wilhelm Meisters Entwicklung wacht, verlangt, daß der Mensch, dessen individuelle Bildung einen gewissen Grad erreicht hat, »lernt, um anderer willen zu leben und seiner selbst in einer pflichtmäßigen Tätigkeit zu vergessen«. Mehr noch, die pädagogischen Freimaurer vom Turm meinen: »Der Mensch ist nicht eher glücklich, als bis sein unbedingtes Streben sich selbst seine Begrenzung bestimmt.« Folgerichtig tragen *Wilhelm Meisters Wanderjahre* den Untertitel »Die Entsagenden«. Über die vielseitige Persönlichkeitsbildung (»mich selbst, ganz wie ich da bin, auszubilden«) wird nun die einseitige Fachausbildung gestellt. Gleich anfangs heißt es: »Sich auf ein Handwerk zu beschränken, ist das Beste. Für den geringsten Kopf wird es immer ein Handwerk, für den besseren eine Kunst, und der beste, wenn er *eins* tut, tut er alles, oder, um weniger paradox zu sein, in dem *einen,* was er recht tut, sieht er das Gleichnis von allem, was recht getan wird.« – Wilhelm Meister wird Chirurg. Doch davon handelt das von Gedichten, Aphorismen[12], Briefen, Tagebuchauszügen, Fachabhandlun-

---

12 Der Aphorismus (von griech. *aphorizein* ›abgrenzen, definieren‹) enthält in prägnanter Formulierung eine Lebensweisheit oder eine Augenblickserkenntnis (»Gedankensplitter«), die zum Weiterdenken anregt. Vgl. z. B. das letzte Zitat aus dem *Wilhelm Meister.* – Vgl. auch die gesammelten Aphorismen in Lichtenbergs *Sudelbü-*

gen und novellistischen Episoden überquellende Buch nur
am Rande. Wie im zweiten Teil des *Faust* löst sich in den
Wanderjahren die bündige Form zugunsten einer romantisch lockeren Komposition symbolischer »Bezirke«. Eine
der zahlreichen Einlagen konnte Goethe 1809 als selbständigen Roman ausgliedern:

Dieser Liebes- und Eheroman mit dem symbolischen Titel
Die Wahlverwandtschaften zeigt an einem Modell, wie der
Mensch im Konflikt zwischen Natur- und Sittengesetz durch
Entsagung seine geistige Freiheit behaupten kann.

Enthält Goethes großer Bildungsroman manchen autobiographischen Zug, so enthält umgekehrt die klassische Autobiographie *Aus meinem Leben. Dichtung und Wahrheit*
(1811–33) den Versuch, die gelebte Wirklichkeit dichterisch
sinngebend nachzugestalten. Denn, so sagt Goethe, der sich
nach Schillers Tod (1805) und nach der Begegnung mit
Napoleon (1808) geschichtlich zu sehen begann, »ein Fak-
tum unseres Lebens gilt nicht insofern es wahr ist, sondern
insofern es etwas zu bedeuten hatte«. Er erzählt sein
Leben bis zum Aufbruch nach Weimar[13] und begründet mit
einem Überblick über die Literatur seiner Zeit ganz neben-
bei im siebenten Buch die deutsche Literaturgeschichtsschrei-
bung.

Goethes Lyrik aus dem ersten Jahrzehnt in Weimar, die
den Übergang von der Geniezeit zur Klassik spiegelt, ist
1789 unter dem Titel »Vermischte Gedichte«[14] im achten
Band von *Goethe's Schriften* erschienen. Klassisch im enge-

---

chern (1765 ff.), Goethes *Maximen und Reflexionen* (1822) und
Schopenhauers *Aphorismen zur Lebensweisheit* (1851).

13 Vgl. die autobiographischen Schriften der späteren Jahre: *Italienische Reise* (1816–17) und *Die Campagne in Frankreich* (1822).

14 Hierunter finden sich das Gedicht »Ilmenau« an Herzog Karl Au-
gust, die Verse an Lida (d. i. Charlotte von Stein, 1742–1827)
»Warum gabst du uns die tiefen Blicke«, »Rastlose Liebe« und
»An den Mond«; die weltanschaulichen Gedichte »Beherzigung«,
»Erinnerung«, »Wanderers Nachtlied«, »Ein Gleiches«, »Gesang der
Geister über den Wassern«, »Meine Göttin«, »Grenzen der
Menschheit«, »Das Göttliche«, »Zueignung« und die Balladen »Der
Fischer«, »Erlkönig« und »Der Sänger«.

ren Sinne, d. h. weniger liedhaft, weniger schwungvoll, sondern formal antikisierend und geistvoll betrachtend, sind die nach der Italienreise entstandenen Sammlungen der *Römischen Elegien*[15] (1795), der *Venetianischen Epigramme*[16] (1796) und die mit Schiller gemeinsam verfaßten *Xenien*[17] (1797). Auch die im Wettstreit mit Schiller entstandenen Balladen[18] gehören hierher. Die *Sonette*[19] (1815) kennzeichnen dann den Übergang zu Goethes Alterslyrik, aus der das Gedichtbuch *West-östlicher Divan* (1819) und die *Trilogie der Leidenschaft* (1827) hervorragen.

b) Schiller (1759–1805)

Nachdem FRIEDRICH SCHILLER 1782 aus Württemberg geflohen war (vgl. S. 101), suchte er, von Geldsorgen, Krankheit und enttäuschten Hoffnungen geplagt, in sieben Wanderjahren eine neue Lebensgrundlage. Zunächst gewährte

---

15 Ein Zyklus von 20 Gedichten, die Goethes Italienerlebnisse spiegeln, die Begegnung mit der römischen Antike und das Liebesidyll mit Faustine in Rom und Christiane Vulpius (1765–1816) in Weimar.

16 103 meist kurze, (italien-)kritische Gedichte.

17 Satirische, literarkritische Distichen. – Das Distichon (von griech. *dis* ›doppelt‹ und *stichos* ›Vers‹) ist ein Doppelvers aus Hexameter (vgl. Kap. 4, Anm. 7) und Pentameter:
»Im Hexameter steigt des Springquells flüssige Säule,
   Im Pentameter drauf fällt sie melodisch herab.« (Schiller)

18 Aus dem klassischen Balladenjahr 1797 stammen u. a.: »Der Schatzgräber«, »Legende«, »Der Gott und die Bajadere« und »Der Zauberlehrling«.

19 Das Sonett (von ital. *sonetto* ›Tönchen‹) ist ein vierstrophiges Gedicht, bestehend aus dem Aufgesang mit zwei Quartetten und dem Abgesang mit zwei Terzetten. Die insgesamt vierzehn Verse im fünffüßigen Jambus reimen in den Quartetten immer in der Folge a b b a (umarmender Reim); die Reimfolge der Terzette wird freier gestaltet. Über diese strenge Form sagt Goethe, der seine Leidenschaft für Minchen Herzlieb und die von ihm geforderte Entsagung in dem Zyklus von 27 Sonetten vergeistigt: »Das Allerstarrste freudig aufzuschmelzen, / Muß Liebesfeuer allgewaltig glühen.« Vgl. Rilkes *Sonette an Orpheus*, S. 228.

ihm Henriette von Wolzogen Zuflucht auf ihrem Gut Bauerbach in Thüringen. Dann, 1783, verpflichtete er sich bei Dalberg in Mannheim als Theaterdichter. Als er, schwer erkrankt, die von ihm geforderten drei Theaterstücke nach Jahresfrist nicht abliefern konnte und der kümmerliche Vertrag nicht verlängert wurde, reiste er 1785 zu dem damals erst brieflich bekannten Verehrer Körner, bei dem er für die nächsten zwei Jahre in Leipzig und Dresden zu Gast blieb. Denn Körner bezahlte nicht nur Schillers Schulden, sondern unterstützte seinen Freund auch ferner mit Rat und Tat. Dankbar begeistert schrieb Schiller das »Lied an die Freude« (1785), doch sein dramatisches Schaffen stockte. Das 1782 als Familientragödie entworfene Drama *Don Carlos* fand erst 1787 als politisches Ideendrama seinen Abschluß:

Philipp II. hat Elisabeth von Valois, die seinem Sohn Don Carlos anverlobt war, geheiratet. Don Carlos wirbt nun um die Gunst seiner jugendlichen Stiefmutter. Obgleich er zurückgewiesen wird, wecken und nähren Verleumder die Eifersucht seines Vaters. – Dieser familiäre Generations- und Liebeskonflikt wird von der bedeutsameren politischen Handlung um die Figur des Marquis Posa überlagert: Posa will seinen Jugendfreund Carlos bewegen, die Führung eines gegen den Unterdrücker Philipp gerichteten Aufstandes in Flandern zu übernehmen. Um Carlos für diese Aufgabe freizusetzen und zu verpflichten, wendet Posa Philipps eifersüchtigen Verdacht auf sich selbst und wird erschossen. Doch Philipp erfährt von Posas weiterreichendem Plan und von der Bereitschaft seines Sohnes, gegen die spanisch-katholische Zwangsherrschaft in den Niederlanden zu revoltieren. Philipp übergibt seinen Sohn Don Carlos dem Großinquisitor.[20]

---

20 Als Leseprobe sei das Gespräch III, 10 empfohlen, in dem Posa seinen Humanitätsbegriff vorstellt und in einem Anflug mitreißender Leidenschaft von Philipp Gedankenfreiheit fordert. Zu Marquis Posas Zwiespalt zwischen persönlicher Freundschaft und politischer Idee vgl. Schillers zwölf *Briefe über Don Carlos* (1788).

Die fünfjährige Arbeitszeit am *Don Carlos* und die Tatsache, daß Schiller in den darauffolgenden elf Jahren überhaupt keine Dramen schrieb, lassen erkennen, wie schwierig für ihn der Übergang von den Sturm-und-Drang-Dramen seiner Jugendzeit zu den historischen Dramen der Klassik war.

In den elf Jahren zwischen dem *Don Carlos* und dem *Wallenstein* versuchte Schiller zunächst als Geschichtsschreiber Geld zu verdienen. Die aus der Arbeit am *Don Carlos* erwachsene *Geschichte des Abfalls der Vereinigten Niederlande von der spanischen Regierung* (1788) brachte Schiller soviel Ansehen als Historiker, daß ihm Goethe eine unbesoldete Geschichtsprofessur in Jena vermitteln konnte. Durch eine kleine Pension von jährlich 200 Talern ermöglichte Herzog Karl August von Weimar seinem neuen Hofrat 1790, Charlotte von Lengefeld zu heiraten. Die *Geschichte des Dreißigjährigen Kriegs* (1791–93) sollte den Hausstand gründen helfen. Doch bald erkrankte Schiller so schwer, daß er sich nie wieder ganz davon erholen konnte. Zum Glück halfen der dänische Erbprinz Friedrich Christian von Augustenburg und Graf Ernst von Schimmelmann dem arbeitsunfähigen Dichter mit einer dreijährigen Ehrengabe von jährlich 1000 Talern. Schiller nutzte die Zeit wirtschaftlicher Unabhängigkeit zu einem eingehenden Studium der Schriften Kants.

Der Auseinandersetzung mit Kant entsprangen Schillers Gedanken *Über Anmut und Würde* (1793),[21] eine vorläufige Theorie des Schönen, die er 1795 in einen gesellschaftspolitischen Rahmen stellte und, seinem Wohltäter zum Dank, in einer Reihe von 27 Briefen an den Prinzen

---

21 Nach Kants rigoristischer Ethik ist Pflicht nur erfahrbar, wo ihr eine Neigung entgegensteht; wo Pflicht und Neigung zusammenfallen, zählt für Kant nur die Neigung, die nicht-moralische Maxime. – Für Schiller dagegen ist gerade die harmonische Übereinstimmung von Pflicht und Neigung in der schönen Seele die Wurzel der Anmut (vgl. Kap. 4, Anm. 28). Würde zeigt der Mensch, wenn er seine triebhaften Neigungen willentlich den Forderungen der Pflicht unterwirft.

von Augustenburg niederlegte. Diese Abhandlung *Über die ästhetische Erziehung des Menschen* gilt als pädagogische Programmschrift der deutschen Klassik; ihr Kernsatz lautet: »[...] es gibt keinen andern Weg, den sinnlichen Menschen vernünftig zu machen, als daß man denselben zuvor ästhetisch macht.«

In dem Geburtstagsbrief, der 1794 die Freundschaft mit Goethe begründete, hatte Schiller Goethes intuitiven dichterischen Zugriff von dem eigenen spekulativen Zugriff unterschieden. Die Abhandlung *Über naive und sentimentalische Dichtung* (1795–96) weitet diesen Wesensunterschied zu einer dichterischen Typenlehre aus. Danach ist der Dichter entweder naiv (bzw. intuitiv) mit der Natur verbunden und erstrebt als Realist unbefangen »möglichst vollständige Nachahmung des Wirklichen«, oder er versucht sentimentalisch (bzw. spekulativ) seine durch Kultur und Zivilisation verursachte Entfremdung von der Natur zu überwinden, indem er als Idealist alles Wirkliche auf eine Idee bezieht. Dieser Unterschied ist leicht zu begreifen, wenn man Goethes und Schillers Lyrik miteinander vergleicht. Während Goethe im wesentlichen den im Sturm und Drang aufgenommenen volkstümlich-liedhaften Ton fortentwickelte, bewegte sich Schiller als Gedankenlyriker vorzugsweise auf philosophischem Boden. Über der Anschauung steht in seinen Gedichten immer die Idee.[22]

Das zeigen auch die Balladen, die Schiller 1797–98 im Wettstreit mit Goethe schrieb.[23] – Griff Goethe gern magisch-dämonische Elemente der volkstümlichen Naturbal-

22 Vgl. die frühklassischen Gedichte »Die Götter Griechenlands« (1788) und »Die Künstler« (1789), dann »Die Ideale« (1795), »Das Ideal und das Leben« (1795), »Die Teilung der Erde« (1795) und »Die Macht des Gesanges« (1795). – Eine Annäherung an Goethe zeigen die in Distichen verfaßten Elegien; vgl. »Der Spaziergang« (1795), »Der Tanz« (1796), »Der Genius« (1795) und »Nänie« (›Totenklage‹, 1800).

23 Vgl. »Der Ring des Polykrates«, »Die Kraniche des Ibykus«, »Der Taucher«, »Der Handschuh« von 1797 und »Die Bürgschaft« von 1798. Goethes Beitrag zum Balladenjahr vgl. Anm. 18.

lade auf, so geht Schiller in seinen Balladen jeweils von einer Idee aus, die sich dann oft in lehrhaften, zumindest rhetorischen Sentenzen[24] ausdrückt. Statt des ursprünglichen Liedtones bevorzugt Schiller eine dramatische Grundstruktur mit klarer Rollenverteilung, überraschenden Wendungen und dramatischer Zuspitzung der Handlung. Diese Ideenballaden, die sich weit von der herkömmlichen Volksballade entfernen, erfreuten sich besonderer Beliebtheit im Deutschunterricht der Schulen, so daß sie nicht selten zerlesen und dann auch parodiert wurden.

Nach der theoretischen Beschäftigung mit dem Schönen, dem Guten und dem dichterisch Wahren kehrte Schiller von der Geschichtsschreibung zur Dramendichtung zurück. Über der Prosadarstellung der *Geschichte des Dreißigjährigen Kriegs* war er immer stärker vom Charakter und Schicksal des kaiserlichen Generals Albrecht von Wallenstein gefesselt worden, jenes berühmten Feldherrn, der in geheimen Verhandlungen mit den Feinden stand und 1634 in Eger von den eigenen Soldaten ermordet wurde. – Ob Wallensteins List dem Kaiser, dem Reich oder nur ihm selbst nutzen sollte, konnte die Geschichtswissenschaft bis auf den heutigen Tag nicht klären, denn:

> Von der Parteien Gunst und Haß verwirrt
> Schwankt sein Charakterbild in der Geschichte.

Gerade diese Zwielichtigkeit aber zog Schiller an. Nach der theoretischen Erörterung *Über naive und sentimentalische Dichtung* wollte er, der bisher nur idealistische Figuren auf die Bühne gebracht hatte, mit einem realistischen Helden beweisen, wieviel auch ein sentimentalischer Dichter an Wirklichkeit zu geben vermag.[25]

---

24 Die Sentenz (von lat. *sententia* ›Meinung‹) ist eine im Rahmen eines größeren Werkes prägnant formulierte Erkenntnis, die im Gegensatz zum Aphorismus (vgl. Anm. 12) wegen ihrer Allgemeinverständlichkeit und Einprägsamkeit auch im Volksmund gern als Denkspruch zitiert wird. Vgl. die Verszitate auf S. 125.

25 Vgl. Schillers Brief vom 21. März 1796 an Humboldt: »Er [Wallenstein] hat nichts Edles, er erscheint in keinem einzelnen Le-

In über vierjähriger Arbeit schrieb Schiller die dramatische Trilogie[26] mit den Teilen *Wallensteins Lager* (1798), *Die Piccolomini* (1799) und *Wallensteins Tod* (1799).

Wallenstein, der uneingeschränkte Befehlshaber des kaiserlichen Heeres, verabsäumt über verwerfliche Gedanken an Eigennutz und Verrat pflichtgemäß-sittliches Handeln. Durch sein Zaudern und durch zugelassenen Betrug seiner Nächstuntergebenen verliert er seine Handlungsfreiheit und wird zum Spielball derer, über die er zu verfügen gedachte. Betroffen fragt er sich in seinem großen Monolog[27]:

> Wärs möglich? Könnt ich nicht mehr, wie ich wollte?
> Nicht mehr zurück, wie mirs beliebt? Ich müßte
> Die Tat *vollbringen*, weil ich sie *gedacht*, [. . .]. (*Tod*, I, 4.)

Sein jugendlicher Freund Max Piccolomini verweist Wallenstein auf die idealistische Entscheidungsfreiheit:

> Und wärs zu spät – und wär es auch so weit,
> Daß ein Verbrechen nur vom Fall dich rettet,
> So falle! Falle würdig, wie du standst.

Max selbst bewahrt sich auf diese idealistische Weise im Untergang die Freiheit,[28] während den Realisten Wallenstein in tragischer Ironie (vgl. Kap. 8, Anm. 8) die gedungenen Häscher im Schlaf ereilen.

---

bensAkt groß, er hat wenig Würde und dergleichen, ich hoffe aber nichtsdestoweniger auf rein realistischem Wege einen dramatisch großen Charakter in ihm aufzustellen, [. . .].«

26 Die Trilogie ist eine aus drei selbständigen, jedoch stofflich oder motivlich zusammenhängenden Teilen bestehende Dichtung. Vgl. Goethes *Trilogie der Leidenschaft*, S. 116.

27 Der Monolog (von griech. *monos* ›allein‹ und *logos* ›Rede‹) ist das Selbstgespräch, das neben dem Zwiegespräch, dem Dialog, sehr unterschiedliche dramatische Aufgaben erfüllt. – Im Monolog können z. B. Einführungen und Zusammenfassungen gegeben oder technisch nicht darstellbare Vorgänge veranschaulicht werden. In den wichtigen ›Kernmonologen‹ erleben die Zuschauer Selbstoffenbarungen der dramatischen Figuren, geheime Reflexionen und seelisches Entscheidungsringen.

28 Vgl. den Nachruf der schönen Seele in *Wallensteins Tod*, IV, 12 mit der Elegie »Nänie«, mit »Thekla. Eine Geisterstimme«.

Der Erfolg des *Wallenstein* auf dem Weimarer Hoftheater und die Absicht, auch bei künftigen Proben eng mit Goethe zusammenzuarbeiten, veranlaßten Schiller, mit seiner Familie von Jena nach Weimar zu ziehen. Ein halbes Jahr nach dem Umzug war die Tragödie *Maria Stuart* (1800) fertig. – Wieder ein historisches Drama, das »das Realistische zu idealisieren« sucht; doch diesmal nicht in chronologischer Entfaltung eines zur Trilogie ausufernden Stoffes, sondern analytisch[29] und knapp, mit strengem tektonischen Aufbau:[30]

Der erste Akt zeigt Maria Stuart, die schöne schottische Königin, die, früh verwitwet, den Mörder ihres zweiten Gatten geheiratet hat und, vom Thron verjagt, nach England flüchtete, wo ihr als Thronrivalin Elisabeths im Kerker das Todesurteil droht. Mortimer, der Neffe ihres redlichen Bewachers, ein heimlicher Konvertit, möchte die katholische Königin befreien und ihr zur Macht verhelfen.

Der zweite Akt zeigt Elisabeth an der Seite ihres Geliebten Lord Leicester (sprich [ˈlestə]). Sie vertröstet eine Gesandtschaft des französischen Königs, der um ihre Hand anhält, und hört ihren Staatsrat zum Urteil über Maria Stuart. Danach beauftragt sie insgeheim den jungen Mortimer, das schlechtbegründete Todesurteil an Maria durch Meuchelmord zu vollstrecken. Mortimer erklärt sich zum Scheine bereit und verrät Elisabeths Anschlag und seine eigenen Pläne Lord Leicester, an den ihn Maria verwiesen hatte.

---

29 Im Gegensatz zum Zieldrama wird im analytischen Drama nur die Zuspitzung zur Katastrophe dargestellt. Die vorausgegangene, auslösende Handlung enthüllt sich erst schrittweise im Verlauf der letzten dramatischen Ereignisse. Vgl. Schillers Tragödie *Die Braut von Messina* (1803) und *König Ödipus* von Sophokles.

30 Gustav Freytag hat den tektonischen Aufbau des fünfaktigen Dramas in ein Begriffsschema gebracht. Danach enthalten der erste Akt die Exposition, d. h. die Einführung in Ort, Zeit und Handlung; der zweite Akt die durch das ›erregende Moment‹ steigende Handlung; der dritte Akt den Höhepunkt mit der Peripetie, dem Umschwung des Schicksals; der vierte Akt die durch das retardierende ›Moment der letzten Spannung‹ verzögerte fallende Handlung und der fünfte Akt die Katastrophe oder Lösung.

Der dritte Akt bringt mit der durch Lord Leicester herbeigeführten Begegnung der beiden Königinnen den Höhepunkt. Durch unbarmherzige Härte fordert Elisabeth Marias Stolz heraus. Statt zu Versöhnung kommt es zu wechselseitigen Beleidigungen, wobei Maria in tragischer Ironie über Elisabeth triumphiert.

Der vierte Akt zeigt Königin Elisabeths Ratlosigkeit. Mortimers und Leicesters Pläne zur Befreiung Marias sind entdeckt. Leicester rettet sich mit knapper Not, indem er den Mitverschworenen Mortimer verrät und für Marias Todesurteil plädiert. Elisabeth unterschreibt das Urteil, jedoch ohne den Sekretär, dem sie es übergibt, anzuweisen, wie er mit dem Blutbefehl verfahren soll.

Im letzten Akt erscheint Maria zu sittlicher Freiheit geläutert. Sie ist bereit, das unverdiente Todesurteil als Sühne für die Schuld am Tode ihres zweiten Gatten anzunehmen. Sie geht im äußeren Glanz ihrer Schönheit und mit der Würde ethischer Selbstüberwindung zum Schafott. Elisabeth, die zum Schein ihrer Unschuld jenen Sekretär, dem sie das Todesurteil überließ, bestraft, wird von ihrem einzigen getreuen Rat verlassen. Und als sie nach ihrem Geliebten fragt, heißt es: »Der Lord läßt sich / Entschuldigen, er ist zu Schiff nach Frankreich.«

In der »romantischen«[31] Tragödie *Die Jungfrau von Orleans* (1801) steigert Schiller das historische Läuterungsdrama zur Legende; denn hier geht es nicht mehr nur um eine weltliche Sünderin, die sich sterbend zu majestätischer Würde erhebt, sondern um eine Heilige, die ihre Reinheit noch gegen die sanfte Regung der Liebe behauptet.

Jeanne d'Arc (historisch 1412–1431), die Tochter eines französischen Bauern, fühlt sich berufen, Frankreich im Hundertjährigen Krieg (1339–1453) gegen England zum Sieg zu verhelfen. Voraussetzung für die Erfüllung dieses übermenschlichen Auftrags ist jedoch, daß sie jeder persönlichen Neigung entsagt. – Johanna ist dazu bereit und siegt mit

---

31 ›Romantisch‹ in der Bedeutung ›romanzenhaft, aus der Ritterzeit stammend‹.

dem Schwert in der Hand, bis sie beim Anblick Lionels, den sie im Kampf überwunden hat, in einer Anwandlung von Liebe die Erfordernis ihrer himmlischen Sendung vergißt. Sie läßt den Feind entkommen, gerät darauf selbst in englische Gefangenschaft und wird bei ihren Landsleuten vom eigenen Vater der Hexerei bezichtigt. – Endlich sühnt sie die unerlaubte Rührung ihres Herzens durch den Opfertod für ihr Vaterland in einer letzten siegreichen Schlacht.

Da der Zwiespalt zwischen Pflicht und Neigung (vgl. Anm. 21) im wesentlichen innerseelisch bleibt, fehlt Johanna der eigentliche Gegenspieler. Die Bühnenwirksamkeit des Schauspiels beruht auf opernhaften Schlacht- und Krönungsszenen und auf der teils lyrisch, teils pathetisch überhöhenden Sprachgebung.

Das letzte von Schiller vollendete Schauspiel ist *Wilhelm Tell* (1804), ein äußerst beliebtes Stück, dessen philosophischer Kern oft durch volkstümliche Überbetonung der patriotischen Tendenz verdeckt worden ist. Denn das Wesentliche in diesem Kampf zwischen Tyrannei und Freiheit ist nicht zuerst der vaterländische Sieg, sondern, wie Werner Kohlschmidt sagt, »die sittliche Behauptung der Person im reißenden Strom der Geschichte«.

Der Habsburger König Albrecht beruft seine Parteigänger als Landvögte, um durch deren Willkürherrschaft die reichsunmittelbaren Schweizer Kantone Uri, Schwyz und Unterwalden allmählich seiner Hausmacht zu unterwerfen. Angesichts der Verbrechen des Reichsvogts Geßler schließen sich führende Bürger zur Gegenwehr zusammen und schwören auf dem Rütli:

> – Wir wollen sein ein einzig Volk von Brüdern,
> In keiner Not uns trennen und Gefahr.
> [. . .]
> Bezähme jeder die gerechte Wut,
> Und spare für das Ganze seine Rache,
> Denn Raub begeht am allgemeinen Gut,
> Wer selbst sich hilft in seiner eignen Sache.

Tell, der unpolitische Einzelgänger, gehört nicht zu den Eidgenossen, denn er glaubt:

> Dem Friedlichen gewährt man gern den Frieden. [Und:]
> Der Starke ist am mächtigsten *allein*.

Er weigert sich, den zur Schau gestellten Hut des Landvogts zu grüßen, wird von Geßler zu dem berühmten Apfelschuß vom Kopf seines Sohnes gezwungen und anschließend verhaftet. Den Fesseln entsprungen, kommt er zu der Einsicht, daß der Tyrannenmord unumgänglich ist. Nicht in solidarischer, allenfalls in stellvertretender Handlung für das unterdrückte Volk erschießt Tell den Tyrannen. Vor dem ehrsüchtigen Kaisermörder Parricida rechtfertigt er diesen Schuß aus Notwehr nicht als vaterländische Tat, sondern als sittliche Forderung der Menschlichkeit (im Sinne Kants).[32]

32 Vgl. Kants kategorischen Imperativ: »Handle so, daß die Maxime deines Willens zugleich als Prinzip einer allgemeinen Gesetzgebung dienen kann.«

7. Zwischen Klassik und Romantik (1794–1811)

Goethes Alterswerk, der zweite Teil des *Faust, Wilhelm Meisters Wanderjahre* und die späte Lyrik, gehen bereits über den engen Rahmen des formgeschichtlichen Begriffs ›Klassik‹ hinaus. Noch schwerer lassen sich die Werke von Johann Peter Hebel, Jean Paul, Hölderlin und Kleist diesem Stilbegriff unterordnen. Diese Dichter, die, bis auf Jean Paul, zeitlebens im Schatten Goethes und Schillers standen, folgten weder dem klassischen noch dem romantischen Programm, sondern entfalteten unter den verschiedenen Stileinflüssen ihrer Zeit je ganz persönliche Eigenheiten.

JOHANN PETER HEBEL (1760–1826), der mit seinen *Alemannischen Gedichten* (1803) erstmals mundartlicher Dichtung zu literarischer Geltung verhalf, sammelte seine Kalendergeschichten im *Schatzkästlein des Rheinischen Hausfreundes* (1811) und lebt damit als volksnaher Meister epischer Kleinkunst fort.[1] Weniger rührselig und etwas weltoffener als Claudius (vgl. Kap. 5b), war auch Hebel ein Idylliker, der erzählend die moralische Besserung seines Nächsten beabsichtigte und dabei wie Claudius auch nach 1789 vorrevolutionär apolitisch dachte.

Nicht zufällig schätzte Hebel den großen Erzähler JEAN PAUL (d. i. Johann Paul Friedrich Richter, 1763–1825), denn auch Jean Paul, den viele Zeitgenossen über Goethe stellten, wurzelte tief in der Empfindsamkeit (vgl. S. 65) und hatte eine Vorliebe für merkwürdige Käuze und Sonderlinge, die das Glück im stillen Winkel zu genießen verstehen. Das Schulmeisterlein Wuz, Quintus Fixlein, der

---

1 Berühmt geworden ist die Geschichte von »Kannitverstan« (1809). Die Geschichte »Unverhofftes Wiedersehen« (1810) wird gern mit E. T. A. Hoffmanns Erzählung »Die Bergwerke zu Falun« (1818) verglichen (vgl. S. 151 f.). Vgl. auch Achim von Arnims Gedicht »Des ersten Bergmanns ewige Jugend« (1810) und Hofmannsthals Tragödie *Das Bergwerk zu Falun* (postum 1933).

Armenadvokat Siebenkäs und Dr. Katzenberger sind solche Jean-Paulschen Romanhelden, die unter dem Einfluß englischer Romane des 18. Jahrhunderts (von Richardson, Fielding und vor allem Sterne) entstanden und dann ihrerseits auf die Erzähler des Realismus (Mörike, Stifter, Keller und Raabe) fortwirkten.

Das *Leben des vergnügten Schulmeisterlein Maria Wuz in Auenthal* (1793), *Hesperus, oder 45 Hundsposttage* (1795), das *Leben des Quintus Fixlein* (1796), die *Blumen-Frucht- und Dornenstükke oder Ehestand, Tod und Hochzeit des Armenadvokaten F. St. Siebenkäs im Reichsmarktflecken Kuhschnappel* (1796–97) und die *Flegeljahre* (1804 bis 1805) sind die bekanntesten Titel Jean Pauls.

Als das »liebste und beste unter seinen Werken« bezeichnet er selbst seinen großen Erziehungsroman *Titan* (1800 bis 1803), an dem er zehn Jahre gearbeitet hat. »*Titan* sollte heißen Anti-Titan. Jeder Himmelsstürmer findet seine Hölle; wie jeder Berg zuletzt seine Ebene aus seinem Tale macht. Das Buch ist der Streit der Kraft mit der Harmonie«, erläutert Jean Paul. Seine Lektüre setzt allerdings einiges voraus: Lesegeduld und, wenn man nicht dauernd in den Kommentaren blättern will, literatur- und kulturgeschichtliche Kenntnisse der Zeit. Denn Jean Paul spielt auf manches an, das heute vergessen ist. Zudem ist dieser humoristische Erzähler alles andere als ein Systematiker. Die Kritik, die er im *Titan* an klassischen und romantischen Ideen übt, fließt oft unvermittelt ein und verwirrt nicht selten durch Inkonsequenzen. Mehr noch: nach dem Vorbild des *Tristram Shandy* (1760) von Laurence Sterne sind launige Einfälle, verschrobene Einschübe, phantastische Abschweifungen, Einmischungen des Erzählers, Gespräche, Briefe, Zitate, kurzum, punktuelle Einzelheiten derart stilbeherrschend, daß der Leser darüber leicht den Faden verliert, zumal die Handlung selbst durch Kindesvertauschung, Intrigen, Doppelgängermotive und Gestaltentausch durch Masken, Wachsfiguren und schauerromantische Apparaturen eine so unwahrscheinliche Verwicklung erfährt, daß ihre Knalleffekte manchen Kriminalroman in den Schatten stellen.[2] – Was diesen Roman lesens- und liebenswert macht, sind der Humor, über den sich Jean Paul in seiner *Vorschule der Ästhetik* (1804, besonders § 31 f.) theoretisch äußert, und die bilderreiche Sprache, die alle Wirklichkeit beseelt, in phantasievolle bewegte Visionen auflöst und dadurch unmittelbar zum Gemüt spricht.[3]

Jean Paul, der nur vier Jahre jünger war als Schiller und diesen um zwanzig Jahre überlebte, hinterließ ein umfangreiches Romanwerk, das zwar heute schwer zugänglich ist, wegen seiner nachhaltigen Wirkung aber ein wichtiges Glied in der Entwicklung deutscher Erzählkunst wurde. Ganz anders sehen Leben, Werk und Wirkung Hölderlins aus:

FRIEDRICH HÖLDERLIN (1770–1843) fiel nach einer kurzen Schaffenszeit von anderthalb Jahrzehnten in eine geistige Umnachtung, in der er noch fast vierzig Jahre seines Lebens hindämmerte. Weder Schiller, unter dessen Einfluß Hölderlins frühe Reimhymnen entstanden, noch Goethe erkannten den Wert der Dichtungen Hölderlins; und so blieb dieser geniale Dichter das ganze 19. Jahrhundert hindurch unbeachtet, bis Wilhelm Dilthey[4] und der George-Kreis Hölderlins Bedeutung entdeckten und dem Leser des 20. Jahrhunderts erschlossen.

In Lauffen am Neckar geboren und in Nürtingen aufgewachsen, studierte Hölderlin gleichzeitig mit Schelling und Hegel Theologie am Tübinger Stift. Da er aber nicht als Theologe leben mochte, nahm er eine durch Schiller vermittelte Hofmeisterstelle[5] bei Charlotte von Kalb und ging

---

2 Vgl. das absonderliche Testament im 5. Zykel, die Selbstzerstörung des Automaten nach Erfüllung seiner Aufgabe im 139. Zykel und die Zusammenfassung der Handlung im 142. Zykel.

3 Als Leseproben seien die Zykel 1, 107 und 128 empfohlen.

4 Vgl. Wilhelm Dilthey, *Das Erlebnis und die Dichtung*, 15. Auflage, Göttingen 1970 (1. Auflage 1905).

5 Zum Problem des Hauslehrerdaseins vgl. Lenz, *Der Hofmeister*, S. 97.

mit seinem Zögling für kurze Zeit nach Jena. Schiller bot Hölderlin die Mitarbeit an der Zeitschrift *Die Horen* an und veröffentlichte dessen Entwurf zu dem Briefroman *Hyperion* 1794 in der *Thalia*. Doch Hölderlin entzog sich bald dem Weimarer Einfluß. Er ging als Lehrer nach Frankfurt, wo er in der Familie des Bankiers Gontard die Hausherrin Susette Gontard unter dem Namen »Diotima« schwärmerisch verehrte, bis seine Anwesenheit nach drei Jahren für den Gatten untragbar wurde. Nach zwei weiteren Versuchen als Hauslehrer in der Schweiz und in Frankreich kehrte Hölderlin 1802 krank nach Nürtingen zurück. Im selben Jahr starb Susette, der Hölderlin in seinen Gedichten und in *Hyperion oder der Eremit in Griechenland* (1797–99) ein großartiges Denkmal gesetzt hat.

Hyperion, ein junger Grieche, sieht die Vergangenheit seines Vaterlandes mit den Augen Winckelmanns (vgl. S. 75 und Kap. 6, Anm. 2) und betrauert den Verlust der »edlen Einfalt und stillen Größe«. Sein eigener elegischer Charakter und das stürmisch drängende Temperament seines Freundes Alabanda lassen ihn zwischen Reflexion und Tatendrang schwanken und vergeblich versuchen, »Eines zu sein mit allem, was lebt«. – Endlich findet er diese All-Einheit[6] sinnbildlich verkörpert in der Schönheit Diotimas und glaubt, beflügelt von der Liebe zu ihr, Geist und Herz seines Volkes zu der verlorenen Harmonie antikisch vollkommenen Menschentums zurückführen zu können. – Entgegen der Warnung Diotimas nimmt Hyperion auf Alabandas Veranlassung teil am Befreiungskampf der Griechen gegen die Türken (historisch 1770). Doch er muß einsehen, daß mit einem plündernden und mordenden Partisanenheer kein »Elysium gepflanzt« werden kann. Das Unternehmen scheitert, und beschämt sagt sich Hyperion als der Geliebten unwürdig von Diotima los. Diotima, die Hyperion versteht, entsagt der Verbindung mit ihm

6 ›Eins und alles‹ (griech. *hen kai pan*) ist ein Begriff des Neuplatonismus.

und stirbt. In ihrem letzten Brief tröstet sie den Geliebten
mit pantheistischen Gedanken:

> Die schöne Welt ist mein Olymp; in diesem wirst du leben,
> und mit den heiligen Wesen der Welt, mit den Göttern der
> Natur, mit diesen wirst du freudig sein. [...] ich hab es
> gefühlt, das Leben der Natur, das höher ist, denn alle Ge-
> danken – wenn ich auch zur Pflanze würde, wäre denn der
> Schade so groß? – Ich werde sein. Wie sollt ich mich ver-
> lieren aus der Sphäre des Lebens, worin die ewige Liebe,
> die allen gemein ist, die Naturen alle zusammenhält? wie
> sollt ich scheiden aus dem Bunde, der die Wesen alle ver-
> knüpft? [...] Wir trennen uns nur, um inniger einig zu
> sein, göttlicher friedlich mit allem, mit uns. Wir sterben,
> um zu leben. [...] Priester sollst du sein der göttlichen
> Natur, und die dichterischen Tage keimen dir schon.

Hyperion, unglücklich und enttäuscht über das kleinlich-
nüchterne Wesen der Deutschen in seinem Exil, findet tatsächlich Trost in der Natur.
Die Sprache in Hölderlins Briefroman ist bekenntnishaft
und gefühlsdurchströmt, monologisch und von lyrischem
Wohlklang, denn Hölderlin, der wie Hyperion seine geistige Heimat im antiken Griechenland suchte und dem es
wie keinem anderen gelang, griechische Mythen und Vers-
formen mit empfindsam-romantischer Innigkeit zu verbinden, ist einer der größten deutschen Lyriker. »Hype-
rions Schicksalslied« und die Gedichte »An die Parzen«
und »Hälfte des Lebens« fehlen in keiner modernen Ly-
rik-Anthologie[7]. Das einsame lyrische Ich in Hölderlins
Gedichten spricht wie Hyperion meist religiös verehrend,
mehr andeutend als ausmalend, immer wieder über Griechenland, Diotima und die Natur.[8]

7 Eine Anthologie (griech., ›Blütenlese‹) ist eine inhaltlich, formal,
   geschichtlich oder anders charakterisierend geordnete Sammlung
   literarischer Texte.
8 Vgl. neben den genannten besonders die Gedichte »Abbitte«,
   »Menschenbeifall«, »Sonnenuntergang«, »Geh unter, schöne Sonne«,
   »Abendphantasie«, »Da ich ein Knabe war«, »Mein Eigentum«,
   »Heidelberg«, »Lebenslauf«, »Wie wenn am Feiertage« und die
   Elegien »Menons Klagen um Diotima« und »Brot und Wein«.

Wie der Erzähler Jean Paul und der Lyriker Hölderlin ging auch der Dramatiker HEINRICH VON KLEIST (1777 bis 1811) zwischen Klassik und Romantik seinen eigenen Weg. Er blieb von seinen Zeitgenossen unbeachtet und setzte seinem krisenreichen Leben mit vierunddreißig Jahren freiwillig ein Ende. Sein Werk wurde wie Hölderlins Dichtungen zunächst vergessen und erst in unserem Jahrhundert wiederentdeckt und gewürdigt.

Kleist, der eine Offizierslaufbahn abbrach, um sich geisteswissenschaftlich zu bilden, wurde von der Begegnung mit der Philosophie Kants tief erschüttert. Denn er mißverstand Kants heuristische[9] Trennung von Ding an sich und Erscheinung (in der *Kritik der reinen Vernunft*) als Beweis für die grundsätzliche Unfähigkeit des Menschen, zwischen Wahrheit und Täuschung zu unterscheiden. Aus der Verwirrung durch die von ihm vermeinten allgegenwärtigen Täuschungen, meinte Kleist, helfe allein traumhaft unreflektiertes Handeln aus instinktsicherem Gefühl.

In der zum Verständnis Kleists wichtigen Studie *Über das Marionettentheater*[10] (1810) wird die schwerelos frei pendelnde Marionette zum mythischen Sinnbild der von keiner Reflexion gestörten Anmut. Zwei als Beispiel dienende Anekdoten[11] zeigen, »daß in dem Maße, als, in der organischen Welt, die Reflexion dunkler und schwächer wird, die Grazie darin immer strahlender und herrschender hervortritt«. – Das Problem vom trügenden Schein der

9 ›heuristisch‹ heißt ›zum Zweck des besseren Verstehens vorläufig eingeführt‹.

10 In seiner Darbietungsform selbst ein glänzendes Beispiel für den früheren Aufsatz *Über die allmähliche Verfertigung der Gedanken beim Reden* (1805).

11 Die Anekdote (von griech. *an-ekdoton* ›nicht herausgegeben‹) war ursprünglich eine aus Diskretion unveröffentlichte Geschichte über eine bedeutende Persönlichkeit. Heute bezeichnet das Wort eine kurze, charakterisierende Erzählung, in der objektive, prägnante Darstellung das Typische einer historischen Person oder einer merkwürdigen Begebenheit schlagartig durch eine Pointe erhellt. – Kleist war ein Meister dieser Form; als Beispiel und Stilprobe vgl. seine *Anekdote aus dem letzten preußischen Kriege*.

Wirklichkeit und der Versuch, die Wahrheit traumhaft zu erfühlen, ist ein vielfach abgewandeltes Thema der Dichtungen Kleists.

In dem Schauspiel *Amphitryon* (1807) überwindet Alkmene die verwirrenden Täuschungen Jupiters durch das unerschütterliche Gefühl treuer Liebe. In der *Penthesilea* (1808) führt die Verwirrung des Gefühls gegenüber dem Griechen Achill zu einer leidenschaftlichen Haßliebe der Heldin, wie andererseits der traumerwachsenen Gefühlssicherheit des glücklicheren *Käthchen von Heilbronn* (1808) die beharrlichste Hingabebereitschaft entspringt.

Gefühlsregiert handelt auch der nachtwandlerische *Prinz Friedrich von Homburg* (1811): In Gedanken mit einem schönen Traumerlebnis beschäftigt, überhört er bei der Befehlsausgabe am Morgen der Schlacht seine Aufgabe im taktischen Plan und führt, den militärischen Befehl mißachtend, seine Truppe nach der »Ordre des Herzens« voreilig zum Sieg. Der Große Kurfürst, der darauf besteht, »daß dem Gesetz Gehorsam sei«, weil es dem Vaterland nicht gleichgültig sein kann, »ob Willkür drin, ob drin die Satzung herrsche«, läßt den Prinzen, der einen glänzenderen Sieg verscherzt hat, durch ein Kriegsgericht zum Tode verurteilen. Der Prinz hält das Urteil zunächst für eine bloße Formsache und macht es durch trotzige Uneinsichtigkeit dem Kurfürsten unmöglich, ihn zu begnadigen (denn die Gnade setzt ja die Anerkennung des Rechts voraus). Als der Prinz bald vor dem drohenden Ernst des Urteils in demütigende Todesfurcht fällt und bereit ist, alle Ehre dem nackten Leben zu opfern, ruft der Kurfürst ihn selbst zur Entscheidung auf:

Die höchste Achtung [. . .]
Trag ich im Innersten für sein Gefühl:
Wenn er den Spruch für ungerecht kann halten
Kassier ich die Artikel: er ist frei! –

Als Richter in eigener Sache überwindet der Prinz durch die Kraft des Ethos seine Todesfurcht. Seine freiwillige

Anerkennung des Schuldspruches ermöglicht die Begnadigung. Nach der Versöhnung des allgemeinen Gesetzes ist der Kurfürst bereit, auch das innere Gebot des einzelnen anzuerkennen. Daß er dieses Kleistsche Organ der Welterfassung nicht, wie es zunächst schien, mit gesetzloser Willkür verwechselte, bewies er, indem er sich selbst an das Gefühl des Prinzen wandte. Nun trägt er dazu bei, daß sich des Prinzen hochfliegender Traum erfüllt: Er gibt dem Sieger von Fehrbellin Prinzessin Natalie zur Frau.

Heiter abgewandelt erscheint das Thema von Wahrheit und Täuschung im Lustspiel *Der zerbrochne Krug* (1808). Dort versucht der Dorfrichter Adam, der sich durch Schwindelei und Erpressung das holdselige Evchen gefügig machen wollte, als Ankläger, Richter und Verfolgter im selben Fall seine nächtliche Nachstellung zu vertuschen. Er spinnt aus lächerlichen, dreisten Lügen ein Netz, in dem er sich endlich selber fängt. Sein komischer Vertuschungsversuch steht in einem ironischen Gegensatz zum analytischen Aufbau des Spiels (vgl. Kap. 6, Anm. 29).

Als Erzähler von Anekdoten und Novellen[12] stellt Kleist gern unwahrscheinliche Tatsachen dar.[13] Dabei geht es, im Gegensatz zur idealen Anmut der Marionette, fast immer um das Aus-dem-Gleichgewicht-Geraten von Mensch und Natur.

In der Novelle *Die Verlobung in St. Domingo* (1801) erschießt der mißtrauische Gustav »knirschend vor Wut« Toni, seine treue Braut, die zu seiner Rettung eine gefährliche Doppelrolle spielen mußte.

---

12 Die Novelle (von ital. *novella* ›kleine Neuigkeit‹) schildert nach Goethe »eine sich ereignete unerhörte Begebenheit«, meist eine Einzelsituation, die für die Betroffenen eine Schicksalswende bedeutet. Dabei sind nicht die Personen, sondern das symbolhafte Geschehen wichtig. Dies wird ohne große Einleitung, Ausmalung oder Erörterung zielstrebig und straff wie im Drama auf den Höhe- oder Wendepunkt geführt. Boccaccios *Decamerone* (1348 bis 1353) und die *Novelas ejemplares* (1612) von Cervantes sind die klassischen Muster dieser Form, die in Deutschland durch Kleist zu einer ersten Blüte kam. Vgl. auch Paul Heyse, S. 187.

13 Vgl. die Anekdote über »Unwahrscheinliche Wahrhaftigkeiten«.

In der Novelle *Das Erdbeben in Chili* (1807) gerät zuerst die Natur, dann die von einem Priester aufgehetzte Menge außer sich. Das durch das Erdbeben (1647) vom Tode gerettete Liebespaar Jeronimo und Josephe wird, als es für seine wundersame Rettung danken will, vom aufgebrachten Christenpöbel erschlagen.

Die Marquise von O ... (1808) läßt

> durch die Zeitungen bekannt machen: daß sie, ohne ihr Wissen, in andre Umstände gekommen sei, daß der Vater zu dem Kinde, das sie gebären würde, sich melden solle; und daß sie, aus Familienrücksichten, entschlossen wäre, ihn zu heiraten.

Als auf diese Anzeige ihr vermeintlicher Wohltäter erscheint, verliert die Marquise all ihre Sicherheit und ruft: »[...] auf einen Lasterhaften war ich gefaßt, aber auf keinen – – – Teufel!«

Michael Kohlhaas (1808) endlich gerät über ein Unrecht, das ihm widerfährt, so sehr außer sich, daß er raubend und mordend für die Idee des Rechtes streitet.

Das alles erzählt Kleist in einer unverwechselbaren und unnachahmlichen Weise; bald lakonisch, im spröden Kanzleistil des Chronisten, bald mit atemlos drängender Dramatik, immer aber mit größter Detailgenauigkeit, so daß auch das Außerordentlichste den Ausdruck der Wahrhaftigkeit bekommt.

8. Romantik[1] (1798–1835)

a) Ältere oder Frühromantik

Kant hatte in seiner Erkenntnistheorie dargelegt, daß der Mensch gemäß seiner Anschauungsformen das »Ding an sich« nur als Erscheinung begreifen kann. Kants Schüler, JOHANN GOTTLIEB FICHTE (1762–1814), versuchte diese Trennung zwischen Objekt und begreifendem Subjekt zu überwinden, indem er in seiner *Wissenschaftslehre* (1794 bis 1795) nicht von den Dingen, sondern vom allgemeinen Bewußtsein ausging und das absolute Ich zum Bestimmenden allen Seins machte. Er erklärte: Das Ich setzt erstens sich selbst und zweitens das Nicht-Ich. Durch die gegenseitige Beschränkung von Ich und Nicht-Ich entsteht die Welt als Erscheinung.[2] – Das heißt, die Erscheinung der Welt beruht nach Fichte nicht auf einem äußeren Ding an sich, sondern sie wird durch eine solipsistisch[3] anmutende freie Tathandlung des absoluten Ich hervorgerufen, durch die sich selbst setzende und beschränkende Einbildungskraft.

Fichte, der diesen subjektiven Idealismus seit 1794 an der Universität in Jena lehrte, begeisterte mit seiner Behauptung von der Unabhängigkeit des Bewußtseins die Vertreter der Frühromantik,[4] denn diese huldigten dem der Wirk-

---

1 Der Epochenname ›Romantik‹ ist von den Gattungsbezeichnungen ›Romanze‹ und ›Roman‹ abgeleitet. ›Romanisch‹ oder ›romantisch‹ bedeutete im 18. Jahrhundert ›phantastisch, unwirklich, überspannt wie im Roman‹. – Für Friedrich Schlegel war ›romantisch‹ gleichbedeutend mit ›poetisch‹, »denn in einem gewissen Sinn ist oder soll alle Poesie romantisch sein«.

2 Nach Curt Friedlein, *Lernbuch und Repetitorium der Geschichte der Philosophie*, 11. Auflage, Hannover 1962, S. 266.

3 ›Solipsismus‹ (von lat. *solus* ›allein‹ und *ipse* ›selbst‹), die philosophische Meinung, die das subjektive Ich mit seinen Bewußtseinsinhalten für das einzig Seiende hält.

4 Frühromantiker in Jena waren die Brüder Schlegel mit ihren

lichkeit überlegenen Geist, der Phantasie und der poetischen Schöpferkraft, die das ganze Leben prägen sollten.
FRIEDRICH SCHLEGEL, der im 116. *Athenäum-Fragment*[5] das Programm der Frühromantik niederlegte, schrieb 1798:

> Die romantische Poesie ist eine progressive Universalpoesie. Ihre Bestimmung ist nicht bloß, alle getrennten Gattungen der Poesie wieder zu vereinigen und die Poesie mit der Philosophie und Rhetorik[6] in Berührung zu setzen. Sie will und soll auch Poesie und Prosa, Genialität und Kritik, Kunstpoesie und Naturpoesie bald mischen, bald verschmelzen, die Poesie lebendig und gesellig und das Leben und die Gesellschaft poetisch machen [...]. Sie allein ist unendlich, wie sie allein frei ist und das als ihr erstes Gesetz anerkennt, daß die Willkür des Dichters kein Gesetz über sich leide.

NOVALIS formuliert in seinen *Fragmenten* (1799–1800):

> Die Welt muß romantisiert werden. So findet man den ur[sprünglichen] Sinn wieder. Romantisieren ist nichts als eine qualit[ative] Potenzierung. Das niedre Selbst wird mit einem bessern Selbst in dieser Operation identifiziert. [...] Indem ich dem Gemeinen einen hohen Sinn, dem Gewöhnlichen ein geheimnisvolles Ansehn, dem Bekannten die Würde des Unbekannten, dem Endlichen einen unendlichen Schein gebe, so romantisiere ich es – Umgekehrt ist die Operation für das Höhere, Unbekannte, Mystische, Unendliche – [...] es bekommt einen geläufigen Ausdruck. Romantische Philosophie. Lingua romana. Wechselerhöhung und Erniedrigung.

Die mit Fichtes subjektivem Idealismus philosophisch behauptete Freiheit des Bewußtseins kehrt hier in der programmatischen Dichtungstheorie als literatur- und gesellschaftsprägende »Willkür des Dichters« wieder. Und ähnlich wie die *Wissenschaftslehre* die starre Grenze zwischen

---

Frauen, Tieck, Novalis und die Philosophen Schelling und Schleiermacher.

5 Das 1798 bis 1800 von den Schlegels in Berlin herausgegebene *Athenaeum* war die erste Zeitschrift der Romantiker.

6 ›Rhetorik‹ (von griech. *rhetorike techne*), die Redekunst und ihre Lehre.

Außenwelt und Bewußtsein aufzuheben suchte, so bemüht sich auch die romantische Dichtung überall um Entgrenzungen:

Die allumfassende »Universalpoesie« beschäftigt sich mit dem Unendlichen, mit den grenzenlosen Bereichen menschlicher Sehnsucht, mit dem Unbewußten, mit Traum, Mystik und Dämonie. Sie hebt die Grenzen auf zwischen Glauben und Wissen, Wissen und Kunst, Kunst und Religion. Sie betont die Wechselbeziehung aller Künste und strebt das Gesamtkunstwerk an. Das bedeutet im Großen die von Schlegel geforderte Vermischung aller Gattungen und im Kleinen die Synästhesie[7]. Doch weil die Universalpoesie »progressiv«, das heißt immer im Werden begriffen ist und ihre hochgesteckten Ziele kaum je erreicht, bevorzugen die Romantiker gegenüber der klassisch-tektonischen Einheit die offene Form des Fragments. Ja, aus dem Wissen um die Unmöglichkeit, das Unendliche im endlichen Kunstwerk darzustellen, erwächst für Schlegel die grundsätzliche Forderung nach der romantischen Ironie[8], mit der der Künstler die durch sein Werk hervorgerufene Illusion selbstkritisch zerstört, um jede Endgültigkeit und Erstarrung des »progressiven« schöpferischen Spiels zu vermeiden.

Schiller hatte 1795 AUGUST WILHELM SCHLEGEL (1767 bis

---

7 ›Synästhesie‹ (von griech. *synaisthesis* ›Zugleichempfinden‹) heißt die Verschmelzung verschiedenartiger Sinnesempfindungen und deren sprachlicher Ausdruck, wie etwa das Farbenhören in dem Alltagswort ›knallrot‹ oder in Brentanos Versen: »*Golden wehn die Töne* nieder – [...] Durch die Nacht, die mich umfangen, / *Blickt* zu mir *der Töne Licht.*« Vgl. das »Abendständchen«, S. 146.

8 Ironie (von griech. *eironeia* ›Verstellung‹) ist ganz allgemein die komische Vernichtung durch Lächerlichmachung unter dem Schein der Ernsthaftigkeit. – Von tragischer Ironie spricht man, wenn der Zuschauer im Drama das Verhängnis, vor dem sich der ahnungslose Held noch in Sicherheit wiegt, voraussieht (vgl. *Wallensteins Tod*, S. 121!). – Die Aufgabe der romantischen Ironie ist oben beschrieben. – Thomas Mann benutzt die Ironie zur selbsterhaltenden Distanzierung von der Daseinstragik.

1845) zur Mitarbeit an seinen literarischen Zeitschriften (*Die Horen, Musen-Almanach, Allgemeine Literaturzeitung*) eingeladen. Wenig später kam auch dessen Bruder, FRIEDRICH SCHLEGEL (1772–1829), nach Jena. Dort setzten sich beide, August Wilhelm als Professor und Friedrich als Student, mit Fichte auseinander. Fichtes Philosophie gab ihnen den Grundstein zur eigenen Weltanschauung und erleichterte es dem Brüderpaar aus Hannover, mitten in der Hochburg der Klassik den literaturtheoretischen Keim zur romantischen Gegenbewegung zu legen. – Nachdem es wegen Friedrich Schlegels *Horen*-Kritik bereits 1796 zum Bruch mit Schiller gekommen war, begannen die Schlegels als gewandte Kritiker Goethe gegen seinen erzklassischen Freund auszuspielen; und Goethe ließ sich das Lob der jungen Leute gefallen; denn kunstverständig lenkten diese die Aufmerksamkeit der Leser endlich von Goethes Jugenderfolgen (*Werther* und *Götz*) auf den *Wilhelm Meister*. Als Literaturtheoretiker, -historiker, -kritiker und als Übersetzer Shakespeares und Calderóns hatten die Schlegels eine breite Wirkung. Doch eigene bedeutende Dichtungen haben sie nicht hervorgebracht. Selbst Friedrich Schlegels »Liebesroman« *Lucinde* (1799) ist nur noch von geschichtlichem Belang.

Den Ursprung romantischer Dichtung verkörperte das Berliner Freundespaar Wackenroder und Tieck. WILHELM HEINRICH WACKENRODER (1773–1798), der Sohn eines hohen preußischen Beamten, mußte auf Wunsch seines fürsorglichen, strengen Vaters der eigenen musischen Begabung und Neigung entgegen Rechtswissenschaft studieren. Er ging an die Universität Erlangen und unternahm dort Ausflüge nach Ansbach, Bamberg, Bayreuth und Nürnberg. Die überwältigenden Eindrücke, die Wackenroder hier in der Begegnung mit der katholischen Kultur des fränkischen Barock erfuhr, versuchte er in den *Herzensergießungen eines kunstliebenden Klosterbruders* (1796) wiederzugeben. – In Lebensschilderungen berühmter italienischer Maler, im Lob Dürers und in Überlegungen darüber, »Wie und auf welche Weise man die Werke der großen Künstler der Erde eigentlich betrachten und zum Wohle seiner Seele gebrauchen müsse«, prägte Wackenroder den religiös-unkritischen Erlebnisstil romantischer Kunstgenießer.[9] – »Das merkwürdige musikalische Leben des Tonkünstlers Joseph Berglinger« am Ende der Aufsatzsammlung enthält Wackenroders eigene Tragik; da heißt es:

> Diese bittere Mißhelligkeit zwischen seinem angebornen ätherischen Enthusiasmus, und dem irdischen Anteil an dem Leben eines jeden Menschen, der jeden täglich aus seinen Schwärmereien mit Gewalt herabziehet, quälte ihn sein ganzes Leben hindurch.

Wie Berglinger nach einer großen künstlerischen Leistung »in der Blüte seiner Jahre« stirbt, so stirbt auch der fünfundzwanzigjährige Wackenroder bereits ein Jahr nach Erscheinen der *Herzensergießungen*.

Wackenroders schreibgewandter Freund LUDWIG TIECK (1773–1853), der bereits an den *Herzensergießungen* mitgearbeitet hatte, führte die romantische Auseinandersetzung mit der Kunst in dem Roman *Franz Sternbalds Wanderungen* (1798) fort. In Anlehnung an *Wilhelm Meister* geht der Dürer-Schüler Franz auf Wanderschaft; zuerst in die Niederlande und dann nach Rom, wo er sein einfältigfrommes Wesen ablegt, sich der sinnenfreudigen italienischen Malerei öffnet und wie Heinses Malergenie Ardinghello (vgl. Kap. 5d) ein unbürgerliches Künstlerdasein genießt. Die romantischen Wanderungen des vagabundierenden Lebenskünstlers sollten mit einer Rückkehr zur altdeutschen Art und Kunst am Grabe Dürers symbolisch enden. Doch der Roman, der mit seinen Künstlergesprächen die romantischen Maler[10] beeinflußte, blieb Fragment.

---

9 Vgl. an anderer Stelle: »Die Kunst ist über dem Menschen: wir können die herrlichen Werke ihrer Geweiheten nur bewundern und verehren, und, zur Auflösung und Reinigung aller unserer Gefühle, unser ganzes Gemüt vor ihnen auftun.«
10 Philipp Otto Runge (1777–1810), Friedrich Overbeck (1789–1869) und der deutsch-römische Malerkreis der Nazarener.

Unter dem Titel *Phantasus* (1812–16) faßte Tieck seine für die Entwicklung der Romantik bedeutsamen Dichtungen zusammen. Hier erscheint neben den früher veröffentlichten Märchen, von denen *Der blonde Eckbert* (1797) und *Der Runenberg* (1804) besonders charakteristisch sind, eine erweiterte Fassung des komisch dramatisierten *Gestiefelten Kater* (1797). Das ist eine lustige Märchenparodie und zugleich eine witzige Theater- und Literatursatire[11] – voll übermütiger romantischer Ironie.

Der Frühromantiker Friedrich von Hardenberg (1772 bis 1801), der sich NOVALIS[12] nannte, sah in der dichterischen Phantasie den Weg zu einer zweiten, höheren Wirklichkeit. Als im Jahre 1797 seine Braut im Sterben lag, schrieb er: »Meine Phantasie wächst, wie meine Hoffnung sinkt – wenn diese ganz versunken ist und nichts zurückließ als einen *Grenzstein*, so wird meine Phantasie hoch genug sein, um mich hinaufzuheben, wo ich das finde, was hier verloren ging.« – Tatsächlich entstanden aus der Erschütterung über den Tod der fünfzehnjährigen Sophie von Kühn die sechs *Hymnen*[13] *an die Nacht* (1797 ff.). In rhythmischer Prosa und in Versen feiert Novalis hier die »heilige, unaussprechliche, geheimnisvolle Nacht« als »eine neue, unergründliche Welt«, in der ihm die Geliebte durch eine erlösende, mystische Wiederbegegnung zum Symbol einer eigenen, tiefen Religiosität wird.

11 Die Satire ist Spottliteratur, die durch Ironie und Übertreibung mißliebige Personen (Pasquill) und Ansichten, politische Mißstände sowie alles Kleinliche und Verlogene entlarvt und anprangert. Als Stilmittel prägt die Satire entweder die Gesamtkonzeption einer Dichtung (vgl. Sebastian Brant, *Das Narrenschiff*, S. 35 f.) oder auch nur Einfall und Sprachgebung einzelner Stellen. Die Literatursatire verspottet literarische Strömungen, Werke, Figuren und Verfasser.

12 Novalis, mit Betonung auf der ersten Silbe, heißt ›der Neuland Bestellende‹.

13 Die Hymne ist ein feierlich-erhabener Preis- und Lobgesang ohne genau feststehende formale oder inhaltliche Kennzeichen; vgl. die freirhythmischen Hymnen und Oden Klopstocks (S. 70 f. und 93), Goethes Jugendhymnen (Kap. 5, Anm. 15) und Hölderlins Lyik (Kap. 7, Anm. 8).

Verwandte biographische Motive[14] erscheinen in dem Romanfragment *Heinrich von Ofterdingen* wieder, das Tieck und Friedrich Schlegel 1802, nach dem frühen Tod Friedrich von Hardenbergs, herausgegeben haben.

Ofterdingen, den die Romantiker für den historischen Dichter des *Nibelungenliedes* hielten (vgl. S. 26 f.), erfährt in diesem Künstlerroman die Erweckung zum Dichtersänger; diese wird vorausgedeutet durch den Traum von jener blauen Blume, die hernach zum Symbol (vgl. Kap. 1, Anm. 31) der romantischen Poesie überhaupt werden sollte. Er reist mit Kaufleuten vom Eisenacher Musenhof des Landgrafen Hermann von Thüringen[15] nach Augsburg, wo er Schüler des Dichters Klingsohr[16] wird und dessen Tochter Mathilde heiratet. Mathilde stirbt; und Heinrich, dem wie Novalis die tote Geliebte zur geistigen Leitfigur wird, begibt sich auf Pilgerschaft. Friedrich Schlegels Forderung entsprechend, daß der romantische Roman eine »Enzyklopädie[17] des ganzen geistigen Lebens eines geniali-

---

14 Das Motiv (von mlat. *motivum* ›Beweggrund, Antrieb‹) ist entweder der Leitgedanke oder ein kleinerer charakteristischer Bestandteil einer Dichtung. Elisabeth Frenzel führt aus: Der »Begriff des Motivs bezeichnet den elementaren, keim- und kombinationsfähigen Bestandteil eines Stoffes; eine Kette oder ein Komplex von Motiven ergibt einen Stoff. Man hat zwischen dem Kernmotiv eines Stoffes, seinen ergänzenden Rahmenmotiven und seinen charakterisierenden oder schmückenden Füll- oder Randmotiven unterschieden. Das elastische Motivgefüge der Stoffe macht ihre Variabilität aus und sichert manchen von ihnen eine nun schon zweieinhalb Jahrtausende währende Geschichte.« (*Stoffe der Weltliteratur*, Stuttgart 1970.) Vgl. die Entwicklung eines Motivs in der wiederholten Bearbeitung ein und desselben Stoffes an den Kap. 7, Anm. 1 genannten Titeln; vgl. auch den Begriff ›Topos‹, Kap. 2, Anm. 4.

15 Ein Förderer des Minnesangs, vor dem im Jahre 1207 der sagenhafte Sängerkrieg auf der Wartburg ausgetragen wurde.

16 Der sagenhafte Klingsor von Ungarland, der im *Parzival* des Wolfram von Eschenbach (vgl. S. 24 f.) als zauberhafter Herzog von Capua in Unteritalien auftritt und in der Sage vom Wartburgkrieg Heinrich von Ofterdingen vergeblich in gegen Wolfram verteidigt.

17 Eine Enzyklopädie ist eine übersichtliche Darstellung des gesam-

schen Individuums« sein müsse, erschließen Gespräche über
das Leben in Natur und Kunst, über das Wesen der Dichtung in Historien und Märchen und eine poetisch-phan-
tastische Mythisierung des Lebens[18] dem Leser einen guten
Teil der frühromantischen Kunst- und Weltanschauung, die
für Novalis mehr als nur Theorie war.

Das weltanschauliche Gegenbild zu den *Hymnen an die
Nacht* findet der Leser in den *Nachtwachen* (1804) von
BONAVENTURA[19]. Die Nacht ist hier keine Quelle mystischen
Trostes, sondern Ausdruck für ein schwerdurchschaubares
Dasein, für ein sinnleeres, nichtiges und groteskes Chaos.
Das darin hoffnungslos verlorene Ich des Erzählers sieht
sich in seinen grundsätzlichen Zweifeln am Sinn der Welt
bestätigt und reagiert mit beißender Satire auf die Bequem-
lichkeit oder Beschränktheit seiner Zeitgenossen, die sich
selbsttrügerisch in einen rettenden Glauben flüchten. Am
Schluß heißt es: »Die stürzenden Titanen sind mehr wert,
als ein ganzer Erdball voll Heuchler, die sich ins Pantheon
durch ein wenig Moral und so und so zusammengehaltene
Tugend schleichen möchten!«

Der Erzähler, der von einem Alchimisten und einer Zigeunerin während einer Teufelsbeschwörung gezeugt und als
Findelkind bei einem Schuster aufgezogen wurde, tut sich
als satirischer Poet und Bänkelsänger (vgl. Kap. 13, Anm.
23) hervor, bis er, wegen Beleidigung der Autoritäten, ins
Tollhaus gebracht wird. Dort trifft er die Schauspielerin
wieder, die mit ihm in Shakespeares *Hamlet* aufgetreten
war und sich aus dem gespielten Wahnsinn der Ophelia
nicht wieder »herauszustudieren« vermochte. Der ehemalige

---

ten praktischen und theoretischen Wissens in der Form eines
systematischen oder alphabetischen Nachschlagewerks.

18 Novalis selbst spricht hier von »magischem Idealismus«.

19 Hinter diesem Pseudonym vermutete man Friedrich Schlegel, Caroline
Schelling, Brentano, E. T. A. Hoffmann, Gotthilf Heinrich Schubert
(vgl. S. 152) und Friedrich Gottlob Wetzel als Verfasser. – 1973 hat
Jost Schillemeit den Braunschweiger Theaterdirektor August Klinge-
mann (1777–1831) als Verfasser identifiziert.

Hamlet verliebt sich in die Verwirrte und wird, nachdem diese im Kindbett gestorben ist, aus dem Tollhaus verbannt. Er spielt nun bei einem Marionettentheater den Hanswurst und den König. Als auch die Puppen von der Zensur beschlagnahmt werden, verdingt er sich als Nachtwächter. Auf seinen nächtlichen Gängen beobachtet er das unsinnige und schändliche Treiben seiner Zeitgenossen. Da kommt ihm die fixe Idee, »statt der Zeit die Ewigkeit auszurufen« und zum Jüngsten Gericht zu blasen. Daraufhin wird er »von einem singenden und blasenden Nachtwächter auf einen stummen reduziert«. – Das gedankenreiche Buch, das allein die rücksichtslose Ehrlichkeit des Freigeists und allenfalls wahre irdische Liebe von seiner satirischen Kritik ausnimmt, schließt, rund dreißig Jahre vor Georg Büchners Werk, mit dem Widerhall des Nichts.

b) Jüngere, Hoch- oder Spätromantik

Etwa zehn Jahre nach Beginn der romantischen Bewegung in Berlin und Jena übernahm eine nur wenig jüngere Generation um 1805 in Heidelberg die Führung. Ihre bekanntesten Vertreter waren Clemens Brentano, Achim von Arnim, Joseph von Görres (1776–1848), die Brüder Grimm und Eichendorff. Dazu kamen Adelbert von Chamisso und E. T. A. Hoffmann in Berlin. Diese jüngeren Romantiker verzichteten auf die philosophischen Spekulationen und die theoretisch-kritischen Überlegungen der Jenaer Romantiker und wandten sich statt dessen unmittelbar den poetisierenden oder gar dämonisierenden Darstellungen des Lebens im dichterischen Text zu. Dabei bewegten sie sich in geistigen Strömungen, die zu einem wesentlichen Teil vom Sturm und Drang ausgegangen waren. So kehrte zum Beispiel Hamanns Ablehnung des aufklärerischen Rationalismus (vgl. Kap. 5a) in einem irrationalen Hang zum Phantastischen, Magischen und Dämonischen wieder. Herders

Entdeckung der Geschichtlichkeit (vgl. Kap. 5a) entwickelte sich in der Nachfolge der erwähnten Romane von Wackenroder, Tieck und Hardenberg zu einer allgemeinen Geschichtsverklärung des deutschen Mittelalters. Und Herders Hinwendung zum mutmaßlichen Ursprung der Poesie in der Sammlung schlichter Volkslieder setzte sich nun in Sammlungen von Märchen, Sagen und Volksbüchern fort.

Im Gegensatz zu dem weltbürgerlichen Idealismus der Aufklärer und Klassiker aber nahm das aufkeimende Geschichts- und Volksbewußtsein der Romantiker unter dem politischen Druck der Napoleonischen Fremdherrschaft bald einen stark patriotischen Zug an. Die Hochschätzung religiöser und nationaler Ideen führte die Romantiker zur Anerkennung der starrsten Institutionen von Kirche und Staat, führte zur Konversion und, nach den Befreiungskriegen (1813 bis 1815), zur politischen Restauration. Im November 1815 zog Friedrich Schlegel, vom Papst mit dem Christusorden ausgezeichnet und von Metternich (1773–1859) zum kaiserlich-königlichen Legationsrat ernannt, in den Frankfurter Bundestag ein. Nur wenige Dichter vertraten mutig wie Ernst Moritz Arndt (1769–1860) und die Brüder Grimm eine liberalere politische Gesinnung.[20]

Ein führender Kopf im Kreise der Heidelberger Romantiker war CLEMENS BRENTANO (1778–1842). Als Sohn aus der kinderreichen Ehe des Frankfurter Kaufmanns Pietro Antonio Brentano mit Goethes Jugendfreundin Maximiliane La Roche war Clemens Brentano ein Enkel der ersten deutschen Romanschriftstellerin Sophie La Roche (vgl. Kap. 5d mit Anm. 17 und Kap. 4d). Dieser Enkel Clemens be-

---

20 Arndt, dessen Großvater noch leibeigener Schäfer auf der Insel Rügen war, sang: »Der Gott, der Eisen wachsen ließ, der wollte keine Knechte.« In *Germanien und Europa* schrieb er: »Ewig soll der Mensch, dessen Kräfte der Staat nicht alle binden darf, höher stehen als der Staat; es ist also das schlimmste Zeichen, wenn man den Staat immer höher stellt als den Menschen.« – In der Restaurationszeit wurde Arndt in Bonn als Professor für Geschichte seines Amtes enthoben. Vgl. das Schicksal der Brüder Grimm, Anm. 24.

trat 1801 die literarische Bühne mit dem »verwilderten Roman« *Godwi*, einer stimmungsvollen, ironischen Erzählung, die so verworren ist wie Jean Pauls *Titan* (vgl. S. 127) und so vielschichtig wie Tiecks Märchendrama *Der gestiefelte Kater* (vgl. S. 140).

Größeren Ruhm errang Brentano durch die Sammlung deutscher Volkslieder, die er 1805 zusammen mit seinem Freund und künftigen Schwager ACHIM VON ARNIM (1781 bis 1831)[21] unter dem Titel *Des Knaben Wunderhorn* herauszugeben begann. Der erste Band dieser durch Herders *Volkslieder* (1778–79) angeregten Sammlung ist Goethe gewidmet, der, in Erinnerung an seine eigene Sammlertätigkeit in Straßburg, freundlich urteilte: »[...] das hie und da seltsam Restaurierte, aus fremdartigen Teilen Verbundene, ja das Unterschobene ist mit Dank anzunehmen.« Die Brüder Grimm allerdings, die den letzten Band bearbeiteten und deren man gern als Begründer der Germanistik gedenkt, urteilten anders. Sie lehnten das Ipsefact, das selbstverfaßte und unterschobene Lied, als Fälschung der Überlieferung ab. Doch wie auch immer, für den Benutzer gilt, was Heine 1833 im Pariser Exil schrieb: »Dieses Buch kann ich nicht genug rühmen, es enthält die holdseligsten Blüten des deutschen Geistes, und wer das deutsche Volk von einer liebenswürdigen Seite kennen lernen will, der lese diese Volkslieder.«[22]

Brentano hat sich auch mit Volksmärchen beschäftigt, jedoch nicht in der Absicht, eine ordnende Sammlung zu schaffen. Die seit 1811 bearbeiteten und postum erschienenen *Rheinmärchen* (1846) sind eine verschachtelte, von Episode zu Episode fortschreitende, freie Entfaltung und Umformung bekannter Märchenmotive. Das Eigentümliche

---

21 Arnim wurde bekannt durch seinen historischen Roman *Die Kronenwächter* (1817). Seine im Stil an Kleist erinnernde Charakterstudie *Der tolle Invalide auf Fort Ratonneau* (1835) kommt dem Geschmack des heutigen Lesers mehr entgegen.

22 Die Sammlung enthält so bekannte Stücke wie: »Guten Abend, gute Nacht«, »Schlaf, Kindlein, schlaf«, »Wenn ich ein Vöglein wär'«, »Es ist ein Schnitter, der heißt Tod«.

dieser Fabulierkunst läßt sich auch gut an dem Kunst-
märchen von *Gockel, Hinkel und Gackeleia* (1838) beobachten. In der *Geschichte vom braven Kasperl und dem
schönen Annerl* (1817) mischt Brentano in der für die
Spätromantik charakteristischen Weise realistische und märchenhafte Elemente zu einer ergreifenden Schicksalsnovelle.
– Allen diesen Erzählungen gemeinsam ist eine wohlklin-
gende musikalische Sprache, denn Brentano war ein hervorragender Lyriker, der es verstand, volksliedhafte Motive
und Töne in kunstvolle Klanggebilde romantischer Stim-
mungslyrik zu verwandeln. So z. B. in seinem berühmten
Gedicht »Abendständchen«:

> Hör, es klagt die Flöte wieder,
> Und die kühlen Brunnen rauschen,
> Golden wehn die Töne nieder –
> Stille, stille, laß uns lauschen!
>
> Holdes Bitten, mild Verlangen,
> Wie es süß zum Herzen spricht!
> Durch die Nacht, die mich umfangen,
> Blickt zu mir der Töne Licht.

Brentano, der nur wenige seiner romantischen Dichtungen
selbst veröffentlichte, kehrte 1817 in den Schoß der katholischen Kirche zurück, schrieb in vierundzwanzig Bänden
die Visionen einer stigmatisierten Nonne auf und führte
danach ein unstetes Wanderleben.
Nicht als Dichter, sondern als Philologen waren die Brüder
JACOB und WILHELM GRIMM (1785–1863 und 1786–1859)
bahnbrechende Förderer der deutschen Sprache und Literatur. Denn sie kümmerten sich mit unermüdlichem Fleiß
um die Sammlung und Herausgabe altdeutscher Texte,
um Wörterbuch, Grammatik und Sprachgeschichte und leg-
ten damit den Grundstein zur deutschen Germanistik[23].
Doch die volkstümliche und weltliterarische Bekanntheit
verdanken die Brüder Grimm ihrer Sammlung deutscher

---

23 Germanistik ist die Wissenschaft von der deutschen Sprache und
    Literatur.

Kinder- und Hausmärchen (1812, 1815 und 1822), die nach
der Lutherbibel das meistgedruckte Buch in deutscher Sprache sind.

Von Brentano und Arnim angeregt, hatten die Grimms
1806 mündlich überlieferte Märchen zu sammeln begonnen;
doch anders als Tieck in seinen *Volksmärchen* (1797), anders als Arnim und Brentano, suchten die Gebrüder Grimm
zumindest anfänglich eine »unverfälschte« Wiedergabe. In
der Vorrede schreibt Wilhelm Grimm:

> Wir haben uns bemüht, diese Märchen so rein, als möglich
> war, aufzufassen [...]. Kein Umstand ist hinzugedichtet
> oder verschönert und abgeändert worden [...]. In diesem
> Sinne existiert noch keine Sammlung in Deutschland, man
> hat sie [die Märchen] fast immer nur als Stoff benutzt, um
> größere Erzählungen daraus zu machen, die willkürlich
> erweitert, verändert, was sie auch sonst wert sein konnten,
> doch immer den Kindern das Ihrige aus den Händen rissen
> und ihnen nichts dafür gaben.

Dennoch muß gesagt werden, daß die trauliche, bezau-
bernde Sprachgebung letztlich ein dichterisches Verdienst
Wilhelm Grimms ist.

Von der philologischen Leistung Jacob Grimms überzeugt
ein Blick in das *Deutsche Wörterbuch* (erster Band 1854,
vollendet 1961), das bis zum Artikel ›Frucht‹ von Jacob
(Buchstabe D von Wilhelm) bearbeitet wurde.[24]

> Schläft ein Lied in allen Dingen,
> Die da träumen fort und fort,
> Und die Welt hebt an zu singen,
> Triffst du nur das Zauberwort.

Der im schlesischen Lubowitz geborene JOSEPH FREIHERR
VON EICHENDORFF (1788–1857) war im Besitz dieser

---

24 Dieses zweiunddreißigbändige Monumentalwerk nahmen die Brüder in Angriff, nachdem sie 1837 als Göttinger Professoren gegen
die Aufhebung der Hannoverschen Verfassung durch den König
protestiert hatten und darauf ihres Amtes enthoben worden waren.

»Wünschelrute«. Lerchen, Nachtigallen, Waldesrauschen und Hörnerklang sind solche Zauberworte, mit denen er eine Welt aufruft, die sich, wenn der Mondschein durch vorüberziehende Wolken fällt und die Umrisse der Wirklichkeit in Zwielicht und Dämmerung verschwimmen, unversehens zum magischen Spiegel der Seele verwandelt. Eichendorffs einfache und innige *Gedichte* (1837) sind durch ihre volksliedhafte Verbreitung für viele Menschen zum Inbegriff der Romantik geworden;[25] in den Vertonungen von Mendelssohn (1809–1847), Schumann (1810–1856), Brahms (1833–1897) und Wolf (1860–1903) haben sie das deutsche Lied weit über die Grenzen des deutschen Sprachraums hinausgetragen. Man mag bedauern, daß Eichendorffs formelhafte Selbstwiederholungen so viele Epigonen ermuntert haben, deren Schablonen dem heutigen Leser gelegentlich das ursprüngliche Gedicht verstellen; doch die Verwendung von Topoi (vgl. Kap. 2, Anm. 4) gehört wesentlich zu Eichendorffs Dichtung. Nur ein Beispiel: Der in den beiden ersten Gedichtzyklen »Wanderlieder« und »Sängerleben« oft anklingende und in dem Gedicht »Die zwei Gesellen« ausgeführte Gegensatz zwischen dem fahrenden Dichter-Sänger und dem philiströsen Spießer kehrt auch in den Erzählungen als ein Kernmotiv wieder; so in den Romanen *Ahnung und Gegenwart* (1815) und *Dichter und ihre Gesellen* (1834) und so auch in der Novelle *Das Marmorbild* (1819). Immer verlockt hier die Welt den aufgeschlossenen Menschen zu romantischen Abenteuern, in denen die Begegnung mit dem Dämonischen die Seele gefährdet. Wer aber das Wagnis scheut und in die bürgerliche Ordnung und Enge flüchtet, läuft Gefahr, als Spießer sein Leben zu versäumen. Dieser an den mittelalterlichen Dualismus erinnernde Zwiespalt zwischen Weltfreude und Weltflucht (vgl. Kap. 1c, besonders S. 21 ff.) ent-

---

25 Vgl. die Gedichte »In einem kühlen Grunde«, »Wer hat dich, du schöner Wald«, »Wem Gott will rechte Gunst erweisen«, »Nach Süden nun sich lenken«, »O Täler weit, o Höhen«, »Es war, als hätt' der Himmel«, »Dämmrung will die Flügel spreiten«.

springt Eichendorffs katholischem Glauben. Und ebendieser Glaube soll helfen, den richtigen Lebensweg zu finden. Das lyrische Ich entscheidet sich nicht; das Gedicht »Die zwei Gesellen« schließt statt dessen mit dem Gebet: »Ach Gott, führ uns liebreich zu Dir!«

Wie die Erfüllung des Gebetes aussieht, zeigt das Schicksal des Helden in der vielgelesenen Novelle *Aus dem Leben eines Taugenichts* (1826). Angeregt durch Friedrich Schlegels »Idylle über den Müßiggang« in dem Roman *Lucinde*, schickt Eichendorff seinen Taugenichts als Glücksritter in die Welt, die vor dem alles poetisierenden Blick[26] des Ich-Erzählers märchenhafte Züge annimmt. Mit einer Geige, wenig Geld und viel Gottvertrauen »schlendert« der wanderlustige Müllerssohn fort und singt:

> Den lieben Gott laß ich nur walten;
> Der Bächlein, Lerchen, Wald und Feld
> Und Erd' und Himmel will erhalten,
> Hat auch mein' Sach' aufs best' bestellt!

Der Ausgang rechtfertigt diese fromme Einfalt: Nach Verwechslungen, Maskeraden und glücklichen Zufällen heiratet der Taugenichts eine schöne Waise und bekommt dazu vom Grafen »das weiße Schlößchen, das da drüben im Mondschein glänzt«, geschenkt; und so endet »alles, alles gut!«.

Ein böses Ende nimmt dagegen die Novelle *Das Schloß Dürande* (1837), eine Erzählung aus der Zeit der großen Französischen Revolution. Diese wirklichkeitsnähere Darstellung einer unbedingten Liebe und deren Untergang in den gesellschaftsgeschichtlichen Umwälzungen erlaubt dem Leser Rückschlüsse auf Eichendorffs politischen Standpunkt.

Das Universalgenie der Hoch- oder Spätromantik war ERNST THEODOR WILHELM HOFFMANN (1776–1822), der aus Verehrung für Mozart seinen Vornamen Wilhelm durch Amadeus ersetzte. Der in Königsberg geborene Jurist wurde 1802 in die Provinz verbannt, weil er einflußreiche Leute

26 Vgl. das Novalis-Zitat auf S. 136.

der verdorbenen bürgerlichen Gesellschaft in Posen durch Karikaturen[27] bloßgestellt hatte. Nachdem er beim Zusammenbruch Preußens im Jahre 1806 seine Stelle als Regierungsrat in Warschau verloren hatte, ging er an das Theater in Bamberg, wo er als Kapellmeister, Direktionsgehilfe, Bühnenarchitekt und Kulissenmaler arbeitete. Später war er Kammergerichtsrat in Berlin. E. T. A. Hoffmann, der Werke von Goethe, Brentano und Fouqué vertonte, schrieb an einen Freund: »Die Wochentage bin ich Jurist und höchstens etwas Musiker, Sonntags am Tage wird gezeichnet und Abends bin ich ein sehr witziger Autor bis in die späte Nacht.«

Das erinnert sehr an sein Märchen *Der goldene Topf* (1814), in dem erzählt wird, wie der etwas unbeholfene Student Anselmus kraft seines kindlichen, poetischen Gemüts den Übergang aus dem bürgerlichen Alltagsleben in das phantastische Zauberreich der Poesie findet. Denn anders als Eichendorffs Taugenichts muß Anselmus die Wirklichkeit verlassen, um glücklich zu sein. Er heiratet die Tochter eines Geisterfürsten, der in Dresden als Archivar lebt, und zieht auf die versunkene Insel Atlantis. Am Ende steht die Frage, ob der Erzähler durch seine Mitteilung »nicht auch darwenigstens einen artigen Meierhof als poetisches Besitztum« seines inneren Sinnes erworben habe – Seligkeit, jedenfalls, bedeute nichts »als das Leben in der Poesie«.

Unbestreitbar besaß E. T. A. Hoffmann einen ansehnlichen Meierhof im Reiche der Poesie. Da dieses Reich aber auf einer versunkenen Insel angesiedelt war und auf Hoffmanns poetisches Besitztum oft der spukbelebte Schatten der Unterwelt fiel, ist es nicht verwunderlich, daß der Dichter als »Gespensterhoffmann« in die Literaturgeschichte einging. Hoffmanns Kriminalnovelle *Das Fräulein von*

---

27 Die Karikatur (von ital. *caricare* »übertreiben«) ist ein durch Übertreibung einzelner Charakterzüge entstandenes komisch-satirisches Zerrbild.

Scuderi und sein Schauerroman[28] *Die Elixiere des Teufels* sind ausgemachte Thriller.

Die Elixiere des Teufels, »Nachgelassene Papiere des Bruders Medardus, eines Kapuziners« (1815), enthalten die Geschichte einer verfluchten Familie: Ein ruchloser Maler muß nach seinem Tode als Wiedergänger umgehen, bis seine Freveltaten an dem letzten seiner Nachkommen gerächt sind. Dieser letzte Sproß des unseligen Geschlechts ist der stolze und leidenschaftliche Medardus, der sein Gelübde bricht, weil er von einer teuflischen Reliquie gekostet hat und darauf, von erotischer Gier und schauerlicher Mordlust getrieben, zum dämonischen Verbrecher wird. Begegnungen mit einem Doppelgänger und Erscheinungen des verstorbenen Ahnherrn bringen den Mönch dabei an die Grenze des Wahnsinns.

In der ebenfalls analytisch aufgebauten Novelle *Das Fräulein von Scuderi* (1819) geht es um einen genialen Goldschmied, der unter dem dämonischen Zwang steht, die von ihm gefertigten und veräußerten Schmuckstücke wieder an sich zu bringen. Cardillac, der Pariser Goldschmied, ermordet seine Kunden, bis er bei einem nächtlichen Anschlag selbst erstochen wird. Sein treuer Gehilfe Olivier, der aus Liebe zu Cardillacs Tochter Madelon geschwiegen hatte, enthüllt Cardillacs Wahn, nachdem er selbst des Mordes an seinem Meister verdächtigt wurde.

In derselben Sammlung[29] wie *Das Fräulein von Scuderi*

---

28 Der bewußt auf Gruselwirkung zielende Schauerroman hat seine Vorbilder in der englischen *Gothic Novel;* vgl. H. Walpole, *The Castle of Otranto* (1764), Ann Radcliffe, *The Mysteries of Udolpho* (1794) und *The Monk* (1796) von M. G. Lewis, dessen Buch in E. T. A. Hoffmanns *Elixieren* erwähnt wird. – Für den Schauer, englisch *thrill,* sorgen raffiniert gesteigerte, übernatürlich scheinende mysteriöse Ereignisse und unheimliche Requisiten wie Kerzen, Dolche, Foltergeräte und Totenschädel. Schauplatz dieser Romane sind oft verlassene Schlösser oder Klöster mit Tapeten- und Falltüren, die über Hintertreppen und verborgene Gänge in alte Verliese führen.

29 Diese Sammlung mit dem Titel *Die Serapions-Brüder* erschien 1819–21 nach den Sammlungen *Fantasiestücke in Callots Manier* (1814–15) und *Nachtstücke* (1817).

erschien auch die Novelle *Die Bergwerke zu Falun* (1818).
E. T. A. Hoffmann fand den Stoff, den schon Johann Peter Hebel unter dem Titel *Unverhofftes Wiedersehen* (1810)
bearbeitet hatte (vgl. Kap. 7), in GOTTHILF HEINRICH
SCHUBERTS (1780–1860) *Ansichten von der Nachtseite der
Naturwissenschaft* (1808), einer romantischen Naturphilo-
sophie, der Hoffmann manche Anregung verdankte.

Den seinerzeit oft behandelten Gegensatz zwischen dem
Lebensstil eines Bürgers und dem eines Künstlers stellte
E. T. A. Hoffmann noch einmal höchst launig aus seinen
eigenen Erfahrungen als beamtetes Genie dar. In dem
Roman *Lebens-Ansichten des Katers Murr nebst fragmen-
tarischer Biographie des Kapellmeisters Johannes Kreisler
in zufälligen Makulaturblättern*[30] (1819 und 1821) verkörpern der Kater Hoffmanns bürgerliches Dasein und der
aus den dreizehn Stücken der *Kreisleriana* bekannte Kapellmeister sein Leben als Künstler.

> Als der Kater Murr seine Lebensansichten schrieb, zerriß
> er ohne Umstände ein gedrucktes Buch, das er bei seinem
> Herrn vorfand, und verbrauchte die Blätter harmlos teils
> zur Unterlage, teils zum Löschen. Diese Blätter blieben
> im Manuskript und – wurden, als zu demselben gehörig, aus
> Versehen mit abgedruckt!

So kommt es zu einem grotesken Wechsel der Perspektiven.
Während Kreisler sich im Widerstreit zwischen Ideal und
Lebenswirklichkeit am Hof eines Duodezfürsten verzehrt,
trivialisiert der spießige Murr den Bildungsroman. Er will
belehren, »wie man sich zum großen Kater bildet«, und
schreibt mit seiner Lebensgeschichte eine Parodie auf die
modischen Biographien mit dem zeitüblichen Titel »Leben
und Meinungen des XY«.[31]

Wie E. T. A. Hoffmann machten zwei Romantiker französischer Herkunft Berlin zu ihrer Wahlheimat: FRIEDRICH
DE LA MOTTE FOUQUÉ (1777–1843), dessen Märchen *Un-*

---

30 Makulatur (von lat. *maculatura* »beflecktes Stück«) sind schadhafte
   oder fehlerhafte Druckbogen, Abfallpapier.
31 Vgl. z. B. den Roman von Nicolai, S. 85 f.

dine (1811) Hoffmann, später Albert Lortzing vertonen,
und ADELBERT VON CHAMISSO (1781–1838), der *Peter
Schlemihls wundersame Geschichte* (1814) erfand.
Der schlesisch-ungarische NIKOLAUS LENAU schloß sich dem
Kreis der schwäbischen Romantiker an. Die schwäbischen
Romantiker trafen einander in dem gastlichen Haus des
experimentierenden Parapsychologen JUSTINUS KERNER
(1786–1862), der in der *Seherin von Prevorst* (1829), ähnlich wie Brentano, die Visionen einer somnambulen Neur-
asthenikerin aufschrieb und einige volkstümliche Lieder
zu *Des Knaben Wunderhorn* beisteuerte.[32] Zu Kerners Gästen zählte LUDWIG UHLAND (1787–1862), der als Balladen-
dichter in den Lesebüchern fortlebt,[33] der biedermeierlich
harmlose GUSTAV SCHWAB (1792–1850), der *Die schönsten
Sagen des klassischen Altertums* (1838–40) sammelte, der
genialische WILHELM WAIBLINGER (1804–1830) und der
Erzähler WILHELM HAUFF (1802–1827), dessen historischer
Roman *Lichtenstein* (1826) heute weniger bekannt ist als
seine Märchenzyklen *Die Karawane* (1825)[34] und *Das Wirts-
haus im Spessart* (1828). Gelegentlich fand sich auch
Eduard Mörike aus dem nahen Cleversulzbach bei Kerner
in Weinsberg ein. Hier ging die Romantik ins Provinzielle
und ins Biedermeier über.

32 Z. B. »Dort unten in der Mühle«, »Preisend mit viel schönen
 Reden« und »Wohlauf, noch getrunken den funkelnden Wein«.
33 Vgl. »Des Sängers Fluch« und »Das Glück von Edenhall«.
34 Darin »Die Geschichte von Kalif Storch« und »Die Geschichte von
 dem kleinen Muck«; im Zyklus *Der Scheik von Alessandria und
 seine Sklaven* (1827) »Der Zwerg Nase«.

9. Biedermeier, Junges Deutschland und Vormärz

Die Entfaltung der in der Französischen Revolution von 1789 verkündeten Menschenrechte wurde in Deutschland durch die »Wiener Schlußakte« und die »Karlsbader Beschlüsse« vereitelt. Statt der erhofften gesellschaftlichen Liberalisierung regierten nach den Befreiungskriegen hinter patriarchalischer Maske und romantisch-religiöser Verbrämung die absolutistischen Polizei- und Zensurbehörden der Restauration.[1]

Zu dieser politischen Bedrohung kamen, durch den Sieg

1 Die Befreiungskriege (1813–15), die mit dem Sieg über Napoleon (1769–1821) in der Völkerschlacht bei Leipzig (1813) Deutschland von der französischen Fremdherrschaft befreit hatten, endeten mit dem Wiener Kongreß (1814–15). Dort wurde 1815 der Deutsche Bund gegründet und beschlossen, in den 39 im Frankfurter Bundestag vertretenen deutschen Einzelstaaten die vornapoleonischen und vorrevolutionären Zustände des Absolutismus wiederherzustellen. Als Druckmittel dieser Restauration (1815–48) dienten Spitzelei, Denunziation und Gefängnis. Die Freiheitshoffnungen der deutschen Patrioten waren damit zunichte. – Nachdem enttäuschte, revolutionär gesonnene Burschenschafter aus Jena 1817 auf der Wartburg ein akademisches Fest zur Erinnerung an die Reformation und die Völkerschlacht bei Leipzig gefeiert hatten und der Burschenschafter Karl Ludwig Sand (1795–1820) den Theaterschriftsteller August von Kotzebue (1761–1819) als Polizeispion verdächtigt und erdolcht hatte, ließ der österreichische Monarchist Klemens Fürst von Metternich (1773–1859), der den Wiener Kongreß geleitet hatte, durch die Karlsbader Beschlüsse (1819) die Burschenschaften, die Lehrfreiheit an den Universitäten und die Pressefreiheit verbieten und alle politischen Gegner der Restauration als »Demagogen« verfolgen. So konnte sich nur noch biedermeierlicher Quietismus ausbreiten. – Als die restaurativen Tendenzen in Frankreich im Juli 1830 zur Revolution führten, schöpften auch in Deutschland die Liberalen neue Hoffnung. Auf dem Hambacher Fest (1832) forderten südwestdeutsche Demokraten vor dreißigtausend Teilnehmern Menschheitsverbrüderung und Volkssouveränität. Sie lösten damit aber nur neue »Demagogenverfolgungen« aus, unter denen das Verbot der Schriften des Jungen Deutschland (1835, vgl. Kap. 9b) nur eine Maßnahme von vielen war.

der kausallogischen Naturwissenschaften, die geistige Bedrohung der metaphysischen Bedürfnisse des Menschen und schließlich die wirtschaftliche Bedrohung des mit der Industrialisierung anwachsenden Proletariats.[2]
Die der Klassik und Romantik folgende Zeit bis zur Mitte des 19. Jahrhunderts wird einerseits durch die bürgerliche Kultur und Subkultur der Restauration, andererseits durch das Junge Deutschland und den revolutionären Vormärz bestimmt.[3]

a) Biedermeier (1810–1850)

Die meist vereinzelt und zurückgezogen lebenden konservativen Dichter der Restaurationszeit verfolgten kein erklärtes Programm des Biedermeier. Das Wort tauchte erstmals in Ludwig Eichrodts (1827–1892) parodistischer Samm-

2 Hegel (1770–1831) hatte die Weltgeschichte als eine stufenweise Verwirklichung der göttlichen Vernunft angesehen. Am Ende dieses dialektischen Prozesses (von der Thesis über die Antithesis zur Synthesis) sollte, als höchste Form des objektiven Geistes, der moderne Staat stehen, mit dem sich der vernünftige Mensch gern identifiziert. Vgl. *Die Phänomenologie des Geistes* (1807). – Schopenhauer (1788–1860) dagegen sah nicht die Vernunft, sondern das ursprüngliche Wollen des Menschen als treibende und determinierende Kraft an, ein blindes Begehren, das in der Geschichte immer neues Leid hervorruft, wenn es nicht durch Enthaltsamkeit und Mitleid gezügelt wird. Vgl. *Die Welt als Wille und Vorstellung* 1819). – Marx (1818–1883) endlich übernimmt von Hegel die Dialektik, vertritt aber die Ansicht, daß weder göttliche Vernunft noch blinder Menschenwille, sondern die materiellen Verhältnisse den Menschen lenken und daß die Geschichte nichts anderes als eine Reihe von Klassenkämpfen ist (dialektischer Materialismus). Vgl. *Das Kommunistische Manifest* (1847) (vgl. S. 178) und *Das Kapital* (1867, 1885, 1894).

3 Manchmal werden das Biedermeier (Nachklassik, Nachromantik) als Frührealismus und das Junge Deutschland als politischer Realismus mit dem poetischen Realismus (1850–1890, vgl. Kap. 10) zu einer großen Epoche zusammengefaßt. ›Vormärz‹ meint die politisch engagierte Literatur von 1840 bis zur Märzrevolution im Jahr 1848.

lung *Die Gedichte des schwäbischen Schulmeisters Gottlieb Biedermaier und seines Freundes Horatius Treuherz* (1850 bis 1857) auf. Wegen dieses spöttischen Angriffs auf das allzu Biedere zögern manche Literarhistoriker, diesen Epochenbegriff aus der Kunstgeschichte zu verwenden. Doch der satirische Name verweist überspitzt auf eine tatsächlich verbreitete Tendenz der Zeit.

Die Biedermeierkultur baute auf Heimatverbundenheit und Religion, auf patriarchalische Ordnung in Staat und Familie, auf ehrende Pflege des Althergebrachten und auf schlichte Genügsamkeit. Zur Erhaltung des inneren Friedens und eines beschränkten Glücks bändigte man alle dämonischen Kräfte und Leidenschaften, einschließlich der erotischen. Statt sich in individueller Selbstverwirklichung auszuleben, nahm man Rücksicht auf eine familiäre Geselligkeit, in der jeder beißende Witz verpönt war: Man pflegte den leisen Humor, die »Heiterkeit auf dem Grunde der Schwermut«, wie Paul Kluckhohn sagt. Man übte »holdes Bescheiden« (Mörike[4]) und huldigte der »Andacht zum Kleinen« (Stifter[5]). Das zeigte sich literarisch in der Bevorzugung kleiner Formen wie Kurzerzählungen, Stimmungsbilder, Skizzen[6], Studien und Stammbuchverse und in der Neubelebung solcher Modewörter wie »zierlich«, »niedlich«, »sanft« und »zart« aus dem Rokoko. Ein Hang zum Quietismus[7], zum Partikularismus[8] und zur Hypochondrie[9] kennzeichnet die Zeit; die namhaften Dichter

---

4 In dem Gedicht »Gebet«; vgl. auch das Gedicht »Verborgenheit«.

5 Vgl. die Vorrede zu *Bunte Steine* (1852), das Zitat S. 163 f.

6 Die Skizze (von ital. *schizzo* ›hastig, flüchtig‹) ist eine kleine, eilig entworfene und bewußt fragmentarische Aufzeichnung.

7 Unter ›Quietismus‹ versteht man die auf völlige Ruhe des Gemüts bedachte Lebenshaltung; religiös das Einswerden mit Gott durch wunsch- und willenlose Ergebenheit in Gottes Fügung.

8 Partikularismus ist das Bestreben, die eigenen Interessen gegenüber dem Ganzen durchzusetzen; z. B. die Mundart gegenüber der Einheitssprache.

9 Ein Hypochonder ist ein schwermütiger Mensch; die Ursache des Weltschmerzes ist nach antiker Auffassung das Hypochondrion, ›das unter dem Brustknorpel Befindliche‹.

ragten freilich über die von Eichrodt parodierte Engstirnigkeit und Kleinkariertheit hinaus.

EDUARD MÖRIKE (1804–1875) aus Ludwigsburg besuchte die Klosterschule in Urach und später das Tübinger Stift[10]. Nach fast achtjährigem Vikariatsdienst wurde er Pfarrer in Cleversulzbach. Mit neununddreißig Jahren ließ er sich pensionieren, mit siebenundvierzig heiratete er und wurde Lehrer am Katharinenstift in Stuttgart. – Ein äußerlich ereignisarmes Leben, das allerdings durch Mörikes eigenbrötlerische Natur nicht ohne Spannungen blieb. Das Außerordentliche in seinem Leben war (1823) die Begegnung mit der merkwürdigen, schönen Landfahrerin Maria Meyer aus der Schweiz, die als »Peregrina« in Mörikes Lyrik einging.

Die Figur der zauberhaften, wahnverwirrten Peregrina, die dem lyrischen Ich »den Tod im Kelch der Sünden« reicht, steht für jene Mächte und Leidenschaften, zu denen sich die Romantiker noch aus dem bürgerlichen Alltag flüchteten,[11] die nun aber, wegen ihrer zerstörerischen Wirkung, lieber aus sicherer Ferne betrachtet und gern verdrängt wurden: »Der Feuerreiter« hat »Mit des heilgen Kreuzes Span / Freventlich die Glut besprochen« und muß es büßen. Wenn »Die Geister am Mummelsee« kommen, heißt es: »o Himmel! ach hilf! [...] Nur hurtig, die Flucht nur genommen!« Und des Knaben Leidenschaft für »Schön-Rohtraut« endet im Kehrreim[12]: »Schweig stille, mein Herze!«

Freilich hat auch Mörike mit seiner Trauminsel Orplid (vgl. den »Gesang Weylas«) ein poetisches Besitztum wie E. T. A. Hoffmann; nur herrscht hier statt gespenstischer Schlagschatten elegische Dämmerung. Selbst in Mörikes schönen Naturgedichten (vgl. »Er ist's«, »Septembermor-

---

10 Dasselbe Institut, das bereits Hölderlin, Schelling und Hegel besucht hatten.
11 Vgl. z. B. E. T. A. Hoffmanns *Der goldne Topf*, S. 150.
12 Der Kehrreim oder Refrain ist ein meist am Strophenende regelmäßig wiederkehrender Vers.

gen«, »Um Mitternacht«) bricht gelegentlich der Welt-
schmerz durch: »Halb ist es Lust, halb ist es Klage« in dem
Gedicht »Im Frühling«, und auch im Gedicht »An einem
Wintermorgen, vor Sonnenaufgang« wird »der Blick von
Wehmut feucht«. »Das verlassene Mägdlein« weint »In
Leid versunken«, und im Gedicht »Verborgenheit« heißt es:

> Laß, o Welt, o laß mich sein!
> Locket nicht mit Liebesgaben,
> Laßt dies Herz alleine haben
> Seine Wonne, seine Pein!
>
> Was ich traure weiß ich nicht,
> Es ist unbekanntes Wehe;
> Immerdar durch Tränen sehe
> Ich der Sonne liebes Licht.

Aus den vielfältigen Tönen der *Gedichte* (1838) klingt
das Elegische vor, das »holde Bescheiden« aus dem »Gebet«
und Mörikes Ansicht: »Was aber schön ist, selig scheint es
in ihm selbst«, aus dem Gedicht »Auf eine Lampe«.[13]
Auch in seiner Prosa warnt Mörike vor den unberechenba-
ren dämonischen Mächten. Wenn sich diese nicht ganz dem
Idyll anpassen und wie die »schöne Lau« in dem Märchen
vom *Stuttgarter Hutzelmännlein* (1852) zahm in der bäuer-
lichen Stube Platz nehmen, sondern als Genialität oder
Liebesleidenschaft in das bürgerliche Leben eingreifen, führen sie allemal zum Untergang.
Der zwischen Romantik und Realismus einzuordnende
Künstlerroman *Maler Nolten* (1832) ist ein lyrisch-stim-
mungsvoller Seelenroman mit verwirrender Handlung: Der
Maler Theobald Nolten vergißt bei der Gräfin Konstanze
seine Verlobte Agnes, von der er sich betrogen glaubt.
Unterdessen führt der Schauspieler Larkens den Briefwechsel heimlich im Namen seines Freundes fort, um die
durch die Intrige einer Zigeunerin (vgl. Peregrina!) ver-

13 Vgl. Martin Heideggers, Emil Staigers und Leo Spitzers Interpretationen dieses Gedichtes in: *Eduard Mörike*, herausgegeben von
   Victor G. Doerksen, Darmstadt 1975, S. 241–269 (Wege der Forschung, Bd. 446).

leumdete Agnes für Nolten zu erhalten. Am Ende gibt sich Larkens aus Lebensüberdruß den Tod. Agnes tötet sich in geistiger Umnachtung, nachdem ihr Nolten die gutgemeinte List seines Freundes verriet. Die Zigeunerin wird tot aufgefunden. Nolten stirbt entkräftet vom Kummer, und die Gräfin überlebt das Unheil nur wenige Monate.

In der Novelle *Mozart auf der Reise nach Prag* (1855) schildert Mörike einen sinnbildhaft stilisierten Tag aus dem Leben des von ihm hochverehrten Musikers: Mozart, der im Herbst 1787 mit seiner Gattin Konstanze zur Uraufführung des *Don Juan* nach Prag reist, unternimmt während einer Mittagsrast einen Spaziergang durch einen Schloßgarten, wo er, ganz in Gedanken, eine Orange pflückt. Vom Gärtner zur Rede gestellt, entschuldigt er sich bei der Gräfin mit einem launigen Billett und wird darauf zu einer Verlobungsfeier eingeladen. Er dankt der Hofgesellschaft, indem er aus seinem Leben erzählt und Partien aus dem *Don Juan* vorspielt. Die Gewalt seiner Musik, besonders der »Choral« »Dein Lachen endet vor der Morgenröte«, erschüttert die fühlsame Rokokogesellschaft und läßt die Braut Eugenie mit Gewißheit ahnen, »daß dieser Mann sich schnell und unaufhaltsam in seiner eigenen Glut verzehre, daß er nur eine flüchtige Erscheinung auf der Erde sein könne, weil sie den Überfluß, den er verströmen würde, in Wahrheit nicht ertrüge«. Das ahnungsvolle Charakterbild endet mit dem Vergänglichkeitsgedicht »Denk es, o Seele!«.

NIKOLAUS LENAU (d. i. Nikolaus Niembsch, Edler von Strehlenau, 1802–1850), der »Klassiker des Weltschmerzes« mit seinen Zigeuner-, Schilf- und Waldliedern,[14] der Formkünstler FRIEDRICH RÜCKERT (1788–1866),[15] selbst der aristokratische Priester klassischer Schönheit AUGUST GRAF VON PLATEN-HALLERMÜNDE (1796–1835)[16] haben der deut-

---

14 Vgl. das Gedicht »Die drei Zigeuner«, die »Schilflieder« (1832) und die »Waldlieder« (1843).
15 Vgl. die Gedichte »Aus der Jugendzeit« und »Kehr ein bei mir«.
16 Vgl. das Gedicht »Tristan« und die »Sonette aus Venedig« (1825).

schen Lyrik kaum wesentlich neue Töne hinzugefügt. Dies gelang schon eher ANNETTE VON DROSTE-HÜLSHOFF (1797 bis 1848), die in ihren *Gedichten* (1844) atmosphärische Stimmungen aus fast impressionistischer Anschauung entstehen läßt.[17] Der große Wurf der Droste aber war die Novelle *Die Judenbuche* (1842). Die Art, wie hier Mord und Sühne des Friedrich Mergel dargestellt werden, erinnert in ihrer Sprachgebung – »alles kernhaft, bestimmt, markig und kurz geschürzt« (Levin Schücking) – an Kleist. Die Behandlung der Psychologie und des Milieus aber weist über das Biedermeier auf künftige realistische, ja, naturalistische Darstellungen voraus. Bezeichnend für die Religiosität der Droste und mehr ihrer Zeit verhaftet scheint das fatalistisch anmutende Sühnemotiv, das zum Vergleich mit der Ballade »Die Vergeltung« einlädt.

In Wien hatte sich aus dem katholischen Barocktheater in einer ununterbrochenen Schauspieltradition unter dem Einfluß der romanischen Commedia dell'arte[18] und dramatisierter französischer Feenmärchen die Alt-Wiener Komödie entwickelt, die mit den Zauberpossen von FERDINAND RAIMUND (1790–1836) ihre reifste künstlerische Ausprägung erreichte. *Das Mädchen aus der Feenwelt oder Der Bauer als Millionär* (1826) und *Der Alpenkönig und der Menschenfeind* (1828) sind Possen, d. h. derbe, durch Übertreibungen und Situationskomik wirkende Lustspiele, in denen übernatürliche Mächte aus der volkstümlichen Mythologie als Personen auftreten. In seinem letzten »Original-Zaubermärchen« *Der Verschwender* (1834) läßt Raimund diese Zaubermächte abdanken: Die Fee Cheristane sagt in bezug auf ihren Schützling, den Verschwender Flottwell: »Kein Fatum herrsch' auf seinen Lebenswegen, / Er selber bring'

---

17 Vgl. die Gedichte »Im Grase«, »Mondesaufgang«, »Durchwachte Nacht« und »Das Spiegelbild«.
18 Die italienische Commedia dell'arte ist eine Typenkomödie, die sich in der Mitte des 16. Jahrhunderts aus volkstümlichen Stegreifspielen entwickelt hat.

sich Unheil oder Segen.« Solcher Verzicht auf Geisterzauber ebnete dem realistischeren Volksstück den Weg.

Das Wiener Volksstück, das sich im Unterschied zum Bauerntheater an den einfachen Stadtbewohner wendet und durch seine singspielhaften Einlagen (Couplets) in Beziehung zur Operette und zum heutigen Musical steht, erlebte in den Jahren zwischen 1830 und 1850 auf den Vorstadtbühnen an der Wien, in der Josefstadt und in der Leopoldstadt eine einzigartige Blütezeit.

JOHANN NEPOMUK NESTROY (1801–1862), der mit seinem Erfolgsstück *Der böse Geist Lumpazivagabundus* (1833) noch in der Tradition der Raimundschen Zauberpossen stand, widmete sich in den nachfolgenden Stücken *Zu ebener Erde und erster Stock oder Die Launen des Glückes* (1835), *Der Talisman* (1842), *Das Mädl aus der Vorstadt* (1841), *Einen Jux will er sich machen* (1842) und *Der Zerrissene* (1844) ganz dem Milieu seiner zeitgenössischen Zuschauer. Als Sänger und Schauspieler in 879 Rollen schrieb Nestroy 83 Stücke, in denen er, anders als der religiös moralisierende Raimund, die Schwächen seiner Zeit vor dem Hintergrund weltlicher Klugheit mit satirischer Kritik verspottet. In dem Stück *Freiheit in Krähwinkel*, das während des zensurfreien Sommers 1848 entstand, gibt der fortschrittlich denkende Volksfreund Nestroy z. B. einen Rückblick auf die Märzrevolution, wobei die Skepsis des Menschenkenners auf die allzumenschliche Unzulänglichkeit der Revolutionäre aufmerksam macht und damit die kommende Reaktion bereits vorausahnen läßt. Nestroys auch heute noch beliebtes Lachtheater war jedenfalls in vielem zeitnäher als Raimunds Zauberpossen oder Grillparzers klassizistische Dramen.

FRANZ GRILLPARZER (1791–1872) war durch seine Schicksalstragödie *Die Ahnfrau* (1817) mit sechsundzwanzig Jahren zu frühem Ruhm gelangt. In schneller Folge entstanden die antiken und historischen Dramen *Sappho* (1818), *Das Goldene Vlies* (1821) und *König Ottokars Glück und Ende* (1825), das Trauerspiel *Ein treuer Diener seines*

Herrn (1828) und das lyrische Seelendrama *Des Meeres und der Liebe Wellen* (1831). Das dramatische Märchen *Der Traum ein Leben* (1834) war Grillparzers letzter großer Erfolg. Nachdem das Lustspiel *Weh dem, der lügt!* (1838) durchgefallen war, zog sich Grillparzer, über die Zensur verärgert und vom Publikum enttäuscht, vom Theater zurück. Die Trauerspiele *Libussa, Ein Bruderzwist in Habsburg* und *Die Jüdin von Toledo* ließ er bis zu seinem Tode unveröffentlicht.

Grillparzers Dramen stehen durch ihre Bauform und ihre Verssprache äußerlich der Klassik nahe. »Ich möchte, wär's möglich, stehen bleiben, / Wo Schiller und Goethe stand«, bekannte Grillparzer selbst. Doch das klassisch-optimistische Humanitätsideal wird bei ihm bereits von Schopenhauers Kulturpessimismus überschattet. Grillparzers Überzeugung entsprechend, daß Sittlichkeit und Machtausübung unvereinbar seien, sind seine Helden weniger Tatmenschen als Leidende, die, zwischen Lebensgier und Friedensverlangen oft unentschlossen schwankend, sich endlich im Verzicht selbst behaupten.

Medeas Verse (am Ende der Trilogie *Das Goldene Vlies*):

> Was ist der Erde Glück? – Ein Schatten!
> Was ist der Erde Ruhm? – Ein Traum!

erinnern an die barocken Weltabsagen (vgl. Kap. 3b). Doch statt der Hinwendung zu einem nahe gefühlten Jenseits erfolgt auf die Weltabkehr im Biedermeier eher, wie in Mörikes Gedicht »Verborgenheit« (vgl. S. 158), der Rückzug ins eigene Gemüt. Wie dieses vor Schuld zu bewahren sei, behandelt Grillparzer in Anlehnung an Calderóns *Das Leben ein Traum* nach Art des Wiener Volksstückes in dem Märchendrama *Der Traum ein Leben*. Da möchte der von seinem Negersklaven Zanga verleitete Jäger Rustan aus seinem ländlich-idyllischen Lebenskreis ausbrechen. Seine Braut Mirza und ihr Vater bitten ihn, noch eine Nacht zu bleiben. In dieser Nacht träumt Rustan seinen abenteuerlichen und verbrecherischen Aufstieg zum König von

Samarkand. Als er in höchster Angst erwacht, ist er froh, nur geträumt zu haben. Er hofft, durch den Traum rechtzeitig gewarnt, mit dem Verzicht auf große Taten und Abenteuer drohender Schuld entgehen zu können, denn

> Eines nur ist Glück hienieden,
> Eins: des Innern stiller Frieden
> Und die schuldbefreite Brust!

Ein rührendes Beispiel wahrer »Seelenschönheit« erzählt Grillparzer in der Novelle *Der arme Spielmann* (1847). Der Held, schwach und feinfühlig, scheitert vor den Anforderungen des bürgerlichen Lebens und flüchtet zur Musik, die er fast religiös verehrt. Als Bettelmusikant genießt er sein eigenes, hingebungsvolles Geigenspiel, das, weil es so stümperhaft ist, außer ihm selbst niemand hören mag. So führt er ein einsames, aber ordentliches Leben in bescheidener Selbstzufriedenheit, bis er infolge aufopfernder Hilfeleistungen bei einer Überschwemmung stirbt.

ADALBERT STIFTER (1805–1868), der seine kleineren Erzählungen in den Sammlungen *Studien* (1844–50)[19] und *Bunte Steine* (1853)[20] zusammenfaßte und unter dem Titel *Der arme Wohltäter* (1847) einen dem armen Spielmann ähnlichen Fall schildert, formuliert in der berühmten Vorrede zu den *Bunten Steinen* bekenntnishaft und programmatisch das »sanfte Gesetz« jener biedermeierlichen Kunst- und Weltanschauung, der auch Grillparzer anhing. Da heißt es:

> Das Wehen der Luft, das Rieseln des Wassers, das Wachsen der Getreide, das Wogen des Meeres, das Grünen der Erde, das Glänzen des Himmels, das Schimmern der Gestirne halte ich für groß: das prächtig einherziehende Gewitter, den Blitz, welcher Häuser spaltet, den Sturm, der die Brandung treibt, den feuerspeienden Berg, das Erdbeben, welches Län-

---

19 Vgl. *Der Hochwald* (1842), *Die Mappe meines Urgroßvaters* (1841/1842), *Abdias* (1843) und *Brigitta* (1844).
20 Vgl. *Kalkstein* (»Der arme Wohltäter«) (1848) und *Bergkristall* (1845).

der verschüttet, halte ich nicht für größer als obige Erscheinungen, ja ich halte sie für kleiner [...]. So wie es in der äußeren Natur ist, so ist es auch in der inneren, in der des menschlichen Geschlechtes. Ein ganzes Leben voll Gerechtigkeit, Einfachheit, Bezwingung seiner selbst, Verstandesgemäßheit, Wirksamkeit in seinem Kreise, Bewunderung des Schönen, verbunden mit einem heiteren, gelassenen Sterben, halte ich für groß: mächtige Bewegungen des Gemütes, furchtbar einherrollenden Zorn, die Begier nach Rache, den entzündeten Geist, der nach Tätigkeit strebt, umreißt, ändert, zerstört, und in der Erregung oft das eigene Leben hinwirft, halte ich nicht für größer, sondern für kleiner, da diese Dinge so gut nur Hervorbringungen einzelner und einseitiger Kräfte sind, wie Stürme, feuerspeiende Berge, Erdbeben. Wir wollen das sanfte Gesetz zu erblicken suchen, wodurch das menschliche Geschlecht geleitet wird.

Stifters Verlangen nach dem Walten dieses sanften Gesetzes war so groß, daß er seinen Bildungsroman *Der Nachsommer* (1857) in einer utopisch wohlgeordneten Welt spielen läßt, aus der alle Leidenschaften, Krisen und Konflikte verbannt sind:
Der Ich-Erzähler Heinrich Drendorf, Sohn eines reichen Wiener Kaufmanns, treibt geologische Studien im Alpenvorland. Auf der Suche nach Schutz vor einem Gewitter kommt er zum Rosenhaus des Freiherrn von Risach. Der gebildete Greis, dessen Besitztum Asperhof nach vernünftigen Grundsätzen bis ins einzelne zweckmäßig geordnet ist, wird Heinrichs pädagogischer Freund, der ihn in ausgreifenden Gesprächen über Natur, Kunst, Gesellschaft, Geschichte und Religion belehrt. – Im Rosenhaus begegnet Heinrich auch Risachs Pflegesohn Gustav, dessen Mutter, der Gräfin Mathilde Tarona, und deren Tochter Natalie. Nach langem Warten gestehen Heinrich und Natalie einander ihre still verborgene, tiefe Liebe. Vor ihrer Verlobung erzählt Risach in dem zur Novelle ausgeweiteten Kapitel »Der Rückblick«, wie er als junger Hauslehrer und Natalies Mutter Mathilde als seine Schülerin einander leidenschaftlich liebten und wie er auf Wunsch ihrer El-

tern einer frühen Verbindung mit ihr entsagte. Erst lange nach dem Tode ihres Gatten habe sich die Gräfin mit ihren Kindern auf dem benachbarten Sternenhof niedergelassen. – »So leben wir in Glück und Stetigkeit gleichsam einen Nachsommer ohne vorhergegangenen Sommer.«

Trotz der in vielen Einzelheiten peinlich genauen Darstellung gibt Stifter kein Abbild der Wirklichkeit, sondern baut in seiner Erzählung stilisierend ein harmonisches Utopia auf. Heinrichs Vaterhaus, das Rosenhaus und der Sternenhof sind der Zeit entrückte Inseln. Dementsprechend erwächst Heinrichs Bildung auch nicht in der Auseinandersetzung seines Charakters mit den Widerständen der Welt, sondern in unproblematischer Aneignung vorgegebener Bildungsstoffe aus Wissenschaft und Kunst und in widerspruchsloser Übernahme konservativer, zum Teil fragwürdig gewordener Werte.[21]

Stifter, der vorübergehend Hauslehrer bei Metternich (vgl. Anm. 1) war und oberösterreichischer Konservator, beschwor mit den althergebrachten Ordnungen und Werten in seinen Erzählungen selbst einen Nachsommer der Klassik. – Kritischer und scharfsichtiger war KARL LEBERECHT IMMERMANN (1796–1840), der in seinem Zeitroman *Die Epigonen* (1836; vgl. Kap. 1, Anm. 28) das Problem beim Namen nannte:

Wir sind, um in *einem* Worte das ganze Elend auszusprechen, Epigonen und tragen an der Last, die jeder Erb- und Nachgeborenschaft anzukleben pflegt. Die große Bewegung im Reiche des Geistes, welche unsre Väter von ihren Hütten und Hüttchen aus unternahmen, hat uns eine Menge von Schätzen zugeführt, welche nun auf allen Markttischen ausliegen. Ohne sonderliche Anstrengung vermag auch die geringe Fähigkeit wenigstens die Scheidemünze jeder Kunst und Wissenschaft zu erwerben. Aber es geht mit geborgten Ideen wie mit geborgtem Gelde: wer mit fremdem Gute leichtfertig wirtschaftet, wird immer ärmer.

21 Vgl. Kap. 4, Anm. 25 die Reihe der Entwicklungs- und Bildungsromane.

Immermann sah den hohlen Standesdünkel der Großgrund-
besitzer und den »kaltblütig geführten Vertilgungskrieg«
der bürgerlichen Industriellen, sah zwar die wachsende soziale Not voraus, doch auch der Held seines Romans ant-
wortet mit einer konservativen Utopie: Hermann möchte
sich und den Seinen

> [...] ein grünes Plätzchen abzäunen und diese Insel so lange
> wie möglich gegen den Sturz der vorbeirauschenden indu-
> striellen Wogen befestigen. [...] Vor allen Dingen sollen
> die Fabriken [die er geerbt hat] eingehn und die Ländereien
> dem Ackerbau zurückgegeben werden.

b) Junges Deutschland und Vormärz (1835–1848)

Problematischer noch als der literarische Epochenbegriff
›Biedermeier‹ ist die Bezeichnung ›Junges Deutschland‹. Sie
wurde aufgegriffen aus den *Ästhetischen Feldzügen*, 24
Vorlesungen, die der Privatdozent LUDOLF WIENBARG
(1802–1872) im Sommer 1833 in Kiel mit den Worten
eröffnete: »Dir, junges Deutschland, widme ich diese Reden,
nicht dem alten.« Wienbarg meinte damit die akademische
Jugend, die er vor einer im Gefolge der Befreiungskriege
(vgl. Anm. 1) entstandenen philiströsen Deutschtümelei
warnen wollte, da der anhaltende Franzosenhaß und der
unzeitgemäße Patriotismus doch nur vom Absolutismus des
deutschen Adels ablenkten. Wienbarg vertrat die These,
»daß die jedesmalige Literatur einer Zeitperiode den je-
desmaligen gesellschaftlichen Zustand derselben ausdrücke
und abpräge«. Er verlangte den Anschluß der Kunst ans
Leben.
Solcher politischen Einsichten wegen beschloß der Bundestag in Frankfurt 1835, die Verbreitung »der Schriften aus
der unter der Bezeichnung ›das junge Deutschland‹ oder
›die junge Literatur‹ bekannten literarischen Schule, zu
welcher namentlich Heinr. Heine, Karl Gutzkow, Heinr.
Laube, Ludolf Wienbarg und Theodor Mundt gehören«, zu

verbieten. Tatsächlich gab es aber diese literarische Schule gar nicht. Die genannten Schriftsteller, dazu noch Ludwig Börne, verband allein die zeit- und gesellschaftskritische Denkweise in ihren Schriften.

Es waren engagierte Literaten, die sich weniger mit Seelenleben und innerer Gestimmtheit des Menschen befaßten als mit weltverändernden Gedanken und Taten. Weltbürgertum war ihnen wichtiger als Patriotismus, rationalistische Kritik wichtiger als Christentum, Fortschritt und Sozalismus bedeuteten ihnen mehr als Individualismus und Tradition. Statt den Leser ästhetisch zu befriedigen, suchten sie politisch auf ihn einzuwirken. Das gerade ließen die Behörden der Obrigkeit nicht zu; vor deren Verfolgung mußten daher immer mehr Schriftsteller ins Exil gehen. Die auf politische Veränderung drängenden Veröffentlichungen, die sogenannte Literatur des Vormärz, wurde immer radikaler, bis im März 1848 die bürgerlichen Demokraten gegen die Macht des absolutistischen Feudaladels aufstanden.

Die literarischen Formen, deren sich die Schriftsteller damals vorzüglich bedienten, waren die journalistische Prosa, z. B. Heines *Reisebilder* (1826) und Ludwig Börnes (1786 bis 1837) *Briefe aus Paris* (1832–34), vor allem aber die politische Lyrik. Die bekanntesten Sammlungen waren: *Spaziergänge eines Wiener Poeten* (1831) von ANASTASIUS GRÜN (d. i. Anton Alexander Graf Auersperg, 1806 bis 1876), *Lieder eines kosmopolitischen Nachtwächters* (1841) von FRANZ DINGELSTEDT (1814–1881), *Gedichte eines Lebendigen* (1841) von GEORG HERWEGH (1817–1875), *Unpolitische Lieder* (1840–41) von AUGUST HEINRICH HOFFMANN VON FALLERSLEBEN (1798–1874), *Ein Glaubensbekenntnis* (1844) und *Ça ira* (1846) von FERDINAND FREILIGRATH (1810–1876). Das Interesse an den meisten dieser Gedichte ist vergangen, wie der Tag, für den sie geschrieben worden waren; allein Heinrich Heines Werk ragt aus der Vergänglichkeit hervor, und an ihm scheiden sich noch heute die Geister.

HEINRICH HEINE (1797–1856), der Sohn eines Düsseldorfer Kaufmanns, versuchte sich selbst, zuerst in Frankfurt, dann bei seinem reichen Hamburger Onkel Salomon, vergeblich als Kaufmann. Anschließend studierte er und promovierte 1825 in Göttingen zum Doktor juris. Doch trotz seines Übertritts zum protestantischen Christentum, seinem »Entréebillet zur europäischen Kultur«, wie er es nannte, blieb ihm wegen seiner jüdischen Abstammung eine angemessene bürgerliche Anstellung in Deutschland versagt. Seit 1831 lebte er als freier Schriftsteller und Korrespondent verschiedener Zeitungen in Paris.

Heines Lyrik liegt in den Sammlungen *Buch der Lieder*[22] (1827), *Neue Gedichte*[23] (1844) und *Romanzero* (1851) vor. Bereits das *Buch der Lieder*, das zu Heines Lebzeiten dreizehnmal aufgelegt wurde und bald als lyrisches Elementarbuch der gebildeten Deutschen galt, begründete Heines Dichterruhm, der freilich im Ausland heller strahlte als in Deutschland.

> Leise zieht durch mein Gemüt
> Liebliches Geläute.
> Klinge, kleines Frühlingslied,
> Kling hinaus ins Weite.
>
> Kling hinaus, bis an das Haus,
> Wo die Blumen sprießen,
> Wenn du eine Rose schaust,
> Sag, ich laß sie grüßen.

Die sprachliche Musikalität der scheinbar volksliedhaften Gedichte hat Schubert, Schumann, Mendelssohn und Wolf zu zahlreichen Vertonungen eingeladen; doch inhaltlich

---

22 Vgl. die Balladen »Belsatzar« und »Die Grenadiere« sowie die Gedichte »Ich weiß nicht, was soll es bedeuten«, »Mein Herz, mein Herz ist traurig« und »Die Nacht am Strande«.

23 Vgl. »Nachtgedanken« und »Ich hatte einst ein schönes Vaterland«; vgl. auch das Zeitgedicht »Die schlesischen Weber«, das anläßlich des Weberaufstandes von 1844 entstand, den Gerhart Hauptmann 1892 in dem Drama *Die Weber* behandelt (vgl. Kap. 11c).

ist Heines Lyrik oft von einer eigentümlichen Ambivalenz[24] oder gar Dissonanz gekennzeichnet: Heine dichtete in einer Zeit, als die romantische Sprachgebung längst zu Klischees[25] der Unwahrhaftigkeit zu erstarren begann. Das nötigte den Dichter, der anders als die Spätromantiker nicht mehr an eine Erlösung durch poetische Träume glaubte, die leicht und flüssig vorgetragene Reihe der vertrauten Bilder am Ende als Schein zu entlarven. Gerade aber die Schluß-pointen, mit denen Heine gern aus der eigenen Ergriffen-heit zur nüchternen Wirklichkeit zurückfindet, haben man-chen Leser verunsichert. Denn nur, wenn die Unzuläng-lichkeit der »romantischen Poesie« wahrgenommen wird, erscheint die distanzierende Ironie gerechtfertigt; noch mehr Erfahrung bedarf es, um in der Ironie den Ausdruck des Bedauerns zu erkennen.

»Ich bin Sauerkraut, mit Ambrosia angemacht«, sagt Heine. Seine Verse sind für Leser bestimmt, die das Schwe-ben zwischen Ernst und Spott und das gleitende oder überraschende Umschlagen in den Witz gern mitvollziehen:

Das Fräulein stand am Meere
Und seufzte lang und bang,
Es rührte sie so sehre
Der Sonnenuntergang.

Mein Fräulein! sein Sie munter,
Das ist ein altes Stück;
Hier vorne geht sie unter
Und kehrt von hinten zurück.

24 ›Ambivalenz‹ (von lat. *ambo* ›beide‹ und *valere* ›gelten‹) heißt ›Doppelwertigkeit‹ und meint Unentschiedenheit zwischen widerstrei-tenden Werten, die Möglichkeit bei Gefühlen, ihr Gegenteil mit ein-zuschließen; z. B. ›Haßliebe‹.
25 Das Klischee (von frz. *cliché*) ist eigentlich der für serielle Abbil-dungen, den sogenannten Abklatsch, vorbereitete Druckstock. Im übertragenen Sinne ist ein Klischee die vorgeprägte und durch allzu häufige Verwendung um ihre Wirkung gebrachte Denk- und Ausdrucksweise, wie etwa im verblaßten und verschlissenen sprach-lichen Bild.

Aus demselben Geist wie die Lyrik stammt Heines Prosa:

> Es ist ein erhabener Anblick, der die Seele zum Gebet
> stimmt. Wohl eine Viertelstunde standen alle ernsthaft
> schweigend, und sahen, wie der schöne Feuerball im
> Westen allmählig versank; die Gesichter wurden vom Abendrot an-
> gestrahlt, die Hände falteten sich unwillkürlich; es war, als
> ständen wir, eine stille Gemeinde, im Schiffe eines Riesen-
> doms, und der Priester erhöbe jetzt den Leib des Herrn,
> und von der Orgel herab ergösse sich Palestrinas ewiger
> Choral.
> Während ich so in Andacht versunken stehe, höre ich,
> daß neben mir jemand ausruft: »Wie ist die Natur doch
> im allgemeinen so schön!« Diese Worte kamen aus der ge-
> fühlvollen Brust meines Zimmergenossen, des jungen Kauf-
> manns.
> (*Harzreise*)

In den' vier Bänden *Reisebilder*[26] (1826–31) mischen sich
Naturschwärmerei und lyrische Stimmungsbilder mit tref-
fender Zeitsatire, trockenem Witz und übermütiger Spott-
lust. Das kunstvoll assoziative Feuerwerk dieser Prosa
wurde zum Stilvorbild des modernen Feuilletons[27].
Hatten zur Zeit der Klassik die Trivialautoren die Bühnen
mit spätaufklärerischen und empfindsamen Konversations-
und bürgerlichen Rührstücken beherrscht, so herrschten jetzt
die trivialen Nachahmer der Klassik – selbst Grillparzer
wollte »stehen bleiben, wo Goethe und Schiller stand«
(vgl. S. 162). Grabbes und Büchners zukunftweisende Dramen dagegen »lockten«, wie Grabbe sagte, »keinen Hund
vom Ofen«.

---

26 Vgl. besonders *Die Harzreise* (1826), *Ideen. Das Buch Le Grand*
   (1827) und *Die Bäder von Lucca* (1830); vgl. auch die anläßlich einer
   Pyrenäen- bzw. Deutschlandreise entstandenen satirischen Versepen
   Atta Troll. Ein Sommernachtstraum (1843) und *Deutschland. Ein*
   Wintermärchen (1844).
27 Das Feuilleton (frz., ›Blättchen‹) war ursprünglich eine Zeitungs-
   beilage, z. B. Lessings »Das Neueste aus dem Reiche des Witzes«
   in der *Vossischen Zeitung* (1751–55); heute bezeichnet das Wort den
   kulturellen Teil einer Zeitung: Rezensionen, Aufsätze über Kultur
   und Gesellschaft, Wissenschaft und Kunst sowie belletristische
   Beiträge: Gedichte, Kurzgeschichten u. dgl.

CHRISTIAN DIETRICH GRABBE (1801–1836), der Sohn eines
armen Zuchthausaufsehers in Detmold, studierte Rechts-
wissenschaften und wandte sich, um Schauspieler zu werden, an Ludwig Tieck in Dresden und später an Karl Immermann in Düsseldorf. Doch dem trunksüchtigen Genie,
das sich selbst durch eine Geldheirat nicht in die Bürger-
lichkeit zu retten vermochte, schlug in seinem kurzen Leben so ziemlich alles fehl. Wen wundert es da, wenn in
seiner aus dem Geist romantischer Ironie geborenen grotesken Literatursatire *Scherz, Satire, Ironie und tiefere
Bedeutung* (1827) der Teufel die Welt »ein mittelmäßiges
Lustspiel« nennt, »welches ein unbärtiger, gelbschnabeliger
Engel, der [...] noch in Prima sitzt, während seiner Schul-
ferien zusammengeschmiert hat«. Grabbe verspottet hier
die große dramatische Form, obgleich er selbst als Dichter
historischer Dramen das tragische Pathos gelegentlich bis
zum Umkippen ins Komische steigerte. Die Einsicht von
der Sinnlosigkeit der Welt liegt freilich auch seinen historischen Dramen als tiefere Bedeutung zugrunde, denn mit
Grabbe und Büchner entwickelte sich die »Tragödie des
Nihilismus«[28]:
Spielte das eigentlich untragische historische Drama des
Barock vor dem Hintergrund einer festen von Gott ver-
antworteten Weltordnung (vgl. Gryphius, Kap. 3b), so
vermochte im historischen Drama des Idealismus der Held
in den Gang der Geschichte einzugreifen, mit den Mächten
zu ringen und die Frage nach der Rechtfertigung Gottes,
der Theodizee, zu stellen (vgl. Schiller, Kap. 6b und Hegel,
Anm. 2). Nun wird der Zweifel am Dasein Gottes über-

---

28 Vgl. Benno von Wiese, *Die deutsche Tragödie von Lessing bis
Hebbel*, 6. Auflage, Hamburg 1964. – »Mit dem Worte Nihilismus,
das er dem russischen Dichter Turgenjew entlehnt hat, bezeichnet
Nietzsche die Erscheinung, daß die obersten Werte sich entwerten,
jene Werte, die allem Tun und Leiden der Menschen erst Sinn
geben, daß es nichts mehr gibt, wofür es sich zu leben oder zu
sterben lohnte, daß das Bewußtsein aufkommt, es sei alles umsonst.« (Werner Bröker, »Nietzsche und der europäische Nihilismus«, in: *Zeitschrift für philosophische Forschung* III, 2, 1949.)

mächtig: Der Held sieht sich dem Nichts gegenüber, das mit der göttlichen Ordnung zugleich die menschliche Freiheit in Frage stellt und die Geschichte als einen sinnleeren mechanischen Kreislauf erscheinen läßt.

In dem Drama *Napoleon oder Die hundert Tage*[29] (1831) bemächtigt sich Napoleon noch einmal des historischen Geschehens, um seinen maßlosen Machthunger zu befriedigen; doch vergeblich: die Verhältnisse haben sich geändert. Die heroische Persönlichkeit scheitert an dem Zeitgeist der Epoche, die sie selbst eingeleitet hat.

Obgleich der aus Darmstadt stammende GEORG BÜCHNER (1813–1837) in Verbindung mit sozialrevolutionären republikanischen Kreisen stand und unter dem Titel *Der hessische Landbote* 1834 ein Flugblatt mit dem Motto[30] »Friede den Hütten! Krieg den Palästen!« herausgab, hielt er doch Abstand von den Schriftstellern des Jungen Deutschland. – Wegen des aufrührerischen Flugblattes polizeilich verfolgt, flüchtete Büchner von Gießen nach Darmstadt, wo er in fünf Wochen das Revolutionsdrama *Dantons Tod* (1835) verfaßte, und weiter nach Straßburg. Von dort schrieb der Medizinstudent an seine Familie (1. Januar 1836):

> Übrigens gehöre ich für meine Person keineswegs zu dem sogenannten Jungen Deutschland, der literarischen Partei Gutzkows und Heines. Nur ein völliges Mißkennen unserer gesellschaftlichen Verhältnisse konnte die Leute glauben machen, daß durch die Tagesliteratur eine völlige Umgestaltung unserer religiösen und gesellschaftlichen Ideen möglich sei.

Büchner richtete seine Aufmerksamkeit auf die vorrangigen Fragen nach den Bedingungen des menschlichen Willens. Da lag ihm als Naturwissenschaftler, der mit einer Arbeit über die Kopfnerven der Barben promovierte, die Denk-

---

29 Zwischen Napoleons Rückkehr von Elba (1. März 1815) und der Schlacht bei Waterloo (18. Juni 1815).

30 Ein Motto (ital., ›Wort, Spruch‹) ist der einem Buch oder Kapitel vorangestellte Leitspruch.

weise des anthropologischen Determinismus[31] besonders nahe.

Das Drama *Dantons Tod* (1835) spielt in der Spätphase der Französischen Revolution (24. März bis 5. April 1794), als diese ihre Kinder zu fressen anfängt. In Danton, der das lasterhafte Erbe des Adels zu genießen beginnt, steigen Zweifel an den Morden der Jakobiner[32] auf. Mehr noch: die wachsende Überzeugung, in all seinem Tun und Lassen determiniert zu sein, führt ihn zu einem Geschichtsfatalismus, der mit der persönlichen Verantwortung den Sinn der Revolution in Frage stellt. Danton erkennt: »Wir haben nicht die Revolution, sondern die Revolution hat uns gemacht. [...] Puppen sind wir, von unbekannten Gewalten am Draht gezogen; nichts, nichts wir selbst!« Das Leben beginnt ihn zu langweilen und zu ekeln; er sehnt sich nach dem »Asyl im Nichts«:

Versenke dich in was Ruhigers als das Nichts, und wenn die höchste Ruhe Gott ist, ist nicht das Nichts Gott? Aber ich bin ein Atheist. Der verfluchte Satz: Etwas kann nicht zu nichts werden! Und ich bin etwas, das ist der Jammer! – Die Schöpfung hat sich so breit gemacht, da ist nichts leer, alles voll Gewimmels. Das Nichts hat sich ermordet, die Schöpfung ist seine Wunde, wir sind seine Blutstropfen, die Welt ist das Grab, worin es fault. [...] Ja, wer an Vernichtung glauben könnte! dem wäre geholfen. – [...] Die

31 Determinismus (von lat. *determinare* ›begrenzen‹) ist die Lehre von der Bestimmtheit des gesamten Weltgeschehens, einschließlich des menschlichen Lebens. – Der theologische Determinismus (Prädestinationslehre, vgl. Luther, Kap. 2c) meint die Vorherbestimmung des Menschen zur Seligkeit oder Verdammnis durch Gott. – Der kosmologische Determinismus meint die Kausalität des Naturgeschehens. – Der anthropologisch-ethische Determinismus meint die Freiheit und Verantwortung ausschließende Kausalität des menschlichen Willens.

32 Mitglieder des 1789 gegründeten und nach seinem Versammlungsort, dem Kloster St. Jakob in Paris, benannten politischen Klubs, der seit 1791 den radikalen Kurs der Französischen Revolution bestimmte und nach Robespierres Sturz und Hinrichtung 1794 aufgelöst wurde.

Welt ist das Chaos. Das Nichts ist der zu gebärende Welt-gott.

Über diese lähmenden Gedanken versäumt Danton, sich rechtzeitig gegen den Tugendfanatiker Robespierre zu wehren. Robespierre erklärt:

Das Laster ist das Kainszeichen des Aristokratismus. In einer Republik ist es nicht nur ein moralisches, sondern auch ein politisches Verbrechen.

Danton, »der das Leben nicht mehr versteht, weil er es verstanden hat« (Peter Szondi), wird von einem fragwürdigen Revolutionstribunal, das er selbst zwei Jahre zuvor ins Leben gerufen hat, zum Tode verurteilt.

Das aus 32 Einzelszenen bestehende Drama, das in den geistsprühenden Reden oft wörtlich den historischen Quellen folgt und nach einem fesselnden Streit der Meinungen mit lyrischen Tönen rührend endet, wurde erst gegen Ende des 19. Jahrhunderts recht verstanden und gewürdigt, als Gerhart Hauptmann und Frank Wedekind darstellerische Mittel aufgriffen, die Büchner in seiner Dichtung vorausgenommen hatte.

Georg Büchner, der, keine vierundzwanzig Jahre alt, in Zürich, wo er als künftiger Privatdozent zoologische Vorlesungen hielt, an Typhus starb, hinterließ nur noch ein vollendetes Schauspiel: das romantisch-satirische Märchendrama von *Leonce und Lena* (1836). Die psychologische Erzählung *Lenz*[33] (1839) und das erst 1879 aus dem Nachlaß veröffentlichte Drama *Woyzeck* blieben Fragment. Wie schon *Dantons Tod* bezeugen beide Büchners außerordentliche Modernität.

Die Frage nach Freiheit und Verantwortung, die in *Dantons Tod* im Zusammenhang mit geschichtlich-politischem Handeln erörtert wird, erscheint im *Woyzeck* verknüpft mit der »sozialen Frage«: Der etwas einfältige und von

---

33 Über das Ende des in geistiger Umnachtung gestorbenen Dichters Jakob Michael Reinhold Lenz (vgl. Kap. 5c).

Wahnvorstellungen geplagte, aber gutmütige Soldat Woyzeck wird von seinen dümmlichen Vorgesetzten verhöhnt und ausgenutzt. Als ihm, der nichts in der Welt besitzt, ein Tambourmajor auch noch die Geliebte abspenstig macht, bringt er sie, inneren Stimmen gehorchend, um. In dem historischen Fall, der dieser Tragödie zugrunde liegt, bescheinigten ärztliche Gutachter Woyzecks Zurechnungsfähigkeit. Der Angeklagte wurde 1824 öffentlich hingerichtet. Büchner, der als anthropologischer Determinist überzeugt war, daß »es in niemands Gewalt liegt, kein Dummkopf oder kein Verbrecher zu werden«, veranschaulicht in fast naturalistisch eindringlichen Szenen, welchen äußeren und inneren Zwängen die arme, im Grunde gute Kreatur Woyzeck unterlag. Das Bruchstück, das heute zu den meistgelesenen und -gespielten Texten aus der dramatischen Literatur des 19. Jahrhunderts gehört, begründete mit seiner scharfen, teils satirischen Kritik an den gesellschaftlichen Verhältnissen das soziale Drama. Von seiner Bühnenwirksamkeit gehen anscheinend unerschöpfliche formale Anregungen aus.

10. Realismus (1840–1897)

a) Die Reaktion und die Ära Bismarcks

Der deutschen Nationalversammlung in Frankfurt war es nicht gelungen, die in der Märzrevolution von 1848 gewonnene Freiheit politisch zu verteidigen. Nach der Wiedererrichtung des Deutschen Bundes (vgl. Kap. 9, Anm. 1) resignierten die fortschrittlichen und freiheitlichen Kräfte gegenüber der Reaktion. Um so höher verstiegen sich die Hoffnungen der Patrioten im Deutsch-Französischen Krieg (1870/71)[1], bei der anschließenden Gründung des zweiten Deutschen Reichs (1871) und während des wirtschaftlichen Aufschwungs in den Gründerjahren (1871–73).[2] Unmöglich konnte das »Kleindeutsche« Reich alle utopischen Träume erfüllen. Die monumentalen Geschichts- und Zeitromane mit ihrer Mythifizierung des Reiches und seines Gründers einerseits sowie mit der Kritik an Bismarck und der enttäuschten Abkehr von dessen Realpolitik andererseits spiegeln das Doppelgesicht jener Epoche, die mit der Übernahme der Regierungsgeschäfte durch Kaiser Wilhelm II. (1888) und der Abdankung Bismarcks (1890) endete.

Die Naturwissenschaften, die einen stürmischen Aufschwung nahmen und seit der Erfindung der Dampfmaschine (1778) und des mechanischen Webstuhls (1822) immer schneller technisch ausgewertet wurden, führten zu einer industriellen Revolution, zum Kapitalismus und zur Ausbeutung der Arbeiterschaft durch die bürgerliche Großindustrie. Im

---

1 Der durch Bismarcks Manipulation der Emser Depesche von König Wilhelm I. ausgelöste Krieg endete mit Frankreichs Abtretung Elsaß-Lothringens an Deutschland.

2 ›Gründerzeit‹ heißen die Nachkriegsjahre, in denen mit französischer Kriegsentschädigung viele, oft unsolide Unternehmen gegründet wurden, so daß auf neureiche Wohlstandsprotzerei oft beim sogenannten Gründerkrach 1873 der wirtschaftliche Zusammenbruch erfolgte.

Zeichen des Manchestertums[3] wuchsen in Deutschland hinter Schutzzöllen Industrie und Kapital. Während die Arbeiterschaft, deren Organisation Bismarck durch die Sozialistengesetze (1878)[4] unterband, trotz der ersten Sozialgesetze[5] immer weiter verarmte, lebte das Bürgertum in wirtschaftlichem Wohlstand, doch bei gleichzeitiger kultureller Verkümmerung in Bildungsphilisterei und künstlerischem Epigonentum.

Zu den weltanschaulichen Grundlagen der Zeit gehörten neben dem Reichsgedanken der von Auguste Comte (1798 bis 1857) begründete Positivismus[6] und die Abstammungslehre[7] von Charles Darwin (1809–1882), die in Deutschland seit 1868 durch Ernst Haeckel (1834–1919) verbreitet und in einen materialistischen Monismus[8] überführt wurde. Die idealistische Geschichtsdeutung Hegels wurde allmählich von der marxistischen Geschichtsauffassung (vgl. Kap. 9, Anm. 2) und von der Milieutheorie des französischen Historikers Hippolyte Taine (1828–1893) abgelöst.[9] In ih-

---

3 Nach der 1838 in Manchester gegründeten Bewegung eines extremen Wirtschaftsliberalismus, der alle, auch sozialpolitische, Eingriffe in den Freihandel ablehnte.

4 Durch Bismarck veranlaßtes Verbot sozialistischer Vereine und Gewerkschaften und Ausweisung führender Sozialdemokraten.

5 In den Jahren 1883 bis 1889 durch Bismarck eingeführte Gesetze zur Kranken-, Unfall-, Invaliden- und Altersversicherung.

6 Eine philosophische Richtung, die nur positiv gegebene Tatsachen gelten läßt und alle metaphysischen Spekulationen ablehnt.

7 Die als ›Darwinismus‹ bekannte Abstammungslehre vertritt die Ansicht, daß unter den aus Mutation entstandenen Individuen im ›Kampf ums Dasein‹ eine natürliche und eine geschlechtliche Zuchtwahl stattfindet, welche die Lebenstüchtigkeit der Gattung begünstigt: »Survival of the fittest«.

8 Im Gegensatz zu Pluralismus und Dualismus erklärt der Monismus die Welt aus einer einzigen Grundlage; hier im Anschluß an Darwin aus der Körperlichkeit unter Hintansetzung des Geistig-Metaphysischen.

9 Taine erklärte: »L'individu humain n'existe pas que dans la société et par elle.« Jeder Mensch sei bestimmt durch »race« (Abstammung), »moment« (Geschichte) und »milieu« (Umwelt) und sei darum sittlich nicht voll verantwortlich. Vgl. ›Determinismus‹, Kap. 9, Anm. 31. Émile Zola betrachtete den Menschen sogar als

rem 1848 anonym veröffentlichten *Manifest der Kommunistischen Partei* wiesen KARL MARX (1818–1883) und FRIEDRICH ENGELS (1820–1895) darauf hin,

> daß die ökonomische Produktion und die aus ihr mit Notwendigkeit folgende gesellschaftliche Gliederung einer jeden Geschichtsepoche die Grundlage bildet für die politische und intellektuelle Geschichte dieser Epoche; daß demgemäß [...] die ganze Geschichte eine Geschichte von Klassenkämpfen gewesen ist, Kämpfen zwischen ausgebeuteten und ausbeutenden, beherrschten und herrschenden Klassen auf verschiedenen Stufen der gesellschaftlichen Entwicklung.
>
>   (Engels im Vorwort zur deutschen Ausgabe 1883.)

Das weltgeschichtlich bedeutsame Dokument schließt mit den Worten:

> Mögen die herrschenden Klassen vor einer kommunistischen Revolution zittern. Die Proletarier haben nichts in ihr zu verlieren als ihre Ketten. Sie haben eine Welt zu gewinnen.
> *Proletarier aller Länder, vereinigt euch!*

Doch der deutsche literarische Realismus war ein »bürgerlicher«, ein »poetischer«, allenfalls ein »psychologischer« Realismus, der wohl Feuerbachs Vorbehalte gegenüber der Religion[10] und Schopenhauers Pessimismus (vgl. Kap. 9, Anm. 2), nicht aber die materialistische gesamtgesellschaftliche Perspektive von Marx übernehmen konnte. Denn die bürgerlichen Vertreter dieser literarischen Epoche vermeinten die Ideale des klassischen Humanismus noch immer gegen den Eigennutz des Adels und neuerdings auch gegen den angeblich nackten Materialismus des Proletariats ver-

---

»une machine animale agissant sous l'influence de l'hérédité et du milieu«.

10 Ludwig Feuerbach (1804–1872) vertritt in seinem Buch über *Das Wesen des Christentums* (1841) die Auffassung, daß nicht Gott den Menschen nach seinem Bilde schuf, sondern umgekehrt der Mensch sich seine Götter nach dem Ideal seiner Wünsche vorstellt. Der Gedanke, daß mithin alle Theologie eigentlich Anthropologie sei und statt über Gott Aufschluß über den Menschen gebe, beeinflußte u. a. Karl Marx und Gottfried Keller.

teidigen zu müssen. Sie waren der revolutionären Philosophie und deren Pathos genauso abhold wie der subjektivistischen romantischen Phantasie. Der Ästhetiker FRIEDRICH THEODOR VISCHER (1807–1887) schrieb: »Das Spiel der Phantasie mit sich selbst, das Feuerwerk auf dem Wasser, das die neuere Romantik uns vorgemacht hat: dies war es, was mir vorschwebte als das Übel, gegen das ich den Damm der Objektivität errichten müsse.« Und OTTO LUDWIG (1813–1865), der den Begriff des ›poetischen Realismus‹ prägte, schrieb über die realistisch schaffende Phantasie:

> [...] sie schafft die Welt noch einmal, keine sogenannte phantastische Welt, d. h. keine zusammenhangslose, im Gegenteil, eine, in der der Zusammenhang sichtbarer ist als in der wirklichen, [...]. Eine Welt, die in der Mitte steht zwischen der objektiven Wahrheit in den Dingen und dem Gesetze, das unser Geist hineinzulegen gedrungen ist, eine Welt, aus dem, was wir von der wirklichen Welt erkennen, durch das in uns wohnende Gesetz wiedergeboren. [...] Der Hauptunterschied des künstlerischen Realismus vom künstlerischen Idealismus ist, daß der Realist seiner wiedergeschaffenen Welt soviel von ihrer Breite und Mannigfaltigkeit läßt, als sich mit der geistigen Einheit verträgt, [...]. Dem *Naturalisten* ist es mehr um die Mannigfaltigkeit zu tun, dem *Idealisten* mehr um die Einheit. Diese beiden Richtungen sind einseitig, der *künstlerische Realismus* vereinigt sie in einer künstlerischen Mitte.

Ein Grundthema der Literatur waren die lebensnotwendigen Beziehungen des Einzelmenschen zur Gemeinschaft und Umwelt. Doch obgleich das Milieu eher kritisch als beschönigend dargestellt wurde, drangen die deutschen Realisten im Gegensatz zu den französischen und russischen[11] kaum auf politische Lösungen der sozialen Fragen. Noch unter dem Eindruck des deutschen Idealismus, sahen sie vielmehr

---

11 Balzac (1799–1850), Stendhal (1783–1842), Flaubert (1821–1880), Zola (1840–1902); Turgenjew (1818–1883), Dostojewski (1821–1881) und Tolstoi (1828–1910).

das allgemein Menschliche. Mit verständnisvollem, gütigem Humor deckten sie Unzulänglichkeiten in den menschlichen Daseinsbedingungen auf, die, sub specie aeternitatis, zeitlos und unabänderlich schienen.

b) Hebbel, Wagner, Nietzsche

Während Grabbes und vor allem Büchners offene Dramen[12] in die Zukunft wiesen, brachte FRIEDRICH HEBBEL (1813 bis 1863) eine Entwicklung der Dramendichtung, die mit Lessing begonnen hatte, zum Abschluß.[13]

Friedrich Hebbel war der Sohn eines verarmten Maurers in Wesselburen. Als Schreiber des Kirchspielvogts, bei dem er sieben Jahre lang neben dem Kutscher unter der Treppe schlief, bildete er sich durch zähes Selbststudium zum Dichter. Er fand in Hamburg die aufopfernde Unterstützung der Näherin Elise Lensing, heiratete aber nach einer Bildungsreise nach Paris und Rom in Wien die Hofburgschauspielerin Christine Enghaus.

Hebbel wurde 1840 durch sein erstes Drama *Judith* bekannt. Die Tragik der apokryphen[14] Geschichte des Alten Testaments erwächst darin aus Judiths Gefühlsverwirrung: Judith, die den feindlichen Feldhauptmann Holofernes verführt, um anschließend den Schlafenden zu enthaupten, glaubt zunächst, mit dem Opfer ihrer Unschuld allein Gott und ihrem Volke zu dienen. Doch nach der Tat wird ihr bewußt, daß sie in den erotischen Bann des Tyrannen geraten war und an Holofernes, der sie nicht als ebenbürtig anerkannt, sondern wie eine Kriegsbeute an sich gerissen

---

12 Vgl. Kap. 3, Anm. 23; dazu: Volker Klotz, *Geschlossene und offene Form im Drama*, 4. Auflage, München 1969.

13 Vgl. *Die deutsche Tragödie von Lessing bis Hebbel* (s. Kap. 9, Anm. 28).

14 Die Apokryphe (von griech. *apokryphos* ›verborgen, untergeschoben‹) ist eine unechte, später hinzugefügte Schrift, besonders der Bibel.

hatte, die persönliche Erniedrigung gerächt hat. Sie verlangt von den befreiten Israeliten, daß man sie töte, falls sie ein Kind empfangen habe.

Mit *Maria Magdalena* (1844) versuchte Hebbel das bürgerliche Trauerspiel zu erneuern. Der tragische Konflikt sollte nicht mehr wie in Lessings *Emilia Galotti* oder Schillers *Kabale und Liebe* aus dem Gegensatz von Adel und Bürgertum hervorgehen, sondern allein aus der bürgerlichen Enge und Einseitigkeit, aus dem patriarchalischen, starren Festhalten an fragwürdigen Wertvorstellungen. – Klara, die Tochter des Tischlermeisters Anton, hat sich aus Schmerz über ihren treulosen Jugendfreund dem Schurken Leonhard verlobt und hingegeben. Als ihr Bruder Karl eines Diebstahls verdächtigt wird, trifft ihre kränkliche Mutter der Schlag, und Leonhard sagt sich von Klara los. Auch der zurückgekehrte Jugendfreund mag sich der Schwangeren nicht annehmen. Meister Anton, der ahnt, wie es um Klara steht, zwingt sie zu schwören, daß sie ihm nie Schande machen werde; er würde sich in einem solchen Fall die Kehle durchschneiden. Klara schwört und stürzt sich darauf in den Brunnen. – Hebbel ging es in diesem Trauerspiel weder um ein moralisches Urteil noch um eine auf Veränderung drängende Anklage der bürgerlichen Gesellschaft, sondern er wollte »zeigen, daß der Untergang unvermeidlich, daß er, wie der Tod, mit der Geburt selbst gesetzt ist«.

Dieser durch das bloße Dasein und Sosein des Menschen bedingte Pantragismus herrscht auch in dem Trauerspiel *Agnes Bernauer* (1852). Auch hier wird »nicht mehr nach Schuld und Unschuld, nur noch nach Ursach' und Wirkung gefragt«. – Die pantragische Ursache ist die Schönheit der Heldin. Diese bewirkt, daß sich der bayrische Thronerbe Albrecht heimlich mit der schlichten Baderstochter aus Augsburg vermählt. Doch der von Hebbel immer noch für sinnvoll erachtete Gang der Weltgeschichte (vgl. Hegel, Kap. 9, Anm. 2) steht der Selbstverwirklichung des Einzelmenschen entgegen. Der Thronerbe Albrecht und die

Bürgerin Agnes können nicht aus ihren angeborenen Rollen heraustreten, ohne den Weltlauf zu stören. Albrechts Verzicht auf den Thron würde Bayern in Unruhe und Krieg um die Thronfolge stürzen. Darum läßt sein Vater, Herzog Ernst, Agnes in der Donau ertränken. Nachdem er seinem Sohn die Regentschaft übergeben und ihn, wie der Große Kurfürst den Prinzen von Homburg (vgl. S. 132 f.), zum Richter in eigener Sache bestellt hat, geht er ins Kloster, um als Mensch zu büßen, was er als Staatsmann (vermeintlich) tun mußte.

Wie in dem Drama *Judith* steht im Mittelpunkt der Verstragödien *Herodes und Mariamne* (1849) und *Gyges und sein Ring* (1856) der »zwischen den Geschlechtern anhängige große Prozeß«.

Herodes verlangt von seiner Gemahlin Mariamne den Schwur, daß sie sich nach seinem Tode selbst töte. Mariamne weist das Ansinnen zurück. Erst als gegen den abwesenden Herodes ein Anschlag geplant wird, schwört sie aus freiem Entschluß, ihrem Gatten bis in den Tod zu folgen. Als die Treue jedoch erfährt, daß Herodes heimlich befahl, sie zu töten, falls er nicht wiederkehre, ist ihr Vertrauen erschüttert; und als sich der Vorfall wiederholt, spiegelt sie Untreue vor und zwingt damit den mißtrauischen Despoten, der sie wie einen kostbaren Besitz mit ins Grab nehmen wollte, sie zu töten: »Du sollst das Weib, das du erblicktest, töten / Und erst im Tod mich sehen, wie ich bin!«

Auch Kandaules in *Gyges und sein Ring* verletzt die Würde seiner Gemahlin. Aus Eitelkeit – »Wer glaubt an Perlen in geschloßner Hand!« – sucht er einen Zeugen für die Schönheit Rhodopes, die, einer heimatlichen Sitte folgend, tief verschleiert geht. Er drängt seinen Freund Gyges, ihn im Schutz eines unsichtbar machenden Ringes in das Gemach der Königin zu begleiten. Vom Anblick Rhodopes überwältigt, begreift Gyges sein Unrecht und verrät sich absichtlich. Er bietet sein Leben als Sühneopfer an, doch Rhodope verlangt, daß er seinen Freund Kandaules tötet.

Nachdem Kandaules im Zweikampf mit Gyges gefallen ist, vermählt sich Rhodope mit Gyges und gibt sich selbst den Tod.

Der Gefühlsheroismus und die formale Steigerung in Hebbels Versdramen[15] lenken den Blick auf Wagners Musikdramen:

Dem vaterländischen Geschmack seiner Zeit folgend, griff RICHARD WAGNER (1813–1883) Stoffe der germanischen Mythologie und Sage auf,[16] um sie, verquickt mit Schopenhauers Philosophie,[17] im Gesamtkunstwerk[18] zum pseudoreligiösen »Weihfestspiel« zu steigern.

Die Bayreuther Festspiele (seit 1876), die mit ihrer Kulissenmonumentalität der Prunksucht des zweiten Kaiserreiches entsprachen, wurden zur stilprägenden Selbstdarstellung der Ära Bismarck und zu einer kulturellen »Großtat«, deren Blut-, Tod- und Wollustmystik nicht zuletzt durch Nietzsche und Thomas Mann lange fortwirken sollte.

Wagner, der im Schlußsatz von Beethovens *Neunter Symphonie* das historische Modell einer gleichsam mystischen Geburt des Wortes aus dem Geist der Musik wahrzunehmen vermeinte, wirkte mit seiner durch Feuerbach angeregten Theorie über *Das Kunstwerk der Zukunft* (1850) auf Nietzsche.

FRIEDRICH NIETZSCHE (1844–1900), zuerst ein Verehrer, dann ein Verächter Wagners,[19] wurde mit der Wagner gewidmeten Schrift über *Die Geburt der Tragödie aus dem*

---

15 Hebbels *Genoveva* (1843), *Herodes und Mariamne* (1849), *Gyges und sein Ring* (1856) sowie die *Nibelungen*-Trilogie (1861) sind in Versen geschrieben.

16 Vgl. *Tannhäuser* (1845), *Lohengrin* (1850), *Tristan und Isolde* (1865), *Der Ring des Nibelungen* (1869–76) und *Parsifal* (1882).

17 Vgl. z. B. Wagners synkretistische Verküpfung von Schopenhauers Mitleidsidee (Kap. 9, Anm. 2) und der Mitleidsfrage aus dem *Parzival* (S. 24 f.).

18 Das Gesamtkunstwerk sucht alle Künste: Dichtung, Musik und Malerei, Schauspiel, Tanz und Architektur, zu vereinen.

19 Vgl. Nietzsche, *Der Fall Wagner* (1888).

Geist der Musik (1871) zum Wegbereiter einer künftigen irrationalen Kunstauffassung.

Nietzsche, der in seinen *Unzeitgemäßen Betrachtungen* (1873–76) als ein scharfer Kritiker der »Bildungsphilister« auftritt, deutet die verlogenen Harmonisierungen, mit denen die Epigonen des klassisch-romantischen Idealismus später den Widerspruch der Naturalisten hervorriefen, als Folge eines einseitigen Kunstideals. Er entwirft darum zu dem seit der Klassik geltenden apollinischen Griechenbild Winckelmanns (vgl. S. 75 und 107) ein dionysisches Gegenbild. Der kühlen Klarheit und der maßvollen statischen Schönheit »edler Einfalt und stiller Größe« stellt er Traum und Rausch und den ekstatischen Dithyrambus[20] entgegen.

> Mit dem Wort dionysisch ist ausgedrückt [...] ein verzücktes Ja-Sagen zum Grundcharakter des Lebens, als dem in allem Wechsel Gleichen, Gleichmächtigen, Gleichseligen; die große pathetische Mitfreudigkeit und Mitleidigkeit, welche auch die furchtbarsten und fragwürdigsten Seiten des Lebens gutheißt und heiligt, der ewige Wille zur Zeugung, zur Fruchtbarkeit, zur Wiederkehr; das Einheitsgefühl der Notwendigkeit des Schaffens und Vernichtens.

Nach Nietzsche entspringen die von Schopenhauer beschworenen Leiden an der Welt keinem Mangel, sondern einer Lebensüberfülle, deren der gesunde Mensch durch die künstlerische Umwandlung des Entsetzlichen ins Erhabene und des Absurden ins Komische Herr wurde. »Der Satyrchor des Dithyrambus ist die rettende Tat der griechischen Kunst«,[21] schreibt Nietzsche, der den Übergang von dieser angenommenen ästhetischen Lebensbewältigung zur moralischen Bewertung durch Sokrates und das nach-

---

20 Der Dithyrambus war ursprünglich ein kultisches Chor- und Reigenlied, das in ekstatischer Steigerung den griechischen Weingott Dionysos feierte. Nachdem der Sänger Arion um 600 v. Chr. den Wechselgesang zwischen Vorsänger und Chor eingeführt hatte, entwickelte sich aus dem Dithyrambus das antike Drama.

21 Im Nachlaß heißt es dann allgemeiner: »Die Kunst und nichts als die Kunst! Sie ist die große Ermöglicherin des Lebens, die große Verführerin zum Leben, das große Stimulans des Lebens.«

folgende Christentum als eine lebensfeindliche Entartung des natürlichen Instinkts ansah.

Denn gut und zur Herrschaft bestimmt, meint Nietzsche, sei ursprünglich alles Kraftvolle und Lebenstüchtige und schlecht alles Schwache und Verkümmerte. Die Umkehr dieser natürlichen aristokratischen Denkweise durch Priester, die das Schwächliche gutheißen und das Starke ächten, entspringe dem Neid der Unterlegenen und sei Ausdruck der »Décadence«. Gegen solche »Sklavenmoral« und das »grüne Weideglück der Menge«, gegen christliche, demokratische und sozialistische Gleichheitslehren verteidigt Nietzsche das starke Individuum und den »Adel des Geistes« in seiner philosophischen Dichtung *Also sprach Zarathustra* (1883–85).[22]

Anspielend auf den Religionsstifter Zoroaster, der im 7. vorchristlichen Jahrhundert als erster die Erlösung des Menschen durch gute Werke predigte, nennt Nietzsche seinen Weisen, der diesen Irrtum widerruft, Zarathustra.

Nach zehnjähriger Einsamkeit im Gebirge steigt Zarathustra zu den Menschen hinab, um sie in der Gegenüberstellung vom »letzten Menschen« und dem »Übermenschen« das aristokratische »Jenseits von Gut und Böse« und den »Willen zur Macht«[23] zu lehren. In einer Folge von streitenden oder hymnischen Reden, in glänzenden Aphorismen, lyrischen Selbstansprachen und dunklen Gleichnissen verheißt der sprachmächtige Zarathustra ein diesseitiges dionysisches Reich. Da Gott tot ist, soll der Mensch die Erhöhung seiner selbst anstreben. Die stete Wiederkehr alles

---

22 »Zarathustra hat zuerst im Kampf des Guten und des Bösen das eigentliche Rad im Getriebe der Dinge gesehn – die Übersetzung der Moral ins Metaphysische, als Kraft, Ursache, Zweck an sich, ist *sein* Werk. [...] Zarathustra *schuf* diesen verhängnisvollsten Irrtum, die Moral: folglich muß er auch der erste sein, der ihn *erkennt*. [...] – die ganze Geschichte ist ja die Experimental-Widerlegung vom Satz der sogenannten ›sittlichen Weltordnung.«‹ (Nietzsche, *Ecce Homo*, 1908, postum: »Warum ich ein Schicksal bin«.)

23 Titel späterer Veröffentlichungen von 1886 und postum.

Gewesenen biete die Möglichkeit einer Steigerung des Lebens, einer Bereicherung der Welt durch sich selbst.

Bestechende Formulierungskunst machte Nietzsche zum einflußreichsten Denker zwischen Hegel und Heidegger. Seiner Überredungskraft und seinem perspektivischen Denkstil[24] verdankt Nietzsche aber auch die unerwünschte Anhängerschaft minderer Geister, die ihn später in Verruf bringen sollte.[25] Mit gutem Grund warnt Jaspers in seiner Einführung zu Nietzsche: »Nietzsche ist nur recht aufzufassen, wenn systematische und begriffliche Schulung schon anderswo gewonnen wurde, wenn Hartnäckigkeit und Genauigkeit des Denkens mitgebracht werden [...]. Philosophieren mit Nietzsche bedeutet ein ständiges sich gegen ihn Behaupten.«

Vorläufig, zur Zeit des poetischen Realismus, blieben Nietzsches Ideen wie die Ideen von Karl Marx allerdings noch von geringer Wirkung.

c) Die realistischen Erzähler

Roman und Novelle waren das eigentliche Gebiet der realistischen Dichtung. OTTO LUDWIG (vgl. Kap. 10a), dessen Roman *Zwischen Himmel und Erde* (1856) besser gelang

---

24 ›Perspektivismus‹ heißt die philosophische Auffassung, daß jede Erkenntnis vom persönlichen Standpunkt, von der Perspektive des Erkennenden, abhängt. Nietzsche sagt: »Es gibt *nur* ein perspektivisches Sehen, *nur* ein perspektivisches ›Erkennen‹; und je *mehr* Affekte wir über eine Sache zu Worte kommen lassen, je *mehr* Augen, verschiedene Augen wir uns für dieselbe Sache einzusetzen wissen, um so vollständiger wird unser ›Begriff‹ dieser Sache, unsre ›Objektivität‹ sein.« Durch häufigen Wechsel seines Standpunktes kommt Nietzsche zu einander relativierenden, mitunter gar widersprüchlichen Einzelurteilen, die als ein Einkreisen der unfaßbaren endgültigen Wahrheit zu begreifen sind.

25 Der vom Darwinismus (vgl. Anm. 7) abgeleitete elitäre Individualismus Nietzsches wurde z. B. von den Nationalsozialisten zum Begriff des Herrenmenschen umgemünzt.

als seine Dramen, schrieb über den bürgerlichen Roman des Realismus:

> Er vereinigt das Wahre des aristokratischen und des Volks-
> romans, denn er führt uns in die mittlere Schichte der Ge-
> sellschaft, welche mit dem Schatze der tüchtigen Volksnatur
> die Güter der Humanität, mit der Wahrheit des Lebens den
> schönen Schein, das vertiefte und bereicherte Seelenleben der
> Bildung zusammenfaßt. Der Herd der Familie ist der wahre
> Mittelpunkt des Weltbildes im Roman, und er gewinnt seine
> Bedeutung erst, wo Gemüter sich um ihn vereinigen, welche
> die harte Wahrheit des Lebens mit zarteren Saiten einer
> erweiterten geistigen Welt wiedertönen. In diesen Kreisen
> erst wird wahrhaft erlebt und entfaltet sich das wahre, von
> den Extremen ferne Bild der Sitte.

Der Theoretiker der Novelle war PAUL HEYSE (1830–1914). Seine sogenannte Falkentheorie verlangt, daß »von einer echten und gerechten Novelle ein seelisches oder geistiges Problem in einem kräftig begrenzten Fall zum Austrag gebracht werden soll«. Die Novelle müsse eine »starke, deutliche Silhouette« haben und im Mittelpunkt ein symbolisches Leitmotiv wie den Falken in der neunten Geschichte des fünften Tages bei Boccaccio im *Decamerone*.[26] Als Musterbeispiel gilt Heyses Novelle *L'Arrabbiata* (1855). Doch obgleich Heyse in 24 Bänden noch ungefähr 150 Novellen nach diesem Muster folgen ließ und 1910 als erster deutscher Dichter mit dem Nobelpreis geehrt wurde, ist er heute fast vergessen.

Die großen Erzähler des Realismus waren die Schweizer Gotthelf, Keller und Meyer und die aus dem deutschen Norden stammenden Freytag, Storm, Raabe und Fontane.

JEREMIAS GOTTHELF (d. i. Albert Bitzius, 1797–1854) war

26 Vgl. Kap. 7, Anm. 13; die Giornata V, 9 erzählt: Federigo degli
   Alberighi liebt, ohne Gegenliebe zu finden, und verzehrt in ritterlichem Aufwand sein ganzes Vermögen, so daß ihm nur ein
   einziger Falke bleibt. Den setzt er, da er nichts anderes hat, seiner Dame, die ihn zu besuchen kommt, zum Essen vor. Sie aber
   ändert, als sie dies vernommen, ihre Gesinnung, nimmt ihn zum
   Manne und macht ihn reich.

Pfarrer in Lützelflüh, im Kanton Bern. Als Anhänger Pestalozzis[27] gründete er eine Armenschule und kam erst nach seinem vierzigsten Lebensjahr aus der seelsorgerischen Tätigkeit heraus zum Erzählen. Sein erster Roman, *Der Bauernspiegel Oder Lebensgeschichte des Jeremias Gotthelf, von ihm selbst beschrieben* (1837), übt konservative Kapitalismuskritik am Berner Bauernstand; er malt in düsteren Farben die Leiden des armen Verdingbuben Miasl. Die Romane *Wie Uli der Knecht glücklich wird* (1841) und *Uli der Pächter* (1849) predigen eine christliche Sozialethik und zeigen die »Sonnenseite« eines patriarchalisch geordneten und religiös überhöhten Bauerntums. Die Heimatverbundenheit und die rückwärtsgewandte, bewahrende Haltung Gotthelfs mögen an Stifter erinnern; doch Gotthelf ergreift mit seiner bekenntnis- und lehrhaft moralisierenden, teils polemischen, teils humorvollen Sprachgebung viel leidenschaftlicher Partei. Mit der kunstvoll aufgebauten Rahmenerzählung *Die schwarze Spinne* (1842) ist er bis heute im Lesestoff der Schulen vertreten.

GOTTFRIED KELLER (1819–1890) war der Sohn eines frühverstorbenen Züricher Drechslermeisters. Wie Goethe und Stifter wollte er zuerst Maler werden. Nach einem zweijährigen Studienaufenthalt in München gab er den Plan aber wegen mangelnder Begabung enttäuscht auf. Seine ersten, zum großen Teil politischen *Gedichte* (1846) brachten ihm ein Stipendium der Stadt Zürich. Keller ging zum Studium nach Heidelberg und fand in der Begegnung mit Feuerbach (vgl. Anm. 2) den entscheidenden Anstoß seiner geistigen Entwicklung.[28] In Berlin, wo er fünf ent-

---

27 Johann Heinrich Pestalozzi (1746–1827) war ein von Rousseau und Herder beeinflußter Schweizer Volkserzieher, der die Erziehungsromane *Lienhard und Gertrud* (1781–87) und *Wie Gertrud ihre Kinder lehrt* (1801) verfaßte.

28 Kellers Realismus entspringt einer ganz diesseitigen Weltanschauung, zu der Keller durch Feuerbach gelangte: »Die Welt ist mir unendlich schöner und tiefer geworden, das Leben ist wertvoller und intensiver, der Tod ernster, bedenklicher und fordert mich nun erst mit aller Macht auf, meine Aufgabe zu erfüllen und

behrungsvolle Jahre verbrachte, vollendete er seinen ersten Roman, die autobiographische Erzählung *Der grüne Heinrich* (1854–55).

Wie Keller reist der junge Heinrich Lee von Zürich nach München, um Maler zu werden. Er ist, nicht zuletzt durch die Lektüre Jean Pauls, »von einem Geiste träumerischer Willkür und Schrankenlosigkeit besessen«. In der Auseinandersetzung mit Goethe erfährt er, daß der Künstler nicht das »Unbegreifliche und Unmögliche, das Abenteuerliche und Überschwengliche« suchen soll, sondern vielmehr die »hingebende Liebe an alles Gewordene und Bestehende, welche das Recht und die Bedeutung jeglichen Dinges ehrt und den Zusammenhang und die Tiefe der Welt empfindet«.[29] – Die nach dem ersten Band eingeschobene Kindheits- und Jugendgeschichte zeigt, wie Heinrich schon früh durch Einbildungen seine Erfahrungen trübte. Selbst in seiner Doppelliebe zu Anna und Judith verdrängt das zarte, geistige Idealbild Annas die leibhafte, sinnliche Gestalt Judiths. Heinrich, der seine romantisch wuchernde Erfindungslust so schwer zugunsten realistischer Weltbetrachtung und schlichter, aber wahrhafter Darstellung zu zügeln vermag, scheitert als Künstler. In die Heimat zurückgekehrt, stirbt er voll Reue über die Vernachlässigung seiner Mutter, die nur für ihn gelebt hatte.

In der zweiten Fassung von 1880, die chronologisch mit der Kindheit beginnt und durchgehend in der ersten Person erzählt, trifft Heinrich seine Mutter gerade noch lebend an. Er übernimmt, wie Keller, ein öffentliches Amt und lebt mit der gleichfalls heimgekehrten Judith in nachsommerlicher Freundschaft.

Die psychologisch überzeugenden Figuren und die schlichte klassische Sprache geben diesem episodenreichen Entwick-

mein Bewußtsein zu reinigen und zu befriedigen, da ich keine Aussicht habe, das Versäumte in irgendeinem Winkel der Welt nachzuholen.«

29 Vgl. dazu Goethe über *Einfache Nachahmung der Natur, Manier, Stil* (1788).

lungsroman weltliterarischen Rang. Beispielhaft für den Erzählstil des poetischen Realismus sind auch Kellers Novellensammlungen *Die Leute von Seldwyla* (1856, 1873/74), die *Züricher Novellen* (1878) und *Das Sinngedicht* (1881).

Seldwyla ist ein schweizerisches Schilda, dessen verderbliche Einflüsse in den Erziehungsnovellen *Pankraz, der Schmoller* und *Frau Regel Amrain und ihr Jüngster* überwunden werden. Während die »sanfte schnöde Herz- und Gefühllosigkeit« der *Drei gerechten Kammacher* zu grotesker Entfaltung gelangt, endet der Familienstreit zweier Bauern um einen herrenlosen Acker in *Romeo und Julia auf dem Dorfe* tragisch: die einander liebenden Kinder der verfeindeten Nachbarn gehen gemeinsam in den Tod.

Von den *Züricher Novellen* spielen *Hadlaub* und *Der Landvogt von Greifensee* in geschichtlicher Vergangenheit, während *Das Fähnlein der sieben Aufrechten* an die zeitgenössische Gegenwart anschließt: Die sieben aufrechten »Vaterlandsfreunde, Erzpolitiker und strengen Haustyrannen« sind Züricher Handwerksmeister, die, einstmals freiheitlich gesonnen, im Alter konservativ geworden sind und nun, 1849, durch ihre tüchtigen Kinder Karl und Hermine, denen sie die Ehe verbieten wollen, sanft aus ihrer Selbstherrlichkeit herausgeführt werden.

Das Sinngedicht ist ein Zyklus[30] von sechs in einem novellistischen Rahmen verankerten Erzählungen: Reinhart, ein junger Privatgelehrter, der sich bei naturwissenschaftlichen Versuchen die Augen verdorben hat, stolpert über Logaus Sinngedicht: »Wie willst du weiße Lilien zu roten Rosen machen? / Küß eine weiße Galatee: sie wird errötend lachen.« (Vgl. S. 58.) Er beschließt, nun eben dies im Versuch zu erproben. Er küßt eine dreiste Zöllnerin, die lacht, aber nicht errötet, und eine verklemmte Pfarrerstochter, die zwar rot wird, aber nicht lacht. Einer losen

---

30 Der Zyklus (von griech. *kyklos* ›Kreis‹) ist ein um ein gemeinsames Thema geschlossener Ring inhaltlich und formal zusammengehörender Werke. Vgl. auch die *Hymnen an die Nacht* von Novalis, S. 140.

Wirtstochter geht er lieber gleich aus dem Weg; und bei dem schönen, gebildeten Fräulein Lucie erfährt der Versuch eine Verfeinerung: die beiden necken einander mit Erzählungen über Sitte und Sinnlichkeit, in denen jeweils das andere Geschlecht bloßgestellt wird; bis sich am Ende die ganz vergessene Probe im Verlobungskuß erfüllt: »Lucie hatte die Augen voll Wasser, und doch lachte sie, indem sie purpurrot wurde von einem lange entbehrten und verschmähten Gefühle, und Reinhart sah deutlich, wie die schöne Glut sich in dem weißen Gesichte verbreitete.«

Conrad Ferdinand Meyer (1825–1898) war der Sohn eines wohlhabenden und gebildeten Zürcher Regierungsrates. Seine Mutter, die sich in religiösem Wahn ertränkte, vererbte ihm ein empfindliches Gemüt, das sich am Ende seines Lebens verwirrte und schwermütig verdüsterte. Meyer, der keinem Broterwerb nachzugehen brauchte, versuchte sich wie Keller zuerst in der bildenden Kunst. Er reiste nach Paris und 1858 nach Rom, wo ihn die Werke Michelangelos beeindruckten;[31] er studierte Jacob Burckhardts *Die Kultur der Renaissance in Italien* (1860) und wandte sich, noch später als Gotthelf, erst mit fünfundvierzig Jahren der erzählenden Dichtung zu.

Fast alle Erzählungen Meyers spielen in geschichtlicher Vergangenheit: *Der Heilige* (1879) und *Die Richterin* (1885) spielen im frühen Mittelalter, der Roman *Georg Jenatsch* (1874) und *Gustav Adolfs Page* (1882) in der Reformationszeit, *Das Amulett* (1873) zur Zeit der Gegenreformation; und die späteren Erzählungen *Plautus im Nonnenkloster* (1882), *Die Hochzeit des Mönchs* (1884), *Die Versuchung des Pescara* (1887) und *Angela Borgia* (1891) sind in der Renaissance angesiedelt. Meyer erklärt dazu: »Am liebsten vertiefe ich mich in vergangene Zeiten, deren Irrtümer [...] ich leise ironisiere und die mir erlauben, das Ewig-Menschliche künstlerischer zu behandeln, als die brutale Aktualität zeitgenössischer Stoffe mir nicht

---

31 Vgl. das für Meyers eigene Kunstanschauung bedeutsame Gedicht »Michel Angelo und seine Statuen«.

gestatten würde.« – Die erwähnte Ironie ist freilich nicht stilbeherrschend; nur *Plautus im Nonnenkloster* und die einzige Gegenwartsgeschichte, *Der Schuß von der Kanzel* (1878), sind ganz vom Humor geprägt. In den anderen historischen Novellen geht es eher mit tragischem Ernst um die folgerichtige Selbstverwirklichung großer Seelen, wobei die oft szenisch-dramatische Darstellung stets mit dem gewaltsamen Tod des Helden endet.

Meyer sah in der Geschichte nicht das Wirkungsfeld gesellschaftlicher Kräfte, sondern eine Bühne für starke, problematische Einzelmenschen wie Jürg Jenatsch, Thomas Becket (*Der Heilige*) oder Pescara, deren meist überschäumende Lebenskraft durch die zeitliche Ferne gedämpft und gelegentlich durch einen erfundenen Erzähler nur vermittelt dargestellt wird. Ein hervorragendes Beispiel für die Kunst solcher Rahmenerzählung[32] ist die Dante in den Mund gelegte Novelle *Die Hochzeit des Mönchs*. Aber gerade Meyers Verhältnis zur Geschichte und der Umstand, daß der Dichter erzählend mitunter mehr auf die Gestalt als auf den Gehalt achtete, haben dem Meister der historischen Novelle auch Kritik eingetragen.[33]

Der Schlesier GUSTAV FREYTAG (1816–1895) war Hochschulgermanist in Breslau, später Journalist, Reichstagsabgeordneter der Nationalliberalen und, mit seinem kulturhistorischen Kaufmannsroman *Soll und Haben* (1855), ein bürgerlicher Erfolgsschriftsteller, der selbstbewußt seine Erhebung in den Adelsstand ablehnte.

---

32 Bei der Rahmenerzählung steht eine sogenannte Binnenerzählung (hier von der Hochzeit des Mönchs) in einem sie umschließenden erzählerischen Kontext (hier von Dantes Aufenthalt in Verona). Der Rahmen kann auch, wie in Boccaccios *Decamerone*, eine Reihe von Erzählungen zu einem Zyklus zusammenbinden oder, wie in Kellers *Sinngedicht*, selbst die Hauptsache sein, auf die alle Binnenerzählungen hinzielen. Die Technik der Rahmenerzählung stammt aus dem Orient, wo Scheherezade *Tausendundeine Nacht* um ihr Leben erzählt.

33 Vgl. Martini: »Die ästhetische Vollendung legt sich glättend, stilisierend, mit kühler Kunstsachlichkeit oder dem Pathos des wirkungssicheren Arrangements über die Aussage.«

Dem Wort eines befreundeten Kritikers folgend: »Der Roman soll das deutsche Volk da suchen, wo es in seiner Tüchtigkeit zu finden ist, nämlich bei seiner Arbeit«, zeigt *Soll und Haben* gleichsam als Ständespiegel den Aufstieg des redlichen Lehrlings Anton Wohlfart zum Teilhaber eines großen Handelshauses; und im Gegensatz zu diesem wohlverdienten bürgerlichen Erfolg die Überheblichkeit einer bankrotten Adelsgesellschaft sowie die böse endenden Betrügereien der Juden Hirsch Ehrental und Veitel Itzig.

THEODOR STORM (1817–1888) war in Husum, der grauen Stadt am Meer,[34] zu Hause, wo er, Jurist wie sein Vater, fast sein ganzes Leben zubrachte. Nur als die dänische Justizbehörde[35] nach der Volkserhebung von 1848 eine Treueerklärung von ihm verlangte, ging der deutsch-nationale Patriot nach Potsdam ins Exil. Er kehrte 1864, von der Husumer Ständeversammlung zum Landvogt gewählt, in seine Heimat zurück. – Fast alle der über 50 Novellen Storms tragen die Züge dieser Heimat, spielen in traulicher Kleinstadtenge, in der man, umgeben vom weiten Horizont der Marsch-, Geest- und Heidelandschaft, oft unter einem winddurchstürmten Himmel die Nähe des Meeres spürt.

Bekannt geworden ist Storm durch die zu seinen Lebzeiten noch dreißigmal aufgelegte Novelle *Immensee* (1850). Diese leicht rührselige Geschichte von einer verlorenen Jugendliebe veranschaulicht, wie sich Storms frühe Erzählungen aus lyrischen Stimmungsbildern entfalteten.[36] Kennzeichnend für Storm ist hier auch die Verinnerlichung

---

34 Vgl. sein Gedicht »Die Stadt«.
35 Schleswig-Holstein gehörte seit 1773 zu Dänemark; auch Hebbel war zeit seines Lebens dänischer Untertan.
36 Storm erläuterte: »Meine Novellistik hat sich aus der Lyrik entwickelt und lieferte zuerst nur einzelne Stimmungsbilder oder solche Szenen, wo dem Verfasser der darzustellende Vorgang einen besonderen Keim zu poetischer Darstellung zu enthalten schien; andeutungsweise eingewebte Verbindungsglieder gaben dem Leser die Möglichkeit, sich ein größeres geschlossenes Ganzes vorzustellen.« (1. März 1882 an Erich Schmidt.)

durch schmerzlich entsagende Erinnerung. Denn Erinnerung war das einzige, was er den Gefühlen der Vergänglichkeit und Einsamkeit, unter denen er litt,[37] entgegenzusetzen vermochte.

Wie bedrohlich es sein kann, vom »Garten der Vergangenheit« ausgeschlossen zu sein, zeigt die autobiographische Erzählung *Viola tricolor* (1874), in der die Ines, die zweite Gattin eines Altertumsforschers, erst lange vergeblich gegen den »Schatten der Toten« ankämpft.

Auf die frühen, lyrischen Erinnerungsgeschichten, zu denen noch *Pole Poppenspäler* (1874) gehört, folgten die strafferen und auf realistische Tragik abzielenden geschichtlichen Erzählungen wie *Aquis submersus* (1876) und *Ein Fest auf Haderslevhuus* (1885). Am Ende steht Storms reifstes Werk: *Der Schimmelreiter* (1888).

In der von einem doppelten Rahmen eingeschlossenen Novelle erzählt ein aufgeklärter Schulmeister, wie der begabte Deichbauer Hauke Haien, der sich vom Kleinknecht zum Deichgrafen emporgearbeitet hat, seine Tüchtigkeit und seinen Erfolg gegen Neid und Beschränktheit in seiner Deichgemeinschaft behauptet. Als er beim Neubau eines verbesserten Deiches die abergläubischen Arbeiter daran hindert, »was Lebiges« mit einzugraben, begegnet ihm offener Haß. Durch ein geringes Nachgeben gegenüber seinem Feinde, dem Großknecht Ole Peters, und weil Hauke Haien seinen neuen Deich nicht preisgeben will, kommt es bei einer dramatischen nächtlichen Sturmflut zum Bruch des alten Dammes. Hauke Haien, der seine Frau und sein Kind in den hereinbrechenden Fluten untergehen sieht, stürzt sich selbst auf seinem Schimmel hinterdrein. – Immer, wenn Gefahr an den Deichen droht, erscheint seitdem sein Bild als Schimmelreiter, denn »einen tüchtigen

---

37 Vgl. Storm: »Die leise Furcht, daß im letzten Grunde doch nichts Bestand habe, worauf unser Herz baut; die Ahnung, daß man am Ende einsam verweht und verlorengeht; die Angst vor der Nacht des Vergessenwerdens, dem nicht zu entrinnen ist.« (1859 an seine Frau.)

Kerl, nur weil er uns um Kopfeslänge überwachsen war, zum Spuk und Nachtgespenst zu machen – das geht noch alle Tage«, schließt der Schulmeister.[38]

Der Niedersachse WILHELM RAABE (1831–1910) entstammte einer Beamtenfamilie. Er verlor früh seinen Vater, brach wie Keller, Hauptmann, Thomas Mann und Hermann Hesse seine Gymnasialbildung ab und versuchte sich als Buchhandelslehrling in Magdeburg. Als Gasthörer an der Universität in Berlin schrieb er *Die Chronik der Sperlingsgasse* (1857). Das Berufungserlebnis am »Federansetzungstag« und der Erfolg dieses Erstlingsromans veranlaßten ihn zu dem Entschluß, freier Schriftsteller zu werden. Nach gut vierzig Jahren, in denen er gut zwanzig Romane verfaßte, erklärte sich Raabe zum »Schriftsteller a. D.« und hörte auf zu schreiben.

In der *Chronik der Sperlingsgasse* unterbricht der alte, einsame Gelehrte Johannes Wachholder die Arbeit an seinem Werk »De vanitate hominum«, um einen fünfzig Jahre umfassenden Überblick über die Schicksalsverflechtungen seiner Nachbarn zu geben.[39] Die Wahl des Milieus, die enge, bescheidene Kleinbürgerwelt, und ihre teils sentimentale, teils humorvoll beschauliche Darstellung aus altersweisem Abstand sind bereits kennzeichnend für Raabes ganzes Erzählwerk. Raabes Helden bleiben die kleinen Leute, die, äußerlich zu kurz gekommen, in aller Stille und Bescheidenheit ein innerlich gefestigtes und reines Leben führen und oft als Käuze oder Sonderlinge ihre innere Freiheit gegen die Welt oder das Säkulum, wie Raabe es nennt, verteidigen. Raabes Darstellung des »in-

38 Vgl. Martini: »Es geht hier nicht um eine moralische Schuld, obwohl die Frage nach seiner [Hauke Haiens] Verantwortung, seinem Vergehen am besonnenen Maß anklingt, mehr um eine Existenzschuld, die im Unbedingten des Willens liegt, den zwar das objektive Werk rechtfertigt, der aber im subjektiv Ichhaften vermessen wird.«

39 Die Sperlingsgasse ist die Spreegasse in Berlin, in der Raabe damals wohnte.

neren Reiches« legt das Schwergewicht weniger auf die Handlung als auf die Figuren.

Das lyrisch gestimmte Frühwerk ruht noch im Vertrauen auf eine heile Weltordnung. Mit den in Stuttgart entstandenen Romanen *Der Hungerpastor* (1864), *Abu Telfan* (1868) und *Der Schüdderump* (1870) schärft sich der Blick für soziale Verhältnisse, und zugleich wächst der ethische Pessimismus des Erzählers. Die reifsten Werke, in denen die Sentimentalität dem Humor Platz macht, stammen aus der Braunschweiger Zeit.[40]

Horacker (1876) ist der Name eines neunzehnjährigen Fürsorgezöglings, der durch leichtfertiges Gerede der Bauern als »Mörder und Jungfrauenschänder« verschrien wird, obgleich er nur einen Topf Schmalz gestohlen hat. Zwei Pädagogen ebnen ihm den Weg zurück in die Gesellschaft und zu seinem Lottchen.

Auch *Stopfkuchen. Eine See- und Mordgeschichte* (1891) hat mit Verleumdung zu tun. Hier wird der ungesellige Bauer Quakatz des Mordes verdächtigt. Heinrich Schaumann, der wegen seiner Eßlust und Trägheit »Stopfkuchen« genannte Sonderling, gewinnt das Vertrauen des verleumdeten Bauern auf der »Roten Schanze«. Er rechtfertigt ihn vor Gericht, heiratet seine Tochter und entdeckt schließlich, wer der gesuchte Mörder wirklich war. Doch nicht der im Untertitel humoristisch in den Vordergrund geschobene Kriminalfall ist das Wesentliche, sondern die gegensätzlichen Weltanschauungen und Lebensstile der Jugendfreunde Heinrich und Eduard. Eduard, der weitgereiste Rahmenerzähler, schreibt Stopfkuchens Geschichte an Bord eines Schiffes nach Afrika nieder und entfaltet dabei noch einmal Raabes bewährte erzählerische Mittel: Mit verschiedenen, einander durchdringenden Zeitebenen und wechselnden Perspektiven, mit Rückerinnerungen, leitmotivischen Wiederholungen, Zitaten und asso-

---

40 In den Schulen werden häufig die kürzeren historischen Novellen *Die schwarze Galeere* (1861) und *Else von der Tanne* (1865) gelesen.

ziativen Anspielungen, mit Humor und leisem Zweifel verfolgt Raabe in seinen Helden die Selbstbehauptung des Menschlichen in seinem alles veräußerlichenden und verdinglichenden Säkulum.

Der aus der Berliner Hugenottenkolonie stammende THEODOR FONTANE (1819–1898) war der fortschrittlichste der realistischen Erzähler in Deutschland. Er begann seine schriftstellerische Laufbahn im »Tunnel über der Spree«[41] als balladendichtender Apotheker. Später war er dann lange Jahre Journalist: Auslandskorrespondent in England, Kriegsberichterstatter in Frankreich und in Berlin ein berufener Theaterkritiker, der zwischen 1870 und 1890 in der *Vossischen Zeitung* den jungen Naturalisten den Weg ebnete. Sein vierzehn Romane umfassendes erzählerisches Werk begann er, später noch als Gotthelf und Meyer, erst mit neunundfünfzig Jahren. Den Stoff dazu lieferten ihm der märkische Adel und die zeitgenössische Berliner Gesellschaft. Aus weltbürgerlichem Abstand betrachtete Fontane seine preußische Heimat mit Wohlwollen; »vaterländisch, ohne dumm zu sein«, wie Gottfried Benn bemerkt. Fontane selbst erklärte: »Meine ganze Produktion ist Psychographie und Kritik.« Wobei die Kritik durch den vorurteilsfreien und duldsamen Erzähler oft ganz zurückgenommen scheint.

So z. B. in dem Roman *Irrungen, Wirrungen* (1887). Das Standesdenken der Gesellschaft verwehrt hier der Plätterin Lene und dem jungen Baron Botho von Rienäcker, die einander aufrichtig lieben, die Ehe. Vor die Wahl gestellt, sich von der Gesellschaft auszuschließen oder sich deren Ordnung anzupassen, entscheiden sich die Liebenden, die wissen, daß ihr Glück in jedem Fall beeinträchtigt wird, für die Trennung. Sie sagen sich: »Ordnung ist doch das Beste, die Grundbedingung, auf der Staat und Familie

41 Der »Tunnel« war ein 1827 gegründeter literarischer Sonntagsverein von jungen Autoren, Studenten, Ärzten, Kaufleuten und Offizieren. Zu den namhaftesten Mitgliedern zählten Strachwitz, Geibel, Heyse, Storm, Dahn und der Maler Adolph von Menzel.

beruhen, wer dauernd dagegen verstößt, geht zugrunde.«
Botho heiratet eine reiche Cousine, Lene einen Laien-
priester. Doch das äußerlich anerkannte Gesetz der Sitte
bleibt innerlich unerfüllt und erweist sich dadurch als eine
entfremdete, verdinglichte Form.

Nicht anders liegt der Fall in dem Roman *Effi Briest*
(1894). Die kindliche Effi heiratet mit siebzehn Jahren den
mehr als zwanzig Jahre älteren Jugendfreund ihrer Mutter. Dieser, Baron von Innstetten, Landrat in Hinterpom-
mern, ist zwar ein »Mann von Charakter [...] und guten
Sitten«, aber alles andere als ein Liebhaber. Die ersehnte
»Huldigung, Anregungen, kleine Aufmerksamkeiten«
bringt ihr der Bezirkskommandant Crampas entgegen; und
Effi meint vorübergehend, Crampas könne ihren jugendlichen Lebenshunger stillen. Ihr heimliches Liebesverhältnis
mit ihm wird durch Innstettens Versetzung nach Berlin
beendet, und Effi ist erleichtert darüber. Als Innstetten
Jahre später durch alte Briefe zufällig von Effis Verhältnis
mit Crampas erfährt, fordert er »ohne jedes Gefühl von
Haß oder gar von Durst nach Rache«, sondern in pedan-
tischer Befolgung eines veralteten aristokratischen Ehren-
gebots Crampas zum Duell. Crampas fällt. Die geschiedene
Effi aber wird von der Gesellschaft geächtet und von ihrer
Mutter verstoßen, bis sie, auf Vermittlung ihres Arztes,
todkrank heimkehren darf, um mit sich und der Welt
versöhnt zu sterben.

Der Stechlin (1897) ist des alten Fontane Alterswerk[42],
in dem die Handlung ganz hinter charakterisierenden
Plaudereien zurücktritt. »Zum Schluß stirbt ein Alter und
zwei Junge heiraten sich; – das ist so ziemlich alles, was
auf 500 Seiten geschieht«, schreibt Fontane. »Von Ver-
wicklungen und Lösungen, von Herzenskonflikten oder
Konflikten überhaupt, von Spannungen und Überraschun-
gen findet sich nichts. – Einerseits auf einem altmodischen
märkischen Gut [Stechlin], andrerseits in einem neumodi-

42 Vgl. etwa Stifters *Nachsommer*, Kellers *Martin Salander* und Raabes *Altershausen*.

schen gräflichen Hause (Berlin) treffen sich verschiedene Personen und sprechen da Gott und die Welt durch. Alles Plauderei, Dialog, in dem sich die Charaktere geben, mit und in ihnen die Geschichte.«

Offener oder verdeckter Mittelpunkt vieler Gespräche ist die Ablösung des Alten durch das Neue; genauer: die Reaktion des Adels auf das Emporkommen der Sozialdemokratie; besonders die Frage, wie sich der Erbe Woldemar verhalten wird. Woldemars Vater, der alte Dubslav, dachte konservativ, sein Freund, Woldemars Lehrer, Pfarrer Lorenzen, ist fortschrittlich gesonnen. Mit ihm verbündet sich Woldemars kluge, weltoffene Schwägerin Melusine. Im liberalen Stil, der mit Ausnahme der frommen Tante Adelheid allen gemeinsam ist, erklärt Melusine: »Alles Alte, soweit es Anspruch darauf hat, sollen wir lieben, aber für das Neue sollen wir recht eigentlich leben.«

Fontanes Zeit- und Gesellschaftsromane, die inhaltlich gern mit den Werken von Flaubert, Ibsen und Tolstoi verglichen werden, haben formal, durch die Einstellung des Erzählers und den Plauderton, besonders auf Thomas Mann gewirkt.

d) Die Lyrik

Die Dichter des Realismus knüpften nicht bei der politischen Lyrik des Jungen Deutschland an (vgl. S. 167), sondern bei Goethe und den Romantikern. Die Fülle der von dort überkommenen Themen und Formen verhalf ihnen freilich meist nur zu einer gewissen epigonalen Gewandtheit.[43] Zudem vermochte in dieser mehr auf sachliche Darstellung bedachten Zeit das subjektiv Erlebnishafte der

---

43 Vgl. die Lyrik aus dem seit 1852 von Maximilian II. geförderten Münchner Dichterkreis, die Gedichte von Geibel, Heyse, Lingg, Grosse, Graf von Schack, Bodenstedt, Hertz, Leuthold und Dahn.

romantischen Überlieferung das Ansehen der Lyrík nicht zu steigern. Das mag erklären, warum sich mancher der großen Realisten nur in seiner Jugend mit Lyrik befaßte.

Der Dramatiker HEBBEL (vgl. Kap. 10b) jedenfalls ging in seiner gedanken- und formbetonten Lyrik über einen bereits 1845 entwickelten symbolischen Realismus nicht hinaus.[44]

Der eigentliche Lyriker unter den norddeutschen Realisten war THEODOR STORM (vgl. Kap. 10c). In Storms erstmals 1852 erschienenen liedhaft musikalischen Gedichten verbindet sich die Schwermut des überkommenen romantischen Traums mit dem Atmosphärischen späterer impressionistischer Stimmungskunst.[45] Die Anregungen zu seinen Gedichten empfing Storm hauptsächlich aus Landschaftseindrükken und aus dem Zeit erinnernden Bewußtsein (vgl. dazu Anm. 36 und 37).

Der Erzähler FONTANE (vgl. Kap. 10c) sorgte für die Erneuerung der Ballade. Wie in den Romanen verlegte er dabei in seinen von der englischen Volksballade (*Chevy Chase*) beeinflußten Erzählgedichten den Schwerpunkt von der Tathandlung auf den charakterisierenden Beweggrund.[46]

KELLER (vgl. Kap. 10c), der mit politischer Lyrik begonnen hatte, wandte sich nach dem Sieg der Demokratie in seiner Heimat der Natur zu, die er in weltanschaulichen Tages- und Jahreszeitgedichten feiert.[47]

Als CONRAD FERDINAND MEYER (vgl. Kap. 10c) im Jahre 1882 seine Gedichte herausgab, formulierten die Brüder

---

44 Vgl. z. B. die Gedichte »Nachtlied« und »Herbstbild«.
45 Vgl. die Gedichte »Hyazinthen«, »Die Stadt«, »Meeresstrand« und »Über die Heide«. Der rondeauartige Leitvers »Ich möchte schlafen, aber du mußt tanzen« aus »Hyazinthen« begegnet dem Leser in Thomas Manns Erzählung *Tonio Kröger* wieder.
46 Vgl. »Archibald Douglas«, »Die Brücke am Tay«, »John Maynard« und »Herr von Ribbeck auf Ribbeck im Havelland«, der an den alten Stechlin erinnert. Zur Definition der Ballade vgl. Kap. 5, Anm. 7.
47 Vgl. »Abendlied« und »Ich hab in kalten Wintertagen«.

Hart bereits ein naturalistisches Programm. Den Naturalismus überspringend, verbinden Meyers Gedichte die nachromantische Erlebnislyrik des Realismus mit dem künftigen Symbolismus von George und Rilke (vgl. Kap. 12c). Meyer, falls er nicht gleich Kunstgebilde zum Vorwurf nimmt, vergegenständlicht die persönliche Gestimmtheit des lyrischen Ich gern in Bildern, deren Sinn er zum Symbol verdichtet und deren Form er durch eingehendste Bearbeitung ästhetisch vollendet. Meyers Gedichte sind »Brokat« (Gottfried Keller), »unerlaubt schön« (Gottfried Benn). Die Kunst als sinnträchtige und zeitlos vollendet gedachte Form hat für Meyer Erkenntniswert und die Kraft, Leid und Tod zu überwinden.[48]

48 Vgl. die Gedichte »Zwei Segel« und »Eingelegte Ruder«. Der biographisch bedingte Motivzusammenhang von Wasser und Tod kehrt u. a. in den Gedichten »Im Spätboot«, »Abendwolke« und in dem für Meyers Kunstauffassung bedeutsamen Gedicht »Michel-Angelo und seine Statuen« wieder. Das fünfzehnmal umgearbeitete Gedicht »Der römische Brunnen« vgl. mit Rilkes Gedicht »Römische Fontäne«.

11. Naturalismus (1880–1900)

a) Das Programm

Die über Induktion, Kausalanalyse und Experiment fort-schreitende naturwissenschaftliche Methode, die sich schon bei so vielen Einzelerfindungen bewährt und schließlich zu einem durch Tatsachenwissen und Erfahrungen ge-stützten kausal-mechanischen Weltbild geführt hatte, galt als so unanfechtbar, daß sie, nachdem sie die spekulieren-de Philosophie verdrängt hatte, nun auch zur Grundlage der Künste gemacht werden sollte.

Der von Taine beeinflußte Literaturhistoriker WILHELM SCHERER stellt fest: »Die Naturwissenschaft zieht als Tri-umphator auf dem Siegeswagen einher, an den wir alle gefesselt sind.« Der Literaturtheoretiker WILHELM BÖLSCHE schreibt:

> Die Basis unseres gesamten modernen Denkens bilden die Naturwissenschaften. Wir hören täglich mehr auf, die Welt und die Menschen nach metaphysischen Gesichtspunkten zu betrachten [...]. Jede poetische Schöpfung, die sich bemüht, die Linien des Natürlichen und Möglichen nicht zu über-schreiten und die Dinge logisch sich entwickeln zu lassen, ist vom Standpunkte der Wissenschaft betrachtet nichts mehr und nichts minder als ein einfaches, in der Phantasie durchgeführtes Experiment.[1]

Der Dichter ARNO HOLZ verkündet: »Die Kunst hat die Tendenz, wieder die Natur zu sein. Sie wird sie nach Maßgabe ihrer jeweiligen Reproduktionsbedingungen [bzw. ihrer Mittel] und deren Handhabung.« Das heißt: Kunst ist für Holz Nachahmung der Natur. Diese Nachahmung oder Mimesis, wie es griechisch heißt, findet ihre Grenzen

---

1 *Die naturwissenschaftlichen Grundlagen der Poesie* (1887); vgl. Zola in *Le Roman Expérimental* (1879): »[...] que le romancier est fait d'un observateur et d'un expérimentateur.«

zum einen an den Reproduktionsbedingungen bzw. an dem Eigencharakter der Darstellungsmittel, zum anderen an der Subjektivität des Künstlers;[2] beides zusammen macht jenes Gleichheit verhindernde x in seiner formelhaften Bestimmung des Naturalismus: »Kunst = Natur – x.«

Mit den Versen: »Unsre Welt ist nicht mehr klassisch, / Unsre Welt ist nicht romantisch, / Unsre Welt ist nur modern«, zeigt Holz an, daß die naturalistische Bewegung zunächst aus der Kritik an dem idealistischen und spätromantischen Epigonentum der Gründerzeit hervorging. Statt auf Klassik und Romantik griff die »Moderne« auf die fortschrittlichere Literatur des Sturm und Drang (vgl. Kap. 5) und des Jungen Deutschland (vgl. Kap. 9b) zurück. Was im einzelnen »modern« war, beschrieben in Berlin die Brüder Heinrich und Julius Hart in den *Kritischen Waffengängen* (1882–84) und in München Michael Georg Conrad in der Zeitschrift *Die Gesellschaft* (1885 bis 1902). – Modern waren: Kritik am Wilhelminischen Obrigkeitsstaat, Kritik an der deutschnationalen Hochstimmung des Bürgertums, an Militarismus, Klerikalismus und Antisemitismus, Kritik an technischem und wirtschaftlichem Nützlichkeitsdenken, an der kulturellen Scheinblüte und an den Lebenslügen aller Art.

Bismarcks Sozialistengesetze lösten spontane Solidaritätsgefühle der jungen Schriftsteller für die Sozialisten aus und weckten das Interesse am Sozialismus. Doch zu einer Übereinstimmung zwischen den literarischen und den politischen Programmen kam es nicht.[3] Der Ruf nach Huma-

---

2 Vgl.: »Dasselbe Kunstwerk, gesehn durch zwei Verschiedne, ist nicht mehr dasselbe. Ja, es ist schon nicht mehr dasselbe zu zwei verschiedenen Zeiten auch nur durch einen Einzigen gesehen!« (Holz in: *Die Kunst. Ihr Wesen und ihre Gesetze*, 1891–92.) Vgl. Zola: »Une œuvre d'art est un coin de la nature vu à travers un tempérament.«

3 Franz Mehring (1846–1919), der Begründer der marxistischen Literatursoziologie, kritisierte an Ibsen das Schicksalsdenken und bedauerte, daß die Naturalisten sich nicht um den wissenschaftlichen Sozialismus kümmerten. – Andererseits schrieb Michael Georg Conrad: »Der Greuel aller Greuel ist für mich die Partei-

nität, Toleranz und ehrlicher Kunst für das Volk[4] entsprang mehr dem Mitleid als klaren politischen Vorstellungen. So konnte das gesellschaftskritische Engagement der Naturalisten immer wieder in bloße Hinterhof- und Dirnenromantik oder gegenbürgerliches Lob der Boheme abgleiten.

Der äußeren Spannung zwischen Parteimeinung und Unabhängigkeitsbedürfnis entsprach die innere Spannung zwischen dem Mimesisprinzip, dem Bestreben nach unmittelbarer, vollständiger Nachahmung, einerseits und dem Wunsch nach tendenziell verdichteter künstlerischer Gestaltung durch Wertung und Auswahl des Stoffes andererseits. Dem Vorbild des sachlichen wissenschaftlichen Experiments widersprachen oft die immer noch beanspruchte Würde eines schöpferischen Dichtertums und das auf wirkungsvolle Illusion zielende naturalistische Werk.

b) Holz und Schlaf

Die Beispiele des sogenannten konsequenten Naturalismus (1886–1893) lieferten zum Teil in engster Zusammenarbeit ARNO HOLZ (1863–1929) und JOHANNES SCHLAF (1862 bis 1941).[5] Unter dem Decknamen Bjarne P. Holmsen erschienen 1889 ihre Erzählskizzen *Der erste Schultag*, *Ein Tod* und *Papa Hamlet*. Besonders die Titelerzählung *Papa Hamlet* wurde richtungweisend für den deutschen Naturalismus: Held dieser psychologischen Studie ist der heruntergekom-

---

Orthodoxie, der Partei-Fanatismus, die Tyrannei des Programms und der Schablone bis aufs I-Tüpfelchen. Ich glaube nicht an die Unfehlbarkeit irgendeines Papstes und sollte an die Unfehlbarkeit irgendeines Parteihäuptlings glauben!« Vgl. auch Gerhart Hauptmann: »Ein Drama steht um so höher, je parteiloser es ist.«

4 Damals wurden die Volksbühnen und Volksbibliotheken gegründet.

5 Der Stoff kam meistens von Schlaf, die Anregungen zur Form von Holz. »Der Naturalismus ist eine Methode, eine Darstellungsart und nicht eine Stoffwahl.« (Holz.) Die Gemeinschaftsarbeiten erschienen 1892 gesammelt unter dem Titel *Neue Gleise*.

mene Schauspieler Niels Thienwiebel, der mit seiner schwindsüchtigen Frau, einer ehemaligen Ophelia-Darstellerin, und dem kränklichen Säugling Fortinbras in einer elenden Dachstube haust. Der trunksüchtige Tragöde, der ständig zwischen geschwollener Pathetik und niederer Rücksichtslosigkeit schwankt, erwürgt in einem Anfall blinder Wut sein Kind und stirbt selbst im Suff.

Ein Vergleich zwischen Ur- und Endfassung zeigt, wie die Verfasser dieser experimentellen Prosa im Bestreben, Gegenwart zu suggerieren, die gewöhnliche Umgangssprache immer weiter stilisierten. Durch Verwendung von Mund- und Redensart, Satzbruch und Stummelsatz, Ausruf- und Empfindungswort, ja durch das Stammeln, Stöhnen und Seufzen selbst sollten wie am Wechsel des Gebärden- und Mienenspiels auch die feinsten Regungen exakt erfaßt werden. Das Ergebnis dieser minuziösen Zeitlupentechnik war der Sekundenstil, bei dem die Erzählzeit mit der erzählten Zeit zur Deckung kommt.[6]

Die als skizzenhafte Entwürfe vorgestellte neue Prosa wurde zunächst auch nur in kleiner Form nachgeahmt. Erst die folgende Generation der großen Romanschriftsteller, vor allem die Brüder Heinrich und Thomas Mann, verstand es, für ihre Arbeit vollen Nutzen aus diesem Versuch zu ziehen. Durchschlagender dagegen war die Wirkung auf das naturalistische Drama.

Von dem bereits weitgehend dialogischen Erzähltext *Papa Hamlet* gingen Holz und Schlaf mit ihrem nächsten Versuch zum Schauspiel über. Und hier, in dem dreiaktigen Dramolett[7] *Die Familie Selicke* (1890), nimmt nun das Erzählerische ungewöhnlich breiten Raum ein. Ausführliche Regieanweisungen beschreiben Art und Anordnung der Ausstattung bis ins kleinste. Die Spielanweisungen legen nicht nur Gänge und Gesten fest, sondern schreiben Sprech-

---

6 Mit ›Erzählzeit‹ bezeichnet man die Dauer des Vortrags oder der Lektüre eines Textes, die ›erzählte Zeit‹ dagegen meint den Zeitraum, über den sich der erzählte Handlungsablauf erstreckt.
7 Das Dramolett ist die ein- bis dreiaktige Kleinform des Dramas.

tempo, Lautstärke und Pausen vor und enthalten selbst nicht mehr ausführbare Vorschriften ad personam.

Die abgehärmte, kränkelnde Frau Selicke erwartet an einem Weihnachtsabend in einer ärmlichen Berliner Kleinbürgerwohnung mit ihren Kindern die Heimkunft ihres trunksüchtigen Mannes. Die Söhne Albert und Walter sollen ihm entgegengehen. Der Zustand des schwindsüchtigen Linchen hat sich verschlimmert. Toni wird von dem Untermieter Gustav Wendt, der eben auf eine Landpfarre berufen worden ist, umworben. Als Vater Selicke nach langem Warten endlich betrunken, aber vergnügt mit einem Weihnachtsbaum und Geschenken kommt, traut die Familie dem Frieden nicht und löst gerade durch ihre Verängstigung Beschämung und Wut des Betrunkenen aus. Linchen, an der Vater Selicke besonders hängt, stirbt in dieser Nacht. Als Wendt sich am Morgen von der verstörten Familie verabschiedet, erklärt Toni, daß sie sich nicht durch Verheiratung mit ihm auf die Landpfarre flüchten, sondern lieber ihren Eltern in diesem Milieu beistehen will.

Fontane würdigte in seiner Kritik dieses dramatische Modell, das den wilhelminischen Phrasen und dem üblichen Theaterpathos ungekünstelte naturwahre Zwischentöne entgegenstellte.

Ungleich schwerer als in Erzähl- und Schauspieltexten war Naturalismus in der Lyrik zu verwirklichen. Der wesensmäßige Gegensatz von Wirklichkeit und Poesie ließ sich noch am besten in politischen Gedichten überspielen, in denen die aufdringliche Genauigkeit des Milieus als gegenstandsbedingte Grobheit gelten mochte. In anderen Gedichten führte der Drang zur Unmittelbarkeit bei gleichzeitigem Bedürfnis nach Verdichtung und Steigerung von Anfang an zu impressionistischen, symbolistischen oder expressionistischen Zügen (vgl. die folgenden Kapitel).

Durch Verzicht auf alle abgedroschenen Mittel der gebundenen Rede wollte Holz auch eine *Revolution der Lyrik* herbeiführen. Er schrieb 1899:

Man revolutioniert eine Kunst also nur, indem man ihre
Mittel revolutioniert. Oder [...] ganz bescheiden nur deren
Handhabung [...]. Als formal letztes in jeder Lyrik, das
überhaupt uneliminierbar ist, bleibt für alle Ewigkeit der
Rhythmus. Reim, Strophe, Parallelismus, Alliteration und
Assonanz[8] [...] waren nur akzessorisch [...].

Holz verlangt:

[...] eine Lyrik, die auf jede Musik durch Worte als
Selbstzweck verzichtet und die, rein formal, lediglich durch
einen Rhythmus getragen wird, der nur noch durch das
lebt, was durch ihn zum Ausdruck ringt. [...]
 Ich schreibe als Prosaiker einen ausgezeichneten Satz nieder, wenn ich schreibe: »Der Mond steigt hinter blühenden
Apfelbaumzweigen auf.« Aber ich würde über ihn stolpern,
wenn man ihn mir für den Anfang eines Gedichts ausgäbe.
Er wird zu einem solchen erst, wenn ich ihn forme: »Hinter
blühenden Apfelbaumzweigen steigt der Mond auf.« Der
erste Satz referiert nur, der zweite stellt dar. Erst jetzt,
fühle ich, ist der Klang eins mit dem Inhalt. Und um diese
Einheit bereits deutlich auch nach außen zu geben, schreibe
ich:

> Hinter blühenden Apfelbaumzweigen
>   steigt der Mond auf.

Das ist meine ganze ›Revolution der Lyrik‹.

Wie hier erläutert, zentriert Holz in seiner umfangreichen,
oft überarbeiteten Gedichtsammlung *Phantasus* (1898) die
Verse auf einer gedachten Mittelachse. Doch die Bemühung,
nicht nur zwischen Metrum[9] und Rhythmus[10], sondern auch
zwischen freiem und notwendigem Rhythmus zu unterscheiden, hat, im Gegensatz zu den expressionistischen Zügen

---

8 Die Assonanz (von lat. *ad* ›an‹ und *sonus* ›Klang‹) ist ein voka-
 lischer, seltener ein konsonantischer Gleichklang im unvollständi-
 gen Reim.

9 Vgl. Opitz, *Buch von der Deutschen Poeterey* (s. Kap. 3a, besonders Anm. 4).

10 ›Rhythmus‹ (von griech. *rhein* ›fließen‹) bezeichnet im Gegensatz
 zum gleichförmigen metrischen Takt die lebendig wechselnde Bewegung harmonischer Sprachbetonung; vgl. Klopstocks freie
 Rhythmen, S. 70 f.

des *Phantasus*, keine Schule gemacht. Am vergnüglichsten bleiben wohl die Gedichte, die ins Satirische, Groteske oder gar Surrealistische übergehen:[11]

Mit
fünf Jahren
war ich mir ... über alles klar.

In China
wurde französisch gesprochen
in Afrika
gab es einen Vogel, der Känguruh hieß,
und
die Jungfrau Maria war katholisch und hatte ein
himmelblaues
Kleid an.
Sie war aus Wachs und dem lieben Gott
seine Mutter.

c) Gerhart Hauptmann

Der bedeutendste Vertreter des deutschen Naturalismus bleibt der Schlesier GERHART HAUPTMANN (1862–1946). Hauptmann betrat die literarische Bühne mit der um die gleiche Zeit, aus gleichem Geist und doch unabhängig von *Papa Hamlet* entstandenen novellistischen Studie *Bahnwärter Thiel* (1888).
Der stämmige, etwas schwerfällige Thiel heiratet um seines Kindes willen nach dem Tode seiner schmächtigen Frau, der er nachtrauert, die derbe Kuhmagd Lene. Obgleich Lene Thiels Söhnchen Tobias mißhandelt, gerät Thiel in triebhafte Abhängigkeit von der sinnlichen Frau.

---

11 Der Surrealismus (aus frz. *sur* ›über‹ und Realismus) ist eine nach dem Ersten Weltkrieg in Frankreich unter dem Einfluß des Dadaismus und der Psychoanalyse Freuds aus dem Symbolismus entstandene Richtung der bildenden Kunst, die das Überwirkliche und Traumhafte in Verschmelzung mit der Wirklichkeit darzustellen sucht. Die Erzählungen von Döblin, Kafka und Kasack z. B. haben surrealistische Züge.

Nachdem Lene den Tod des Söhnchens verschuldet hat, bringt Thiel sie und ihren Säugling im Wahn um.

Naturalistisch an dem Text sind das genau beobachtete und ungeniert wiedergegebene Kleinbürgermilieu sowie Determination und Dekadenz in der Handlung; das heißt, der psychologisch zwanghafte Weg von der Einfalt über den Trieb in den Wahn. Doch darüber hinaus enthält die kleine, von Büchner beeinflußte Studie[12] bereits Motive und Stilzüge, die auf Hauptmanns späteres Werk und künftige literarische Epochen vorausdeuten:

Der naturalistischen Milieubeschreibung stehen impressionistische Züge in der Schilderung von Natur und Technik zur Seite. Viele Einzelheiten verdichten sich zu symbolischen Bedeutungszusammenhängen wie in Thiels vorausdeutendem Traum; schließlich geht der Text mit Thiels wahnverwirrtem, ekstatischem Welterleben ins Expressionistische über.

Aus dem sozialen Mitleid entwickelt Hauptmann später eine eigene Philosophie des Leidens. Das Problem individueller Selbstbehauptung kehrt mehrfach, zur Künstlerproblematik zugespitzt, wieder. Auch der Widerstreit zwischen der alles Geschlechtliche verdrängenden christlichen Religiosität und der Erotik als Naturgewalt bleibt erhalten; ebenso die dämonische Weltbeseelung in Vision, Traum und Wahn.

Die Merkmale des Naturalismus kehren am deutlichsten in Hauptmanns sozialen Dramen wieder; in *Vor Sonnenaufgang* (1889), *Das Friedensfest* (1890), *Einsame Menschen* (1891), *Die Weber* (1892), *Der Biberpelz* (1893) und später, als die Epoche des Naturalismus eigentlich schon vorüber ist, in *Florian Geyer* (1896), *Fuhrmann Henschel* (1898), *Michael Kramer* (1900), *Rose Bernd* (1903), *Die Ratten* (1911), *Gabriel Schillings Flucht* (1912) und *Vor Sonnenuntergang* (1932).

Daneben entwickelt Hauptmann aus den irrationalen Moti-

---

12 Vgl. Büchners Erzählung *Lenz* und das Dramenfragment *Woyzeck*, S. 174 f.

ven, die bereits in seinen frühen sozialen Dramen anklingen, neuromantische Traum- und Märchendichtungen wie *Hanneles Himmelfahrt* (1893), *Die versunkene Glocke* (1896) oder *Und Pippa tanzt!* (1906).

Das über 45 Dramen umfassende Lebenswerk Hauptmanns beschließt die neuklassische *Atriden-Tetralogie*[13] (1941 bis 1946), deren mythisch-tragisches Weltverständnis bereits in der autobiographischen Schrift *Griechischer Frühling* (1908) vorgezeichnet ist.[14]

Hauptmanns erstes Drama, *Vor Sonnenaufgang*, behandelt die Dekadenz als Folge der Industrialisierung: Der Bauer Krause ist durch Landverkauf an die Kohlenindustrie plötzlich steinreich geworden und darauf dem Müßiggang und dem Trunk verfallen. Sein Schwiegersohn, der Ingenieur Hoffmann, ist ein Spekulant. Da kommt, einem Ibsenschen Handlungsmuster folgend, als Fremder Hoffmanns idealistischer Jugendfreund Alfred Loth mit der Absicht, eine gesellschaftskritische Studie über die Armut der Bergleute und den Neureichtum der Spekulanten zu schreiben. Hoffmann ist empört, daß Loth ihm gegenüber keine Rücksicht nehmen will, doch Helene, seine herrnhutisch erzogene Schwägerin, die sich als einzige gegen die lasterhaften Ausschweifungen der im Überfluß lebenden Familie wehrt, läßt sich von Loth überzeugen. Sie

---

13 Eine Tetralogie (von griech. *tetra* ›vier‹) ist eine Folge von vier zusammengehörenden Werken; vgl. ›Trilogie‹, Kap. 6, Anm. 26. – Die Atriden sind die Nachkommen des sagenhaften griechischen Königs Atreus, des Enkels von Tantalos. Zu Hauptmanns *Atriden-Tetralogie* gehören *Iphigenie in Aulis* (1943), *Agamemnons Tod* (1946), *Elektra* (1946) und *Iphigenie in Delphi* (1941).

14 Hauptmann schreibt da über die alten griechischen Tempel und Theater: »Diese ganze Schlachthausromantik in solchen heiligen Bezirken ist schrecklich und widerlich, und doch ist es immer vor allem der süßliche Dampf des Bluts, der die Fliegen, die Götter des Himmels, die Menge der Menschen, ja sogar die Schatten des Hades anzieht. [...] Es kann nicht geleugnet werden, Tragödie heißt: Feindschaft, Verfolgung, Haß und Liebe als Lebenswut! Tragödie heißt: Angst, Not, Gefahr, Pein, Qual, Marter, heißt Tücke, Verbrechen, Niedertracht, heißt Mord, Blutgier, Blutschande, Schlächterei [. . .].«

sieht in ihm, den sie liebt, die einzige Rettung aus dem sie umgebenden moralischen Sumpf. Doch als Loth erfährt, daß bis auf Helene die ganze Familie trunksüchtig ist, verläßt er sie aus Sorge, die Trunksucht zu vererben. Helene bringt sich um.

Das Arno Holz gewidmete Schauspiel, das von den Verfechtern der Moderne laut bejubelt wurde, gibt eine Abfolge milieugetreuer Zustandsschilderungen, in denen die Menschen wehr- und willenlos ihren Trieben ausgeliefert sind. Die mentale Gefangenschaft drückt Hauptmann gern in einer bis zur stummen Gebärde gesteigerten Sprachnot seiner Figuren aus. Doch selbst dem wortgewandten Sozialreformer Loth fehlt die Kraft zu wirklicher Selbstbestimmung. Als ideologischer Prinzipienreiter verrät er mit Helene zugleich seine humanitäre »Lebensaufgabe« und entlarvt sich als bloßen Verkünder deterministischer Vererbungstheorie.

Auch in Hauptmanns erfolgreichstem Drama *Die Weber* (1892) kommen die sozialen Spannungen durch einen von auswärts Herzutretenden zur Entladung. Doch weder der Reservist Moritz Jäger noch der rote Bäcker, sondern die Masse der Hungernden selbst, die gegen ihren Ausbeuter, den Fabrikanten Dreißiger, aufsteht, übernimmt die Rolle des herkömmlichen Helden. Die politische Einsicht der Menge ist freilich gering. Ihr Vergeltungsschlag gegen die Fabrikanten und deren Plünderung vermögen die Lage der Weber nicht grundsätzlich zu verbessern; und auch die erst gegen Schluß erwähnte Maschinenstürmerei (»De mechan'schen Stiehle, die wolln se doch aus d'r Welt schaffen. Die sein's doch halt eemal, die a Handweber zugrunde richten«) zielt in die falsche Richtung. Hauptmanns auf das Milieu konzentrierte Darstellung beschränkt sich politisch auf den engen Horizont der Weber: Auf die Verteufelung von Ausbeutertum und pfäffischer Beihilfe in den ersten vier Aufzügen folgen im letzten Aufzug die frommen Bedenken des alten Hilse. Gerade aber diesen bei seinen Glaubensgrundsätzen verharrenden Untertan, der sich entschieden von dem revolutionären Kollektiv distanziert, trifft eine verirrte Kugel der heranrückenden Soldaten, die den Aufstand niederschlagen.

Das Schauspiel, das bis in das szenenverbindende Weberlied den Quellen desselben Weberaufstandes von 1844 folgt, den bereits Heine in einem balladenartigen Gedicht behandelt hatte, wurde von der Zensur verboten und mußte im Privatverein »Freie Bühne« uraufgeführt werden. Nachdem Hauptmann zur großen Enttäuschung der Sozialdemokraten durch seinen Anwalt erklären ließ, *Die Weber* seien nicht als sozialdemokratische Parteischrift, sondern als dichterischer Aufruf an das Mitleid der Besitzenden zu verstehen, genehmigte das Berliner Verwaltungsgericht die öffentliche Aufführung. Wilhelm II. kündigte darauf die königliche Hofloge im Deutschen Theater.

Der Kritiker Alfred Kerr (d. i. Alfred Kempner, 1867 bis 1948) setzte *Die Weber* in Bezug zu der Diebskomödie *Der Biberpelz* (1893) und schrieb: »Die Weber waren der offne Krieg der Unteren gegen die Besitzenden; der Biberpelz gab den versteckten, listigen Guerillakrieg dieser Unteren gegen die Besitzenden.«

Die umstrittene Heldin Mutter Wolff sorgt nicht nur als tüchtige Waschfrau, sondern auch als gerissene Meisterdiebin für ihre Familie und erklärt ihrem Mann: »[...] wenn de erscht reich bist, Julian, und kannst in der Eklipage sitzen, da fragt dich kee Mensch nich, wo de's her hast.« Geleitet von bürgerlichem Ehrgeiz, spielt sie die Rolle der Ehrlichen mit Mutterwitz und überlegener Menschenkenntnis. Sie läßt sich vom Amtsdiener auf den Beutegang leuchten und spielt im Verhör den grantigen Besitzbürger Krüger gegen den eingebildeten Amtsvorsteher und Sozialistenjäger von Wehrhahn aus, so daß am Ende nichts weiter herauskommt als die paradoxe Feststellung: »[...] die Wolffen ist eine ehrliche Haut.«

Der offene Schluß (vgl. Kap. 3, Anm. 23 und Kap. 10, Anm. 12) mit dem ungesühnten Diebstahl und dem fehlenden fünften Aufzug widersprachen den gewohnten

Erwartungen des bürgerlichen Publikums so sehr, daß die
Zuschauer nach einer Aufführung in Essen verdutzt sitzen
blieben. Doch der Literatursoziologe Franz Mehring (vgl.
Anm. 3), dem der bürgerliche Eigentumsbegriff fragwürdig schien, hielt dagegen: »[...] welchen anderen Schluß
soll die Komödie haben, als daß der Amtsvorsteher v.
Wehrhahn in seiner hoffnungslosen Schneidigkeit so weiter
wurstelt?« Ein Deus ex machina (vgl. Kap. 4, Anm. 17) wie
der Brief des Königs in Lessings *Minna von Barnhelm*
wäre zu wirklichkeitsfremd; darum »seien wir doch froh,
daß wir auf solch Brimborium endlich verzichten dürfen!«.

Vor allem aber entspricht der offene Schluß Hauptmanns
Vorstellung vom idealen Drama; er sagte im Gespräch:

> Das wahre Drama ist seiner Natur nach endlos. Es ist ein
> fortdauernder innerer Kampf ohne Entscheidung. In dem
> Augenblick, da diese fällt, bricht das Drama ab. Da wir
> aber jedem Bühnenwerk eine Entscheidung zu geben gezwun-
> gen sind, hat jedes gespielte Drama im Grunde etwas Pedan-
> tisches, Konventionelles an sich, was das Leben nicht hat.
> Das Leben kennt nur den fortdauernden Kampf, oder es
> hört überhaupt auf. Das ideelle Drama, das ich schreiben
> möchte, wäre eines, das keine Lösung und keinen Abschluß
> hätte. [...] Der Schlußakt ist fast immer ein Zwang, den
> der Dramatiker sich oder der Handlung auferlegt.

Mit der Traumdichtung *Hanneles Himmelfahrt* (1893)
überschreitet Hauptmann die Grenzen des Naturalismus:
Das vierzehnjährige Hannele, das sich aus Furcht vor seinem trunksüchtigen Stiefvater ertränken wollte, wird aus
dem eisigen Wasser gezogen und ins Armenhaus gebracht,
wo es in Fieberträumen stirbt.
Führten Bahnwärter Thiels Traum- und Wahnvorstellungen jedoch einst naturalistisch folgerichtig in die Irren-
abteilung der Charité, so führen Hanneles fromme Fieber-
träume jetzt neuromantisch »eiapopeia ins himmlische
Reich«. Das heißt, die soziale Anklage wird durch Hanneles religiöses Erlebnis zurückgenommen und Hannele ih-

rem Milieu durch den erlösenden Tod entrückt. Der fremde Bote verursacht diesmal nicht die Entladung der gesellschaftlichen Spannungen, sondern deren weltgerichtliche Aufhebung. Am Ende stehen nicht mehr Sprachlosigkeit und angstvoller Wahn, sondern das in Versen vorgetragene Gesicht einer beglückenden mythischen Verheißung.

Diese neuromantische Verklärung kam einer Veränderung des Zeitgeschmacks entgegen. Nur des Kaisers Einspruch verhinderte, daß der Dichter der *Weber* 1896 für *Hannele* den Schiller-Preis bekam. Vor allem aber lieferte *Hannele* den Beweis dafür, daß sich Hauptmanns Weltbild trotz mancher Ausfälle gegen das pfäffische Wesen des Klerus keineswegs auf das Diesseits beschränkt. Hauptmann, der auch weiterhin in naturalistischen Dramen Gesellschaftskritik übt,[15] versucht von nun an sein Weltverständnis gleichzeitig in einem sehr persönlichen Geflecht von Märchen und Mythen darzustellen. So z. B. in dem Glashüttenmärchen *Und Pippa tanzt!* und in der *Atriden-Tetralogie*.

Obgleich Gerhart Hauptmann die Schriftsteller seiner Zeit gedanklich kaum überragte, beeindruckten seine Schöpferkraft sowie die Anschaulichkeit und die Vielseitigkeit seines Werkes in der Wilhelminischen und nachwilhelminischen Zeit so sehr, daß er um den Ersten Weltkrieg herum im In- und Ausland als Repräsentant der deutschen Literatur galt. Thomas Mann, der später eine vergleichbare Rolle spielen sollte, hat den Dichterfürsten, dessen Ruhm allmählich verblaßte, in dem Roman *Der Zauberberg* als Mynheer Peeperkorn glänzend charakterisiert.

---

15 Vgl. die S. 209 erwähnten sozialen Dramen nach 1893.

12. Impressionismus und Symbolismus (1883–1923)

a) Die Überwindung des Naturalismus[1]

Der Naturalismus war das stilgeschichtliche Ende der gegenidealistischen Entwicklung im 19. Jahrhundert. Seine konsequente Zuspitzung (vgl. S. 204 ff.) konnte für schöpferische Geister kaum Endziel, sondern nur eine Entwicklungsstufe sein, deren eigene Unüberbietbarkeit nach einer Gegenthese verlangte. So entstand in der Nachfolge des Naturalismus schlagartig eine Vielzahl literarischer Strömungen, deren Gemeinsamkeiten und innere Widersprüche die Unterscheidung und gegenseitige Abgrenzung erschweren.

Mit den Schlagworten *décadence*[2] und *fin de siècle* belegte man das weltschmerzlich pessimistische Spätzeitbewußtsein, das, überreizt, nervös, heruntergekommen und morbide, sich mit Vorliebe für diffizile Seelenzustände in müder Resignation erging.

Genauso sensibel, doch »frühlingshaft« statt pessimistisch gab sich der Jugendstil[3], der mit spätzeitlich überfeinertem

---

1 Hermann Bahr (1863–1934), der sich nach eigener Aussage von allen geistigen Strömungen seiner Zeit beeinflussen ließ, bevor sie Mode wurden, setzte 1890 *Zur Kritik der Moderne* an, verkündete 1891 die *Überwindung des Naturalismus* und formulierte 1916 das Programm des *Expressionismus*.

2 ›Décadence‹ (frz., ›Verfall‹), ein Begriff für kulturelle Niedergangserscheinungen, den in Deutschland zuerst Nietzsche in seiner Schrift *Der Fall Wagner* (1888) benutzte.

3 ›Jugendstil‹, nach der 1901 in *Jugend* umbenannten *Münchner illustrierten Wochenschrift für Kunst und Leben* (1896 ff.). »Unsere Zeit ist nicht alt, nicht müde! Wir leben nicht unter den letzten Atemzügen einer ersterbenden Epoche, wir stehen am Morgen einer kerngesunden Zeit, es ist eine Lust zu leben!« schrieb der Herausgeber Georg Hirth. Die in schwungvoll-ornamentalen Linien stilisierten Pflanzen- und Naturformen in den Illustratio-

Geschmack durch idealisierende Stilisierungen ein alltagsfernes schönes Leben in der Kunst gestalten wollte.

Der Begriff ›Neuromantik‹ geht auf HERMANN BAHR zurück, der bereits 1891 erklärte:

> [...] daß der Naturalismus überwunden werden wird durch eine nervöse Romantik [...] durch eine Mystik der Nerven.

Denn:

> Es war ein Wehklagen des Künstlers im Naturalismus, weil er dienen mußte. [...] Die logische Last und der schwere Gram der Sinne sind weg; die schauerliche Schadenfreude der Wirklichkeit versinkt. Es ist ein Rosiges, ein Rascheln wie von grünen Trieben, ein Tanzen wie von Frühlingssonne im ersten Morgenwinde – es ist ein geflügeltes, erdenbefreites Steigen und Schweben in azurne Wollust, wenn die entzügelten Nerven träumen.

Das vermeintlich Romantische bestand in neuem Gefallen am Nichtalltäglichen, am Geheimnisvollen, Magischen und Wunderbaren, an Geschichte, Sage, Legende, Märchen und Mythos, an Metaphysik und Exotik. Die neuromantische Phantasie schwelgte in gefühlig-musischem Schönheitskult und brachte auch das Religiöse wieder zu Ehren. GERHART HAUPTMANNS Märchendramen *Hanneles Himmelfahrt* (1893, vgl. S. 213 f.), *Die versunkene Glocke* (1896) sowie *Und Pippa tanzt!* (1906) sind Beispiele für diese Richtung. MAX HALBE (1865–1944) erklärte, er suche einen Weg, der »aus den Niederungen eines derben, rein diesseitigen Materialismus und Naturalismus in eine höhere, metaphysisch erhellte Region des Denkens und Fühlens emporführen sollte«. Ähnliches hatte bereits Richard Wagner mit seinen Musikdramen gesucht (vgl. S. 183).

Dreißig Jahre nachdem Novalis zum Romantisieren der Welt aufgefordert hatte (1798, vgl. Kap. 8a), bemerkte Goethe: »Das Klassische nenne ich das Gesunde, und das Romantische das Kranke.« Auch diesmal wurden Stimmen

nen dieser Zeitschrift (vgl. den Farbholzschnitt *Der Kuß* von Peter Behrens) wurden oft nachgeahmt.

laut, die vor »der unselig-romantischen Richtung«, vor dem irrationalen Gefühls- und Seelenkult warnten. LEO BERG (1862–1908) meinte: »Das geistige Deutschland steht wieder einmal vor der Gefahr, an seinen Gemütsmenschen zu ersticken.« Und JOSEPH ROTH (1894–1939) witterte »Gift in veilchenblauen Kelchen«.

Auf Werte und Formen der klassischen Überlieferung besannen sich, mehr in theoretischen als in dichterischen Schriften, die Neuklassiker. PAUL ERNST (1866–1933) wies den *Weg zur Form* (1906), denn er glaubte: »Das gesamte höhere Leben der Menschheit ist eine Aufgabe der Form.« Statt die Natur sklavisch nachzuahmen, sollte sich der Geist der Wirklichkeit als Stoff bemächtigen und daraus die Darstellung ideeller Werte prägen. Paul Ernst, der große Führernaturen verherrlichte, meinte allerdings: »Nicht in der Einsicht liegt unser Wesen als Menschen, sondern darin, daß wir Werte erblicken, die uns das Herz brennen machen.« Das heißt, auch er redete dem Irrationalismus das Wort.[4]

Am fragwürdigsten war das Programm der sogenannten Heimatkunst. Hier verlangte man »eine machtvolle Volkskunst für die Nation [...], getragen von der Eigenart unserer Gaue, auf dem Boden unsrer Landschaften, von der Kühnheit echten Deutschtums durchlodert«.[5] In Anlehnung an Goethes Bemerkung über das Romantische als das Kranke nannte man die nervöse, sensible Décadence nun schlichtweg »entartet«. Der Intellektualisierung, Internationalisierung und Vergroßstädterung hielt man in zahllosen Dorfgeschichten und Bauernromanen die Verherrlichung des bodenständigen Stammestums und der heimatlichen Scholle als Hort und Quell reinen Menschentums entgegen.[6] »Zu beweisen ist hier nichts; nur zu füh-

---

4 Vgl. die *Komödianten- und Spitzbubengeschichten* (1920).

5 Ernst Wachler, *Die Läuterung deutscher Dichtkunst im Volksgeiste* (1897).

6 Besonders beliebt waren die Romane *Jörn Uhl* (1901) von Gustav Frenssen (1863–1945) und *Der Wehrwolf* (1910) von Hermann Löns (1866–1914).

len oder eben nicht zu fühlen«, schrieb Friedrich Lienhard (1865–1929). Genau diese irrationale Verehrung von
Blut und Boden war aber der Vorläufer der nationalen
Selbstverherrlichung in der Literatur des Dritten Reiches.
Umfassender und stilgeschichtlich wirkmächtiger als Décadence, Jugendstil, Neuromantik, Neuklassik und Heimatkunst waren der Impressionismus und der Symbolismus.

b) Impressionismus

Als im April 1874 unbekannte französische Maler,[7] die sich
lange vergeblich um eine Ausstellung im offiziellen Pariser
Salon bemüht hatten, ihre Bilder im Atelier eines Photo-
graphen ausstellten, verhöhnte der Kritiker Leroy in Anlehnung an Monets Bild *Impression, le soleil levant* diese
Ausstellung als eine »exposition des impressionistes«. Damit war unversehens der Kern des sich Bahn brechenden
Stils benannt: Statt naturalistisch scharfer Abbilder gaben
jene Maler nur ihre optischen Eindrücke von der Oberfläche der Dinge, deren Umrisse in einer hinreißenden Farbigkeit des flirrenden Lichts verschwammen. Statt der
eigentlich unkünstlerischen Wiedergabe objektiver Wirklichkeit suchte nun auch die nachnaturalistische Literatur
die Wiedergabe des subjektiven Eindrucks und der Stimmung. »Wir wollen keine erfindung von geschichten sondern wiedergabe von stimmungen keine betrachtung sondern darstellung keine unterhaltung sondern eindruck«,
schrieb Stefan George in seinen *Blättern für die Kunst.*
Äußere Merkmale des literarischen Impressionismus waren
eine beobachtende, passive Haltung des Autors, seine Bemühung um das fein unterscheidende, treffende Wort, die

---

7 Darunter Camille Pissarro (1830–1903), Edgar Degas (1834–1917),
  Paul Cézanne (1839–1906), Alfred Sisley (1839–1899), Claude Monet
  (1840–1926) und Pierre Auguste Renoir (1841–1919). Nicht vertreten war Édouard Manet (1832–1883).

beiordnende Reihung der Aussagen und eine gewisse Verunklärung durch unbestimmte Neutralpronomen (»es«, »man«) sowie durch Synästhesie und Oxymoron[8].

Inhaltlich suchte der Impressionist in den flüchtigen Augenblickseindrücken den fruchtbaren Moment (*kairos*), den Zusammenfall von oberflächlichem Schein und wesenhaftem Sein, eine Offenbarung der Wahrheit in der Epiphanie.

Die Lyriker DETLEV VON LILIENCRON (1844–1909),[9] RICHARD DEHMEL (1863–1920),[10] der junge HUGO VON HOFMANNSTHAL (1874–1929),[11] vor allem aber RAINER MARIA RILKE (1875–1926) vermittelten Wesenhaftes durch die Gestaltung vorübergehender, subjektiver Anmutungen. Und in der Bemühung um ebendieses Wesenhafte geht Rilke dann folgerichtig von seinen frühen impressionistischen Gedichten[12] über die Dinggedichte zum Symbolismus (vgl. S. 226 ff.).

Obgleich höchst unpolitisch, lief der literarische Impressionismus, anders als die bildnerische Oberflächenkunst, weniger Gefahr, »oberflächlich« zu bleiben. Denn das neue Erlebnis der existentiellen Lebenssteigerung verband sich in der Literatur immer wieder mit dem Bewußtsein der Todesverfallenheit:

Um Liebe und Tod geht es in Liliencrons *Adjutantenritten* (1883) und *Kriegsnovellen* (1895); bei Rilke in der *Weise von Liebe und Tod des Cornets Christoph Rilke* (1906); bei Hofmannsthal, bereits mit symbolistischem Einschlag, in der *Reitergeschichte* (1899) und in dem *Erlebnis des*

---

8 Das Oxymoron (von griech. *oxys* ›scharf‹ und *moros* ›dumm‹) ist eine Verbindung zweier einander scheinbar widersprechender Begriffe zu einer komplexen Einheit, z. B. ›helldunkel‹, ›beredtes Schweigen‹; den tatsächlichen Widerspruch (›Das Leben ist der Tod, und der Tod ist das Leben‹) nennt man ›Paradoxon‹. Zum Begriff ›Synästhesie‹ vgl. Kap. 8, Anm. 7.

9 Vgl. die Gedichte »Viererzug«, »Märztag« und »In einer großen Stadt«.

10 Vgl. das Gedicht »Manche Nacht«.

11 Vgl. das Gedicht »Vorfrühling«.

12 Vgl. die Gedichte »Vorfrühling« und »Herbsttag«.

Marschalls von Bassompierre (1900); sowie bei Schnitzler in der Erzählung *Sterben* (1894), in dem Dreiakter *Liebelei* (1895) und in dem inneren Monolog[13] des *Lieutenant Gustl* (1900).

Das Verhältnis von Kunst und Leben behandeln Hofmannsthals lyrische Dramolette *Der Tod des Tizian* (1892) und *Der Tor und der Tod* (1893) sowie THOMAS MANNS Novellen *Tonio Kröger* (1903) und *Der Tod in Venedig* (1913).

Bei Thomas Mann wird Venedig, die in der Lagune versinkende Stätte gelebter Kunst und kulturellen Zerfalls, zum dichterischen Schauplatz der Dekadenz; der geschichtliche Schauplatz spätzeitlicher Lebensformen war das Wien der Jahrhundertwende. Hier, wo Sigmund Freud (1856 bis 1939) mit seiner *Traumdeutung* (1900) den Grundstein zur analytischen Psychologie legte, entfaltete der Arzt ARTHUR SCHNITZLER (1862–1931) den psychologisierenden Naturalismus zu einer sensiblen Stimmungskunst. Mit seinem *Anatol* (1893) typisierte er den Décadent, der im »Wien des Canaletto [...] Frühgereift und zart und traurig« die Komödie seiner Seele spielt.[14] In sieben Gesprächsszenen mit zwei bis drei Personen enthüllt Anatol Augenblicke aus seinem Liebesleben, Begegnungen des »leichtsinnigen Melancholikers« mit der »Mondainen« und dem »süßen Mädl«.

Im *Reigen* (1900), dem »Höhepunkt der impressionistischen Episodendramatik« (Karl Riha), entwirft Schnitzler mit einem Zyklus von zehn Dialogen, in denen sich, von der Dirne bis zum Grafen fortlaufend, ein treuloser Partner

---

13 Der innere Monolog ist der in der Ichform wiedergegebene Bewußtseinsstrom des epischen Helden, seine in Wirklichkeit unausgesprochenen Gedanken, Assoziationen, Ahnungen usw. Diese auf den Erzähler verzichtende Innenschau zielt auf die unmittelbare Gleichsetzung des Lesers mit der fiktiven Figur. James Joyce (1882–1941) hat die bereits in Büchners *Lenz* auftauchende Erzähltechnik durch den Roman *Ulysses* (1922) berühmt gemacht.

14 Vgl. die unter dem Pseudonym »Loris« geschriebene Einleitung Hugo von Hofmannsthals.

mit dem nächsten Treulosen verbindet, das typologische Bild einer Gesellschaft, in der über dem Liebeln die Liebe verlorengegangen ist.

In ebendieser Wiener Gesellschaft spielt etwa zwanzig Jahre später die Komödie *Der Schwierige* (1921) von HUGO VON HOFMANNSTHAL. Der Held, Hans Karl Graf Bühl, ist der schüchterne Bruder Anatols, dessen Introversion nicht zuletzt durch das Erlebnis des Ersten Weltkriegs so weit fortgeschritten ist, daß er die Grobheit seiner Zeitgenossen scheut und sich der oberflächlichen Gesellschaft zu entziehen versucht. So wie für Anatol die Gegenwart seiner Geliebten (Bianca) noch im Augenblick des Erlebens zur erinnerten »Episode« wurde, so sah Karl, als er an der Front verschüttet wurde, seine Zukunft mit der Komtesse Helene Altenwyl »als ein fait accompli«; und indem er Helene davon erzählt, trägt er seine Liebeserklärung gleichsam im Tempus der Vergangenheit vor.[15]

Helene, eine der großen idealen Frauengestalten der deutschen Literatur, bewahrt Karl Bühl vor dem endgültigen Rückzug in sich selbst. Die Ausweglosigkeit eines solchen Schicksals stellt RAINER MARIA RILKE in den *Aufzeichnungen des Malte Laurids Brigge* (1910) dar.

Malte ist der letzte Sproß einer adligen dänischen Familie, der verwaist und heimatlos nach Paris kommt, wo die Anonymität der modernen Großstadt ihn im Streben nach Selbstverwirklichung verunsichert und die Alltagswirklichkeit sein lyrisches Gemüt erschüttert. Er stellt fest:

> Ich lerne sehen. Ich weiß nicht, woran es liegt, es geht alles tiefer in mich ein und bleibt nicht an der Stelle stehen,

---

15 Vgl. die Zeitverschiebungen im zweiten Aufzug, vierzehnter Auftritt mit der Vermischung von Phantasie, Spiel und Wirklichkeit in Schnitzlers Groteske *Der grüne Kakadu* (1899) und seiner nur wenige Seiten umfassenden Erzählung *Das Tagebuch der Redegonda* (1911). Hofmannsthal schrieb: »Das Wesen unserer Epoche ist Vieldeutigkeit und Unbestimmbarkeit. Sie kann nur auf Gleitendem ausruhen und ist sich bewußt, daß es Gleitendes ist, wo andere Generationen an das Feste glaubten. Ein leiser, chronischer Schwindel vibriert in ihr.«

wo es sonst immer zu Ende war. Ich habe ein Inneres, von dem ich nicht wußte. Alles geht jetzt dorthin. Ich weiß nicht, was dort geschieht.

In seiner Daseinsangst beginnt Malte zu schreiben. Scheinbar richtungslos mischt er in 71 monologischen Aufzeichnungen Eindrücke der Pariser Gegenwart mit Kindheitserinnerungen, Lesefrüchten und historischen Evokationen[16]. Dabei bewegt sich dieser erste deutsche Roman ohne Erzähler und ohne Fabel in assoziativer Folge vom Anschaulichen immer mehr zum Gedanklichen, bis er schließlich mit einer tiefsinnigen Umdeutung der Parabel vom verlorenen Sohn endet.

c) Symbolismus[17]

Der Impressionismus mit seinen zarten Tönen und feinen Abstufungen war im Grunde eine sensualistische (sinnenhafte), mithin materialistische Kunstrichtung, deren Hang zum Episodischen zerstreuend wirkte. Demgegenüber zeigt sich der Symbolismus als eine idealistische, ja, spiritualistische (geistige) Kunst, die auf Konzentration hinzielt.

Das Symbol oder Sinnbild ist »ein Gebilde, dem von einer bestimmten Gruppe von Menschen ein besonderer, durch das Wesen des Gebildes (im Gegensatz zur Allegorie) nicht nahegelegter Sinn verliehen worden ist« und das daher

16 ›Evokation‹ (von lat. evocare ›aufrufen‹), die Erweckung von Vorstellungen oder Erlebnissen bei der Betrachtung von Kunstwerken; bei Rilke auch der beschwörende Aufruf durch die schöpferische Kraft des Dichterworts.

17 Nach dem Manifest des Symbolismus (1886) von Jean Moréas (d. i. Joannis Papadiamantopoulos, 1856–1910). Die bekanntesten französischen Vorbilder waren die Symbolisten Charles Baudelaire (1821–1867), Stéphane Mallarmé (1842–1898) und Paul Verlaine (1844 bis 1896); ferner Rimbaud, Valéry, Huysmans, Maeterlinck und Verhaeren.

»den Charakter des Geheimzeichens, zum mindesten des Verabredeten« trägt.[18]

Die symbolistischen Dichter gehen von der Vorstellung eines hintergründigen Zusammenhangs alles Seienden aus.[19] Der von ihnen gemeinte Sinn ist oft ein den Dingen zugrunde liegendes unfaßbares, unsägliches und unendliches Geheimnis, das nur durch die suggestive Kraft vollendeter sprachkünstlerischer Gestaltung magisch-mystisch beschworen werden kann.[20]

Das folgerichtige Ergebnis dieser irrationalen Welt- und Kunstanschauung ist eine anspruchsvolle hermetische[21] *poésie pure*, die nur von einem erlesenen Kreis eingeweihter Kunstverehrer richtig aufgenommen werden kann.

Der aus Büdesheim stammende STEFAN GEORGE (1868 bis 1933) versuchte als sprachbegeisterter Gymnasiast und als Student eine eigene, ausschließlich zum dichterischen Gebrauch bestimmte, wohltönende Sprache zu erfinden. Seine programmatischen *Blätter für die Kunst* (zwölf Folgen, 1892–1919) legte er nur in vier ausgewählten Buchhandlungen in Berlin, Wien, Paris und München aus; und »den ersten druck seiner dichtungen«,[22] den er nur in hundert

---

18 *Philosophisches Wörterbuch* (vgl. Kap. 2, Anm. 13); vgl. auch die Begriffsbestimmungen Kap. 1, Anm. 31 und Kap. 3, Anm. 14.
19 Vgl. das Gedicht »Correspondances« in Baudelaires Zyklus *Les Fleurs du mal* (1857).
20 Vgl. den Begriff der Evokation, Anm. 16.
21 Nach okkultischen Offenbarungsschriften aus dem 3. nachchristlichen Jahrhundert, dem *Corpus Hermeticum*, das dem Gott Hermes Trismegistos zugeschrieben wurde, nennt man zunächst die dunkle, geheimnisvolle und vieldeutige Literatur der französischen Symbolisten ›hermetisch‹, dann auch Gedichte des späten Rilke, Gedichte von Trakl, Benn, Bobrowski, Celan usw.
22 *Hymnen* (1890), *Pilgerfahrten* (1891) und *Algabal* (1892). Nachfolgend erschienen *Die Bücher der Hirten- und Preisgedichte, der Sagen und Sänge und der hängenden Gärten* (1895), *Das Jahr der Seele* (1897), das George den größten öffentlichen Erfolg brachte, *Der Teppich des Lebens und die Lieder von Traum und Tod* (1900), *Der siebente Ring* (1907), *Der Stern des Bundes* (1914) und *Das neue Reich* (1928).

Exemplaren privat verlegte, »reichte der verfasser freunden[23] und gönnern als geschenk · so blieb er bis in einzelheiten der rücksicht auf die lesende menge enthoben« (George).

Georges priesterliche Kunstauffassung spricht klar aus Gedichten wie »Der Herr der Insel«, »Das Wort«, »Die Spange« und »Der Teppich«. Vom außerordentlichen Wohlklang seiner Sprachkunst zeugen Gedichte wie »Stimmen im Strom« und »Im Windes-Weben«. Am bekanntesten aber sind die Gedichte »Wir schreiten auf und ab im reichen flitter« und »Komm in den totgesagten park und schau«. An Georges Neigung, das Erlesene in vollendeter Sprachgebung zu feiern, schieden sich allerdings die Geister. Brecht urteilte über Georges Dichtungen: »[...] ihre Form ist zu selbstgefällig. Seine Ansichten scheinen mir belanglos und zufällig [...].« Adorno dagegen meinte: »Am hohen Stil ist keine Sekunde Zweifel. [... George] fügt Zeilen zusammen, die klingen, nicht als wären sie von ihm, sondern als wären sie von Anbeginn der Zeiten da gewesen und müßten für immer so sein.«[24]

> Von seinen Worten, den unscheinbar leisen,
> Geht eine Herrschaft aus und ein Verführen,
> Er macht die leere Luft beengend kreisen
> Und er kann töten, ohne zu berühren [...]

schrieb Hugo von Hofmannsthal, um dessen Gefolgschaft der etwa acht Jahre ältere George vergeblich geworben hatte.

---

23 Zu dem Freundeskreis um George gehörten u. a. die Schriftsteller Karl Wolfskehl (1869–1948), Rudolf Borchardt (1877–1945), Max Dauthendey (1867–1918), Hugo von Hofmannsthal (1874–1929), die Germanisten Friedrich Gundolf (1880–1931), Max Kommerell (1902 bis 1944) und Norbert von Hellingrath (1888–1916), der Philosoph und Psychologe Ludwig Klages (1872–1956), der Maler Melchior Lechter (1865–1937), der Generalstäbler Claus Graf Schenk von Stauffenberg (1907–1944) und der Staatsrechtler Carlo Schmid (geb. 1896).

24 Über das Gedicht »Im Windes-Weben« in der »Rede über Lyrik und Gesellschaft«, *Akzente*, 4. Jg. (1957) Heft 1.

Hofmannsthal, der unter dem Pseudonym »Loris« mit den lyrischen Dramoletten *Der Tod des Tizian* (1892) und *Der Tor und der Tod* (1893) sehr jung bekannt geworden war, behandelte die fragwürdige Stellung des Ästheten zwischen Kunst und Leben noch einmal in der Novelle *Das Märchen der 672. Nacht* (1895). Wenig später wurde ihm der eigene, so erfolgreiche künstlerische Ausdruck verdächtig, und er beendete sein zehnjähriges lyrisches Schaffen[25] mit einem erfundenen *Brief des Lord Chandos* (1902), worin dieser seinem Freunde, Francis Bacon, von seiner Sprachkrise berichtet:

Lord Chandos schreibt: »Mir erschien [... wie einem echten Symbolisten, vgl. Anm. 21] das ganze Dasein als eine große Einheit: geistige und körperliche Welt schien mir keinen Gegensatz zu bilden.« Aber plötzlich ist ihm, wie einem Impressionisten, »die Fähigkeit abhanden gekommen, über irgend etwas zusammenhängend zu denken oder zu sprechen«. Er »empfand ein unerklärliches Unbehagen, die Worte ›Geist‹, ›Seele‹ oder ›Körper‹ nur auszusprechen«. Ihm war, »als könnten wir in ein neues, ahnungsvolles Verhältnis zum ganzen Dasein treten, wenn wir anfingen, mit dem Herzen zu denken«. Schweigend sucht er nun den Gegenstand, »dessen unscheinbare Form, dessen von niemand beachtetes Daliegen oder -lehnen, dessen stumme Wesenheit zur Quelle jenes rätselhaften, wortlosen, schrankenlosen Entzückens werden kann«. Das heißt, er lernt sehen wie Rilkes Malte Laurids Brigge (vgl. S. 221 f.).

Bei George, dem eigentlichen Adressaten dieses Briefessays, ging es um Offenbarungen des »Unsäglichen« innerhalb und mittels der Kunst. Des Rätsels Lösung, hieß es im Gedicht »Der Teppich«:

---

25 Von den etwa dreißig Gedichten, die Hofmannsthal selbst gelten lassen wollte, stammen die meisten aus dem letzten Jahrzehnt des 19. Jahrhunderts; zwischen 1894 und 1898 entstanden u. a. »Terzinen I: Über Vergänglichkeit«, »Ballade des äußeren Lebens«, »Manche freilich«, »Lebenslied«, »Die Beiden« und »Reiselied«.

Sie ist nach willen nicht: ist nicht für jede
Gewohne stunde: ist kein schatz der gilde.
Sie wird den vielen nie und nie durch rede
Sie wird den seltnen selten im gebilde.

Lord Chandos mit seinem »Denken in einem Material, das
unmittelbarer, flüssiger, glühender ist als Worte«, sucht
dagegen die Wesenserhellung der natürlichen Dinge selbst
in der aller Sprache und künstlerischer Gestaltung voraus-
gehenden Epiphanie.

Der *Chandosbrief,* der auf die Probleme des *Schwierigen*
(vgl. S. 221) vorausweist, ist ein Wendepunkt in Hofmannsthals Werk und zugleich ein frühes Zeugnis der im 20.
Jahrhundert nun öfter erfahrenen Sprachkrisen.[26] Doch der
autobiographische Gehalt der wortgewandten Klage sollte
nicht überschätzt werden. Weder in den Festspielen *Jedermann* (1911) und *Das Salzburger große Welttheater* (1922)
noch in den schönen Opernlibretti zum *Rosenkavalier*
(1911) oder der *Frau ohne Schatten* (1919) gebrach es Hofmannsthal wirklich am Wort.

Seine vielen Nachdichtungen verraten eher einen Mangel
an originellen Themen. Ganz anders Rilke, dessen Arbeit
an den *Duineser Elegien* tatsächlich für Jahre ins Stocken
geriet.

RAINER MARIA RILKE hatte die impressionistischen Anfänge im *Stunden-Buch* (1905) und im *Buch der Bilder*
(1902 und 1906) mit der Sammlung *Neue Gedichte* (1907
bis 1908) endgültig überwunden, indem er von den musikalischen, klangvollen Stimmungsgedichten zum Dingge-
dicht überging. Statt der impressionistisch-subjektiv erfaßten Oberfläche der Einzelerscheinungen suchte er seit seiner
Begegnung mit dem Bildhauer Rodin in Paris im objektiven Anschauen klar umrissener Gegenstände das über diese
selbst hinausweisende Wesen derselben. Denn erst die We-
sensschau ermöglichte es ihm, den vergänglichen Dingen

---

26 Besonders die Lyriker von Rilke über Trakl, Benn und Celan
   bis hin zu Ingeborg Bachmann, aber auch Kafka u. a. durchlebten
   ein krisenhaftes Verhältnis zum Wort.

durch sprachliche Neuschöpfung im Wort Dauer zu verleihen.[27] So entstanden die berühmten Dinggedichte »Der Panther«, »Die Treppe der Orangerie«, »Römische Fontäne«, »Das Karussell«, »Spanische Tänzerin«, »Archaischer Torso Apollos«, »Damen-Bildnis aus den Achtziger-Jahren«, »Die Flamingos«, »Der Ball« und andere mehr.

Vom impressionistischen Sehen im *Buch der Bilder* über die phänomenologische Schau[28] in den *Neuen Gedichten* gelangte Rilke in den *Duineser Elegien* (1923) endlich zur mystischen Vision.

> Denn des Anschauns, siehe, ist eine Grenze.
> Und die geschautere Welt
> will in der Liebe gedeihn.
>
> Werk des Gesichts ist getan,
> tue nun Herz-Werk
> an den Bildern in dir, jenen gefangenen; [. . .].

Rilke möchte sich die hinfälligen Dinge nun so leidenschaftlich einprägen, daß ihr Wesen in seinem Inneren unsichtbar neu ersteht. In der *Neunten Elegie* heißt es:

> Erde, ist es nicht dies, was du willst: *unsichtbar*
> in uns erstehn? – Ist es dein Traum nicht,
> einmal unsichtbar zu sein? – Erde! unsichtbar!
> Was, wenn Verwandlung nicht, ist dein drängender Auftrag?

Auch die Gedichte »Es winkt zu Fühlung fast aus allen Dingen« und »Ausgesetzt auf den Bergen des Herzens« sprechen von dieser neuen Verwandlung im »Weltinnenraum« und von der Schwierigkeit dieses neuen dichterischen

27 Käte Hamburger wies darauf hin, daß zur selben Zeit, als die impressionistischen Maler und Dichter ihre visuellen Wahrnehmungsfähigkeiten steigerten, das Sehen auch in der Philosophie bei Edmund Husserl (1859–1938) eine bedeutende Rolle spielte.

28 Phänomenologie (von griech. *phainomenon* ›Erscheinendes, sinnlich Wahrnehmbares‹ und *logos* ›Lehre‹) ist bei Husserl die Lehre von der »Wesenheit«, der Bedeutung, dem Sinn der Dinge unter Ausklammerung ihrer individuellen Realität, die nur Erscheinungsform ist.

Auftrags. Das siebente der *Sonette an Orpheus*[29] (1923) lautet:

Rühmen, das ists! Ein zum Rühmen Bestellter,
ging er hervor wie das Erz aus des Steins
Schweigen. Sein Herz, o vergängliche Kelter
eines den Menschen unendlichen Weins.

Nie versagt ihm die Stimme am Staube,
wenn ihn das göttliche Beispiel ergreift.
Alles wird Weinberg, alles wird Traube,
in seinem fühlenden Süden gereift.

Nicht in den Grüften der Könige Moder
straft ihm die Rühmung lügen, oder
daß von den Göttern ein Schatten fällt.

Er ist einer der bleibenden Boten,
der noch weit in die Türen der Toten
Schalen mit rühmlichen Früchten hält.[30]

---

29 Orpheus, der Sohn der epischen Muse Kalliope, besänftigte mit seinem Gesang und dem Spiel auf der Kithara die wilden Tiere und bewegte den Fürsten der Unterwelt zur Freigabe Eurydikes, seiner Gattin.
30 Vgl. auch die Sonette 9 und 1 und im zweiten Teil 4.

13. Expressionismus (1910–1925)

a) Von der Nuance zum Extrem

Als die Sehweise der impressionistischen Maler (vgl. Kap.
12, Anm. 7) nach einer Generation gänzlicher Vorherrschaft durch epigonale Gewöhnung schal wurde, begann
man den von außen nach innen verlaufenden Prozeß der
künstlerischen Verwirklichung umzukehren: Paul Cézanne
(1839–1906), Vincent van Gogh (1853–1890) und Henri
Matisse (1869–1954) bemühten sich nicht mehr um die
nuancenreichen Eindrücke der Außenwelt, sondern um den
Ausdruck ihrer eigenen Innenwelt. Der Begriff ›Expressionismus‹ wird 1911 zum ersten Mal für die jungen französischen Maler der 22. Berliner Sezession (u. a. Braque,
Picasso) gebraucht. Ihr Hang zur Übertreibung in Gestik,
Form und Farbigkeit und zur gegennaturalistischen
Verformung des äußeren Erscheinungsbildes hatte Ent-
sprechungen in der Dichtung, was Kurt Hiller zur Über-
tragung dieses Stilbegriffes auf die Literatur veranlaßte.
Die jungen Schriftsteller selbst nannten sich allerdings
nicht ›Expressionisten‹. Sie wollten auch nicht unter ästhetischen Gesichtspunkten gelesen werden. Denn wichtig war
ihnen ein umstürzlerisches Aufbegehren, das sich gegen
die Saturiertheit des wilhelminischen Bürgertums und gegen den erbaulichen Genuß der impressionistischen Über-
ästhetik wandte. Statt in sublimen Nuancen oder in geheimen, kostbaren Symbolen zu schwelgen, statt im »schönen Leben« des Jugendstils aufzugehen, schrien sie mit
»neuem Pathos«[1] nach dem »neuen Menschen« und einem

---

1 Das Pathos (griech.), die erhabene, leidenschaftliche Gemütsbewe-
gung und deren Ausdruck, der bei Klopstock, Schiller, Hölderlin
und Nietzsche zum Personalstil gehörte, sollte jetzt zum allgemeinen Zeit- oder Epochenstil werden.

»rasenden Leben«, nach Aktivismus, Intensität und Simultangefühlen.

Da aber alle Versuche, das allgemeine Wollen inhaltlich zu bestimmen und auf einen gemeinsamen ideen- oder geistesgeschichtlichen Nenner zu bringen, an den weltanschaulichen Gegensätzen und Selbstwidersprüchen der jungen Generation scheiterten, blieben als Kennzeichen der literarischen Epoche zwischen 1910 und 1925 eben doch vorrangig Ton und Temperament ihrer Ausdrucksweise: die Steigerung des Pathos[2] bis zum ekstatischen Schrei[3] und endlich sein Umkippen zum dadaistischen Gestammel.[4]

b) Lyrik

Ihre beachtlichsten Leistungen erbrachten die expressionistischen Dichter in der Lyrik. Doch hier wie in den anderen Gattungen sind die heute noch gern gelesenen Texte nicht immer die für ihre Entstehungszeit charakteristischen. Denn allzuoft vernachlässigten die jungen Lyriker über ihrem

2 Vgl. die Zeitschriftentitel *Der Sturm* (Walden, 1910–32), *Die Aktion* (Pfemfert, 1911–32), *Die Weißen Blätter* (Schickele, 1913–20), *Das neue Pathos* (Ehrenbaum, 1913–19) und *Revolution* (Leybold, 1913). Oder Anthologietitel wie *Menschheitsdämmerung*, *Die Erhebung*, *Der Anbruch*, *Die Botschaft*, *Verkündigung* usw.

3 Hermann Bahr (vgl. Kap. 12, Anm. 3) schrieb: »Da schreit die Not jetzt auf: der Mensch schreit nach seiner Seele, die ganze Zeit wird ein einziger Notschrei. Auch die Kunst schreit mit, in die tiefe Finsternis hinein, sie schreit um Hilfe, sie schreit nach dem Geist: das ist der Expressionismus.« Vgl. auch *Der Schrei* (1893) und *Geschrei* (1895) in Malerei und Graphik von Edvard Munch (1863–1944).

4 »Dada heißt im Rumänischen Ja, Ja, im Französischen Hotto- und Steckenpferd. Für Deutsche ist es ein Signum alberner Naivität und zeugungfroher Verbundenheit mit dem Kinderwagen«, erklärt Hugo Ball (1886–1927). Unter dem Motto »Dem Kosmos einen Tritt! Vive Dada!!!« erheben Hans Arp (1887–1966), Kurt Schwitters (1887–1948) u. a. die dem Expressionismus innewohnende zerstörerische, anarchische Neigung 1916 zum Grundsatz einer gegenbürgerlichen, zum Surrealismus übergehenden Kunst.

pathetischen Engagement die Form. ERNST STADLER (1883 bis 1914) bekannte:

> Form will mich verschnüren und verengen,
> Doch ich will mein Sein in alle Weiten drängen –
> Form ist klare Härte ohn' Erbarmen,
> Doch mich treibt es zu den Dumpfen, zu den Armen, [. . .].[5]

FRANZ WERFEL (1890–1945) verkündete:

> Mein einziger Wunsch ist, Dir, o Mensch verwandt zu sein!
> [. . .]
> Sei nicht hart und löse Dich mit mir in Tränen auf![6]

Das freilich ist nicht jedermanns Sache. Karl Kraus (1874 bis 1936) bemerkte abfällig: »Und die Gefühle gehen wie geschmiert.« Und Gottfried Benn stimmte zu: »Aber die Form *ist* ja das Gedicht. Die Inhalte eines Gedichtes, sagen wir Trauer, panisches Gefühl, finale Strömungen, die hat ja jeder [. . .].«[7] Das Begreifen expressionistischer Lyrik verbindet sich dementsprechend heute eher mit den Namen der Frühexpressionisten Heym und Trakl, vor allem aber mit Gottfried Benn.

Von seinen Eltern und Lehrern unverstanden, quälte sich der unruhige und tatendurstige GEORG HEYM (1887–1912), mit Selbstmordgedanken spielend, durch Schule und juristisches Brotstudium. Vier Monate bevor er beim Schlittschuhlaufen in der Havel ertrank, schrieb er in sein Tagebuch:

> [. . .] ich ersticke noch mit meinem brachliegenden Enthousiasmus in dieser banalen Zeit. Denn ich bedarf gewaltiger äußerer Emotionen, um glücklich zu sein. [. . .] Ich hoffe jetzt wenigstens auf einen Krieg.

In seinen Gedichtsammlungen *Der ewige Tag* (1911) und *Umbra vitae* (postum, 1912) beschwört Heym als »Visionär des Grauenerregenden« Qual und Tod, die faszinie-

---

5 Vgl. das Gedicht »Fahrt über die Kölner Rheinbrücke bei Nacht«.
6 Vgl. das Gedicht »Als mich dein Wandeln an den Tod verzückte«.
7 Vgl. Benns poetologischen Vortrag *Probleme der Lyrik* (1951).

rende Dämonie der Großstadt (Berlin) und die Urgewalt des Krieges.[8] Dabei beklagt Heym nicht die Sinnlosigkeit der in Krieg und Revolution entfesselten Greuel, vielmehr sieht er in Anlehnung an Nietzsches Renaissancekult und Bergsons Lebensphilosophie[9] in der dionysisch-rauschhaften Kriegsbegeisterung eine ekstatische Lebenssteigerung, die nicht nur zum Untergang in Leid und Elend, sondern auch zur Erneuerung oder Wiedergeburt des Menschen führt.

Auch der Salzburger GEORG TRAKL (1887–1914) war kein Pazifist. Doch als zwei Jahre nach Heyms Tod der Erste Weltkrieg Wirklichkeit geworden war, fand sich der menschenscheue Lyriker nach einer sinnlosen Schlacht bei Gródek plötzlich ohne Arzt und Medikamente als Sanitäter allein mit neunzig Schwerverwundeten. In einer Scheune, bei der standrechtlich Erhängte in den Bäumen schaukelten, erschoß sich einer der Sterbenden vor seinen Augen. Der siebenundzwanzigjährige Dichter erlitt einen Schock, wurde von Kameraden bei einem Selbstmordversuch entwaffnet und zur Beobachtung seines Geisteszustandes in ein Garnisonshospital gebracht, wo er an einer Überdosis Kokain starb.

Georg Trakl, der seit seinem fünfzehnten Lebensjahr Rauschgifte nahm und seine musisch begabte Schwester Grete mehr als brüderlich liebte, war im Gymnasium gescheitert und ging wie Heym früh mit Selbstmordgedanken um. Traum und Umnachtung, Verfall und Verwesung

---

8 Vgl. die Gedichte »Die Vorstadt«, »Der Gott der Stadt«, »Der Krieg«, »Das Fieberspital«, »Auf einmal aber kommt ein großes Sterben«, »Ophelia« und »Tod des Pierrots«.

9 Der französische Philosoph Henri Bergson (1859–1941) stellte der eleatischen Philosophie des Gleichbleibenden eine Philosophie des ewigen Werdens gegenüber und lehrte, daß das seelische Individuum wie das Leben überhaupt eine fließende, mit dem Intellekt weder begreifbare noch zerlegbare Mannigfaltigkeit sei, die allenfalls intuitiv erschaut werden kann. Die Lebensschwungkraft (*élan vital*) erzeuge einen Strom ewiger Um- und Neugestaltung (*évolution créatrice*). Vgl. die Schlagworte ›Vitalismus‹, ›Aktionalismus‹ usw.

sind auch die Hauptthemen seiner von wenigen Chiffren[10] und eigentümlicher Farbsymbolik geprägten *Gedichte* (1913).[11] Wenn immer seine schwermütige Klage eine heilere Welt aufruft, erscheint diese im Untergang begriffen, als verlorenes Paradies oder als jenseitiger, nur durch den Tod zu betretender Bereich. Meist vermischt er in hieroglyphenartigen Bilderreihen Friedliches und Bedrohliches, mythische Enthüllung und Verzauberung, Faszination und Schauder.

Der aus einem Pfarrhaus stammende Berliner Arzt GOTTFRIED BENN (1886–1956) rief mit seiner lyrischen Flugschrift *Morgue und andere Gedichte* (1912)[12] durch makabre Themen und provozierend zynischen Ton einen Sturm der Entrüstung hervor. In seinen drastischen Bildern aus Sektionssaal und Leichenschauhaus zeigt sich »Die Krone der Schöpfung, das Schwein, der Mensch« in so erbärmlicher Kreatürlichkeit, Siechtum und physischem Zerfall, daß die schmeichelhafte Vorstellung vom Menschen als Gottes Ebenbild samt dem tröstlichen Glauben an eine Gotteskindschaft darüber höchst fragwürdig wird.

Benn selbst flieht vor der quälenden Wirklichkeit zunächst in den dionysischen Traum und Rausch;[13] er schreibt: »Ob Rhythmus, ob Droge, ob das moderne autogene Training – es ist das uralte Menschheitsverlangen nach Überwindung

---

10 Die Chiffre (frz., ›Ziffer, Geheimschrift‹) ist in der modernen Lyrik eine um ihre bildhafte Ausführung verkürzte Restform des Symbols, ein rätselhaftes Zeichen, dessen Bedeutung sich aus ebendem Textzusammenhang erklärt, zu dessen Deutung sie nötig ist. Vgl. das Gedicht auf der folgenden Seite.

11 Vgl. die Gedichte »Verfall«, »Der Gewitterabend«, »Verklärter Herbst«, »In den Nachmittag geflüstert«, »Sommer« und »Grodek«.

12 Nach dem Pariser Leichenschauhaus in der Rue Morgue, über das Rilke bereits 1906 ein Gedicht verfaßte. Vgl. die Gedichte »Kleine Aster«, »Schöne Jugend« (mit Heyms »Ophelia«), »Mann und Frau gehn durch die Krebsbaracke« (mit Heyms »Fieberspital«) und »Nachtcafé«.

13 Vgl. seine Drogenlyrik, besonders »Kokain«, den Zyklus »Betäubung« (1925), »Trunkene Flut« und »Der Sänger«.

unerträglich gewordener Spannungen, solcher zwischen Außen und Innen, zwischen Gott und Nicht-Gott, zwischen Ich und Wirklichkeit.« Später wendet er sich vom Dionysischen zum Apollinischen, von der ekstatischen Lyrik zu den *Statischen Gedichten* (1946).[14]

Benn sieht »die Kunst die Religion dem Range nach verdrängen. Innerhalb des allgemeinen europäischen Nihilismus« sieht er wie Nietzsche (vgl. Kap. 10, Anm. 21) »keine andere Transzendenz als die Transzendenz der schöpferischen Lust«. Er glaubt, daß der schöpferische Mensch, »selbst wenn er persönlich und privat von einem geradezu lethargischen Pessimismus befallen sein sollte, durch die Tatsache, daß er arbeitet, aus dem Abgrund steigt. Das angefertigte Werk ist eine Absage gegen Zerfall und Untergang.«

> Ein Wort, ein Satz –: aus Chiffren steigen
> erkanntes Leben, jäher Sinn,
> die Sonne steht, die Sphären schweigen
> und alles ballt sich zu ihm hin.
>
> Ein Wort – ein Glanz, ein Flug, ein Feuer,
> ein Flammenwurf, ein Sternenstrich –
> und wieder Dunkel, ungeheuer,
> im leeren Raum um Welt und Ich.

Indem Benn so die Dichtung und das lyrische Ich selbst immer wieder zum Gegenstand erhebt,[15] führt er den Expressionismus, der anfangs für eine *poésie engagée* eingetreten war, endlich zur Kunst und Leben trennenden Ästhetik der symbolistischen *poésie pure* zurück. In seiner Rede auf Stefan George sagt Benn:

> [...] dieser Wille zur Form, dieses neue Formgefühl, das ist nicht Ästhetizismus, nicht Intellektualismus, nicht For-

---

14 Vgl. die Gedichte »Astern«, »Einsamer nie –« und »Verlorenes Ich«; bezüglich der Begriffe ›apollinisch‹ und ›dionysisch‹ vgl. Nietzsche, Kap. 10b.

15 Vgl. »Verse«, »Gedichte« und »Nur zwei Dinge«.

malismus, sondern höchster Glaube: entweder gibt es ein geistiges Weltbild, und dann steht es über der Natur und der Geschichte, oder es gibt keines, dann sind die Opfer, die Kleist, Hölderlin, Nietzsche brachten, umsonst gebracht.

c) Drama

Ein Vorläufer und Anreger der expressionistischen Dramatiker war FRANK WEDEKIND (1864–1918), ein aufbegehrender, überspannter Geist, der in der Kindertragödie *Frühlings Erwachen* (1891) das Problem der Pubertät in einer sich prüde gebenden Gesellschaft mit doppelter Moral aufgreift:

Statt vernünftig aufzuklären, drohen die Erwachsenen und begegnen den erwachenden Trieben ihrer Kinder mit Verbot und Unterdrückung. Als Folge davon stirbt Wendla Bergmann bei einem Abtreibungsversuch; der Schulversager Moritz Stiefel erschießt sich, und Melchior Gabor, der es wagte, seinen Freund aufzuklären, wird durch ein groteskes Lehrertribunal von der Schule verwiesen. Über Gräbern erscheinen ihm Moritz, mit seinem Kopf unter dem Arm, und ein »vermummter Herr«, der ihn, den Todbereiten, ins Leben führt.

Die lockere Bilderfolge (Stationen), die typenhaften Figuren, der abstrakte, teils lyrische, teils groteske Dialog, vor allem die Monologe und der die Idee hervorhebende surrealistische Schluß gingen weit über den zeitgenössischen naturalistischen Dramenstil hinaus. Der Zeit voraus war auch die Unbefangenheit, mit der Wedekind das Thema der Sexualität behandelte. Das von der wilhelminischen Zensur verfolgte Stück wurde erst nach zwanzig Jahren zur Aufführung freigegeben.

Inzwischen hatte Wedekind mit den Lulu-Dramen *Erdgeist* (1895) und *Die Büchse der Pandora* (1902) eine weitaus verwirrendere Tragödie der Erotik geschaffen. Lulu, der dämonisierte Geschlechtstrieb, ist »das wahre Tier, das

wilde, schöne Tier [...]. / Sie ward geschaffen, Unheil
anzustiften, / Zu locken, zu verführen, zu vergiften.« Nur
ihrem eigenen, natürlichen Gesetz gehorchend, reißt sie alle
ihre Liebhaber und schließlich sich selbst ins Verderben.
Über die Moral dieser Stationentragödie, genauer über den
Zwiespalt zwischen der »menschlichen« und der »bürgerlichen« Moral, können sich die Interpreten bis heute nur
schwer einigen.

Nicht weniger schillernd ist CARL STERNHEIM (1878–1942).
In seinem Dramenzyklus *Aus dem bürgerlichen Helden-
leben* (1908–22) deckt er die falschen Ideale der wilhelminischen Gesellschaft auf; z. B. die Geldgier des Theobald
Maske in dem Lustspiel *Die Hose* (1911) und den Standesdünkel in *Bürger Schippel* (1913). Mit fesselnder Sprachkunst und wirkungsstarker Dramaturgie, mit knappen,
elliptisch[16] zugespitzten Dialogen und grotesk-realen Szenen scheint Sternheim zunächst nur glänzende Bürgersati-
ren zu geben. Und doch will er mehr als die Wirklichkeit
satirisch geißeln. Er will sie erkennen lehren. Die wider-
lichen Typen sind ihm zugleich auch tatsächliche Helden,
deren durchaus bedenkliche »positive« Züge er zu bejahen
scheint.

Der Expressionist GEORG KAISER (1878–1945) war neben
dem Naturalisten und Neuromantiker Hauptmann (vgl.
Kap. 11c) gegen Ende des Ersten Weltkrieges der bekannteste deutsche Dramatiker. Sein von Rodins berühmter
Plastik angeregter Dreiakter *Die Bürger von Calais* (1914)

---

16 Die Ellipse (von griech. *elleipsis* ›Auslassung‹) meint in der Sti-
  listik das Weglassen unwesentlicher, aus dem Sinnzusammenhang
  leicht zu ergänzender Wörter in Satz und Rede. – Die meister-
  haft gebauten Verführungsszenen im dritten Aufzug des *Bürger
  Schippel* enden damit, daß Hicketier seine Schwester mit dem
  Fürsten überrascht:
  »*Der Fürst geleitet Thekla mit fürstlicher Gebärde ins Haus. Bleibt
  dann vor Hicketier stehen.*
  D e r F ü r s t. Ihre Schwester Thekla – jetzt zu bewegt – selbstverständlich morgen ...
  Wendet sich schnell zum Gehen.«

gilt als dramatisches Hauptwerk des Expressionismus. Der Bürgermeister Jean de Vienne verkündet darin:

> Der König von England hat Gewalt über Calais. Er tut mit Calais nach seinem Willen. Nun fordert er dies: sechs Gewählte Bürger [Ratsherren] sollen den Schlüssel vor die Stadt tragen – sechs Gewählte Bürger sollen aus dem Tor schreiten – barhäuptig und unbeschuht – im Kleide der armen Sünder – den Strick in ihrem Nacken – *(er hebt den Kopf)* Sechs sollen am frühen Morgen von der Stadt aufbrechen – sechs sollen sich im Sande vor Calais überliefern – sechsmal schnürt sich die Schlinge –; das wird die Buße, die Calais und seinen Hafen heil bewahrt![17]

Es melden sich sieben, von denen der erste, Eustache de Saint-Pierre, sich selbst tötet. Angesichts dieser Begeisterung auslösenden Selbstaufgabe zum Wohle aller und dem damit herbeigeführten Sieg der Opferbereitschaft über sinnlose Kampflust spricht der blinde Vater an der Bahre seines heldenmütigen Sohnes: »Ich habe den neuen Menschen gesehen – in dieser Nacht ist er geboren!«

Um Aufbruch und Wandlung zum neuen Menschen geht es auch in dem zweiteiligen Stück *Von morgens bis mitternachts* (1916). Ein vom Alltagseinerlei innerlich verkrusteter Kassierer sucht da seine Erneuerung, indem er sechzigtausend Mark entwendet, um von morgens bis mitternachts einmal im Überfluß zu leben. Doch ehe er sich am Ende des hektischen Tages erschießt, muß er bekennen:

> Mit keinem Geld aus allen Bankkassen der Welt kann man sich irgendwas von Wert kaufen. Man kauft immer weniger, als man bezahlt. Und je mehr man bezahlt, um so geringer wird die Ware. Das Geld verschlechtert den Wert. Das Geld verhüllt das Echte – das Geld ist der armseligste Schwindel unter allem Betrug!

17 Die Wiederholung derselben Wörter (»sechs Gewählte Bürger sollen . . .« bzw. »sechs sollen . . .«) am Anfang von Sätzen, Versen oder Strophen nennt man ›Anapher‹ (von griech. *ana* ›zurück‹ und *pherein* ›tragen‹); vgl. ›Parallelismus‹, Kap. 1, Anm. 13.

Entmutigender ist das Scheitern der Erweckung zum neuen Menschen in dem Ideendrama *Gas* (I, 1918; II, 1920). Ein sozialrevolutionärer Milliardärsohn hat sein Gaswerk, das die gesamte Industrie mit Energie versorgt, sozialisiert. Das Werk explodiert. Um die Arbeiter vor der äußeren Gefahr durch das Gas und vor der inneren Verkrüppelung durch die entfremdete Industriearbeit zu schützen, möchte der Milliardärsohn anstelle der Fabrik eine Agrargesellschaft aufbauen. Sein Plan stößt auf den Widerspruch des herrschsüchtigen Ingenieurs, der Rüstungsindustrie und der am Gewinn beteiligten Arbeiterschaft. Der Milliardärsohn wird enteignet. In der Fron unter staatlicher Zwangsverwaltung gehen die Arbeiter als namenlose »Blaufiguren« mit ihrer Industriegesellschaft der Selbstvernichtung im Krieg entgegen.

d) Essay, Erzählung und Roman

Im Mittelpunkt der expressionistischen Literatur stand der in seiner Vereinzelung auf sich selbst zurückgeworfene, verstörte Mensch, dessen Probleme als isolierter Fall Gewicht bekamen. Daraus erwuchs das Bedürfnis, gesteigertes seelisches Erleben zu gestalten: kritisch groteske oder ethisch utopische Schau, Traum, Entzückung, Rausch und Wahn; dem Wesen nach Selbstenthüllungen, die, statt äußere Wirklichkeit abzubilden, diese in Spiegelungen der Innenwelt verwandelten. Das geschah in einer auf Eindringlichkeit zielenden Sprache, die einerseits um wuchtiger Prägnanz willen vereinfachte, verkürzte und elliptisch raffte, andererseits ihre Überredungskraft ballte, indem sie Bilderfluchten und Parallelismen in pathetisch oder rhythmisch bewegten Steigerungen häufte. Die literarische Ausdruckskunst konnte sich daher in der Lyrik und im Drama leichter entfalten als in der Epik, die, zumal in der Großform Roman, eher die im Realismus übliche objektivere

Ordnung, Breite und Gelassenheit nahezulegen schien. Nicht zufällig also bevorzugten die eigentlichen Expressionisten kleinere Erzählformen.

GOTTFRIED BENN (vgl. Kap. 13b), der über *Das moderne Ich* und über *Provoziertes Leben* glänzende Essays[18] schrieb, war auch in anderen Texten, wie *Gehirne, Weinhaus Wolf* und *Roman des Phänotyp*, ein essayistischer Erzähler. In der Form des Essays schrieb er als Poeta doctus über *Goethe und die Naturwissenschaften* und für *Heinrich Mann zum sechzigsten Geburtstag.*

HEINRICH MANN (1871–1950) wiederum legte seine Auffassung vom modernen Schriftsteller in der Essay-Sammlung *Geist und Tat* (1931) nieder. An den Beispielen von Rousseau, *Voltaire – Goethe*[19] und *Zola* machte er klar, wie falsch es ist, dem großen Mann zu huldigen statt der Demokratie, die freilich von den Schriftstellern verlange, »daß sie Agitatoren werden, sich dem Volk verbünden gegen die Macht, daß sie die ganze Kraft des Wortes seinem Kampf schenken, der auch der Kampf des Geistes ist«. Goethes Werk, schreibt Heinrich Mann, »der Gedanke an ihn, sein Name haben in Deutschland nichts verändert, keine Unmenschlichkeit ausgemerzt, keinen Zoll Weges Bahn gebrochen in eine bessere Zeit«. Aber Voltaire, dessen Geist sich in Zola bewährte, als dieser für den entrechteten Hauptmann Dreyfus eintrat.[20]

---

18 Der Essay (engl., ›Versuch‹) ist eine von Montaigne (*Essais*, 1580) und Bacon (*Essays*, 1597) angeregte Textform vorzüglich für kulturkritische Themen. Anders als in der sachlich erschöpfenden, methodischen Abhandlung, die ihren Gegenstand wissenschaftlich »festlegt (vgl. ›Traktat‹, Kap. 2, Anm. 18 und S. 65), wird der Gegenstand im Essay mehr aus persönlicher, intuitiv-ganzheitlicher Sicht in assoziativer, offener Form »erwogen«. Vgl. S. 252 den Essayismus bei Musil.

19 1910 entstanden, aber noch nicht in der ursprünglichen, von Heinrich Mann zusammengestellten Ausgabe von 1931 enthalten.

20 Mit seinem offenen Brief »J'accuse . . .« in der Zeitung *L'Aurore* (1898) hatte Zola den 1894 zu Unrecht der Spionage beschuldigten und auf die Teufelsinsel verbannten Hauptmann Dreyfus gegen den französischen Generalstab verteidigt. Der wagemutige Schriftsteller wurde daraufhin selbst gerichtlich verfolgt.

Heinrich Mann, der wegen solcher Überzeugungen von seinem jüngeren Bruder Thomas (vgl. Kap. 14b) in den *Betrachtungen eines Unpolitischen* (1918) als »Zivilisationsliterat« verunglimpft wurde, bewies in seinen satirischen Zeitbildern allerdings die größere politische Weitsicht. Schon der Roman *Professor Unrat* (1905), der erst durch Sternbergs Verfilmung als *Der blaue Engel* (1931), mit Emil Jannings und Marlene Dietrich, zu Weltruhm gelangte, deckte auf, wie eng in der wilhelminischen Gesellschaft Tyrannengeist und Untertanenseele zusammenhingen. Noch klarer spiegelt *Der Untertan* (1914) die »Geschichte der öffentlichen Seele unter Wilhelm II.«. Aber nicht als ein Hauptwerk deutscher Satire, sondern als sozialpsychologische Studie über die Entstehungsbedingungen des Faschismus verdiente dieser Roman zur Pflichtlektüre erhoben zu werden: Den bürgerlichen Bildungsroman parodierend, werden hier die Entwicklungsstationen des Chauvinisten[21] Diederich Heßling verfolgt, eines bedenklichen deutschen Typus, über dessen Abbild Tucholsky schrieb: »Hier ist er ganz: in seiner Sucht, zu befehlen und zu gehorchen, in seiner Roheit und in seiner Religiosität, in seiner Erfolganbeterei und in seiner namenlosen Zivilfeigheit.«

Dem bürgerlichen Untertanen Heinrich Manns stellte der Berliner Nervenarzt ALFRED DÖBLIN (1878–1957) in seinem Erfolgsroman *Berlin Alexanderplatz* (1929) den kriminellen Großstadtproletarier zur Seite:

Der haftentlassene Totschläger Franz Biberkopf versucht in Berlin als anständiger Mensch Fuß zu fassen. Ein gemeiner Betrug seines Gefährten Lüders treibt ihn aber wieder in die Unterwelt, wo ihn sein grausamer Gegenspieler Reinhold zuerst um einen Arm bringt und später die Geliebte ermordet. Biberkopf, des Mordes verdächtigt, wird festgenommen, mit einem Nervenzusammenbruch in

---

21 Überspannter Nationalismus; nach dem Rekruten Chauvin aus dem französischen Lustspiel *La cocarde tricolore* (1831) der Brüder Cogniard.

die Gefängnis-Irrenanstalt gebracht und, nach einer mystischen Wiedergeburt, als »neuer Mensch« entlassen; »ram-
poniert, aber doch zurechtgebogen«, wird er Hilfspförtner
in einer Fabrik.

Im Hinblick auf die vorangegangene Handlung vermag der
Schluß, der gerne als Läuterung zur sozialistischen Solidarität gedeutet wird, nicht ganz zu überzeugen. Das hängt
damit zusammen, daß Döblin, von Hause Jude, früh en-
gagierter Sozialist, später katholischen Glaubens, ein äußerst beweglicher Denker war, dem eine widersprüchliche
dichterische Gestaltung mehr lag als eine stimmig schluß-
folgernde philosophische Darstellung. Der Herausgeber
Walter Muschg schrieb über Döblin: »Er spricht immer
gleichzeitig als atheistischer Realist und als gläubiger Visionär. Als revolutionärer Freidenker setzt er sich sowohl für
den sozialen und politischen Fortschritt wie für eine neue
religiöse Innerlichkeit ein.«

Das Besondere dieses epochalen deutschen Großstadtromans
ist sein atemberaubender Schwung. Döblin, der es liebte,
»in Fakten zu plantschen«, schrieb »wie immer ohne Plan,
ohne Richtlinien darauflos« (Döblin). Aus amtlichen Protokollen, Formularen, Tabellen, aus Wetter-, Börsen- und
Polizeiberichten, aus Arien und Schlagern, Plakat- und
Reklametexten, aus Briefen und Zeitungsmeldungen montierte er Collagen[22], deren eigenmächtige Elemente den
bänkelsängerisch[23] moralisierenden, allwissenden Erzähler

22 Die Collage (frz., ›Klebearbeit‹) ist ein aus vorgegebenen graphischen Materialien komponiertes Bild. (Vgl. die Merzbilder des
Dadaisten Kurt Schwitters.) Da im literarischen Kunstwerk die
fremden Materialien in zeitlicher Abfolge erscheinen, hat sich für
diese Durchdringung verschiedener Wirklichkeits- und Sprach-
ebenen der aus der Filmkunst stammende Begriff der ›Montage‹
eingebürgert. (Vgl. Ein-, Über- und Rückblendung vor allem auch
im Hörspiel.)

23 Der Bänkelsänger war ein Schausteller, der bei Jahrmärkten, auf
einem Bänkchen stehend, Schauergeschichten zur Drehorgel sang
und dabei auf Bildtafeln zeigte, auf denen die Katastrophen und
Moritaten (›Mordtaten‹) abgebildet waren. Vgl. die den einzelnen
Büchern des *Alexanderplatz* vorangestellten Texte oder »das Lied

und dessen beschränkten Helden gleichsam überrumpeln. Eine der Filmkunst entlehnte Schnitttechnik[24] zerlegt die Handlung in viele Kurzszenen und spiegelt diese kaleidoskopisch in begleitenden Episoden. Dabei verwandelt der wachsende religiöse Unterton die große Moritat vom Franz Biberkopf allmählich in eine heilsgeschichtliche Parabel eines neuen »Jedermann«.

Wie der Lyriker Benn »die Zusammenhangsdurchstoßung, das heißt die Wirklichkeitszertrümmerung« als Voraussetzung für die Entstehung seines Gedichts bezeichnet, verlangt auch der Erzähler Döblin, die Wirklichkeit »zu durchstoßen«, um in der Vorstellung des Lesers jene bedeutungsvollere »überreale Sphäre, das ist die Sphäre einer neuen Wahrheit«, entstehen zu lassen. Diese oft als grotesk empfundene, bewußte expressionistische Verzeichnung der Wirklichkeit, die in Döblins Roman *Berlin Alexanderplatz* den Zug ins Überladene und Riesenhafte trägt, nimmt in den leiseren Erzählungen Franz Kafkas eine so eigentümliche Form an, daß man gelegentlich hört, hier oder da sei die Wirklichkeit selbst geradezu »kafkaesk«.

Der Prager Versicherungsjurist FRANZ KAFKA (1883–1924) war der Sohn eines wohlhabenden jüdischen Kaufmanns. Still und von zarter Gesundheit, litt er, wie der berühmte *Brief an den Vater* (1919) zeigt,[25] als Kind unter »Kraft, Lärm und Jähzorn« der als Tyrannei empfundenen väterlichen Autorität. Das stilisierte biographische Trauma kehrt in Kafkas Dichtungen als demütiges Verhalten rettungslos unterlegener Helden gegenüber undurchschaubaren Mäch-

---

von Salomon, Julius Cäsar und andere große Geister, denens nicht genützt hat«, in der *Mutter Courage*, S. 266.

24 Das Wort ›Schnitt‹ bezeichnet in der Filmmontage die Nahtstelle zwischen zwei Kamera-Einstellungen. Fällt der Bruch des filmischen Kontinuums als großer Sprung der Zeit, des Ortes oder der Handlung auf, so spricht man von einem harten Schnitt. Die Blende dagegen schafft weichere Übergänge.

25 Der Brief, den Kafka nicht absandte, steht in besonders enger Beziehung zu der Erzählung *Das Urteil*.

ten wieder. Nicht nur in den Erzählungen *Das Urteil*
(1913), *Die Verwandlung* (1915), *Ein Landarzt* (1919),
In der Strafkolonie (1919) und *Ein Hungerkünstler* (1924),
sondern auch in den drei Romanen *Der Verschollene*
(*Amerika*-Fragment, 1927), *Der Prozeß* (1925) und *Das
Schloß* (1926) sieht der Leser mit Kafkas »Mikroskop-
Augen« durch die immergleichen, leidenden Helden die
Welt in verwirrender Nahsicht. Fragwürdige Einzelheiten
im Vordergrund verstellen ihm den sehnsüchtig gesuchten
Durch- und Überblick. Im endlosen Einerseits-Andererseits
rätseln die Romanhelden Karl Roßmann, Josef K. und der
Landvermesser K. über ihre beklemmende Lage. Selbst-
quälerische Zweifel und unerklärbare äußere Umstände
veranlassen sie, fortwährend bald eine Voraussetzung,
bald eine Folgerung zu verwerfen, so daß jeder weiter-
führende Schluß vereitelt und die Ungewißheit über die
existentielle Bestimmung des Fragenden zur Dauer wird.
Kafka, der für seine kürzeren Betrachtungen und Erzählungen gern die Parabelform wählte, machte Parabeltexte
auch zum Kern seiner Romane.[26] Am bekanntesten ist die
Parabel »Vor dem Gesetz« aus dem Roman *Der Prozeß*.
Der Prozeßroman beginnt mit dem Satz: »Jemand mußte
Josef K. verleumdet haben, denn ohne daß er etwas Böses
getan hätte, wurde er eines Morgens verhaftet.« Verhaftet
heißt allerdings nicht inhaftiert. Josef K. ist von diesem
Morgen seines dreißigsten Geburtstages an verhaftet mit
einem merkwürdigen, undurchschaubaren Gericht. »Das Gericht«, hört er, »will nichts von dir. Es nimmt dich auf,
wenn du kommst, und es entläßt dich, wenn du gehst.«
Es sucht »nicht etwa die Schuld in der Bevölkerung, sondern wird, wie es im Gesetz heißt, von der Schuld angezo-
gen«. – Josef K. erfährt allerdings weder, wessen er angeklagt, noch wer sein Richter ist, sondern »das Verfahren
geht allmählich ins Urteil über«: Nach dem einjährigen
Prozeß beklemmender Verunsicherung willigt K., ohne

---

26 Vgl. den Brief des Onkels im *Amerika*-Roman und im Roman
Das Schloß den Brief des Schloßbeamten Klamm.

daß ihm ein Urteil eröffnet und begründet wurde, in seine Hinrichtung.

Der Leser, dem die text- oder werkimmanente Deutung der hermetischen Prosa nicht genügt, findet in Kafkas *Tagebüchern, Briefen* und *Gesprächen* (mit Janouch) sowie in der Literatur zur deutschen Existenzphilosophie[27] wertvolle Hilfen für den eigenen biographischen und geistesgeschichtlichen Zugriff; doch ganz wird sich die trotz glasklarer Sprache geheimnisvolle Welt Kafkas nie erschließen.

---

27 Der Existentialismus ist eine philosophische Richtung, die das Wesen der menschlichen Existenz in den Mittelpunkt stellt und alle Fragen nach Sein und Sinn hierauf bezieht. »Die Existenz bedeutet jenen innersten Kern im Menschen, der auch dann noch unberührt übrig bleibt, ja dann überhaupt erst richtig erfahren wird, wenn alles, was der Mensch in dieser Welt besitzt und an das er zugleich sein Herz hängen kann, ihm verlorengeht oder sich als trügerisch erweist.« (Otto Friedrich Bollnow; vgl. dessen Einführung in die *Existenzphilosophie*, 7. Auflage, Stuttgart 1969.)

14. Von der Weimarer Republik bis zum Ende des Dritten Reiches (1919–1945)

a) Neue Sachlichkeit

Ähnlich wie die aufklärerischen Rationalisten im 18. Jahrhundert die irrationalen Gegenbewegungen des Sturm und Drang, der Empfindsamkeit und der Romantik gleichsam hervorgerufen haben, hat das übertriebene Objektivitätsstreben der konsequenten Naturalisten am Ende des 19. Jahrhunderts eine Vielzahl subjektiver Gegenströmungen ausgelöst (vgl. Kap. 12a). Dieser Subjektivismus gipfelte in der expressionistischen Wirklichkeitsverformung und »Zusammenhangsdurchstoßung« und fand im Dadaismus sein Ende. Nun hieß die Losung: »Neue Sachlichkeit«.[1]
ALFRED DÖBLIN hatte bereits 1913 erklärt: »Was nicht direkt, nicht unmittelbar, nicht gesättigt von Sachlichkeit ist, lehnen wir [...] ab; [...] wir sind noch lange nicht genug Naturalisten.« 1929 schrieb er: »Wenn man ganz ehrlich ist, sagt man heute sogar: man will überhaupt keine Dichtung, das ist eine überholte Sache, Kunst langweilt, man will Fakta und Fakta.«
Doch der Krieg und die durchlebten Krisen schlossen die unverändernde Wiederaufnahme der naturalistischen oder realistischen Überlieferung aus. Die ernüchterten Schriftsteller mußten der neu ins Blickfeld rückenden Wirklichkeit gegenüber einen eigenen Standpunkt finden. Ästhetische, naturwissenschaftliche, religiöse oder politische Denkansätze, Nihilismus, Skepsis und Ambivalenz[2], vor allem aber der rationale oder irrationale Zugriff führten in ihrer

---

1 Wie ›Impressionismus‹ (1874) und ›Expressionismus‹ (1911) ist der Begriff ›Neue Sachlichkeit‹ der bildenden Kunst entlehnt. Er war 1925 der Titel einer Ausstellung in der Mannheimer Kunsthalle.
2 Vgl. Kap. 9, Anm. 24.

Auseinandersetzung mit der Wirklichkeit zu ganz unterschiedlichen Ergebnissen. Das Spektrum dieser Literatur reicht vom magischen bis zum sozialistischen Realismus, von Rosenbergs *Mythus des 20. Jahrhunderts* (1930) bis zu den Satiren von Tucholsky (1890–1935) und Kästner (1899–1974), wobei die angestrebte Sachlichkeit in den Grenzfällen nicht selten auf der Strecke blieb.

b) Der Roman

Der von den Expressionisten vernachlässigte Roman, den schon Heinrich Mann, Döblin und Kafka über die enggefaßten Grenzen des Expressionismus hinaus entwickelt hatten, wurde nun, wie zur Zeit des bürgerlichen Realismus (vgl. Kap. 10), wieder zur bevorzugten Gattung. Denn das epochale Ereignis des Ersten Weltkrieges (1914–18), seine Ursachen und die Folgen bis hin zum Zweiten Weltkrieg (1939–45) verlangten zu ihrer Darstellung und Deutung die epische Großform. Mehr noch: die Vielschichtigkeit des Zeitgeistes veranlaßte die großen Erzähler Thomas Mann, Musil und Broch, polyhistorische[3] Monumentalwerke zu schreiben, in denen das Neben- und Gegeneinander der Ideen und die ungelösten Fragen deutlicher aufleuchten als der eigene Standpunkt, der durch Wechsel der Perspektiven, Ironie oder Selbstzweifel immer wieder in Frage gestellt wird.

Hatte Heinrich Mann die zum Krieg führenden Veranlagungen »der öffentlichen Seele unter Wilhelm II.« vorausblickend erkannt und in seinem Roman *Der Untertan* bereits 1914 angeprangert, so gelang es seinem vier Jahre jüngeren Bruder Thomas Mann (1875–1955) erst später, von den in den Kriegsjahren angestellten *Betrachtungen eines Unpolitischen* (1918) abzurücken, das heißt, die gegen

---

3 Ein Polyhistor (von griech. *polys* ›viel‹ und *histor* ›kundig‹) ist ein in vielen Fächern bewanderter Gelehrter.

den »Zivilisationsliteraten« erhobenen Vorwürfe zurück-
zunehmen und die eigene Demokratiefeindlichkeit zu überwinden.

Thomas Mann, der mit seinem ersten Roman *Buddenbrooks. Verfall einer Familie* (1901) berühmt geworden
war, begriff erst im nachhinein, daß der an vier Generationen einer Lübecker Kaufmannsfamilie aufgezeigte Wandel von ursprünglicher Lebenstüchtigkeit zu seelisch-geistiger
Überfeinerung ein Vorgang war, der nicht nur den persönlich erfahrenen Zwiespalt zwischen Bürger- und Künstlertum betraf, sondern zugleich auf eine allgemeinere Krise
der bürgerlichen Gesellschaft dieser Zeit verwies.

In dem Gesprächsroman *Der Zauberberg* (1924) unternimmt Thomas Mann nun post festum die Analyse der
Vorkriegszeit. Die Fabel ist einfach:

Der Ingenieurstudent Hans Castorp besucht seinen lungen-
kranken Vetter in einem Schweizer Bergsanatorium und
verbringt, selbst leicht erkrankt, sieben Jahre dort oben.

Die Sanatoriumsgäste, moribunde Vertreter des europäischen
Bürgertums, sind allen Anforderungen der Arbeitswelt enthoben; in den Dunstkreis des »Zauberberges« entrückt, entfalten sie sich nachlässig und ungehemmt. Von der Lebenswirklichkeit losgelöst, verkörpern sie im Extrem die
geistigen Grundsätze ihres Zeitalters. So wird der Zauberberg als zeitloses Zwischenreich zwischen Tod und Leben
für Hans Castorp zu einer pädagogischen Provinz,[4] in der
Settembrini, Naphta, Mynheer Peeperkorn und Madame
Chauchat um seine Seele werben.

Der Italiener Settembrini, ein Humanist und rationalistischer Aufklärer, ist wie Heinrich Mann ein Verehrer Vol-
taires und ein wortgewandter Verfechter der Demokratie.
Diese liebenswürdige Abwandlung des »Zivilisationsliteraten« aus den *Betrachtungen* ist nun »zuweilen auch das
Mundstück des Autors«.

Der autoritätsgläubige Jesuit Naphta steht dagegen als An-

---

4 Vgl. Goethe, *Wilhelm Meisters Wanderjahre,* zweites Buch, erstes
Kapitel.

hänger von Inquisition und Diktatur im Bund mit den dunklen, zerstörerischen Mächten. Aus nihilistischer Skepsis ein Verächter des Individuums, befürwortet er den Terror als Weg zum revolutionären Kollektiv.

Beiden, dem rechts- wie dem linksintellektuellen Redner, stiehlt der unzusammenhängend stammelnde Peeperkorn die Schau, indem er mit theatralischer Gebärde und verführerischer persönlicher Ausstrahlung für den sinnlichen Lebensgenuß begeistert. Madame Chauchat schließlich fesselt Hans Castorp als wandelnde Dekadenz.

In den *Betrachtungen* hatte Thomas Mann bekannt:

> Ich gehöre geistig jenem über ganz Europa verbreiteten Geschlecht von Schriftstellern an, die, aus der décadence kommend, zu Chronisten und Analytikern der décadence bestellt, gleichzeitig den emanzipatorischen Willen zur Absage an sie, – sagen wir pessimistisch: die Velleität dieser Absage im Herzen tragen und mit der Überwindung von Dekadenz und Nihilismus wenigstens *experimentieren*.

Placet experiri, sagt auch Hans Castorp. Und wie Senator Thomas Buddenbrook zwischen Schlafen und Wachen seine unbewältigte Schopenhauer-Lektüre überdachte, so überdenkt Hans Castorp, als er sich im Schnee verirrt, vor Erschöpfung träumend seine Erfahrungen »bei Denen hier oben«:

> Der eine [Naphta] ist wollüstig und boshaft, und der andere [Settembrini] bläst immer nur auf dem Vernunfthörnchen [. . .]. Tod oder Leben – Krankheit, Gesundheit – Geist und Natur. Sind das wohl Widersprüche? [. . .] in der Mitte ist des Homo Dei Stand – inmitten zwischen Durchgängerei und Vernunft [. . .]. *Der Mensch soll um der Güte und Liebe willen dem Tode keine Herrschaft einräumen über seine Gedanken.*

Doch wie Thomas Buddenbrook in seinen Kinderglauben zurücksank, verbleicht auch Castorps Traum. Das »Schnee«-Kapitel schließt mit dem Satz: »Was er gedacht, verstand er schon diesen Abend nicht mehr so recht.« Keine Einsicht aus der bewußtseinsteigernden Faszination durch Krankheit und Tod, sondern der Ausbruch des Ersten Weltkriegs, der mit einem Donnerschlag dem gespenstischen Treiben auf dem Zauberberg ein Ende setzt, »entzaubert, erlöst, befreit« auch Hans Castorp. Als Kriegsfreiwilliger stürmt er in die Schlacht.

Die Dekadenz, die Thomas Mann am Beispiel Hanno Buddenbrooks erstmals als Zwiespalt zwischen Bürger- und Künstlertum darstellte, wird in den Künstlernovellen *Tristan* (1903), *Tonio Kröger* (1903) und *Der Tod in Venedig* (1913) als vorwiegend persönliches Problem behandelt. Der *Zauberberg* dagegen mit seinen aus den *Betrachtungen* übernommenen Begriffsgegensätzen wie Zivilisation und Kultur, Aufklärung und Romantik, rationale Verstandeshelle und irrationale, mythisch-dämonische Abgründigkeit und so weiter beleuchtet die öffentliche, gesellschaftliche Seite der Dekadenz. Die zeitgenössische Verketzerung des Geistes als Widersacher der Seele[5] veranlaßte Thomas Mann im *Zauberberg,* und deutlicher noch mit der Rationalisierung des Mythos in den *Josephs*-Romanen (1926–42),[6] für die Vernunft einzutreten.[7] Ähnlich wie in dem Roman *Doktor Faustus* (1947), in dem die Künstlerproblematik mit dem politischen Zeitgeschehen in Verbindung gebracht wird: Der Teufelspakt des Tonsetzers

---

5 Unter dem Titel *Der Geist als Widersacher der Seele* erschien 1929 bis 1932 die lebensphilosophische Anthropologie des Psychologen Ludwig Klages (vgl. Kap. 12, Anm. 23).

6 Zu der Romantetralogie gehören: *Die Geschichten Jaakobs* (1933), *Der junge Joseph* (1934), *Joseph in Ägypten* (1936) und *Joseph, der Ernährer* (1943).

7 Vgl. Thomas Manns Selbstdeutung in einem Brief an Karl Kerényi: »Ich bin ein Mensch des Gleichgewichts. Ich lehne mich instinktiv nach links, wenn der Kahn nach rechts zu kentern droht – und umgekehrt.« Und »ich sage, daß mit der ›irrationalen‹ Mode häufig ein Hinopfern und bubenhaftes Über-Bord-Werfen von Errungenschaften und Prinzipien verbunden ist, die nicht nur den Europäer zum Europäer, sondern sogar den Menschen zum Menschen machen«. Vgl. auch Thomas Manns Rede über *Deutschland und die Deutschen* (1945) sowie *Die Entstehung des Doktor Faustus* (1949).

Adrian Leverkühn entspricht dem nationalsozialistischen Rausch der aus eigener Schuld verfallenden Gesellschaft in Deutschland.

Auch ROBERT MUSIL (1880–1942), der mit der Erzählung *Die Verwirrungen des Zöglings Törleß* (1906) debütierte, befaßte sich in seinem Hauptwerk *Der Mann ohne Eigenschaften* (1930–52) mit dem Zeitgeist vor Ausbruch des Ersten Weltkrieges.[8] Spielte Heinrich Manns *Untertan* im preußischen Deutschland und Thomas Manns *Zauberberg* in der international besuchten Schweiz, so ist Musils *Mann ohne Eigenschaften* in »Kakanien«, d. h. im kaiserlich-königlichen Österreich angesiedelt:

Ulrich, der Mann ohne Eigenschaften, hat ähnlich wie sein Verfasser als Offizier, als Ingenieur und als Mathematiker drei Versuche unternommen, »ein bedeutender Mann zu werden«.[9] »Das Fatale daran war bloß, daß er weder wußte, wie man einer wird, noch was ein bedeutender Mensch ist.« Wegen dieser Ziel- und Wertunsicherheit »beschloß er, sich ein Jahr Urlaub von seinem Leben zu nehmen, um eine angemessene Anwendung seiner Fähigkeiten zu suchen«. Zur selben Zeit, August 1913, beginnt die satirische »Parallelaktion«: In Deutschland trifft man von langer Hand Vorbereitungen zum dreißigjährigen Regierungsjubiläum Wilhelms II. Die Österreicher wollen später nicht zusehen, sondern selbst das siebzigjährige Jubiläum ihres »Friedenskaisers« feiern. Die Parallelaktion, deren Sekretär Ulrich wird, sucht nach einem Leitgedanken für das vaterländische Fest im Jahre 1918.[10] Doch die alles

---

8 Kürzer, aber nicht minder anspruchsvoll sind die *Drei Frauen* (1924).

9 Musil erwog, den Roman in der ersten Person zu erzählen; in den Tagebüchern heißt es bezüglich der Identität von Held und Verfasser: »Ich erzähle. Dieses Ich ist aber keine fingierte Person, sondern der Romancier.« Und: »Ich wird in diesem Buche weder den Verfasser bedeuten, noch eine von ihm erfundene Person, sondern ein wechselndes Gemisch von beidem.«

10 Historisch brachte das Jubeljahr 1918 den Zusammenbruch der österreichischen wie der deutschen Monarchie. Der »Friedenskaiser« war bereits zwei Jahre nach seiner Kriegserklärung gestorben.

verbindende Idee läßt sich nicht finden, denn die Mitglieder der Parallelaktion vertreten zu widersprüchliche Strömungen des Zeitgeistes: Diotima schwärmt von Seele und flacher Mystik. Arnheim (Walther Rathenau, 1867–1922) lebt die »Interessenfusion Seele–Geschäft« und glaubt damit Ulrichs Probleme gelöst zu haben. Clarisse, eine Nietzsche-Anhängerin, ist davon besessen, die Welt durch eine heroische Tat zu erlösen. Walter, ihr Mann, ein Wagnerianer, sehnt sich nach gesunder Erdverbundenheit. Hans Sepp faselt völkisch von der »Kraft des Blutes« und dem »jüdischen Händlergeist«. Der Dichter Feuermaul (Franz Werfel, vgl. Kap. 13b) ist Pazifist. Lindner tritt für asketische Moral ein. Meingast (Ludwig Klages, vgl. Kap. 12, Anm. 23) erklärt, »daß der Erlösungs-Gedanke immer antiintellektuell gewesen sei. ›Also ist nichts der Welt heute mehr zu wünschen als ein guter kräftiger Wahn.‹« Obgleich die Figur des Frauenmörders Moosbrugger die Gefahr des Wahnes erkennen lassen sollte, meint auch General Stumm von Bordwehr nach seiner vergeblichen »Bemühung, Ordnung in den Zivilverstand zu bringen, [...] das Beste wäre schon, wenn über alle diese Unlösbarkeiten einmal ein rechter Trottel käme, ich meine so eine Art Jeanne d'Arc, der könnte uns vielleicht helfen!«.[11] Auch Ulrich, dem es hauptsächlich um eine Verbindung von Verstand und Gefühl, von Geist und Seele bzw. Ratio und Mystik geht und dem ein utopisches »Erdensekretariat der Genauigkeit und Seele« vorschwebt, findet keine Lösung. Im Gegenteil, sein Möglichkeitssinn, »die Fähigkeit [...], alles, was ebensogut sein könnte, zu denken und das, was ist, nicht wichtiger zu nehmen als das, was nicht ist«, vervielfältigt die Probleme.[12] Weil Ulrich keinen Tatsinn findet,

---

11 Vgl. dazu Musil in seinem Tagebuch: »Lange vor den Diktatoren hat unsere Zeit die geistige Diktatorenverehrung hervorgebracht. Siehe George. Dann auch Kraus und Freud, Adler und Jung. Nimm noch Klages und Heidegger hinzu. Das Gemeinsame ist wohl ein Bedürfnis nach Herrschaft und Führerschaft, nach dem Wesen des Heilands.«

12 Musil bekannte: »Meine geistige Ausrüstung für den Roman war

möchte er keine Tatkraft entfalten. Darum lebt er im uneigentlichen Zustand vor seiner Selbstverwirklichung als
»Mann ohne Eigenschaften«. Sein perspektivisches Denken
(vgl. Kap. 10, Anm. 24), das zu einem Weltbild voller
Disparatheiten, nicht aber zu einer ganzheitlichen Weltanschauung führt, spiegelt sich in der Form des Romans.
Ulrich hält die stetig fortschreitende Erzählung für ein-
fältig;[13] als perspektivistischer Denker huldigt er einem
zeitaufhebenden Essayismus:

> Der Wille seiner eigenen Natur, sich zu entwickeln, ver-
> bietet ihm, an das Vollendete zu glauben; aber alles, was
> ihm entgegentritt, tut so, als ob es vollendet wäre. Er ahnt:
> diese Ordnung ist nicht so fest, wie sie sich gibt; [...] im
> Unfesten liegt mehr von der Zukunft als im Festen, und
> die Gegenwart ist nichts als eine Hypothese [...]. Darum
> zögert er, aus sich etwas zu machen; ein Charakter, Beruf,
> eine feste Wesensart, das sind für ihn Vorstellungen, in
> denen schon das Gerippe durchzeichnet, das zuletzt von
> ihm übrig bleiben soll. Er sucht sich anders zu verstehen;
> [...]. Ungefähr wie ein Essay in der Folge seiner Abschnitte
> ein Ding von vielen Seiten nimmt, ohne es ganz zu erfas-
> sen, – denn ein ganz erfaßtes Ding verliert mit einem
> Male seinen Umfang und schmilzt zu einem Begriff ein –
> glaubte er, Welt und eigenes Leben am richtigsten ansehen
> und behandeln zu können.

dichterisch, psychologisch, und z. T. philosophisch. In meiner
jetzigen Lage bedarf es aber des Soziologischen und wessen dazu-
gehört. Darum verlaufe ich mich immer hilflos in Nebenproble-
men, die auseinander-, statt zusammengehn.«

13 Vgl. erstes Buch, zweiter Teil, Kap. 122 »Heimweg«. Dazu Musil
an Johannes von Allesch: »Der Roman unserer Generation [...]
hat sich allgemein vor der Schwierigkeit gefunden, daß die alte
Naivität des Erzählens der Entwicklung der Intelligenz gegenüber
nicht mehr ausreicht. Den ›Zauberberg‹ halte ich in dieser Hinsicht für einen ganz mißglückten Versuch; in seinen ›geistigen‹
Partien ist er wie ein Haifischmagen.« Und im Tagebuch: »Der
übliche Ablauf längs der Zeitreihe ist eigentlich ein Zwang. So
erzählen, wie die Probleme sich in Achilles [Ulrich] gradweise bilden.«

Robert Musil, der für einzelne Teile seines 1600 Seiten umfassenden Romans zwanzig Fassungen hervorbrachte und der dem *Mann ohne Eigenschaften* in rund zwanzig Jahren enzyklopädische Breite gab, konnte sein Lebenswerk nicht vollenden. Eine nachgelassene Fortführungsnotiz lautet: »[...] den Geist nehmen, wie er ist; als etwas Quellendes, Blühendes, das zu keinen Resultaten kommt. Das führt letzten Endes zur Utopie des anderen Lebens.«

HERMANN BROCH (1886–1951) versucht, die Geistesentwicklung der Wilhelminischen Ära in der Romantrilogie *Die Schlafwandler* (1931–32) durch eine Folge von drei Zeitbildern zu erfassen.

Das erste Bild, *Pasenow oder die Romantik. 1888,* porträtiert einen preußischen Junker, einen Nachgeborenen der Briests oder Stechlins aus den Romanen Fontanes (vgl. S. 198 f.). »›Ach‹, sagt der Romantiker und zieht sich das Kleid eines fremden Wertsystems an, ›ach, nun gehöre ich zu euch und bin nicht mehr einsam.‹« Joachim Pasenow, der aus Angst vor dem Leben die Uniform und die Konventionen des Offiziersstandes verabsolutiert, schwankt in seiner Beschränktheit zwischen sinnlicher Leidenschaft und Tugendwahn. Trotz ständiger Sehnsucht nach dem böhmischen Animiermädchen Ruzena heiratet er standesgemäß. Von der Ehe mit Elisabeth erwartet er »nicht die Süßheit der Nächte Ruzenas«, sondern »ein ernstes, vielleicht religiöses Gewährenlassen«, jedenfalls »Rettung aus Pfuhl und Sumpf«. Verklemmt wie seine Liebe ist Pasenows Freundschaft zu dem freigeistigen Kaufherrn Bertrand. Pasenows zwischen Bewunderung und Verachtung, Wohlwollen und Mißgunst wechselnde Haßliebe des Unterlegenen, die an Heinrich Manns Untertanen Diederich Heßling erinnert (vgl. Kap. 13d), kehrt, als Ausdruck der Wertunsicherheit, auch in den Figuren Esch und Huguenau wieder.

Das zweite Bild, *Esch oder die Anarchie. 1903,* zeigt einen luxemburgischen Buchhalter und Geschäftemacher: »Esch war ein Mensch impetuoser Haltungen«; seine »Welt war

geteilt in Gut und Böse, in Soll und Haben, in Schwarz
und Weiß, und wenn es auch vorkommen mochte, daß ein
Buchungsfehler unterlief, so war er auszumerzen«. Beim
Hinaufarbeiten in die bürgerliche Gesellschaft folgt Esch
seinem Bedürfnis, der »Wirrseligkeit« des Lebens mit »einfachen Lösungen« zu begegnen; er greift zu Erpressung und
Verleumdung. »Denn der Mensch trägt vielerlei Möglichkeiten in sich, und je nach der logischen Kette, die er um
die Dinge wirft, kann er sich beweisen, daß sie gut oder
schlecht sind.« Die »rechtschaffene Buchhaltung seiner
Seele« trügt. Esch, der zunächst in Lohberg den sektiererischen Irrationalismus der Heilsarmee verhöhnt, hegt seiner-
seits irrationale Gedanken an eine Flucht nach Amerika.

Im dritten Bild, *Huguenau oder die Sachlichkeit. 1918*,
sucht Esch, der inzwischen Zeitungsverleger und Redakteur
geworden ist, schließlich selbst Erlösung im Glauben. Angeregt durch einen verworrenen, aber frommen Artikel des
Herrn Major von Pasenow, richtet er eine Bibelstunde ein.
Sein wie der Heilsarmee »rührendes und unzulängliches
Mühen« steht nun im Gegensatz zu den gewissenlosen
Machenschaften des Deserteurs Huguenau, der Esch betrügt,
denunziert und endlich hinterrücks niederstieht. Dieser
dritte Roman enthält mehrere Nebenhandlungen, die in
Verse übergehende »Geschichte des Heilsarmeemädchens in
Berlin« und vor allem einen zehnteiligen Essay über
den »Zerfall der Werte«, in welchem die Trilogie durch
folgenden Gedankengang kulturphilosophisch erläutert
wird:

Jede Wertsetzung ist irrational.[14] (Romantik, vgl. Pasenows Werthaltungen.) – Das Mittelalter besaß im christlichen Glauben einen zentralen Wert, dem alle Lebensbe-
reiche zugeordnet waren. Dieser Zentralwert wurde durch

---

14 »Jedes Wertsystem geht aus irrationalen Strebungen hervor, und
die irrationale, ethisch ungültige, Welterfassung ins absolut Rationale umzuformen, diese eigentliche und radikale Aufgabe der
›Formung‹, wird für jedes überpersönliche Wertsystem zum ethi-
schen Ziel.«

die Reformation in Frage gestellt und geteilt.[15] (Vgl.
Bertrands freigeistige Alternativen!) – Nachfolgende Ver-
selbständigungen in anderen Lebensbereichen führten allmählich zur völligen Wertzersplitterung, zu einer Anarchie
der Wertsysteme. (Vgl. Eschs Orientierungslosigkeit im
zweiten Roman.) – Gefährlich daran ist, daß jeder Splitter-
bereich absolut gesetzt und seine Sachlogik radikalisiert
wird.[16] (Vgl. Huguenaus Sachlichkeit![17]) – Schließlich entsteht ein starkes Bedürfnis nach einem neuen Zentralwert,
der Ruf nach betäubendem Rausch oder Wahn,[18] nach einem Messias oder Führer.[19]

Die Flucht aus der vom Wertzerfall vergifteten Wirklich-
keit macht die Menschen zu Schlafwandlern, die, wie im
Zauberberg, »Fragwürdigstes« oder, wie im *Mann ohne
Eigenschaften,* »den anderen Zustand« suchen. Ihre allge-

---

15 »Religionen entstehen aus Sekten und zerfallen wieder in Sekten
[...]. Der Protestantismus, die erste große Sektenbildung des
christlichen Zerfalls.«

16 »Krieg ist Krieg, l'art pour l'art, in der Politik gibt es keine
Bedenken, Geschäft ist Geschäft – [...] ein jedes in seiner Auto-
nomie ›entfesselt‹, ein jedes bemüht, mit aller Radikalität seiner
Logik die letzten Konsequenzen zu ziehen.«

17 »Das Rationale des Irrationalen: ein anscheinend absolut rationaler
Mensch wie Huguenau vermag Gut und Böse nicht zu unterscheiden. In einer absolut rationalen Welt gibt es kein absolutes Wertsystem, gibt es keine Sünder, höchstens Schädlinge.«

18 Der Kriegsinvalide Jaretzki erklärt: »[...] geben Sie mir irgendeine andere, irgendeine neue Besoffenheit, meinetwegen Morphium
oder Patriotismus oder Kommunismus oder sonstwas, das den
Menschen ganz besoffen macht ... geben Sie mir etwas, damit wir
wieder alle zusammengehören, und ich lasse das Saufen sein ...«

19 »Groß ist die Angst des Menschen, der sich seiner Einsamkeit bewußt wird und aus seinem eigenen Gedächtnis flüchtet; [...]. Und
in der Furcht vor der Stimme des Gerichtes, die aus dem Dunkel
hervorzubrechen droht, erwacht in ihm mit doppelter Stärke die
Sehnsucht nach dem Führer, der leicht und milde bei der Hand ihn
nimmt, ordnend und den Weg weisend, der Führer, der keinem
mehr nachfolgt und der vorangeht auf der unbeschrittenen Bahn
des geschlossenen Ringes, aufzusteigen zu immer höheren Ebenen,
[...] der Heilsbringer, der in seinem eigenen Tun das unbegreif-
bare Geschehen dieser Zeit sinnvoll machen wird, auf daß die
Zeit neu gezählt werde. Dies ist die Sehnsucht.«

meine Preisgabe an das Irrationale aber birgt die Gefahr des Massenwahns. Bertrand, der einzige überlegene Geist unter den Schlafwandlern, erkennt das wohl, ist aber als Philosoph und Ästhet nicht bereit, verantwortlich handelnd einzugreifen.

Broch verwirft die Philosophie, die nicht auf Veränderung der Wirklichkeit abzielt, und die spätzeitliche Kunst, die statt tätiger Hilfe nur Ablenkung bietet. In dem Roman *Der Tod des Vergil* (1945) erteilt der aus Athen nach Brundisium heimkehrende Vergil der Dichtung eine Absage. Der Sterbende erkennt, daß sein Scheitern als Arzt

> ehrenhafter gewesen wäre als die verlogenen Hilfeleistungs-Hoffnungen, mit denen er [...] sein Dichtertum ausgestattet hatte, wider besseres Wissen hoffend, es werde die Macht der Schönheit, es werde des Liedes Zauberkraft den Abgrund der Sprachstummheit zu guter Letzt überbrücken und ihn, den Dichter, zum Erkenntnisbringer in der wiederhergestellten Menschengemeinschaft erhöhen, enthoben der Pöbelhaftigkeit und ebenhiedurch auch die Pöbelhaftigkeit selber aufhebend, Orpheus erkoren zum Führer der Menschen. Ach, nicht einmal Orpheus hatte solches je erreicht, nicht einmal er in seiner Unsterblichkeitsgröße rechtfertigte solch überheblich eitle Ehrgeizträume und solch sträfliche Überschätzung des Dichtertums!

Broch, von Hause aus Textilfabrikant und Ingenieur, teilte Musils Interessen für Mathematik, Psychologie und Soziologie. Doch obgleich er vor Irrationalismus und Ästhetentum warnte und sich in seinen *Essays* immer häufiger wissenschaftlichen und politischen Gegenständen zuwandte,[20] war er, wie der hochpoetische und esoterische Roman *Der Tod des Vergil* verrät, alles andere als ein nüchterner Rationalist.

Den Verfall der Donaumonarchie, den Musil mit der ideologischen Verwirrung Kakaniens andeutet und den Joseph Roth (1894–1939) in seinem Roman *Radetzky-*

---

20 Vgl. die Bände 6: *Dichten und Erkennen*, 7: *Erkennen und Handeln* und 9: *Massenpsychologie* in der ersten zehnbändigen Gesamtausgabe, Frankfurt a. M. 1968.

marsch (1932) mit Einfühlung und Ironie an vier Generationen der Familie Trotta durch die Jahre 1859 bis 1916
verfolgte, hat später HEIMITO VON DODERER (1896–1966)
noch einmal breit und figurenreich ausgemalt. Doderer, ein
Österreicher wie Musil, Broch und Roth, beschreibt wie
Musil und Broch die Zeit um den Ersten Weltkrieg (1910/
1911 und 1923 bis 1928). Doch anders als Musil und Broch
versucht Doderer nicht, das Ideengeflecht des Zeitgeistes zu
durchdringen. Ihm, dem konservativen Beobachter, kommt
es in seinen Wiener Gesellschaftsromanen *Die Strudelhof-
stiege* (1951) und *Die Dämonen* (1956) vielmehr auf die
»Menschwerdung« seiner Figuren an, auf deren existentielle »zweite Geburt«, die gerade in der Zurückweisung
jeglicher Ideologie besteht.[21]

Selbstfindung, »das eigene Schicksal zu finden, nicht ein
beliebiges, und es in sich auszuleben, ganz und ungebrochen«, war auch das Hauptthema in den Romanen
von HERMANN HESSE (1877–1962). Obgleich der im
Geiste des schwäbischen Pietismus (vgl. S. 65) erzogene
Hesse sich gegen »das Insistieren der gesamten frommen Umwelt« auf seine »Bekehrung« wehrte, aus dem
evangelisch-theologischen Seminar im Kloster Maul-
bronn fortlief und in dem Roman *Unterm Rad* (1906)
mit seinen dogmatischen Lehrern abrechnete, blieb er
auf dem pietistischen »Weg nach Innen« und schrieb aus
»religiösem Antrieb« autobiographisch geprägte »Seelen-
biographien«, die wie *Demian* (1919), *Siddhartha*, *Der*

---

21 Doderer ist Verfechter »des lebensgemäßen Denkens, sehr zum
Unterschiede von den immer erneut rundum praktizierten Versuchen, denkensgemäß zu leben, die allesamt verurteilt waren, im
Doktrinarismus, im Reformertum und schließlich im totalen Staate
zu enden«. Doderer hält es für wichtiger, »zu sehen, was ist,
als festzustellen, was sein soll; denn, erstens ist dieses so allgemein
nur als Verabsolutierung möglich; zweitens aber führt es zur Ap-
perzeptions-Verweigerung (dessen was ist nämlich), also zu jener
verheerenden Form der modernen Dummheit, welche heute bereits die Verständigung über die einfachsten Dinge glatt unmöglich macht: vermittels der sogenannten Gesinnungen« (Doderer
1953).

Steppenwolf (1927) u. a. alle um die gleiche Polarität von Geist und Natur, Askese und Ausschweifung bzw. »Vaterwelt« und »Mutterwelt« kreisen.

Auch *Das Glasperlenspiel* (1943), Hesses letzter Roman, behandelt diesen Gegensatz:

> Das Glasperlenspiel ist [...] ein Spiel mit sämtlichen Inhalten und Werten unsrer Kultur [...]. Was die Menschheit an Erkenntnissen, hohen Gedanken und Kunstwerken in ihren schöpferischen Zeitaltern hervorgebracht, was die nachfolgenden Perioden gelehrter Betrachtung auf Begriffe gebracht und zum intellektuellen Besitz gemacht haben, dieses ganze ungeheure Material von geistigen Werten wird vom Glasperlenspieler so gespielt wie eine Orgel vom Organisten [...].

Dieses Spiel mit dem »ganzen geistigen Kosmos« wurde im »feuilletonistischen Zeitalter«, dem 19. und 20. Jahrhundert, in dem »der Geist eine unerhörte und ihm selbst nicht mehr erträgliche Freiheit genoß«, von dem »Bund der Morgenlandfahrer«,[22] dessen Brüder weniger eine intellektuelle als eine seelische Zucht, eine Pflege der Frömmigkeit und Ehrfurcht betrieben«, angeregt und nun, um das Jahr 2200, in der pädagogischen Ordensprovinz Kastalien von einer mönchischen Elite gepflegt. Aus Kastalien stammt die »Lebensbeschreibung des Magister Ludi Josef Knecht«,[23] eines Virtuosen, dem das selbstgenügsame, unverbindliche Spiel durch seine Freundschaft zu dem Laien Plinio Designori und dem Benediktiner Pater Jakobus[24] fragwürdig wurde, der als Nachfolger des Thomas von der Trave[25] den Gipfel der kastalischen Hierarchie erreichte, dann aber den Orden verließ, um Tito, den Sohn seines Freundes Desi-

---

22 Vgl. Hesses Erzählung *Die Morgenlandfahrt* (1932) und die Widmung des *Glasperlenspiels*.

23 Der Name »Knecht« spielt auf Goethes *Wilhelm Meister* an, Kastalien auf die pädagogische Provinz der *Wanderjahre* (zweites Buch, erstes Kapitel); vgl. auch die altertümelnde Sprachgebung.

24 Ehrende Anspielung auf den Schweizer Kulturhistoriker Jacob Burckhardt (1818–1897); vgl. S. 191.

25 Anspielung auf Thomas Mann.

gnori, zu erziehen. Doch ehe Knecht tätig werden konnte, ertrank er beim Wettschwimmen mit seinem Zögling.

Hesse, der ein gebrochenes Verhältnis zur Literatur hatte, bediente sich längst erprobter sprachlicher Mittel. Er äußerte 1926, er habe »schon seit Jahren den ästhetischen Ehrgeiz aufgegeben und schreibe keine Dichtung, sondern eben Bekenntnisse«. Als Bekenntnisbücher mit eingängiger, religiöser Lebensphilosophie haben seine Romane denn auch eine dem *Werther* verwandte Wirkung gehabt (vgl. S. 104 ff.) und bereits verschiedene Renaissancen erlebt.

Ein Bekenntnis ganz anderer Art sind die Erzählungen und Romane der Anna Seghers. ANNA SEGHERS (d. i. Netty Radvanyi, 1900–1983) wurde als Tochter des jüdischen Antiquitätenhändlers Reiling in Mainz geboren. Sie studierte Kunstgeschichte und promovierte 1924 mit einer Arbeit über »Jude und Judentum im Werk Rembrandts«. Nachdem sie 1925 den ungarischen Schriftsteller und Soziologen Laszlo Radvanyi geheiratet hatte, trat sie der Kommunistischen Partei und dem »Bund proletarisch-revolutionärer Schriftsteller« bei. Im selben Jahr wurde sie durch ihre Erzählung *Der Aufstand der Fischer von St. Barbara* (1928) bekannt.

Das mit dem Kleist-Preis ausgezeichnete Erstlingswerk beschreibt an einem unhistorischen (raum-zeitlich nicht festgelegten) Beispiel den Verlauf eines mit Waffengewalt niedergeschlagenen Arbeitskampfes. Der Vollblut-Revolutionär Hull[26] führt die unterdrückten und ausgebeuteten Fischer durch sein eigenes Verhalten aus ihrer Mutlosigkeit und kleinlichen Vorteilssucht zu Solidarität und Opfermut und verhilft ihnen durch ebendiese neue Selbsterfah-

---

26 Hull »brauchte nur in die Hände zu klatschen, dann sprang der Aufstand aus ihm heraus, auf die Stadt, aus der Stadt über die Küste, vielleicht über die Grenze. [...] Ihre Gesichter wurden zornig und gierig, hängten sich an seinen Mund, also, das war er, also, das sprach er, genau das, was sie brauchten, kam da herausgesprungen, sie rissen ihm die Worte zwischen den Lippen heraus und fraßen sich voll damit.«

rung zu einer revolutionären Zuversicht, die auch das Scheitern des Aufstandes überdauert.

Es ist die gleiche Zuversicht, mit der in dem Roman *Das siebte Kreuz* (1942) sieben Häftlinge die Flucht aus dem Konzentrationslager Westhofen wagen: Vier der Geflohenen fängt die Gestapo wieder, einer stirbt, einer gibt auf, aber der Mechaniker Georg Heisler kommt durch. Er kann nicht an dem im Lager für ihn vorbereiteten Kreuz gemartet werden, vielmehr wird seine gelungene Flucht für die Haftinsassen zum Symbol der Hoffnung, weil sie den Aberglauben an die Allmacht der nationalsozialistischen Schergen zerstört.

Anna Seghers, die in den Romanen *Der Kopflohn* (1933) und *Die Rettung* (1937) das Vordringen des Nationalsozialismus in Deutschland verfolgte, schrieb *Das siebte Kreuz. Roman aus Hitlerdeutschland* im Exil und widmete die 127 Episoden der atemberaubenden Flucht »den toten und lebenden Antifaschisten Deutschlands«. Im Jahre 1947 kehrte sie aus Mexiko nach Ost-Berlin zurück, um sich wie Brecht am sozialistischen Aufbau der Deutschen Demokratischen Republik zu beteiligen.

c) Bühnenstücke

Nach tastenden Versuchen im spätexpressionistischen Stil eroberte der Rheinhesse CARL ZUCKMAYER (1896–1977) mit dem Dreiakter *Der fröhliche Weinberg* (1925) die deutschen Bühnen. Der große Erfolg ermunterte Zuckmayer, auch weiterhin an der Erneuerung des Volksstückes[27] zu arbeiten. Sein bestes, um einen gesellschaftskritischen Akzent bereichertes und auf einem wirklichen Vorfall beruhendes Volksstück ist *Der Hauptmann von Köpenick* (1931). Der haftentlassene Schuster Wilhelm Voigt, der mit seinem

---

27 Vgl. das Wiener Volksstück bei Nestroy, S. 160 f., und die neuere Entwicklung, S. 325 f.

Ersuchen um Ausweis und Arbeitserlaubnis in einen büro-
kratischen Teufelskreis geraten ist, sprengt diesen, indem
er sich die dem Leser aus Brochs Roman *Pasenow* (1931,
S. 253) bekannte lächerliche Hochachtung vor der Uniform
zunutze macht. Als Hauptmann verkleidet, befehligt er
kurzerhand ein paar Wachsoldaten von der Straße weg zur
Festnahme des Bürgermeisters von Köpenick, denn »sone
Uniform, die macht det meiste janz von alleene«.
Zuckmayer nennt den eigentlich satirischen Bilderbogen
»ein deutsches Märchen« und läßt ihn versöhnlich enden.
Doch eben dieser Hang zur Harmonisierung, der den satirischen oder tragischen Kern eher verdeckt als freilegt,
hat Zuckmayer, als er mit dem Erfolgsdrama *Des Teufels
General* (1946) aus dem amerikanischen Exil heimkehrte,
heftige Kritik eingetragen.
Die Volksstücke des Ungarndeutschen ÖDÖN VON HORVÁTH
(1901–1938) kommen der Wirklichkeit und ihren Problemen näher. Denn Horváth, der von Nestroy, Schnitzler,
Wedekind und dem frühen Gerhart Hauptmann ausgeht,
stellt nicht wie Zuckmayer die mit dem Volksbegriff asso-
ziierte ungebrochene Gesundheit heraus, sondern die
Dummheit und die bis in das Gefühlsleben hineinreichende
Verlogenheit des kleinbürgerlichen Spießers. Horváth ist
überzeugt, »daß im ganzen genommen das menschliche
Leben immer ein Trauerspiel, nur im einzelnen eine Komödie ist«. Darum kommt es ihm nicht auf das Parodisti-
sche an, sondern auf die Demaskierung des Bewußtseins im
Dialog. Aus der skeptischen Einstellung gegenüber seinen
Figuren gibt Horváth »eine Synthese von Ernst und Ironie«, die zum Lachen reizt und gleichzeitig rührt oder betroffen macht. Horváth, dessen Werk erst allmählich gewürdigt wird, stand lange im Schatten Brechts. Dabei sind
Horváths Volksstücke *Zur schönen Aussicht* (1926), *Italienische Nacht* (1930), *Geschichten aus dem Wiener Wald*
(1931), *Kasimir und Karoline* (1931) und *Glaube Liebe
Hoffnung* (1932) zumindest den Lehrstücken Brechts an
Wirklichkeitsnähe überlegen. Horváth, der für das Recht und

den Wert des einzelnen gegenüber der Gesellschaft eintritt, überzeugt vor allem durch seine hintergründige Sprachgebung und eine fein unterscheidende Gesellschaftskritik, die keinem ideologischen Programm, sondern allein der Wahrhaftigkeit verpflichtet ist.

Die wirksamsten Anregungen indessen verdankte das nachexpressionistische Schauspiel BERTOLT BRECHT (1898–1956). Berthold Eugen Friedrich Brecht, der Sohn eines Augsburger Fabrikdirektors, empfand die von Thomas Mann im *Zauberberg*, von Musil im *Mann ohne Eigenschaften* und von Broch in den *Schlafwandlern* (*Esch oder die Anarchie*) dargestellte geistige Richtungslosigkeit seiner Zeit als einen chaotischen Dschungel, in dem ein jeder sehen muß, wie er auf seine Kosten kommt.

In seiner ersten, formal noch vom Expressionismus beeinflußten Schaffensperiode gibt sich der »arme B. B.«[28] darum als kraftmeiernder Bürgerschreck. Er feiert die hemmungslose Gier des faulen, lasterhaften Genies *Baal*[29] (1920) und die Schäbigkeit des Heimkehrers Kragler, der in *Trommeln in der Nacht* (1923) für einen Beischlaf den Spartakusaufstand verrät;[30] *Im Dickicht der Städte* (1927) geht es um den »Kampf ohne andere Ursache als den Spaß am Kampf, mit keinem anderen Ziel als der Festlegung des ›besseren Mannes‹«.

Anfang der zwanziger Jahre ging Brecht von München nach Berlin, wo er zusammen mit Zuckmayer als Dramaturg für Max Reinhardt (1873–1943) am Deutschen Theater tätig war. Im Jahre 1926 entdeckte Brecht für sich den Marxismus als einen Standpunkt mit fester gesellschaftswissen-

---

28 Vgl. das autobiographische Gedicht »Vom armen B. B.«.

29 Baal (hebr., ›Herr‹), das im Sonnenball verkörperte männliche, zeugende Prinzip.

30 Am Schluß der Komödie sagt Kragler: »Mein Fleisch soll im Rinnstein verwesen, daß eure Idee in den Himmel kommt? Seid ihr besoffen? [...] ich bin ein Schwein, und das Schwein geht heim. [...] Glotzt nicht so romantisch! Ihr Wucherer! (*Trommelt.*) Ihr Halsabschneider! [...] Jetzt kommt das Bett, das große, weiße, breite Bett, komm!«

schaftlicher Perspektive, die es ihm, anders als der gleitende und verunsichernde Perspektivismus, ermöglichen sollte, den irrationalen Dschungel des bürgerlichen Lebens zu durchschauen und zu lichten. Das heißt, vom intuitiven Widerspruch geht Brecht in seiner zweiten Schaffensperiode zu einer begründenden Gesellschaftskritik und zur Didaktik über. In sogenannten Lehrstücken[31] erläutert er gesellschaftliche Mißstände nun auf der Grundlage des Marxismus, für dessen Verbreitung er wirbt. Seine didaktische Absicht veranlaßte ihn dabei, in der berühmten *Dreigroschenoper* (1928) und deutlicher noch in den kasuistischen Lehrstücken *Der Jasager und der Neinsager* (1929–30), *Die Maßnahme* (1930), *Die Ausnahme und die Regel* (1930) usw. jene neuen Mittel zu erproben, die mit dem Schlagwort vom ›epischen Theater‹ in die Theatergeschichte eingegangen sind und die Brechts *Kleines Organon für das Theater*[32] (1948) noch einmal in 77 Paragraphen zusammenfaßt:

Die Theater, sagt Brecht, »seien herabgesunken zu einem Zweig des bourgeoisen Rauschgifthandels«, denn das herkömmliche aristotelische Schauspiel zwinge seine Zuschauer durch magische Illusion zur Einfühlung und Gleichsetzung mit seinem Helden, um sie zu bannen und der Wirklichkeit, die als unabänderlich dargestellt wird, zu entrücken.

Dieser »abgeschmackte Kulinarismus geistloser Augenoder Seelenweiden« soll durch das »Theater des wissenschaftlichen Zeitalters« abgelöst werden, durch »eine Spielweise, die den beobachtenden Geist frei und beweglich erhält«. Das kritisch prüfende Bewußtsein soll nicht in Bann

---

31 Vgl. didaktische Dichtungen, Kap. 1, Anm. 30.

32 ›Organon‹ (griech., ›Werkzeug, Hilfsmittel‹) war ursprünglich die zusammenfassende Bezeichnung für die logischen Schriften des Aristoteles (384–322 v. Chr.) als Werkzeug zur Wahrheitserkenntnis. Brechts *Organon* sammelt und wandelt die dramentheoretischen Äußerungen ab, die er bereits früher in Kommentaren (z. B. zur *Dreigroschenoper* und *Mahagonny*) und in Texten wie *Der Messingkauf* (1937–51) niedergelegt hatte.

geschlagen, sondern gereizt und auf die Veränderbarkeit der Welt gelenkt werden, weil es nach Marx »nicht nur darauf ankommt, die Welt zu interpretieren, sondern sie zu verändern«.

Der den Zuschauer befreiende Kunstgriff ist der »*Verfremdungseffekt* (V-Effekt). Eine verfremdende Abbildung ist eine solche, die den Gegenstand zwar erkennen, ihn aber doch zugleich fremd erscheinen läßt.«[33] Das Schauspiel, sagt Brecht, »muß sein Publikum wundern machen, und dies geschieht vermittels einer Technik der Verfremdungen«, die »den gesellschaftlich beeinflußbaren Vorgängen den Stempel des Vertrauten wegnehmen, der sie heute vor dem Eingriff bewahrt. Das lange nicht Geänderte nämlich scheint unänderbar.«

Um den ›V-Effekt‹ hervorzubringen, darf der Schauspieler nicht in seiner Rolle aufgehen. »Er hat seine Figur lediglich zu zeigen oder, besser gesagt, nicht nur lediglich zu erleben.« »Den allgemeinen Gestus des Zeigens, der immer den besonderen gezeigten begleitet, betonen die musikalischen Adressen an das Publikum in den Liedern.« Neben den Liedern oder ›Songs‹ mit ihrem aktuellen sozialkritischen oder tendenziösen Inhalt sorgen Projektionen, beschriftete Fahnen, eine stilisierende Choreographie[34] und dergleichen dafür, »daß dem eigentlichen Spiel der Gestus des Aushändigens von etwas Fertigem unterliegt«.

Als erklärter Marxist, der im Gegensatz zu Anna Seghers allerdings nie der Kommunistischen Partei angehörte, mußte Brecht Deutschland 1933 verlassen. Seine dritte Schaffensperiode, in der es zu einem Ausgleich zwischen der Lebensfülle des Frühwerks und der kargen Gedanklichkeit der

---

33 Auch Novalis wollte »dem Bekannten die Würde des Unbekannten« geben; vgl. die Programme der Frühromantiker Friedrich Schlegel und Hardenberg (Kap. 8a). Vgl. auch die letzten Verse von Schillers Prolog zum *Wallenstein*.

34 ›Choreographie‹ (von griech. *choros* ›Reigentanz, Chor der Tänzer und Sänger‹ und *graphike techne* ›Schreibkunst‹), Tanzschrift zum Aufzeichnen von Balletten, meint hier die Festlegung der Gänge, Stellungen und Gebärden.

Lehrstücke kommt, beginnt mit dem fünfzehnjährigen
Exil.

Brecht war der Meinung, die aristotelische Dramatik kenne
nur den stereotypen Dreischritt »Exposition – Schürzung
des Knotens – überraschende Lösung«; die nicht-aristoteli-
sche, epische Dramatik dagegen verfüge über so verschiedene Bauformen wie die Biographie, die Historie oder die
Parabel. Die großen Dramen *Leben des Galilei, Mutter
Courage und ihre Kinder* und das Parabelstück *Der gute
Mensch von Sezuan* veranschaulichen, was gemeint ist.

Im *Leben des Galilei* (entstanden 1938–39, Umarbeitungen 1945–47 und 1954–56) geht es um die Verantwortung
des Wissenschaftlers in der Gesellschaft. Durch die Erfindung des Fernrohres (1609) gelang Galileo Galilei (1564
bis 1642) der sichtbare Beweis für die Richtigkeit des von
Nikolaus Kopernikus (1473–1543) theoretisch begründeten
heliozentrischen Weltsystems. Weil die neue naturwissenschaftliche Einsicht dem geozentrischen Weltbild der Theologie widersprach und die Verbreitung des kopernikani-
schen Wissens die Lehre und den Machtanspruch der Kirche
gefährden konnte, zwang die Inquisition den Physiker
Galilei 1633 in Rom, öffentlich zu widerrufen, daß sich
die Erde um die Sonne dreht.

Brecht knüpft an den geschichtlichen Fall die Frage, ob
das gesicherte Wissen des hervorragenden einzelnen, das
die Ideologie der Herrschenden als Lüge entlarven konnte,
nicht zur Befreiung der Beherrschten hätte führen müssen.

In der ersten, dänischen Fassung von 1939 überlistet Galilei die Inquisition. Als Gefangener der Kirche vollendet
er heimlich sein wissenschaftliches Werk und läßt es durch
seinen Schüler Andrea ins Ausland schmuggeln. Unter dem
Eindruck der ersten Atombomben (1945 auf Hiroshima und
Nagasaki), die ein ungünstigeres Licht auf die naturwissenschaftlichen Errungenschaften warfen, entstand die
zweite, amerikanische Fassung von 1947. Hier wird Galileis
Forschertum durch politisches Versagen zu einem rücksichts-

losen Laster, das allein den Machthabern dient. In der dritten, Berliner Fassung von 1956 beklagt Galilei seine Verantwortungslosigkeit:

> Hätte ich widerstanden, hätten die Naturwissenschaftler etwas wie den hippokratischen Eid der Ärzte entwickeln können, das Gelöbnis, ihr Wissen einzig zum Wohle der Menschheit anzuwenden! Wie es nun steht, ist das Höchste, was man erhoffen kann, ein Geschlecht erfinderischer Zwerge, die für alles gemietet werden können.[35]

Um dieselbe Zeit entstanden, ebenso beliebt wie der *Galilei* und ein Paradebeispiel für episches Theater ist das Stück *Mutter Courage und ihre Kinder* (1939). Die zwölf Jahre umfassende »Chronik aus dem Dreißigjährigen Krieg« zeigt in zwölf Bildern, welchem Irrtum die aus Grimmelshausens Romanen (vgl. Kap. 3d) bekannte Landstörzerin Courage erliegt, wenn sie glaubt, als Marketenderin im Krieg ihren »Schnitt« machen zu können. Durch den sinnlosen, alles zerstörenden Krieg, an dem sie verdienen will, verliert sie ihre Kinder Eilif, Schweizerkas und Kattrin. Am Ende zieht sie unbelehrt, einsam und heruntergekommen weiter:

> Courage heiß ich, weil ich den Ruin gefürchtet hab, Feldwebel, und bin durch das Geschützfeuer von Riga gefahrn mit fünfzig Brotlaib im Wagen. Sie waren schon angeschimmelt, es war höchste Zeit, ich hab keine Wahl gehabt. [...] Ich muß wieder in Handel kommen.

Ihr »Lied von der Großen Kapitulation« und das »Lied von Salomon, Julius Cäsar und andere große Geister, denens nicht genützt hat« beleuchten die Mentalität der ganz in ihrer Welt befangenen Frau.
In dem Parabelstück *Der gute Mensch von Sezuan* (1942) stöhnen die Götter:

---

35 Vgl. die Frage nach der Verantwortung des Wissenschaftlers in den Dramen *Das kalte Licht* (1955) von Zuckmayer, *Die Physiker* (1962) von Dürrenmatt und *In der Sache J. Robert Oppenheimer* (1964) von Kipphardt.

Seit zweitausend Jahren geht dieses Geschrei, es gehe nicht
weiter mit der Welt, so wie sie ist. Niemand auf ihr könne
gut bleiben. Wir müssen jetzt endlich Leute namhaft machen, die in der Lage sind, unsere Gebote zu halten.

In der Dirne Shen Te finden die drei Götter endlich einen
Menschen voll Hilfsbereitschaft, Mitleid und Liebe. Doch
eben diese Güte bringt Shen Te immer wieder in Gefahr,
sich selbstopfernd zu verschwenden. Um sich und ihre
schmale Lebensgrundlage zu erhalten, muß Shen Te von
Zeit zu Zeit in die Rolle ihres strengen, kapitalistischen
Vetters Shui Ta schlüpfen und die Bitten der Bedürftigen
zurückweisen. Des Mordes an Shen Te bezichtigt, bekennt
der Vetter vor den Göttern:

> [...] Shui Ta und Shen Te, ich bin beides.
> Euer einstiger Befehl
> Gut zu sein und doch zu leben
> Zerriß mich wie ein Blitz in zwei Hälften. Ich
> Weiß nicht, wie es kam: gut sein zu andern
> Und zu mir konnte ich nicht zugleich.
> [...]
> Etwas muß falsch sein an eurer Welt. Warum
> Ist auf die Bosheit ein Preis gesetzt und warum erwarten
> den Guten
>
> So harte Strafen? [...]

Doch die Götter wollen nichts von Shen Tes unvermeid-
barer Persönlichkeitsspaltung hören:

> Sollen wir eingestehen, daß unsere Gebote tödlich sind?
> Sollen wir verzichten auf unsere Gebote? *(Verbissen:)*
> Niemals! Soll die Welt geändert werden? Wie? Von wem?
> Nein, es ist alles in Ordnung! [...] *(Eine rosa Wolke läßt
> sich hernieder. Auf ihr fahren die Götter sehr langsam nach
> oben. [...] Während Shen Te verzweifelt die Arme nach
> ihnen ausbreitet, verschwinden sie oben, lächelnd und win-
> kend.)*

Im Epilog[36] heißt es:

---

36 ›Epilog‹ (griech.), Nachwort (im Gegensatz zum Prolog, vgl. Kap. 1,
Anm. 14).

> Wir stehen selbst enttäuscht und sehn betroffen
> Den Vorhang zu und alle Fragen offen.
> [. . .]
> Der einzige Ausweg wär aus diesem Ungemach:
> Sie selber dächten auf der Stelle nach [. . .].

Brecht, der insgesamt über 30 Theaterstücke hinterließ, war ein beachtlicher Sprachschöpfer. Aus der Mundart seiner süddeutschen Heimat, aus Amts- und Umgangssprache, aus exotischem Jargon[37] und Bibeldeutsch stilisierte er eine lässige, zur Parodie neigende Sprache, die durch ihre Originalität und Treffsicherheit oft verblüfft und provoziert. Selbst als Lyriker pflegte Brecht die alle Sentimentalität vermeidende rauhe Diktion.[38]

---

37 ›Jargon‹ (frz., ›Kauderwelsch‹), (oft derbe) Sondersprache einer Gruppe innerhalb einer größeren Sprachgemeinschaft.

38 ›Diktion‹ (von lat. *dictio* ›Vortrag‹), zuerst Gedankenformulierung, Sprachgebung in der Rede, dann allgemein sprachliche Ausdrucksweise, Stil. – Vgl. *Bertolt Brechts Hauspostille* (1927), die *Svendborger Gedichte* (1939) und die *Buckower Elegien* (1953); dazu den kleinen Aufsatz *Über reimlose Lyrik mit unregelmäßigen Rhythmen* (1939).

15. Nach dem Zweiten Weltkrieg

a) Nachkriegszeit (1945–1949)

Zwischen dem Zusammenbruch des Dritten Reiches im Mai 1945 und den Gründungen der deutschen Teilstaaten im Jahre 1949 lag das Interregnum der vier Besatzungsmächte. Lektüre stand, damals noch unangefochten von der Konkurrenz der Bildmedien, neben Theater, Kabarett und Hörfunk hoch im Kurs. Doch Papier war knapp, und jede Veröffentlichung unterlag der Zensur durch die Besatzungsbehörden.

Die Nationalsozialisten hatten keine nennenswerte Literatur hervorgebracht. Selbst in der Ausprägung ihrer Grundgedanken war die Literatur des Dritten Reichs epigonal. Sie sammelte, verschmolz und vereinfachte kulturtheoretische Denkansätze von Nietzsche bis Spengler und war im wesentlichen dem Gedankengut der Wilhelminischen Ära verpflichtet. So griff die »volkhafte Dichtung« auf die Heimatkunst zurück, die bereits um 1900 Bauern, Blut und Boden lobte (vgl. S. 217 f.). Die »heldische Dichtung«, die den Kampfgeist fördern sollte, folgte im Preis germanischer Heroen und soldatischer Gemeinschaft den Kriegsromanen der Weimarer Republik; und die kultische »Weihedichtung«, welche die neugegründete Kampfgemeinschaft zur Glaubensgemeinschaft erhob, bediente sich irrationaler Momente des Expressionismus. Keiner der öffentlichen Bekenntnis- und politischen Gebrauchstexte aber ist von literarischem Wert. Die bemerkenswerten Zeugnisse dieser Zeit entstanden im Verborgenen der sogenannten Inneren Emigration oder häufiger im Exil. Denn Schriftsteller, die sich nicht in den Dienst des Nationalsozialismus stellten, wurden bedroht und vertrieben oder verhaftet und umgebracht.

Werfel, Kaiser, Heinrich Mann, Döblin, Thomas Mann,

Musil, Broch, Joseph Roth, Anna Seghers, Zuckmayer, Brecht (vgl. Kap. 13 und 14) und viele andere waren ins Exil gegangen. Abgesehen von dem wohlhabenden Nobelpreisträger Thomas Mann oder Hermann Hesse, der bereits seit 1912 in der Schweiz lebte, waren die meist jüdischen oder linksintellektuellen deutschen Schriftsteller im Ausland keineswegs immer gern gesehen. Sie wurden in den USA als »enemy aliens« registriert und beargwöhnt oder hatten sich gar wie Brecht zuletzt wegen »un-american activities« vor Gericht zu verantworten. Um so enttäuschender war es für diese Schriftsteller, daß sie auch nach dem Krieg in den deutschen Westzonen kaum willkommen waren und ihre Bücher wenig beachtet wurden.

Das siebte Kreuz, Roman aus Hitlerdeutschland von ANNA SEGHERS (vgl. S. 260) und THEODOR PLIEVIERS (1892–1955) dokumentarisch montierter Tatsachenroman *Stalingrad* (1945) über den Untergang der deutschen 6. Armee im Winter 1943 boten genügend Identifikationsmöglichkeiten. HERMANN HESSES Roman *Das Glasperlenspiel* (vgl. S. 258) verwies, wie es schien, in die Richtung der Inneren Emigration; und ZUCKMAYERS Schauspiel *Des Teufels General* (vgl. S. 261) sprach die Daheimgebliebenen durch die Dämonisierung Hitlers frei. Aber an THOMAS MANNS Roman *Doktor Faustus* (1947; vgl. S. 249) schieden sich bereits die Geister. Zwar dämonisiert auch Thomas Mann das Böse, doch tut er es so, daß die »Nachbarschaft von Ästhetizismus und Barbarei« keine Trennung zwischen bösen und guten Deutschen zuläßt. In dem deutschen Tonsetzer Adrian Leverkühn führt Thomas Mann die unlösbare Verquickung der schöpferisch erhebenden und der dämonisch niederreißenden Kraft der deutschen Romantik vor. Thomas Mann nahm sich von dieser Charakterisierung des fragwürdigen deutschen Wesens selbst nicht aus. Doch als Wortführer der Exilautoren hatte er nicht gezögert, die Bücher der in Deutschland verbliebenen Autoren rundweg zu verurteilen.[1]

1 Er sagte: »Bücher, die von 1933 bis 1945 in Deutschland überhaupt gedruckt werden konnten«, seien »weniger als wertlos«, ihnen hafte ein

FRANK THIESS (1890–1978) widersprach.[2] Er versuchte, die von Thomas Mann für den Erfolg der Nationalsozialisten verantwortlich gemachte Bewußtseinsspaltung zwischen öffentlicher Unterwerfung und heimlicher Widerrede zu rechtfertigen, ungeachtet der Tatsache, daß die unangepaßten Schriftsteller im Dritten Reich große Mühe hatten, in verhüllender oder doppelzüngiger »Sklavensprache« redlich zu bleiben. Einige von ihnen versuchten, die nationalsozialistische Gegenwart zwischen den Zeilen historischer Erzählungen und Romane zu kritisieren.[3] Frank Thiess, der sich nach Thomas Manns Aussage 1933 noch zu Hitler bekannt haben soll, wagte die kritischsten Bemerkungen erst in der Nachkriegsausgabe seines 1941 erschienenen Romans *Das Reich der Dämonen* anzubringen. Und Gottfried Benn, der gleichfalls zunächst der nationalsozialistischen Ideologie erlegen, dann aber vom Nationalsozialismus abgerückt war und Schreibverbot bekommen hatte, trat den »Rückzug ins Schweigen« an und äußerte sich wie manch anderer nur noch in Tagebüchern und Briefen (vgl. seine *Briefe an F. W. Oelze*, Bd. 1).

Die nach 1945 von der älteren Generation in Westdeutschland vorgelegte Literatur war durchweg konservativ. Sie berief sich auf überlieferte Wertvorstellungen der Antike, des christlichen Abendlands, des Humanismus und auf das klassische Erbe einer als autonom begriffenen Kunst und Kultur. Formbewußt und mit elegischem Kulturpessimismus pflegten die Autoren der vormals Inneren Emigration auch nach dem Krieg Denk- und Ausdrucksweisen, in denen

»Geruch von Blut und Schande« an. Brecht hatte bereits 1938 festgestellt, »daß, was Anspruch erheben will, Literatur genannt zu werden, ausschließlich im Ausland gedruckt und fast ausschließlich nur im Ausland gelesen werden kann«.

2 Vgl. Thomas Mann / Frank Thieß / Walter von Molo, *Ein Streitgespräch über die äußere und die innere Emigration*, Dortmund 1946.

3 So Werner Bergengruen (1892–1964) in dem Roman *Der Großtyrann und das Gericht* (1935), so Stefan Andres (1906–1970) in der Novelle *El Greco malt den Großinquisitor* (1936), Reinhold Schneider (1903–1958) in *Las Casas vor Karl V.* (1938) und Ernst Wiechert (1887–1950) in *Der weiße Büffel oder Von der großen Gerechtigkeit* (1946).

sie mitunter weitgehende Zugeständnisse an den Nationalsozialismus gemacht hatten.

Zwei nach Kriegsende vielbeachtete Weltanschauungsro-
mane waren *Das unauslöschliche Siegel* (1946) von ELISA-
BETH LANGGÄSSER (1899–1950), eine vom Standpunkt der
katholischen Erneuerung (*renouveau catholique*) aus
erzählte Geschichte von der Bekehrung des aufgeklärten
Juden Belfontaine zum christlichen Glauben durch die
Taufe, und *Die Stadt hinter dem Strom* (1946) von HER-
MANN KASACK (1896–1966), ein von Kriegszerstörungen
eingegebenes surrealistisches Bild einer Totenstadt, deren
Chronist Trost in fernöstlicher Lebensweisheit sucht.

Die jüngeren Schriftsteller beteiligten sich nicht an den
Auseinandersetzungen zwischen den Autoren des Exils und
der Inneren Emigration. Sie beobachteten, wie die ältere
Generation angesichts der Nürnberger Prozesse, der flüchtigen Entnazifizierungsverfahren und des beginnenden kalten
Krieges zwischen den Siegermächten ihre persönliche Schuld
an den Verbrechen des Dritten Reiches leugnete, abtat oder
verdrängte. Der autobiographische Roman *Der Fragebogen*
(1951) von ERNST VON SALOMON (1902–1972) enthält ein
diesbezügliches Stimmungsbild der Zeit.

Ein erster Sprecher der neuen ›lost generation‹ war WOLF-
GANG BORCHERT (1921–1947). Borchert war 1941 mit
zwanzig Jahren eingezogen worden. Verwundet und krank
wurde er wegen sogenannter Wehrzersetzung unter Anklage gestellt, mit Erschießung bedroht und zu Haftstrafen
mit anschließender Frontbewährung verurteilt. Als der
Krieg zu Ende ging, floh er aus französischer Gefangenschaft und machte sich mit Gelbsucht und Fleckfieber auf
den 600 Kilometer langen Fußmarsch in seine Heimatstadt
Hamburg.

In seinem als Hör- und Schauspiel erfolgreichen Heimkeh-
rerdrama *Draußen vor der Tür* (1947) erlebt der Heimkehrer
Beckmann immer neue Stationen des Ausgestoßenseins. Das
Stück, das wie ein mittelalterliches Moralitätenspiel mit
einem Zwiegespräch zwischen Gott und Tod beginnt und

diesen Stilzug durch Allegorisierung und Personifizierung von Beckmanns innerer Stimme in der Figur des »Anderen« fortsetzt, endet nach einem Vorbeimarsch der Stationsfiguren mit dem Verstummen des lebensbejahenden Anderen und der Anklage Gottes durch seine Kreatur in Beckmanns Verzweiflungsschrei. – Borchert, der um die Plakathaftigkeit seines Stückes wußte, ging es vor allem um die Idee des Pazifismus. Das letzte, was er geschrieben hat, war das Manifest »Dann gibt es nur eins!«: vierzehn beschwörende Aufforderungen, sich unter allen Umständen der Rüstung zum Krieg zu widersetzen.

Das Sammelbecken der jungen Schriftsteller wurde die Gruppe 47. Ihre Initiatoren HANS WERNER RICHTER (geb. 1908) und ALFRED ANDERSCH (1914–1980) waren wie viele deutsche Kriegsteilnehmer in die USA gebracht worden. Als Antifaschisten setzten sie sich zusammen mit anderen zumeist marxistischen Redakteuren der Lagerzeitschrift *Der Ruf* in Fort Kearney, Rhode Island, für die »Re-education« genannte Demokratisierung ihrer Kameraden ein und versuchten, die vom Nationalsozialismus betrogenen und enttäuschten Männer für den Gedanken einer sozialistischen Demokratie in Deutschland zu gewinnen. Auf dem Hintergrund ihrer eigenen Vergangenheit sowie aus pädagogischen und politischen Gründen lehnten die *Ruf*-Redakteure die ihnen von den Amerikanern aufgedrängte These einer Kollektivschuld aller Deutschen für die irregeleitete junge Generation ab. – Als dem von Richter und Andersch ab August 1946 in München herausgegebenen *Ruf* wegen Kritik an den Besatzungsmächten Lizenzentzug drohte, versammelte Richter seine Mitarbeiter am 10. September 1947, um eine satirische Literaturzeitschrift zu gründen; aus diesem Treffen der ehemaligen *Ruf*-Autoren am Bannwaldsee entstand die Gruppe 47.[4]

4 Zu den Gründungsmitgliedern der Gruppe 47 gehörten neben Richter und Andersch unter anderen Günter Eich (1907–1972) und Wolfdietrich Schnurre (geb. 1920). – Zum Kern der Gruppe zählten seit Beginn der fünfziger Jahre: Ilse Aichinger (geb. 1921), Ingeborg Bachmann

Die vom politischen Journalismus zur engagierten Literatur gekommenen Schriftsteller der Gruppe 47 wiesen die ideologischen Überhänge der älteren Generation zurück. Sie lehnten die Züge der Neuromantik, des Jugendstils und des Expressionismus in der zeitfernen und traumverlorenen Bekenntnisliteratur schöner Seelen ab. Statt um vertrackte kunstgewerbliche Nichtigkeiten weltflüchtiger Schönschrift[5] bemühten sich die jungen Autoren um einen einfachen, klaren und präzisen Realismus, um einen Realismus des Unmittelbaren, der sich allerdings durch Einbezug des Phantastischen und Surrealistischen zu einem parabelhaften oder visionären »magischen Realismus« vertiefen sollte. Als Vorbilder dienten besonders Autoren der ehemaligen amerikanischen »lost generation«. Unter dem Einfluß der Erzähler Hemingway, Steinbeck und Faulkner begann man Berichte, Reportagen und vor allem Kurzgeschichten[6] zu schreiben.

(1926–1973), Heinrich Böll (geb. 1917), Wolfgang Hildesheimer (geb. 1916), Walter Jens (geb. 1923) und Siegfried Lenz (geb. 1926); – seit Mitte der fünfziger Jahre: Hans Magnus Enzensberger (geb. 1929), Günter Grass (geb. 1927), Helmut Heißenbüttel (geb. 1921), Walter Höllerer (geb. 1922), Uwe Johnson (1934–1984) und Martin Walser (geb. 1927); – seit Beginn der sechziger Jahre: Jürgen Becker (geb. 1932), Peter Bichsel (geb. 1935), Friedrich Christian Delius (geb. 1943), Gisela Elsner (geb. 1937), Hubert Fichte (1935–1986), Erich Fried (geb. 1921), Günter Herburger (geb. 1932), Peter Rühmkorf (geb. 1929), Peter Weiss (1916–1982), Dieter Wellershoff (geb. 1925) und Gabriele Wohmann (geb. 1932). – Im Verlauf von zwanzig Jahren nahmen insgesamt 204 Autoren an den Zusammenkünften der Gruppe 47 teil.

5 Vgl. Gustav René Hocke, »Deutsche Kalligraphie oder Glanz und Elend der modernen Literatur«, in: Der Ruf, 1. Jg. (1946/47) Nr. 7, S. 9.

6 Das Wort ›Kurzgeschichte‹ selbst ist eine Lehnübertragung von short story. Es bezeichnet im Deutschen eine vielgestaltige und wandlungsfähige Textart, die schwer gegen Fabel, Parabel, Kalendergeschichte, Anekdote, Skizze und Novelle abzugrenzen ist. Kennzeichnend ist die Offenheit der neuen Form: Die typische Kurzgeschichte beginnt ohne Einleitung und endet ebenso unvermittelt mit einem Schluß, der die Konfliktspannung ungelöst und die aufgeworfenen Fragen unbeantwortet läßt. Dem knappen Anfang und Ende entspricht die auf ein einziges irritierendes Ereignis oder einen krisenhaften Lebensausschnitt beschränkte Darstellung ohne ausgemalte Beweggründe oder Entwicklung. Im Mittelpunkt der Kurzgeschichte stehen fast immer der Durchschnittsmensch und eine mehr alltägliche als

Von BORCHERT erschienen 1947 die gesammelten Erzählungen *Die Hundeblume* und *An diesem Dienstag*. BÖLL veröffentlichte im selben Jahr »Die Botschaft« und »Kumpel mit dem langen Haar«; 1948 folgten »Der Mann mit den Messern« und »Wiedersehen in der Allee«; 1949 erschien die Erzählung *Der Zug war pünktlich* und 1950 die Sammlung *Wanderer, kommst du nach Spa ....* Zur selben Zeit veröffentlichte WOLFDIETRICH SCHNURRE (geb. 1920) seinen ersten Sammelband mit dem Titel *Die Rohrdommel ruft jeden Tag*.

Das Kernthema dieser Kurzgeschichten war die Zerstörung Deutschlands. Böll veröffentlichte sein »Bekenntnis zur Trümmerliteratur«; und WOLFGANG WEYRAUCH (1907 bis 1980) prägte im Nachwort seiner Prosa-Anthologie *Tausend Gramm* 1949 den Begriff »Kahlschlag«. Er formulierte: »Die Schönheit ist ein gutes Ding. Aber Schönheit ohne Wahrheit ist böse. Wahrheit ohne Schönheit ist besser.« Um die Kalligraphen, Traditionalisten und Ideologen abzuwehren, meinte er, müsse man selbstkritisch vorgehen: »[...] die Kahlschläger fangen in Sprache, Substanz und Konzeption, von vorn an [...] ganz von vorn, bei der Addition der Teile und Teilchen der Handlung, beim A-B-C der Sätze und Wörter [...].« – »Die neue Sprache, die so entstand, war nicht schön. Sie wirkte keuchend und kahl«, gestand Schnurre. Seine Erzählung »Das Begräbnis«, mit der die Reihe der Lesungen in der Gruppe 47 eröffnet und nach dreißig Jahren auch beendet worden ist, veranschaulicht den Stil der Trümmerliteratur. Die asyndetisch zusammengedrängten, umgangssprachlichen Ellipsen, Kurz- und Einwortsätze sind Ausdruck einer angestrengten Bemühung um einfache Wahrhaftigkeit.

»unerhörte« Begebenheit (vgl. die Novelle, Kap. 7, Anm. 12). Hans Bender, Heinrich Böll, Wolfgang Borchert, Gerd Gaiser, Günter Kunert, Siegfried Lenz, Heinz Risse, Wolfdietrich Schnurre, Martin Walser, Günter Weisenborn, Gabriele Wohmann – kaum ein Schriftsteller nach 1945, der sich nicht in der als ›Prosaganzschrift‹ im Literaturunterricht geschätzten Kurzgeschichte versucht hätte.

Auch GÜNTER EICH (1907–1972),[7] der in den frühen dreißiger Jahren als verspäteter Expressionist und Naturlyriker begonnen hatte, wendet sich als Kahlschlag-Poet »gegen das, was man landläufig poetisch nennt«. Sein 1945 entstandenes Gedicht »Inventur« aus dem Band *Abgelegene Gehöfte* (1948) erfaßt mit ähnlich nüchterner Reduktion die banalen Habseligkeiten des Kriegsgefangenen, um sich im Abklopfen des Nächstliegenden zu versichern und neu zu orientieren:

> Dies ist meine Mütze,
> dies ist mein Mantel,
> hier ist mein Rasierzeug
> im Beutel aus Leinen.
>
> Konservenbüchse:
> Mein Teller, mein Becher,
> ich hab in das Weißblech
> den Namen geritzt.
> [...]

Wie die Schlagwörter vom Kahlschlag, von der Trümmerliteratur und von der Inventur bezeugen, wurde die Beendigung der Diktatur und des Krieges durch den Zusammenbruch des Dritten Reiches als so einschneidendes Ereignis empfunden, daß die jüngeren Autoren für einen Augenblick glaubten, das Jahr 1945 sei gleichsam eine »Stunde Null«, in der die deutsche Literatur völlig neu ansetzen könne. Das war eine Selbsttäuschung. Der Schweizer Schriftsteller Urs Widmer hat nachgewiesen,[8] daß die jungen Autoren selbst viel tiefer in den Sprachgebrauch aus der Zeit vor 1945 verstrickt waren, als sie glaubten. Nicht nur behielten die älteren, traditionalistischen Autoren der Inneren Emigration vorläufig das Übergewicht, sondern auch die unter dem Einfluß

---

7 Vgl. die Gedichtsammlungen *Untergrundbahn* (1949), *Botschaften des Regens* (1955), *Zu den Akten* (1964), *Anlässe und Steingärten* (1966) und die Prosa *Maulwürfe* (1968).
8 Vgl. Widmers Dissertation: *1945 oder die »Neue Sprache«. Studien zur Prosa der »Jungen Generation«*, Düsseldorf 1966.

von Sartre[9] und Camus[10] durch Hans Erich Nossack und Alfred Andersch ›neuentdeckte‹ Existenzphilosophie stand in einer geistesgeschichtlichen Überlieferung, die, ausgehend von Kierkegaard, Rilke und Kafka, über Heidegger und Jaspers schließlich bis zu Ingeborg Bachmann weit in die fünfziger Jahre hineinreichte.

In der Sowjetischen Besatzungszone (SBZ) kam der Gedanke an eine kunstautonome »Stunde Null« gar nicht erst auf, weil die seit 1947 aus dem Exil dorthin zurückkehrenden marxistischen Autoren wie Anna Seghers, Bertolt Brecht, Arnold Zweig, Johannes R. Becher, Ernst Bloch usw. sofort und ganz entschieden an die antifaschistische Literatur aus der Arbeiterbewegung seit den dreißiger Jahren anknüpften (vgl. Kap. 15c).

b) Wiederaufbau und Restauration in der Bundesrepublik (1949–1963)

Im Jahre 1949 wurden die beiden deutschen Teilstaaten gegründet. Für die Bundesrepublik Deutschland standen die ersten vierzehn Jahre, die sogenannte Adenauerzeit mit ihrem Wahlspruch: »keine Experimente!«, im Zeichen des Wiederaufbaus, der Wiederbewaffnung und der Restauration. Nachdem die sozialistischen Autoren der jungen Generation durch die Lizenzbedingungen der amerikanischen Besatzung vom politischen Journalismus in die Literaturwerkstatt der Gruppe 47 abgedrängt worden waren, konnte die im Dritten Reich geübte Trennung von Politik und Literatur fürs erste unangefochten fortgeschrieben werden.

In Übereinstimmung mit der neuen Ohne-mich-Haltung intellektueller Verweigerer kam GOTTFRIED BENN (vgl. Kap.

---

9 *Das Sein und das Nichts*, 1943.
10 *Der Mythos von Sisyphos*, 1942.

13b) noch einmal zu großem Ansehen. In seiner absoluten Prosa *Der Ptolemäer. Berliner Novelle 1947* (1949) und in seiner autobiographischen Darstellung *Doppelleben* (1950) hat er vorgeführt, wie sich der »Phänotyp dieser Stunde« (Wellershoff), nachdem sich die politischen Utopien als Trugbilder erwiesen, zwischen Anpassung und Widerstand auf den Weg nach innen macht, um sich als überlegener Analytiker und einsamer Artist zu verwirklichen. Benns *Statische Gedichte* (1948; vgl. S. 234), seine essayistische Prosa *Ausdruckswelt* (1949) und sein Vortrag über die *Probleme der Lyrik* (1951) faszinierten durch ihre Exorbitanz.

Kaum weniger geschätzt als Benns intellektueller »Beschwörungszauber« waren in den fünfziger Jahren die naturmagischen Gedichte von OSKAR LOERKE (1984–1941) und dessen Freund WILHELM LEHMANN (1882–1968). Lehmanns Gedicht »Klage ohne Trauer« beginnt:

> Die Spinne wirft ihr Silberseil.
> Der Wind schläft ein. So bleibt es heil.

Sein Gedicht »Abgeblühter Löwenzahn« endet:

> Ein zweites Dasein überwächst
> Das erste, das geopfert liegt.
> Verweh es denn wie Löwenzahn,
> Damit es traumgekräftigt fliegt.

Ganz ähnliche Töne schlägt GÜNTER EICH 1955 in seinen *Botschaften des Regens* an, die mit der rhetorischen Frage beginnen: »Wer möchte leben ohne den Trost der Bäume!« Eich, dessen Lyrik bald zunehmend spröder, knapper und damit auch dunkler wird, gilt neben Ingeborg Bachmann und Paul Celan als ein Vertreter der Spätphase des hermetischen Gedichts.

PAUL CELAN (d. i. Paul Antschel/Ancel, 1920–1970) war der Sohn deutschsprachiger Juden, die 1942 verschleppt und ermordet wurden. Er debütierte 1948 mit der Gedichtsammlung *Der Sand aus den Urnen* und wurde 1952 mit der

Sammlung *Mohn und Gedächtnis* bekannt. In diesem Buch findet sich auch die bereits 1945 entstandene »Todesfuge«, ein Totentanz, ein pervertiertes melodisches Spiel zwischen den Mördern der nationalsozialistischen Vernichtungslager und ihren Opfern. – Gedichte waren für den zweisprachig aufgewachsenen Lyriker Celan, der sich trotz seiner leidvollen Erfahrungen für die »Sprache der Mörder« als Dichtungssprache entschieden hatte, nichts handwerklich Machbares, sondern das Ergebnis eines leidenschaftlichen Richtungsstrebens. Doch die zur schöpferischen Selbstbefreiung notwendige Konzentration birgt bei ihm die Gefahr, daß das gesuchte »Andere« endlich kein wirkliches Gegenüber mehr ist, sondern nur noch das Du der monologischen Selbstanrede: »Die Kunst erweitern? Nein. Sondern geh mit der Kunst in deine allereigenste Enge.« Obwohl Celan das kommunikative Moment mehrfach als wesentlichen Bestandteil des Gedichtes hervorhob, entwickelte sich seine Lyrik durch rigorose Sprachkritik in die entgegengesetzte Richtung. Nach dem Erscheinen der Gedichte *Von Schwelle zu Schwelle* im Jahre 1955 verschwand die Musikalität der getragenen Langverse. Satz- und Versbau schrumpften. Die spätsurrealistischen Genitivmetaphern wichen den schlichteren Symbolwörtern, die das vormals üppige Bildgefüge nun oft durch Wortzusammensetzungen lapidar verkürzen und enger ineinander verschränken: »Engführung« heißt das Schlußgedicht des Bandes *Sprachgitter* von 1959.

Zugänglicher als Celans späte Gedichte[11] blieb das frühzeitig aufgegebene lyrische Werk von INGEBORG BACHMANN (1926–1973).

Ingeborg Bachmann, die 1950 mit einer Arbeit über *Die kritische Aufnahme der Existentialphilosophie Martin Heideggers* promoviert hatte, bekam für ihren ersten Gedichtband *Die gestundete Zeit* (1952) 1953 den Preis der Gruppe 47. Drei Jahre nach dem Erscheinen ihres zweiten und

---

11 *Die Niemandsrose* (1963), *Atemwende* (1967), *Fadensonnen* (1968), *Lichtzwang* (1970) und *Schneepart* (1971).

letzten Gedichtbandes *Anrufung des Großen Bären* (1956) wurde sie als erste Dozentin auf den an der Universität Frankfurt neu eingerichteten Lehrstuhl für Poetik berufen. Ihre Gedichte verbinden klare Benennung mit ausgreifender Bedeutung, bildhafte Anschaulichkeit mit abstrakter Thematik, sinnliche Melodik mit gedanklicher Kühle. Herb und schön, dunkel, aber nicht unverständlich, voller Anklänge an die lyrische Überlieferung suchen sie zugleich eine neue Sprache. Ihre Themen: Abschied, Aufbruch, Zeit und Zeitlichkeit, Liebe und Tod, entsprachen durchaus den fünfziger Jahren, für die Wolfgang Kayser »das sprachliche Kunstwerk« definierte, Gottfried Benn »die Probleme der Lyrik« beschrieb und Emil Staiger »die Kunst der Interpretation« im öffentlichen Briefwechsel mit Martin Heidegger übte.

In ihren Frankfurter Vorlesungen erklärte Ingeborg Bachmann »die durchgehende Manifestation einer Problemkonstante« zum Maßstab für die Qualität alles Geschriebenen. Ihre eigene Problemkonstante wäre danach der ungelöste Konflikt in ihrem Verhältnis zur Sprache: der Zwiespalt zwischen den diametralen Sprachauffassungen von Heidegger und Ludwig Wittgenstein.

Heidegger war ein Wortmystiker. In seinem Aufsatz über »Das Wesen der Sprache« bekräftigt er Stefan Georges Vers »Kein ding sei wo das wort gebricht« mit der Auslegung: »Das Sein von jeglichem, was ist, wohnt im Wort. Daher gilt der Satz: Die Sprache ist das Haus des Seins. / Das will heißen / daß erst das Wort ein Ding als Ding, das es ist, erscheinen und also anwesen läßt.« – Nach Wittgenstein dagegen ist die hier mitgegebene Erweiterungsmöglichkeit der Erkenntnis durch Sprache ausgeschlossen. Für ihn beruht alle Erkenntnis allein auf den Einzelerfahrungen der Naturwissenschaften. Die Sprache könne die Wirklichkeit nur modellhaft beschreiben, nicht aber erklären, geschweige denn hervorrufen. Und, so schließt der *Tractatus logico-philosophicus* (1921–22): »Wovon man nicht sprechen kann, darüber muß man schweigen.«

Doch statt zu schweigen wie Tolstoi, Gogol, Kleist, Grill-

parzer, Mörike, Brentano und Hofmannsthal, denen sie sich
verbunden fühlte, hielt sich Ingeborg Bachmann an Witt-
gensteins Feststellung: »Es gibt allerdings Unaussprechli-
ches. Dies *zeigt* sich, es ist das Mystische.« Im Bewußtsein der Gefahr, sinnleer zu reden, hat sie die Grenzüber-
schreitung in dichterischen Bildern gewagt. Gleichsam post
festum erläutert sie in den Frankfurter Vorlesungen ihre
Position:

> Mit einer neuen Sprache wird der Wirklichkeit immer dort
> begegnet, wo ein moralischer, erkenntnishafter Ruck geschieht,
> und nicht, wo man versucht, die Sprache an sich neu zu machen,
> als könnte die Sprache selber die Erkenntnis eintreiben und die
> Erfahrung kundtun, die man nie gehabt hat. Wo nur mit ihr
> hantiert wird, damit sie sich neuartig anfühlt, rächt sie sich bald
> und entlarvt die Absicht. Eine neue Sprache muß eine neue
> Gangart haben, und diese Gangart hat sie nur, wenn ein neuer
> Geist sie bewohnt.

Der Geist, der aus Ingeborg Bachmanns Versen spricht, war
letztlich aber wohl doch der vorgefundene Geist existentiel-
ler Vereinzelung und deren dichterischer Überwindung;
»Nenn's den Status der Einsamen / in dem sich das Staunen
vollzieht. / Nichts weiter.« Es war der Geist Rilkes, Trakls,
Georges und Benns, vermischt mit der Mystik der neueren
Naturlyriker. In dem Zyklus »Von einem Land, einem Fluß
und den Seen« heißt es:

> Beim Untergang des schönsten aller Länder
> sind wir's, die es als Traum nach innen ziehn.
>
> Wo ist Gesetz, wo Ordnung? Wo erscheinen
> uns ganz begreiflich Blatt und Baum und Stein?
> Zugegen sind sie in der schönen Sprache,
> im reinen Sein . . .

Wie die Lyrik der fünfziger Jahre ging auch das Hörspiel
jener Zeit gern vom Persönlichen aus, um sich parabelhaft
im Zeitlos-Allgemeinen zu verlieren. Mit seiner lyrisch-
suggestiven Sprache zielte es auf Imagination und Verinner-

lichung, bis es Anfang der sechziger Jahre von dem sogenannten Neuen Hörspiel abgelöst wurde.[12]

Nachdem die Unterbrechung der deutschen Hörspielent-
wicklung durch die Verstaatlichung der Rundfunkanstalten
im Dritten Reich vorüber war und Wolfgang Borchert (vgl.
S. 272 f.) mit seinem Hörspiel *Draußen vor der Tür* (1947) der
jungen Gattung einen neuen, aufsehenerregenden Anstoß
gegeben hatte, erlebte diese in den fünfziger Jahren vor allem
durch die Autoren Günter Eich, Friedrich Dürrenmatt,
Wolfgang Hildesheimer, Fred von Hoerschelmann, Walter
Jens, Ilse Aichinger, Heinrich Böll, Max Frisch, Peter Hir-
che, Marie Luise Kaschnitz, Siegfried Lenz, Richard Hey,
Wolfgang Weyrauch, Ingeborg Bachmann, Martin Walser
und Dieter Wellershoff eine außerordentliche Blütezeit.

Der große Erneuerer des Hörspiels, GÜNTER EICH (1907 bis
1972),[13] der schon vor dem Dritten Reich eine radiophone
Traumdichtung verfaßt hatte, eröffnete auch die Reihe seiner
als vorbildlich empfundenen Nachkriegshörspiele mit dem
Titel *Träume* (1950):

12 Der im Jahre 1921 versuchsweise ins Leben gerufene »Unterhaltungsrund-
funk« nahm 1923 sein offizielles Programm auf und brachte im Herbst 1924
mit der *Zauberei auf dem Sender* von Hans Flesch das erste deutsche
Hörspiel. Angetan von den Möglichkeiten dieser neuen literarischen Gat-
tung, rief Brecht 1927 in einem offenen Brief nach einem Hörspielrepertoire
und wies den Intendanten des Berliner Rundfunks auf Döblin, dessen
Geschichte vom Franz Biberkopf, »Hörspiel nach dem Roman ›Berlin
Alexanderplatz‹« (1930, vgl. S. 240 ff.), tatsächlich zu einem wichtigen
Zeugnis aus der Frühzeit des Hörspiels wurde. Denn die expressionistische
Sprachbehandlung, die abstrakten Stimmen, der innere Monolog sowie die
Schnitt- und Montageverfahren in Döblins Roman kamen der Hörspieldra-
maturgie entgegen. – Das Hörspiel als »gänzlich dingloses Spiel« (Heinz
Schwitzke [Hrsg.], *Reclams Hörspielführer*, Stuttgart 1969), das wegen der
begrenzten Aufnahmefähigkeit des Hörers mit wenigen Stimmen und kurzer
oder zusammengedrängter Handlung auskommen muß, baut seine Welt
allein aus Geräuschen, Sprache und Musik. Es kennt keine stummen Szenen:
Auftritt, Anwesenheit und Abgang müssen vernehmlich sein; was weder
hörbar ist noch benannt oder anders aufgerufen wird, ist im Hörspiel nicht
gegenwärtig. Andererseits erleichtert gerade der Verzicht auf das gegen-
ständlich Anschauliche die raum-zeitlichen Übergänge auch ins Irreale und
Phantastische, die Darstellung von Traum- und Innenwelten.
13 Vgl. *Fünfzehn Hörspiele* (1966).

Fünf Menschen, je in einem der fünf Erdteile, träumen zu verschiedenen Zeiten bedrohliche Träume, die durch Verse eingeleitet und locker miteinander verbunden sind. Der vielzitierte Epilog verweist auf die Bedeutung der Träume:

> Nein, schlaft nicht, während die Ordner der Welt geschäftig
> sind!
> Seid mißtrauisch gegen ihre Macht, die sie vorgeben für euch
> erwerben zu müssen!
> Wacht darüber, daß eure Herzen nicht leer sind, wenn mit der
> Leere eurer Herzen gerechnet wird!
> Tut das Unnütze, singt die Lieder, die man aus eurem Mund
> nicht erwartet!
> Seid unbequem, seid Sand, nicht das Öl im Getriebe der Welt!

Charakteristisch für Eichs Handlungsführung ist die kunstvolle Verschränkung von Traum und Wirklichkeit in dem Hörspiel *Die Mädchen aus Viterbo* (1953):
Auch INGEBORG BACHMANNS (vgl. S. 279–281) existentialistisches Hörspiel *Der gute Gott von Manhattan* (1958), das stellvertretend für das Hörspiel der fünfziger Jahre stehen kann, spielt auf wechselnden Handlungsebenen: Eine Gerichtsverhandlung entfaltet rückblendend die Geschichte von Jan und Jennifer, zwei jungen Menschen, die die schicksalhafte Entwicklung aus der Zufälligkeit und Uneigentlichkeit des Daseins zu ihrem eigentlichen Selbst in der existentiellen Gemeinschaft einer verabsolutierten Liebe erleben.
Mehr noch als Günter Eich und manch anderer Hörspieldichter der fünfziger Jahre handhabt Ingeborg Bachmann die dramaturgischen Mittel des Hörspiels vornehmlich unter lyrischen Gesichtspunkten: Die körperlosen Stimmen und die exaltierten Figuren im *Guten Gott von Manhattan* betonen das Lauthaft-Klangliche der Sprache. Durch beschwörendes Sprechen und durch eine berauschende Bilderflucht öffnen sie traumhafte Weltinnenräume.
In der erzählenden Literatur wird der Existentialismus vor allem von Hans Erich Nossack, Alfred Andersch und Max Frisch vertreten.
Der Hamburger Kaufmannssohn HANS ERICH NOSSACK

(1901–1977) hatte 1933 wegen seiner Verbindungen zur Kommunistischen Partei Veröffentlichungsverbot bekommen, noch ehe überhaupt ein Buch von ihm erschienen war. Zehn Jahre darauf verbrannten seine unveröffentlichten Manuskripte bei einem Bombenangriff, so daß Nossack erst 1947 mit *Nekyia. Bericht eines Überlebenden*[14] an die Öffentlichkeit treten konnte. Ähnlich wie sein Förderer Hermann Kasack in dem Roman *Die Stadt hinter dem Strom* versucht Nossack die apokalyptische Erfahrung des Zweiten Weltkrieges durch traumhaft-allegorische Überhöhung zu bewältigen: *Nekyia* ist die dichterische Verarbeitung des 1943 verfaßten und 1948 veröffentlichten autobiographischen Berichts *Der Untergang*, der als Keimzelle von Nossacks Gesamtwerk gilt. Für Nossak bedeuteten die planmäßige Zerstörung seiner Vaterstadt Hamburg durch das Bombardement im Juli 1943 und die Vernichtung seiner Manuskripte nicht nur Vergangenheitsverlust, sondern zugleich auch Freisetzung seiner Person als Dichter. Die Frage nach dem Sinn von Leben und Sterben ist für Nossack ein vorrangiges Thema geblieben, dem er immer wieder in fingierten Berichten, Verhören und Recherchen nachgegangen ist. Bezeichnend ist der Titel des Sammelbandes *Interview mit dem Tode*. Bedingt durch sein eigenes Erleben und bestätigt durch die Lektüre von Ernst Barlach, Hans Henny Jahnn und Albert Camus, beurteilte Nossack die Welt aus dem Blickwinkel der Grenzsituation. Beispielhaft für die in vielen Variationen dargestellte Bemühung um Selbstverwirklichung durch Zurückweisen des gewöhnlichen Daseins ist der 1955 erschienene Roman *Spätestens im November*. Der »Aufbruch ins Nicht-Versicherbare« ist auch das Kernthema von *Spirale. Roman einer schlaflosen Nacht*.

In seinem Aufsatz über den »Jahrgang 1901« schrieb Nossack 1965: »Ich verlange für meine Generation nach einem Gericht [...], das nicht nach dem Gesetz des Zwecks und der Verbrauchbarkeit Recht spricht, sondern nach dem Ge-

---

14 »Nekyia« bedeutet ›Totenopfer‹ und ist eine Anspielung auf den elften Gesang der *Odyssee*.

setz der Möglichkeiten des Menschen, ohne das es sich nicht lohnte, dies Dasein auch nur eine Sekunde länger zu ertragen.« An diese Instanz appellieren im Grunde alle Nossackschen Helden. Die aus ihrem Rechtfertigungsbedürfnis hervorgehende Erfahrung des Anders-Seins sowie die Selbstisolierung und Selbst-Tarnung der Wissenden wurde in den sechziger Jahren aber nicht mehr als »Partisanendasein« subversiver Intelligenz anerkannt.

ALFRED ANDERSCH (1914–1980) begann sein schriftstellerisches Werk 1952 mit dem autobiographischen Bericht *Die Kirschen der Freiheit*. Er beschreibt darin seine Herkunft aus einer verarmten Kleinbürgerfamilie. Sein Vater war ein im Zivilberuf gescheiterter, nationalistisch gesonnener Hauptmann der Reserve, ein Ludendorff-Anhänger, der langsam und qualvoll seinen Kriegsverletzungen erlag. Ein halbes Jahr nach dem Tod seines Vaters betrat Alfred Andersch »den Boden des Kommunismus mit dem gespannten Entzücken dessen, der zum erstenmal seinen Fuß auf einen jungfräulichen Kontinent setzt«. Er wurde Organisationsleiter des Kommunistischen Jugendverbandes von Südbayern und kam mit 19 Jahren deswegen in das Konzentrationslager Dachau. Enttäuscht von der deterministischen Philosophie des Marxismus, »welche die Freiheit des Willens leugnete«, enttäuscht auch darüber, daß die Partei nach dem Reichstagsbrand widerstandslos im Kesseltreiben der SA unterging, löste sich Alfred Andersch von der KPD und zog sich in die Künste zurück. Er schreibt: »[...] ich ignorierte die Gesellschaft, die sich rings um mich als Organisationsform den totalen Staat errichtete.« März 1940 mußte er dennoch den Eid auf ihre Fahnen schwören. Doch den erzwungenen Eid bricht er durch seinen Entschluß zur Fahnenflucht. »Zwischen Denken und Vollzug« dieser existentiellen Tat genießt er (am 6. Juni 1944 in Etrurien) den kostbaren Augenblick der Freiheit, die ihm zum Schlüsselerlebnis wird. Für Andersch, der seinem Lebensbericht André Gides Tagebuchnotiz »Ich baue nur noch auf die Deserteure« voranstellte, bewies sich die von der Kommunistischen Partei bestrittene Willensfreiheit immer wieder im Vollzug der Flucht. Sein erster Roman *Sansibar oder der letzte Grund* aus dem Jahre 1957, der die Geschichte einer Flucht aus dem Dritten Reich schildert, liefert vor dem Hintergrund der Philosophie Sartres gleichsam das Modell der Selbstverwirklichung durch Flucht. In dem Roman *Winterspelt* (1974) prüfte Andersch am geschichtlichen Beispiel der sinnlosen Schlacht in den Ardennen (Herbst 1944), ob und wie ein verantwortungsbewußter Befehlshaber ein ganzes Bataillon durch kampflose Übergabe vor der Vernichtung hätte retten können. – Als Andersch sah, daß sich die Gruppe 47 zum Marktinstrument entwickelte, zog er sich 1962 von ihr zurück; und aus Protest gegen die bundesdeutsche Restauration wurde er 1972 Schweizer Staatsbürger.[15]

Mochte der Nonkonformist Andersch noch im Widerspruch seine Identität finden, so grenzt die existentialistische Fähigkeit, sich von sich selbst zu lösen und sich in jedem Augenblick neu zu entwerfen, bei dem Schweizer Autor MAX FRISCH (1911–1991) ans Pathologische, weil hier jede Identität von Dauer zurückgewiesen wird.

Der Titelheld des Romans *Stiller* (1954) wehrt sich, auf die Rolle eines normalen Zeitgenossen festgelegt zu werden. Er versichert immer wieder: »Ich bin nicht Stiller!«, und nimmt für sich und seine Freiheit gegenüber seiner Frau, seinen Bekannten und den eidgenössischen Behörden das Bildnisverbot aus dem kultischen Dekalog in Anspruch.[16] In dem zehn Jahre später erschienenen Roman *Mein Name sei Gantenbein* steigert Max Frisch die Lust, sich selbst zu erzählen, zu einem Spiel mit mehreren Rollen. Der Erzähler erklärt: »Ich probiere Geschichten an wie Kleider.« Das heißt,

---

15 Vgl. in diesem Zusammenhang sein Gedicht über das Grundgesetz »Artikel 3 (3)« von 1976.

16 »Du sollst dir kein Bildnis [...] machen [...].« (2. Mose 20,4.) Vgl. das Motto aus Kierkegaards *Entweder-Oder*: »Sieh, darum ist es so schwer, sich selbst zu wählen, weil in dieser Wahl die absolute Isolation mit der tiefsten Kontinuität identisch ist, weil durch sie jede Möglichkeit, etwas anderes zu werden, vielmehr sich in etwas anderes umzudichten, unbedingt ausgeschlossen wird.«

Gantenbeins Selbstentwürfe als Kunsthistoriker Enderlin und Architekt Svoboda bleiben bewußt im Bereich des Möglichen. Weil jede Entscheidung für eine wirkliche Lebensgeschichte den Ausschluß aller möglichen Varianten bedeutet, kann Freiheit logischerweise nur noch im Verzicht auf Selbstverwirklichung liegen; auch im Verzicht auf die Rolle des Mannes ohne Eigenschaften. Am Ende des Romans heißt es: »Alles ist wie nicht geschehen . . .«[17]

Je entschiedener die existentialistischen Erörterungen das Grundsätzliche des »ewig Menschlichen« meinten, desto lieber zogen sie das ort- und zeitlose Modell dem Beispiel aus der Geschichte oder der Gegenwart vor. Die konkrete Wirklichkeit und deren Kritik wurden dadurch oft an den Rand gedrängt oder gerieten mitunter ganz aus dem Blickwinkel. Nicht so bei Koeppen, Böll und Grass, die sich in ihren Erzählungen klar auf ihre Gegenwart und Vergangenheit bezogen.

Der Erzähler WOLFGANG KOEPPEN (1906–1996) orientierte sich nicht wie Böll und die anderen jüngeren Autoren der Trümmerliteratur an Hemingways lapidarem Bericht- und Reportagestil, sondern an Kafka, Proust und Faulkner. Von Joyce übernahm er den inneren Monolog, von Döblin (vgl. S. 240 ff.) und Dos Passos die virtuos gehandhabte Montagetechnik. Seine Romantrilogie *Tauben im Gras* (1951), *Das Treibhaus* (1953) und *Der Tod in Rom* (1954) gilt als frühes Zeugnis bundesdeutscher Restauration.

Der Roman *Tauben im Gras* schildert die unterschiedlichsten Menschen an einem Tag des Jahres 1948 oder 1949 in dem von den Amerikanern besetzten München. Assoziativ gereihte Splitterelemente setzen das Mosaik einer elegischen Zeitdiagnose zusammen. Die nach dem Zusammenbruch des Dritten Reiches in ihren Leitvorstellungen verunsicherten und durch den kalten Krieg von der Angst vor einem dritten Weltkrieg heimgesuchten Menschen verspielen in blinder

---

17 Vgl. in diesem Zusammenhang das Schauspiel *Biografie* von 1967 und 1968 und die autobiographische Erzählung *Montauk* von 1974–75.

Lebensgier die Gelegenheit zur Besinnung für einen besseren gesellschaftlichen Neubeginn. – Der Titel *Das Treibhaus* meint das feuchtwarme Klima der neuen, provisorischen Bundeshauptstadt, in dem die Restauration wuchert und 1952/53 die Wiederaufrüstung vorangetrieben wird. Im Mittelpunkt des weitgehend im inneren Monolog erzählten Romans steht der Oppositionsabgeordnete Keetenheuve. Der aus dem Exil heimgekehrte schöngeistige Idealist scheitert mit seiner Friedenspolitik am opportunistischen Pragmatismus seiner Kollegen und bringt sich um. Auf diese aggressive Anlage folgt die alptraumhafte Phantasmagorie von der Wiederkehr nationalsozialistischer Verbrecher. Mit seinem Titel spielt der dritte Roman, *Der Tod in Rom*, auf Thomas Manns Novelle *Der Tod in Venedig* an. Hier tätigt der in Abwesenheit zum Tode verurteilte ehemalige SS-General Gottlieb Judejahn als Berater eines arabischen Scheichtums illegale Waffengeschäfte in Rom und trifft sich dabei mit seinem zum christlich-konservativen Oberbürgermeister aufgestiegenen Schwager Pfaffrath, um vorzufühlen, ob schon Möglichkeiten für seine Rückkehr in die Bundesrepublik bestehen. Der Roman endet mit Mord und Tod des faschistischen Fanatikers Judejahn. – Koeppen, der in der anhaltenden Bereitschaft zu gewaltsamen Lösungen von Konflikten den Grund für die politische Fehlentwicklung in der Bundesrepublik sieht, hält die Künstler und die Intellektuellen für die eigentlichen Leidtragenden, weil diese durch das allgemeine Bedürfnis, sich auf militärische Macht zu stützen, heimatlos werden. Unter dem Stichwort »Wahn« bekannte Koeppen 1960:

> [...] wenn ich an 1945 denke, meine ich, daß von dort und damals eine Bewegung der Geschlagenen hätte ausgehen können, ein Glaube der Gewaltabsager, der Reumütigen, der Fahnenlosen, der Übernationalen, endlich der brüderlichen Menschen guten Willens schlechthin. [...] Die Waffen haben uns zweimal geschlagen, die Generäle haben uns zweimal ruhmvoll in den Tod geführt. Sie haben nachher ihre Pensionen gefordert, in ihren Memoiren ihr Unterliegen in eine Glorie verwandelt, und in der

»Soldatenzeitung« rufen sie zu neuem Sterben auf und schmähen den schlappen Staat, der ihren Altersschwachsinn bezahlt. Sollten wir es nicht einmal mit Freundlichkeit versuchen?

HEINRICH BÖLL (1917–1985), der in dem Roman *Wo warst du, Adam?* 1951 noch einmal den mörderischen Wahnsinn des Krieges als ein groteskes Mosaik zeigt, hat seit 1953 die Entwicklung der Bundesrepublik ununterbrochen in Erzählungen und Romanen kritisch verfolgt: Der Roman *Und sagte kein einziges Wort* von 1953 schildert das Elend einer jungen Familie in der Zeit des Hungers und der Wohnungsnot kurz nach dem Krieg. In dem Roman *Haus ohne Hüter* von 1954 geht es um das Problem der vaterlosen Familien und um die sogenannten Onkelehen. In der Erzählung *Das Brot der frühen Jahre* von 1955 wird die Hungerzeit bereits erinnert und das geteilte oder verweigerte Brot zum Zeichen der nun vom wachsenden Wohlstand bedrohten Mitmenschlichkeit erhoben. Der Roman *Billard um halbzehn* von 1959 blickt auf die Geschichte der rheinischen Architektenfamilie Fähmel zurück: Robert Fähmel hat 1908 die Abtei St. Anton erbaut, die 1945 von Heinrich Fähmel gesprengt wurde und nun von Joseph Fähmel wieder aufgebaut werden soll. Das am 6. September 1958 aus inneren Monologen und Rückblenden entstehende geschichtliche Bild vermittelt den Eindruck, daß die Menschen von jeher klar in gute und böse zu unterscheiden waren – und gut ist bei Böll immer der unorthodoxe christlich geprägte Mensch, die *anima naturaliter christiana*, wie sie Hans Schnier, der Held des Romans *Ansichten eines Clowns* (1963) verkörpert.

Fast alle Helden in den Erzählungen aus dieser Zeit waren Nonkonformisten: Bei Nossack suchten sie den existentiellen Aufbruch ins Nicht-Versicherbare; bei Andersch verwirklichten sie sich durch Flucht aus allen Ideologien; bei Frisch verzichteten sie zugunsten ständig wandelbarer Identität sogar auf ihre Selbstverwirklichung. Koeppens Künstler und Intellektuelle waren Heimatlose; und auch Bölls schlichtere, aber moralisch integere Helden sind alle unterlegene Außenseiter wie dieser Clown.

GÜNTER GRASS (geb. 1927) begann gleichfalls mit einem Außenseiter. Aber der Held seines Romans *Die Blechtrommel* (1959) trägt Züge eines Picaro,[18] der sich wohl zu helfen weiß: Oskar Mazerath, Hauptfigur und Erzähler der *Blechtrommel*, ist Insasse einer Heil- und Pflegeanstalt. Er entwirft zwischen 1952 und 1954 ein 30 Jahre umfassendes chronologisches Zeit- und Lebensbild in 46 autobiographischen Episoden. Oskar, der als Sohn Danziger Kleinbürger mit vollem Bewußtsein zur Welt gekommen ist, Glas zersingen kann und sich, auf einer Kindertrommel lärmend, seiner 30 Lebensjahre erinnert, hatte als Dreijähriger beschlossen, sein Wachstum einzustellen. Der Held dieses ironisch-parodistischen Entwicklungsromans ist also ein Zwerg, der die Gesellschaft aus der Froschperspektive beobachtet, ein Kobold, ein Dämon, der, zwischen Goethe und Rasputin schwankend, hinter der Maske kindlicher Einfalt als kaltschnäuziger Verführer handelt und dennoch am Ende mehr Einsehen in seine Schuld zeigt als seine harmloser scheinenden Zeitgenossen. Dieser Vorwurf der versäumten Vergangenheitsbewältigung und, fast mehr noch, die Tabuverletzungen in Oskars grotesken Jugend-, Bildungs-, Front- und Liebesabenteuern trafen und spalteten die Kritiker wie die Leserschaft. Während die Erbosten nach Zensur riefen, erkannten die Scharfsichtigeren in der Kunstfigur mit der Schelmenperspektive den gelungenen Wurf. – Um dieselbe Zeit und in der gleichen Umgebung wie die *Blechtrommel* spielt der Roman *Hundejahre* von 1963. In »Frühschichten«, »Liebesbriefen« und sogenannten »Materniaden« schildern drei Erzählerfiguren, wie die Jugend- und Blutsfreundschaft des Juden Eddi Amsel von dem Müllerssohn Walter Matern, der zuerst Kommunist und dann SA-Mann wird, verraten und dann der Verrat bereut wird.

So wie in der *Blechtrommel* die nationalsozialistischen Verbrechen in Oskar Matzeraths Buckel als sichtbarer Auswuchs zutage treten, so veranschaulichen in den *Hundejahren* Eddi Amsels Vogelscheuchen die groteske ideologische

18 Vgl. Kap. 3, Anm. 21 zum Schelmenroman.

Wandelbarkeit der charakterlosen Zeitgenossen. Das Mittelstück der sogenannten »Danziger Trilogie« bildet die Novelle *Katz und Maus* von 1961, die ursprünglich als eine Episode der *Hundejahre* gedacht war. Ihr Held ist der Gymnasiast Joachim Mahlke, der einen stark ausgeprägten Adamsapfel hat und die fixe Idee, ein Ritterkreuz-Orden müsse alle Blicke davon ablenken. Auch diese Geschichte spielt im Danziger Kleinbürgermilieu. Doch anders als Böll, der sich in seinen Erzählungen aus gemüthafter Übereinstimmung mit seinen rheinisch-katholischen Kleinbürgerhelden auf den Blickwinkel der frommen Einfalt beschränkt, distanziert sich Grass von seinen Figuren, indem er die Gefahr ihrer Horizontbeschränkung aufdeckt. Grass meint, gerade weil sie die Züge des Nationalsozialismus nur vereinzelt und oberflächlich wahrgenommen haben, konnten die Kleinbürger leicht zu einem so mächtigen Heer von Mitmachern und Mitläufern werden.

In dieser unterschiedlichen Handhabung der begrenzten Erzählerperspektive bei Böll und Grass kündigt sich die zunehmende Politisierung der Literatur in den sechziger Jahren an.

c) Neubeginn in der Deutschen Demokratischen Republik

In der Oktober 1949 gegründeten Deutschen Demokratischen Republik stand die Literatur von Anfang an im Dienst eines »von oben« verordneten Sozialismus. Nach dem erzwungenen Zusammenschluß von KPD und SPD zur SED im Jahre 1946 bestimmten die Kader dieser staatstragenden Sozialistischen Einheitspartei Deutschlands seit 1948/49 die Entwicklung der Literatur entsprechend der marxistisch-leninistischen Doktrin.[19] Die einzeln und nacheinander aus

---

19 Vgl. Wladimir Iljitsch Lenin (1870–1924) über *Parteiorganisation und Parteiliteratur* (1905).

westlichen Exilländern in die SBZ zurückkehrenden antifaschistischen Autoren wie Brecht und Bloch aus den USA,
Anna Seghers, Ludwig Renn und Alexander Abusch aus
Mexiko, Stephan Hermlin aus der Schweiz und Arnold
Zweig aus Palästina trafen auf einen Kreis von Kollegen aus
dem sowjetischen Exil, der, legitimiert von der Besatzungs-
macht, nach sowjetischem Vorbild das »kulturelle Erbe«
und den »sozialistischen Realismus«[20] zum verbindlichen
Programm erhob, obwohl diese beiden Säulen der sozialisti-
schen Literatur keineswegs unumstritten waren. JOHANNES
R. BECHER (1891–1958), der erste Vorsitzende des BPRS,
der von 1933 bis 1945 in Moskau und von 1954 bis 1958
erster Minister für Kultur der DDR war, gab für seine
»Literaturgesellschaft« die Losung aus: »Vorwärts zu
Goethe«. Das heißt, als dauerhafte Vorbilder gelten die
Klassiker Lessing, Goethe, Schiller, Kleist, Büchner, Heine,
Fontane bis Heinrich und selbst Thomas Mann, während
literarische Erneuerer wie Gide, Proust, Beckett, Joyce, Dos
Passos, Faulkner und Kafka verworfen wurden. Die Arbei-
ter- und Bauernfakultäten (ABF), in denen von 1949 bis
1962 die erste Generation der proletarischen Jugend zur
Hochschulreife geführt wurde,[21] das 1955 gegründete Lite-
raturinstitut Johannes R. Becher in Leipzig, in dem sozialistische Schriftsteller herangebildet werden, sowie das staatlich organisierte Druckerei- und Verlagswesen sorgten für
die Durchsetzung des kulturpolitischen Programms.

Die Schriftsteller der DDR unterscheiden sich wesentlich
von den übrigen deutschsprachigen Schriftstellern. Ihrer
grundsätzlichen Bestimmung nach sind sie staatlich besol-
dete Funktionäre, die das klassische Erbe pflegen und als

---

20 »Der sozialistische Realismus ist die Grundmethode der sowjetischen Literatur und Literaturkritik, er fordert vom Künstler eine wahrheitsgetreue,
konkret historische Darstellung der Wirklichkeit in ihrer revolutionären
Entwicklung. Außerdem hat er die Aufgabe, zur ideologischen Transfor-
mierung der Werktätigen beizutragen und sie im Geiste des Sozialismus zu
erziehen.« (Nach dem Protokoll des Ersten Sowjetischen Schriftstellerkon-
gresses von 1934.)
21 Vgl. den Roman *Die Aula* (1964) von Hermann Kant.

Ingenieure der menschlichen Seele mit Hilfe des sozialistischen Realismus die Umformung des Bewußtseins der Menschen im Geist des Sozialismus organisieren. – Auf die kurze antifaschistisch-demokratische Periode der SBZ folgt 1949 also die Zeit der mehr oder weniger staatlich gelenkten Literatur. Die »Partei der Werktätigen« forderte die »Kulturschaffenden« auf, für die »Grundlagen der sozialistischen Gesellschaft« zu arbeiten. Durch die dogmatisch geführte »Formalismus«-Diskussion im März 1951 wurden die Schriftsteller aber eher abgeschreckt als angeregt, sich mit dem gegenwärtigen Aufbau des Sozialismus zu beschäftigen. Namhafte ältere Autoren steuerten jedenfalls keine Aufbauliteratur bei, und andere schrieben schlechte Agitproptexte oder wie Kuba (d. i. Kurt Barthel, 1914–1967) und Stephan Hermlin (1915–1997) Kult- und Lobeshymnen auf Stalin und die Partei. Selbst Anna Seghers (vgl. S. 259 f.), die sich im Gegensatz zu Brecht die Literaturtheorie von Lukács zu eigen gemacht hat und somit von 1952 bis 1978 dem Deutschen Schriftstellerverband der DDR vorsitzen konnte, stieß mit ihrem Roman *Die Toten bleiben jung* von 1949[22] auf Kritik, weil dieser Darstellung antifaschistischen Widerstandes seit 1918 der im sozialistischen Realismus geforderte positive Held fehlt und die Rolle der KPD nicht genügend herausgestellt wird. Bertolt Brecht, im Westen als Kommunist boykottiert, wurde auch im Osten kaum aufgeführt. Trotz der internationalen Erfolge seines Berliner Ensembles lehnte man dort die moderne experimentierfreudige Dramaturgie ab, so daß sich Brecht bis in das Jahr seines Todes gegen die offizielle konservative Theorie von Lukács zur Wehr setzen mußte. Brecht hat in der DDR kein größeres Stück mehr geschrieben. Er zog sich 1952 nach Buckow in seine Villa zurück, schrieb dort Elegien und überließ die von den Parteifunktionären bestellten »Produktionsstücke« und »Agrodramen« den Jüngeren. Arbeiter des Nachterstedter Braunkohlenwerks hatten 1955 in einem offenen Brief an die Schriftsteller appelliert:

22 Vgl. die Fortführung in den Romanen *Die Entscheidung* (1959) und *Das Vertrauen* (1968), die sich enger an das Literaturprogramm der SED halten.

Wir möchten mehr Bücher über den gewaltigen Aufbau, der sich auf allen Gebieten der Deutschen Demokratischen Republik vollzieht, über das Schaffen und Leben der Werktätigen. Schreiben Sie und gestalten Sie den werktätigen Menschen so, wie er ist, von Fleisch und Blut, wie er arbeitet, liebt und kämpft, zeigen Sie ihn, den Enthusiasmus, unsere Leidenschaft und das große Verantwortungsbewußtsein, das die Arbeiter im Kampf um das Neue beseelt.

Als vier Jahre später immer noch Bücher fehlten, die sich mit Gegenwartsproblemen der Arbeitswelt befaßten, rief Alfred Kurella (1895–1975) auf einer Autorentagung im April 1959 in Bitterfeld: »Kumpel, greif zur Feder – die sozialistische Nationalkultur braucht dich!« Um »die aus der Klassengesellschaft übernommene Trennung zwischen Kunst und Volk zu überwinden« und die »Höhen der Kultur« zu stürmen (Walter Ulbricht), wurden die Studenten des Literatur-Instituts in die Betriebe, wurden die »Schriftsteller an die Basis« geschickt. Diesem als »Bitterfelder Weg« in die Literaturgeschichte eingegangenen Anstoß sind unter anderem auch die frühen Produktionsstücke von Heiner Müller, Peter Hacks und Volker Braun zu verdanken.

HEINER MÜLLER (1929–1995), der neben Peter Hacks und Hartmut Lange zu den bekanntesten Brecht-Nachfolgern der DDR gehört, schildert in seinen ersten Stücken die konfliktreiche Bewußtseinsbildung während der Aufbauphase. Im Stil des Agitprop-Theaters greift *Der Lohndrücker* (1956/57 entstanden und 1958 uraufgeführt) in einer Folge von 19 Szenen einen Vorfall aus dem Jahre 1948/49 auf, den Brecht bereits in seinem »Büsching«-Fragment behandelt hatte. Das Lehrstück *Die Korrektur* spielt im Jahre 1956. Wieder geht es darum, die übergeordneten Ziele der Partei zu verdeutlichen: Eine Brigade, die durch betrügerische Falschbuchungen Leistungen vortäuscht, wird durch den standhaften Brigadier Bremer zu sozialistischer Moral bekehrt. Der nationalsozialistische Arbeiterverführer, der »Major«, wird davongejagt, aber Bremer (»Ich trau keinem, der für Hitler gearbeitet hat«) muß sich vom Parteisekretär belehren lassen: »Wir können es uns leisten, den Sozialismus auch mit Leuten aufzubauen, die der Sozialismus nicht interessiert. Soweit sind wir. Wir können nicht auf sie verzichten. Soweit sind wir noch nicht. Und wenn wir soweit sind, ist es nicht mehr nötig, weil sie sich interessieren werden für den Sozialismus.«

PETER HACKS (geb. 1928), der erst 1955 auf Einladung Bert Brechts in die DDR ging, hatte mit ideologiekritischer Auslegung von Sagengestalten und historischen Figuren wie dem Herzog Ernst, Columbus, dem armen Mann im Tockenburg und Friedrich II. begonnen, ehe er sich 1959 auf den »Bitterfelder Weg« machte. Sein Produktionsstück *Die Sorgen und die Macht* ist ein gelegentlich in Blankverse übergehendes Zeit- und Lehrstück zum Thema Solidarität: Die Brigade »Roter Hammer« verdient mit einem Übersoll an schlechten Briketts Prämien, während die von der Brikettqualität abhängenden Arbeiter der Glasfabrik nicht einmal ihr Plansoll erfüllen können. Der Brikettierer Max Fidorra verliebt sich in die Glasarbeiterin Hede Stoll und entwickelt dadurch seinen Blick für Gerechtigkeit und Solidarität in der Arbeitswelt. – Daß Fidorras Liebe, nicht aber das sozialistische Bewußtsein des neuen Menschen den Anstoß zu den nötigen Veränderungen gibt, hat man ebenso als unleidliche Abweichung von der Parteilinie kritisiert wie die kritische Darstellung des Funktionärwesens. Nichtsdestoweniger griff Hacks die Frage nach den sozialistischen Funktionären in dem »Agrodrama« *Moritz Tassow* (1965) erneut auf: Der Schweinehirt Moritz Tassow enteignet im Herbst 1945 den faschistischen Gutsbesitzer von Sack und richtet auf Gut Gargentin die »Kommune Drittes Jahrtausend« ein. Doch die verfrühte Kollektivierung scheitert an fehlender Arbeitsdisziplin. Darum greift der pragmatische Parteifunktionär Mattukat ein. Er setzt den Sozialutopisten Tassow ab und führt die Bodenreform durch. Enttäuscht beschließt der geniale sche Tassow (vgl. Goethes *Tasso*, S. 110), Schriftsteller zu werden: »[...] das ist der einzige Stand, / In dem ich nicht verpflichtet bin, kapiert / Zu werden oder Anhänger zu

haben.« Auf den spontanen, lebenslustigen Revolutionär
Tassow und den besonnenen Altkommunisten Mattukat
folgt schließlich der trockene Bürokrat Blasche, den Peter
Hacks borniert verkünden läßt: »Das Alte stirbt oder ver-
krümelt sich. / Der neue Mensch bleibt auf dem Plane. Ich.«
– Die ironische Schlußpointe gegen den neuen Menschen
verrät des Autors Sympathie für den parteiliniengetreu
widerlegten Individualisten Tassow. Die von Hacks vier
Jahre lang zurückgehaltene Verskomödie ist nach ihrer
erfolgreichen Uraufführung wegen angeblicher »rüpelhafter
Obszönität« vom Spielplan abgesetzt worden. – Peter Hacks
hat danach keine »revolutionären Tendenzstücke« mehr verfaßt, sondern sich auf den Standpunkt gestellt, daß die
Revolution im wesentlichen vollzogen sei und der postrevo-
lutionäre Dramatiker sich nunmehr dem klassischen Erbe
widmen und historische oder mythologische Stoffe poetisch
gestalten dürfe.

Bei ihrer Auseinandersetzung mit der Arbeitswelt stießen
die Schriftsteller allzu oft auf Widersprüche zwischen dem
Parteiprogramm und dessen Ausführung, so daß das erwar-
tete Lob der Funktionäre als positiver Helden meist nur um
den Preis der Schönfärberei oder im Rahmen provinzieller
Harmlosigkeit zu erbringen war.

Die von der SED auf den »Bitterfelder Weg« gesetzten
Hoffnungen konnten sich nur mit großen Einschränkungen
erfüllen. Das Programm wurde 1964 auf der zweiten Bitterfelder Konferenz angefochten und 1973 fallengelassen.

d) Die schweizerischen Dramatiker Frisch und
Dürrenmatt

Nachdem das westdeutsche Theater von den Kabarett- und
Behelfsbühnen in die alten wiederhergestellten Häuser
zurückgefunden hatte, nahm es sich der unzensierten Klassi-
kerpflege an, der existentialistischen Untergangsvisionen

und der absurden Endspiele. Lessing und Schiller, Sartre und Camus, Becket und Ionesco wurden gespielt. Das bürgerliche Erbauungstheater wollte Kunsterlebnisse vermitteln, und zwar durch die Dominanz des Wortes; dem lyrischen Hörspiel der fünfziger Jahre entsprach das poetische Schauspiel. Vor allem aber unterschied man in den fünfziger Jahren streng zwischen christlich-abendländischer und sozialistischer Moral: Thornton Wilder war genehm, aber Brecht, der damals bedeutendste lebende deutsche Dramatiker, wurde in der Bundesrepublik als Kommunist boykottiert. Sein lehrhaftes Parabeltheater wurde erst in den sechziger Jahren rezipiert und bald darauf von dem beschreibenden Bewußtseinstheater der Volksstück-Autoren Horváth, Fleißer, Kroetz und Sperr überholt (vgl. S. 325 f.). – Die eigentliche Erwiderung auf Brechts fortschrittsgläubiges Theater kam aus der Schweiz.

MAX FRISCH (1911–1991) war fasziniert von Brecht, der 1948 an seinem *Kleinen Organon für das Theater* arbeitete und von der Durchschaubarkeit der Welt und ihrer Veränderbarkeit aufgrund der Belehrbarkeit des Menschen sprach. Doch diese Grundvoraussetzungen für das marxistische Theater zieht Frisch in Zweifel. Seinen 1953 zunächst als Hörspiel gesendeten Einakter *Biedermann und die Brandstifter* (1958) nennt er im Untertitel auf Brecht anspielend »Ein Lehrstück ohne Lehre«. In der von Brecht zur Verbreitung politischer Lehren benutzten Parabelform führt Frisch nun gerade die Unbelehrbarkeit vor: Dem knallharten Geschäftsmann und Stammtischmaulhelden Gottlieb Biedermann fehlen Urteil und Zivilcourage, um den Brandstiftern, vor denen die Zeitungen und ein parodistischer Feuerwehrchor[23] warnen und die nun schmeichelnd und drohend in sein Haus drän-

---

23 Im antiken griechischen Drama, das aus den kultischen Festspielen des Chores anläßlich der Dionysien entstanden war, deutete der Chor das dramatische Geschehen, in das er, etwa die Furien oder Erinnyen (Rachegöttinnen) vertretend, früher gelegentlich selbst eingriff. Vgl. den Chor Kap. 3, Anm. 13 und Kap. 14, Anm. 34 sowie bei Schiller in der Ballade »Die Kraniche des Ibykus« und in dem Drama *Die Braut von Messina*.

gen, entgegenzutreten. Feige reicht er ihnen selbst noch die Streichhölzchen, um sich anschließend beim »Nachspiel« in der Hölle wie viele Mitläufer der Faschisten als deren Opfer zu beklagen. – Dem biederen Jedermann kann nach Frischs Meinung weder durch Warnung noch Belehrung geholfen werden, denn sein Vorurteil ist unverrückbar und dem verletzlichen einzelnen gegenüber gnadenlos. Das Stück *Andorra* (1961) veranschaulicht modellhaft, wie aus diskriminierenden Vorurteilen ein vernichtender Rollenzwang entsteht: Der junge Andri (›Mensch‹) wird von der biedermännischen Gesellschaft Andorras in die Rolle des Außenseiters gedrängt und so lange als Jude verschrien, bis er sich selbst zum Anderssein bekennt und wider besseres Wissen von den feigen und selbstgerechten Andorranern den schwarzen Henkern als Sündenbock ausgeliefert werden kann. – Frischs Schauspiele sind Modelle ohne Aufforderungscharakter; sie zielen wie seine Romane (vgl. S. 286 f.) nicht auf bestimmte geschichtliche, sondern auf zeitlosallgemeine Verhältnisse. Frisch erklärt: »Wir erstellen auf der Bühne nicht eine bessere Welt, aber eine spielbare, eine durchschaubare, eine Welt, die Varianten zuläßt, insofern eine veränderbare, veränderbar wenigstens im Kunst-Raum.« Wie zuvor in dem Roman *Mein Name sei Gantenbein* macht Frisch in seinem Variantentheater *Biografie: Ein Spiel* (1967) von der Möglichkeit autonomer Imagination Gebrauch. Der Kunst-Raum wird hier zur Gegenwelt der determinierten Wirklichkeit.

FRIEDRICH DÜRRENMATT (1921–1990), der als bildender Künstler immer wieder den Minotaurus dargestellt hat, spricht auch als Theaterschriftsteller von einer »Dramaturgie des Labyrinths«. Er sagt: »Die Welt, wie ich sie erlebte, konfrontierte ich mit einer Gegenwelt, die ich erdachte.« Der als Störfaktor erlebte Zufall, der allzu oft zielgerichtete Pläne und sinnvolle Entwicklungen durchkreuzt, läßt dem Skeptiker Dürrenmatt geschichtliche Abläufe eher paradox, d. h. widersinnig erscheinen. (Nicht absurd, das hieße sinnlos.) Er sagt: »Im Paradoxen erscheint die Wirklichkeit«;

und: »die Wirklichkeit ist die Unwahrscheinlichkeit, die eingetreten ist.« Dementsprechend geht Dürrenmatt in seinem komödiantischen Denken nicht wie Brecht von einer Idee oder These, sondern wie Aristophanes von einem Einfall, von einer Geschichte aus. Seine Dramaturgie zielt auf die immanent folgerichtige hyperbolische Zuspitzung. Seine »Geschichte ist dann zu Ende gedacht, wenn sie ihre schlimmst-mögliche Wendung genommen hat«. Und: »Die schlimmst-mögliche Wendung, die eine Geschichte nehmen kann, ist die Wendung in die Komödie.« Die Zufälligkeit der Geschichte und die Anonymität unserer gesellschaftlichen Mächte schließen für Dürrenmatt Tragik in überkommener Form aus. In der frühen theoretischen Darlegung *Theaterprobleme* schreibt er 1954:

> Die heutige Welt, wie sie uns erscheint, läßt sich [...] schwerlich in der Form des geschichtlichen Dramas Schillers bewältigen, allein aus dem Grunde, weil wir keine tragischen Helden, sondern nur Tragödien vorfinden, die von Weltmetzgern inszeniert und von Hackmaschinen ausgeführt werden. Aus Hitler und Stalin lassen sich keine Wallensteine mehr machen. [...] Das Drama Schillers setzt eine sichtbare Welt voraus, die echte Staatsaktion, wie ja auch die griechische Tragödie. Sichtbar in der Kunst ist das Überschaubare. Der heutige Staat ist jedoch unüberschaubar, anonym, bürokratisch geworden [...]. Die echten Repräsentanten fehlen, und die tragischen Helden sind ohne Namen. [...] Die Kunst dringt nur noch bis zu den Opfern vor, dringt sie überhaupt zu Menschen, die Mächtigen erreicht sie nicht mehr. Kreons Sekretäre erledigen den Fall Antigone. [...] Schuld gibt es nur noch als persönliche Leistung, als religiöse Tat. Uns kommt nur noch die Komödie bei.

Den Rollenfunktionen der Komödie entsprechend, legt Dürrenmatt seine Figuren gern auf je einzelne Aspekte fest und stilisiert sie so zu Abderiten, Don Quichoten oder egoistischen Realisten. Dabei schien ihm anfänglich im Typus des ›mutigen Menschen‹ noch ein Rest Tragik erhalten. In den *Theaterproblemen* schrieb er: »Es ist immer noch möglich, den mutigen Menschen zu zeigen. Dies ist denn auch eines meiner Hauptanliegen.« Als Beispiele nennt er die Titelfiguren des Dramas *Der Blinde* (1947) und der Komödie *Romulus der Große* (1949), Übelohe aus der Komödie *Die Ehe des Herrn Mississippi* (1952) und den Bettler Akki aus der Komödie *Ein Engel kommt nach Babylon* (1953). Auch Ill aus dem *Besuch der alten Dame* (1956) gehört letztlich noch zu den ›mutigen Menschen‹. Im Hinblick auf Alfredo Traps, den Helden des Hörspiels *Die Panne* (1956), sagt Dürrenmatt: »Die Welt des einzelnen [...] ist noch zu bewältigen, hier gibt es noch Schuld und Sühne. [...] Nur im Privaten kann die Welt auch heute noch in Ordnung sein [...].« Doch dieser von Brecht angefochtenen Zuversicht stand bei Dürrenmatt selbst bereits der ebenfalls von Brecht zurückgewiesene Fatalismus des Minister Diego aus der *Ehe des Herrn Mississippi* gegenüber, der da sagt: »Alles in dieser Welt kann geändert werden, [...] nur der Mensch nicht.« – In seinen späteren Werken wie auch in Neufassungen betont Dürrenmatt die allgemeine Korruption, deren ästhetische Entsprechung er in einer alles erfassenden Ironie sieht. Im Vordergrund steht nun die moralische Schwäche, durch die die Menschen zu ›negativen Mitmachern‹ werden. Die Bedeutungsverminderung des ›mutigen Menschen‹ läßt sich an Dürrenmatts erfolgreichsten Stücken, an der tragischen Komödie *Der Besuch der alten Dame* von 1956 und der Komödie *Die Physiker* von 1962, ablesen: Die als junges Mädchen von dem Kaufmann Alfred Ill verführte, verlassene und als Dirne verleumdete Klara Wäscher ist zur reichsten Frau der Welt geworden. Als Claire Zachanassian besucht sie ihre Heimatstadt Güllen, deren Industrie und Handel sie durch Agenten hat heimlich aufkaufen und stillegen lassen. Nur um den durch den Bürgermeister entrüstet zurückgewiesenen Preis, daß die Güllener Claires Schmach an ihrem ehemaligen Verführer, dem Kaufmann Ill, rächen und ihn töten, will die alte Dame die verarmte Stadt sanieren. Denn die Menschlichkeit, sagt Claire, »ist für die Börse der Millionäre geschaffen, mit meiner Finanzkraft leistet man sich eine Weltordnung. Die

Welt machte mich zu einer Hure, nun mache ich sie zu einem Bordell. [...] Güllen für einen Mord, Konjunktur für eine Leiche.« – Während in Ill sich das Bewußtsein seiner Schuld und die Bereitschaft zur Sühne entwickeln, wächst unter den Güllener Bürgern die Bereitschaft zum Mord. Schließlich wird Ill unter dem Vorwand, Gerechtigkeit zu verwirklichen, gemeinschaftlich umgebracht. Die Ironie der Schlußchöre rechtfertigen noch einmal den mutigen Menschen Ill. *Die Physiker* dagegen bleiben ohne diesen Trost des Autors: Der Physiker Möbius fürchtet, daß sein geniales »System aller möglichen Erfindungen« nur zum Schaden der Menschheit benutzt werden würde; darum verbirgt er sich und sein Wissen unter der Narrenkappe. Zwei miteinander konkurrierende Geheimdienstagenten, die ihm, gleichfalls Wahnsinn simulierend, in die private Irrenanstalt des Fräulein Doktor Mathilde von Zahnd gefolgt sind, entlarvt und überzeugt er, daß es das beste ist, freiwillig im Irrenhaus zu bleiben. »Unsere Wissenschaft ist schrecklich geworden, unsere Forschung gefährlich, unsere Erkenntnis tödlich«, meint er: »Entweder bleiben wir im Irrenhaus, oder die Welt wird eines.« Für Dürrenmatt ist sie das inzwischen a priori: Nicht die Patienten der Irrenanstalt, sondern das bucklige Fräulein Doktor ist wahnsinnig. Sie hat Möbius durchschaut, seine Manuskripte auswerten lassen, und nachdem sie die Physiker zu ihren Gefangenen erklärt hat, übernimmt sie durch ihren Trust die Weltherrschaft. Die Opfer der sich verweigernden Physiker (jeder hat zum Beweis seiner Gefährlichkeit eine Krankenschwester umgebracht) waren lächerlich umsonst. Die Komik schlägt um in Grauen. – Abgesehen von dieser Verdüsterung hat sich Dürrenmatts unhistorisches, von Zufällen und Wundern in Gang gesetztes Welttheater in vierzig Jahren kaum verändert.

16. Zwischen Utopie und Wirklichkeit

a) Die Zeit der Protestbewegungen (1963–1974)

Konrad Adenauer, der 1949 das Amt des ersten Bundeskanzlers übernommen und dann vierzehn Jahre lang innegehabt hatte, trat 1963 im Alter von 87 Jahren zurück. In den Auschwitzprozessen der Jahre 1963 bis 1965 kamen verspätet die KZ-Verbrechen öffentlich zur Sprache. Das machte die verdrängte Schuld allgemeiner bewußt und empörte die Jugend gegen die Elterngeneration. Empörung verursachte auch der Krieg der Amerikaner in Vietnam. Der Vietnamkrieg als Ausdruck ideologischer Verblendung, dazu die Behinderung der Demokratie durch die Bildung der Großen Koalition von CDU und SPD im Jahre 1966 sowie die Notstandsgesetzgebung, die den Bundesbürger im Krisenfall elementarer Grundrechte beraubt, riefen die außerparlamentarische Opposition (APO) auf den Plan. Bei einer Demonstration der APO gegen den Schahbesuch in Berlin wurde am 2. Juni 1967 der Germanistikstudent Benno Ohnesorg von der Polizei erschossen. 1968 wurden die Notstandsgesetze verabschiedet und ein Attentat auf den Studentenführer Rudi Dutschke verübt. 1970 kam es zu den ersten Terroranschlägen der Roten Armee Fraktion (RAF). Um den »langen Marsch durch die Institutionen« aufzuhalten, wurde 1972 der Radikalenerlaß verhängt, eine Verfügung, die sogenannte Radikale von der Beschäftigung im öffentlichen Dienst ausschließt und von widerspruchsbereiten Studenten darum als Berufsverbot bezeichnet wird.

Die Existenzphilosophie von Jaspers und Heidegger, die in den zurückliegenden Jahren persönlicher Bedrängnis und Erschütterung weiten Widerhall gefunden hatte, wurde in ihrer Breitenwirkung jetzt von der Kritischen Theorie der Frankfurter Schule abgelöst. Der Literatur- und Musiksoziologe Theodor W(iesengrund) Adorno (1903–1969) veröffentlichte 1964 seine Streitschrift gegen den *Jargon der Eigentlichkeit*. Adorno las man an den Hochschulen, Max Horkheimer, Jürgen Habermas, Walter Benjamin, Ernst Bloch und Herbert Marcuse: Aufklärung, Kritik des Bestehenden, Verweigerung und Emanzipation waren angesagt. Bald vermochten die Studenten Literatur nur noch unter gesellschaftlichem Blickwinkel zu sehen. Auf dem Höhepunkt ihrer Bewegung, als sich die politischen Konflikte zuspitzten, wurde die Literatur 1968 schließlich totgesagt.

Wie in der Philosophie drückte sich die Politisierung in der Lyrik durch einen Wechsel der Leitbilder aus. Der berauschende, elitäre, hermetische und resignative Ton Benns wich allmählich der sachlich-nüchternen Sprache von Brechts belehrenden und auffordernden öffentlichen Gedichten.

GÜNTER GRASS (vgl. S. 290 f.) suchte bereits Mitte der fünfziger Jahre den handfesten Gegenstand im Gedicht. »Bohnen und Birnen«, »Der Kaffeewärmer« und »Blechmusik« sind Themen seiner ersten Gedichtsammlung *Die Vorzüge der Windhühner* von 1956. In der Sammlung *Gleisdreieck* von 1960 begegnen dem Leser Vogelscheuchen, Köche und Nonnen. »Nicht schmücken – schreiben«, und »das Ungenaue genau treffen« sind auch die Maxime der politischeren Gedichte *Ausgefragt* von 1967.

PETER RÜHMKORF (geb. 1929) gab 1952 bis 1956 zusammen mit Werner Riegel die Pamphlet-Zeitschrift *Zwischen den Kriegen, Blätter gegen die Zeit* heraus. Als Leslie Meier ging er dort in der Kolumne »Lyrik-Schlachthof« mit den Lyrikern der fünfziger Jahre hart ins Gericht. Er selber, »der rote Rühmkorf«, »Leslie, das asthenische Schwein, / gut, wir lassen es leben – / Auf so muntere Art morbid zu sein, / ist nicht jedem gegeben«, besang wie Grass »Matjes mit Speckstibbel, Bohnen, Kartoffeln« und »die Müllabfuhr«; doch »Das Hohelied des Ungehorsams – / gebellt oder verkündet – / aber von keinem bisher so prägnant / als von ihm«, blieb trotz des vagantenhaften Shockertons durch seine Artistik Benn verpflichtet.

Nicht anders erging es dem gleichaltrigen HANS MAGNUS ENZENSBERGER (geb. 1929): Enzensberger wurde 1957 durch seine *verteidigung der wölfe* schlagartig bekannt. Aufsehen erregte vor allem die leidenschaftliche Gesellschaftskritik der »bösen« Gedichte. Zornig höhnend brandmarkte Enzensberger die Geschäftemacherei und die satte Selbstzufriedenheit des Wirtschaftswunder-Bürgers sowie die Wiederaufrüstung mit Wehrpflicht und Notstandsgesetzen: »18 eiskalt ausgeführte Schläge in die Fresse der Unmenschlichkeit. [...] was es in Deutschland seit Brecht nicht mehr gegeben hat: das große politische Gedicht« lobte Alfred Andersch. Andere allerdings wiesen auf die Übereinstimmungen in der Sprachgebung Enzensbergers mit Gottfried Benns zerebralem Stil. Besonders die faszinierenden Montagen, die überraschende Verschränkung von Redensarten und Rotwelsch, Bibeldeutsch und Werbesprache sowie die Mischung von Schlag-, Fach- und Fremdwörtern erinnern an Benns Laborgedichte. Enzensberger wollte lieber in der Nachfolge Heines oder Brechts gesehen werden, weil er als zorniger junger Mann vom Nonkonformismus zur Parteilichkeit drängte. Die 37 Gedichte der Sammlung *landessprache* von 1960 setzten Themen und Ton der erfolgreichen »bösen« Gedichte fort. Diese Gedichte sollen Gebrauchsgegenstände sein, freilich mit unübersetzt vorangestellten griechischen und lateinischen Sinnsprüchen; es sind »gedichte für die gedichte nicht lesen«, als Plakate gedachte »analekten zur staatsbürgerkunde«, freilich unter einem Motto des spanischen Manieristen Góngora. In der Sammlung *blindenschrift* von 1964 nimmt Enzensberger die artistischen Formen der uneigentlichen Rede wieder zurück. Die Gedichte sind einfacher, sachlicher, aber auch nicht mehr so »böse«. Die transitorische Gebärde des Zorns schien dem Lyriker verbraucht; er verlegte seine gesellschaftskritische Polemik in die Prosa.[1]
Der in Wien geborene und von 1938 an in London lebende

---

1 Vgl. die Bände *Einzelheiten* (1962), *Politik und Verbrechen* (1964), *Palaver* (1974) und *Politische Brosamen* (1982).

Lyriker ERICH FRIED (1921–1988) gehörte wie Celan, Weiss und Hildesheimer zu den im Exil verbliebenen Schriftstellern. Er hat mit expressionistischen und neuromantischen Gedichten begonnen, ehe er 1964 politische *Warngedichte* schrieb und sich mit dem Zyklus *und Vietnam und* 1966 im Sinne der Studentenbewegung engagierte.

Wie in seinen umfangreichen Romanen verbindet GÜNTER HERBURGER (geb. 1932) bereits in seinen ersten Gedichtsammlungen *Ventile* von 1966 und *Training* von 1969 das Politische mit dem Privaten und dem Phantastischen. Weil er überzeugt ist, »die Schönheit liegt in der Menge der Details«, schreibt er die 1965 von Walter Höllerer erwünschten langen Gedichte.[2]

FRIEDRICH CHRISTIAN DELIUS (geb. 1943) dagegen parodiert das lange Gedicht. Seine Sammlung *Kerbholz* von 1965 beginnt er mit kurzen pointierten Sprüchen. In der Sammlung *Wenn wir, bei Rot* von 1969 dokumentiert er die Protestbewegung, indem er Zeitungsmeldungen und Fotos in Verse bringt oder, wie in den »Berliner Para-Phrasen«, die Sprache der Springer-Presse umdreht bzw. unter dem Titel »Selbstschutz« die psychologische Kriegsvorbereitung der Notstandsgesetze in Distichen entlarvt.

In der DDR gelten Becher, Brecht und Huchel als Ahnen der neuen lyrischen Nationaldichtung: Becher, der 1950 die Nationalhymne der DDR verfaßte; Brecht, der in seinen *Buckower Elegien* 1954 sanftere Töne als früher anschlug und gerade dadurch über die Grenzen der DDR hinauswirkte, und PETER HUCHEL (1903–1981), der Natur- und Landschaftsdichter der Mark Brandenburg, der von 1949 bis 1962 Chefredakteur der Zeitschrift *Sinn und Form* war, seine Gedichtsammlungen aber in der Bundesrepublik veröffentlichen mußte.[3]

JOHANNES BOBROWSKI (1917–1965), der Huchel in mancher

---

2 Vgl. die Diskussion um das lange Gedicht in *Was alles hat Platz in einem Gedicht*, herausgegeben von Hans Bender, 1977.

3 *Chausseen Chausseen* (1963), *Die Sternenreuse* (1967) und *Gezählte Tage* (1972).

Hinsicht verwandt war und von ihm gefördert wurde, veröffentlichte seine »poetische Landnahme« zuerst in *Sinn und Form* und dann in den drei Bänden *Sarmatische Zeit* (1961), *Schattenland Ströme* (1962) und *Wetterzeichen* (1966). Bobrowski orientiert sich an Klopstock (vgl. Kap. 4 b) und sagt: »Ich habe ein ungebrochenes Vertrauen zur Wirksamkeit des Gedichts – vielleicht nicht ›des Gedichts‹, sondern des *Verses*, der wahrscheinlich wieder mehr Zauberspruch, Beschwörungsformel wird werden müssen.«[4]

Die eigentliche DDR-Lyrik begann mit Günter Kunert, Reiner Kunze und Karl Mickel, mit Sarah Kirsch, Christa Reinig, Wolf Biermann und Volker Braun; alles sozialistische Autoren und anfangs meist treue Parteigänger ihres Staates. Doch die Enthüllungen des antistalinistischen XX. Parteitages der KPdSU von 1956 und der Bau der Mauer durch Berlin im August 1961 hatten sie bereits belehrt, daß man auf Stalin doch besser keine Hymnen dichtet und daß die sozialistische Lösung mancher politischer Probleme zumindest einer breiteren Erörterung bedarf. Der seinerzeit noch kaum bekannte Wolf Biermann und die anderen jungen Autoren, die Stephan Hermlin am 11. Dezember 1962 zu einem Lyrikabend in die Berliner Akademie der Künste geladen hatte, nahmen sich jedenfalls das Recht, ungefragt Partei und Gesellschaft zu kritisieren. Das 11. Plenum des ZK der SED indessen bestritt diese in der Tauwetterperiode seit 1956 herangewachsene Meinungs- und Redefreiheit der Literaten als Teil einer gefährlichen

---

4 Vgl. sein Gedicht »Sprache« aus dem Band *Wetterzeichen*:

Der Baum	Die Steine
größer als die Nacht	unter dem Fuß
mit dem Atem der Talseen	die leuchtenden Adern
mit dem Geflüster über	lange im Staub
der Stille	für ewig

Sprache
abgehetzt
mit dem müden Mund
auf dem endlosen Weg
zum Hause des Nachbarn

bürgerlichen Kunstauffassung und beschloß 1965 einen harten Kurs gegen Abweichler von der Parteilinie. Als Karl Mickel und Adolf Endler 1966 ihre Anthologie *In diesem besseren Land* vorlegten, in der Volker Braun, Rainer und Sarah Kirsch, Mickel und 32 andere Lyriker nicht nur Lob, sondern auch Zweifel am bestehenden Sozialismus ausdrückten, kam es zu einer über die Jahre 1971 und 1973 fortgesetzten Lyrikdiskussion. Während nämlich andernorts deutschsprachige Lyriker mit der selbstauferlegten Pflicht zu gesellschaftlichem Engagement in der Solidarität der Bewegung und in der Lebensform der Kommune ein neues Wir-Gefühl erfuhren, befreiten sich die jungen Lyriker in der DDR vom Druck des gesellschaftlichen Auftrags der Partei und entdeckten das Ich des »intellektuellen Einzelgängers« (Ulbricht). Wie unangenehm der sozialistischen Literaturgesellschaft das kritische Potential einzelner unabhängiger Denker ist und wie sie sich dagegen wehrte, zeigt der Fall Biermann:

WOLF BIERMANN wurde am 15. November 1936 in Hamburg geboren. Sein jüdischer Vater, Maschinenschlosser auf der Deutschen Werft, war Kommunist und wurde als Mitglied des organisierten Widerstandes gegen das Dritte Reich 1936 verhaftet und 1942 in Auschwitz ermordet. 1953 ging Wolf Biermann in die DDR. Er studierte zunächst Politische Ökonomie, später Philosophie und Mathematik, arbeitete dazwischen als Regieassistent im Berliner Ensemble und lebte seit 1960 als Liedermacher. Biermann sang, in der Tradition von Heinrich Heine und Bert Brecht, wie sein »großer Bruder Franz Villon [...] unverschämt und schön«. Vom Standpunkt des Marxisten übte er polemisch-satirische Gesellschaftskritik, indem er die Widersprüche zwischen sozialistischer Ideologie und Wirklichkeit beim Namen nannte. Treffsichere, derbe Schmähungen brachten dem Sänger, kaum daß er begonnen hatte, 1962 ein Vortragsverbot für die DDR ein. Schon seine ersten, in den Jahren 1960 bis 1965 gesammelten Balladen, Gedichte und Lieder mußten in West-Berlin gedruckt werden. *Die Drahtharfe* galt Erich

Honecker als Beispiel »der amerikanischen Unmoral und Dekadenz«. Selbstbewußt verkündet Biermann: »Das Kollektiv liegt schief // Ich bin der Einzelne / das Kollektiv hat sich von mir / *isoliert*«, denn er, der Kritiker, mochte nicht »den Sumpf mal Meer, mal Festland nennen«. In der »Tischrede des Dichters« an seine Genossen heißt es:

> Ich soll vom Glück Euch singen
> einer neuen Zeit
> doch Eure Ohren sind vom Reden taub.
> Schafft in der Wirklichkeit mehr Glück!
> Dann braucht Ihr nicht so viel Ersatz
> in meinen Worten
> [. . .].

Doch gerade Biermanns Drängen, daß man »den Sozialismus / AUFBAUT!!! Aufbaut! (aufbaut)«, hat ihn in der DDR zum »staatlich anerkannten Staatsfeind« gemacht; und dies wiederum trug ihm, nicht weniger widersinnig, unerwünschtes Lob aus der BRD ein. Elf Jahre lang hat Biermann *Mit Marx- und Engelszungen* (so der Titel seiner zweiten Textsammlung von 1968) nur vor Freunden gesungen. November 1976 wurde er anläßlich einer genehmigten Konzertreise in die Bundesrepublik aus der DDR »ausgebürgert«. Diese Maßnahme des Staates, den Biermann unverändert »für den besseren deutschen Staat« erklärte, löste im In- und Ausland eine Welle von Protest- und Solidaritätsbekundungen aus,[5] die in der DDR mit Verhaftungen und Parteistrafen beantwortet wurden. Als Antwort auf diese Maßregelungen verließen viele Schriftsteller die DDR.[6]

5 Gegen Biermanns Ausbürgerung protestierten in einem »Offenen Brief«: Erich Arendt, Jurek Becker, Volker Braun, Franz Fühmann, Stephan Hermlin, Stefan Heym, Sarah Kirsch, Günter Kunert, Heiner Müller, Rolf Schneider, Christa und Gerhard Wolf.

6 Jurek Becker, Thomas Brasch, Jürgen Fuchs, Bernd Jentzsch, Sarah Kirsch, Günter Kunert, Reiner Kunze, Erich Loest, Hans-Joachim Schädlich und Klaus Schlesinger. – Schon früher hatten Schriftsteller, Künstler und Publizisten, die sich durch die Aufhebung der Kunstautonomie behindert fühl-

Die Politisierung der Literatur in den sechziger Jahren stellte nun auch auf den bundesdeutschen Bühnen den Kampfwert über den Kunstwert und warf mit dem sogenannten dokumentarischen Drama ein vermeintlich neues Licht auf das Verhältnis von Fiktion und Fakten. Erwin Piscator (1893 bis 1966), ein Vertreter des Regie-Theaters, der 1924 als Reichstagswahlwerbung für die KPD eine großartige proletarische Revue auf die Beine gestellt und auch Erfahrung mit Brechts epischem Theater hatte, inszenierte in Berlin 1963 Hochhuths *Stellvertreter*, 1964 Kipphardts *Oppenheimer* und 1965 *Die Ermittlung* von Peter Weiss.

ROLF HOCHHUTHS (geb. 1931) Schauspiel *Der Stellvertreter* befaßt sich mit der Frage, warum Papst Pius XII. zu den Judenmorden im Dritten Reich geschwiegen hat. Dieses in 17 Sprachen übersetzte und in 28 Ländern inszenierte »christliche Trauerspiel« begründete nicht nur Hochhuths Ruhm, sondern wurde auch zu einem denkwürdigen Fall der deutschen Theatergeschichte: *Der Stellvertreter* wirkte zunächst nicht als literarisches Kunstwerk, sondern als Politikum. In der Adenauerzeit war man darauf bedacht gewesen, die nationalsozialistische Vergangenheit zu verdrängen und die Kirche als Bewahrerin moralischer Werte während der Hitlerzeit hinzustellen. Hochhuths *Stellvertreter*, der das Tabu von der integren Kirche angriff, verschaffte den an der verlogenen Geschichtsklitterung erstickenden Demokraten frische Luft, zugleich aber auch einen willkommenen Sündenbock für die alten Nazis. Die heftigen Proteste der katholischen Kirche gaben dem Ganzen die Sprengkraft. – Die literarische Sensation des *Stellvertreter* bestand darin, daß er zu einer Zeit erschien, als absurde und parabolische Stücke die bundesdeutschen Bühnen beherrschten und po-

ten, die DDR verlassen; darunter bis 1961: Horst Bienek, Walter Kempowski, Alfred Kantorowicz, Gerhard Zwerenz, Martin Gregor-Dellin, Fritz J. Raddatz, Uwe Johnson, Heinar Kipphardt, Ernst Bloch, die Brecht-Regisseure Egon Monk und Peter Palitzsch, sowie der Graphiker Klaus Staeck; von 1962 bis 1975: Hans Mayer, Christa Reinig, Helga M. Novak, Hartmut Lange, Manfred Bieler, Peter Huchel.

litische Themen in der Nachfolge Brechts historisch ver-
fremdet wurden. Hochhuths unmittelbarer Zugriff unter
Verwendung echter Dokumente überraschte. Die Uraufführ-
rung des Stückes durch Piscator an der Berliner Volksbühne
schien eine Wiederbelebung des von Piscator in den zwanziger Jahren vertretenen politischen Theaters anzukündigen.
Tatsächlich aber griff Hochhuth noch weiter zurück: Im
Vorwort zur Buchausgabe des *Stellvertreter* schrieb Erwin
Piscator:

> Dieses Stück ist ein Geschichts-Drama im Schillerschen Sinne. Es
> sieht, wie das Drama Schillers, den Menschen als Handelnden,
> der im Handeln »STELLVERTRETER« einer *Idee* ist: *frei* in der
> Erfüllung dieser Idee, frei in der Einsicht in die Notwendigkeit
> »kategorischen«, das heißt: sittlichen, menschenwürdigen Han-
> delns. Von dieser Freiheit, die jeder besitzt, die jeder besaß auch
> unter dem Nazi-Regime, müssen wir ausgehen, wenn wir unsere
> Vergangenheit bewältigen wollen. Diese Freiheit leugnen, hieße
> auch: die Schuld leugnen, die jeder auf sich genommen hat, der
> seine Freiheit nicht dazu benutzte, sich *gegen* die Unmenschlich-
> keit zu entscheiden.

Mit diesem Rückgriff auf den eigenverantwortlichen Menschen der idealistischen Klassik und mit der Berufung auf die
Lukács-These, daß »der konkrete, der besondere Mensch
das Primäre, der Ausgangs- und Endpunkt des Gestaltens«
sei, knüpft Hochhuth an Argumente der 1937/38 von Lukács
und Brecht geführten Realismusdebatte an. Hochhuth wi-
derspricht aber vor allem Adornos herrschender Geschichts-
philosophie, die das Individuum als eine geschichtliche Erscheinung der bürgerlichen Vergangenheit erklärt, weil, mit
Brecht gesagt, inzwischen das Wesentliche in die Funktio-
nale rutschte. Hochhuth beharrt auf der Personalisierung
der Konflikte im Entscheidungsdrama und erklärt: »Human
ist [...] nur, das Sachliche *nicht* vom Persönlichen zu
trennen.«[7]

---

7 Später liest es sich wie eine Entgegnung auf Dürrenmatt (vgl. S. 299), wenn
　Hochhuth in seinem Trauerspiel *Judith* (1984), in dem er die Rechtferti-
　gung politischer Attentate am Beispiel eines vom Rüstungswahn befallenen

HEINAR KIPPHARDT (1922–1982) hatte seinen größten Erfolg mit dem szenischen Bericht *In der Sache J. Robert Oppenheimer*, der in der Spielzeit 1964/65 das meistgespielte Stück war: Der amerikanische Atomphysiker Oppenheimer, der nach Abwurf der von ihm konstruierten Atombombe auf Hiroshima Skrupel bezüglich seiner Forschungstätigkeit bekommen und die Entwicklung der Wasserstoffbombe angeblich verzögert hatte, mußte sich gegen den Vorwurf der Sabotage verteidigen und wurde im Frühjahr 1954, nach langem Verhör durch einen Ausschuß der Atomenergie-Kommission, als Sicherheitsrisiko angesehen. Im Schluß-wort des szenischen Berichts gibt Oppenheimer das Miß-trauen der staatlichen Behörde zurück; er sagt:

> Wenn ich denke, daß es uns eine geläufige Tatsache geworden ist, daß auch die Grundlagenforschung in der Kernphysik heute die höchste Geheimnisstufe hat, daß unsere Laboratorien von den militärischen Instanzen bezahlt und wie Kriegsobjekte bewacht werden [...], dann frage ich mich, ob wir den Geist der Wissen-schaft nicht wirklich verraten haben, als wir unsere Forschungs-arbeiten den Militärs überließen, ohne an die Folgen zu denken.

Diesem fiktiven Schlußwort, das die Schlußthese der dritten Fassung von Bert Brechts *Leben des Galilei* am zeitgenössi-schen Beispiel belegen würde, hat der wirkliche Professor Oppenheimer widersprochen, wodurch die Frage nach der Authentizität nicht nur dieses beispielhaften ›Dokumentar-stücks‹ besondere Bedeutung gewann.

Erhellend und griffig sind die »Notizen zum dokumentari-schen Theater« von PETER WEISS (1916–1982) aus dem Jahre 1968; 14 Thesen, in denen es unter anderem heißt: »Das dokumentarische Theater ist parteilich.« (10) »Die Stärke des dokumentarischen Theaters liegt darin, daß es

amerikanischen Präsidenten erörtert, den Attentäter sagen läßt: »Absurd, die Theorie, / es komme nie auf einzelne an, / sondern immer nur auf ›Hintermänner‹, die sie / ›anonyme gesellschaftliche Kräfte‹ nennen: [...] (Gewiß freuen sich die Drahtzieher, / wenn Idioten aus der Tatsache, / daß Drahtzieher unsichtbar bleiben wollen, / den Fehlschluß ableiten, es gäbe die gar nicht, / sondern nur ›anonyme Kräfte‹ [...]).«

aus den Fragmenten der Wirklichkeit ein verwendbares Muster, ein Modell der aktuellen Vorgänge, zusammenzustellen vermag.« (8) Und: »ein dokumentarisches Theater, das in erster Hand politisches Forum sein will, und auf künstlerische Leistung verzichtet, stellt sich selbst in Frage.« (7)

Peter Weiss, der Sohn eines jüdischen Textilfabrikanten, 1916 in Berlin geboren, emigrierte 1934 nach Schweden und blieb dort bis zu seinem Tod im Jahr 1982. Er besuchte Frankfurt, als dort 1963/64 die Prozesse gegen die Wachmannschaft des Konzentrationslagers Auschwitz geführt wurden. Aus seinen Prozeß-Aufzeichnungen und Berichten der *Frankfurter Allgemeinen Zeitung* entstand die szenische Dokumentation *Die Ermittlung. Oratorium in elf Gesängen* von 1965. »Dieses Konzentrat soll nichts anderes enthalten als Fakten, wie sie bei der Gerichtsverhandlung zur Sprache kamen« – allerdings in rhythmisierter Sprache. Die Aufführungen, die das Grauen bewußtmachen, aber nicht theatralisch gestalten wollten, waren stets mehr Lesungen als szenisches Spiel; dennoch warfen die formale Gliederung der Gesänge und deren Sprachgebung die Frage auf, ob sich nicht jegliche Ästhetisierung des Grauens verbiete, weil diese immer die Preisgabe der Opfer an den Kunstgenuß bedeute.

Daß das dokumentarische Theater gern die Form eines Tribunals annimmt (»Notizen«, elfte These), belegen nicht nur Kipphardts *Oppenheimer* und *Die Ermittlung* von Weiss, sondern auch dessen *Gesang vom Lusitanischen Popanz* von 1967 und der *Diskurs über die Vorgeschichte und den Verlauf des langandauernden Befreiungskrieges in Viet Nam als Beispiel für die Notwendigkeit des bewaffneten Kampfes der Unterdrückten gegen die Unterdrücker sowie über die Versuche der Vereinigten Staaten von Amerika, die Grundlagen der Revolution zu vernichten* von 1968.[8] Auch

---

8 *Die Verfolgung und Ermordung Jean Paul Marats dargestellt durch die Schauspielgruppe des Hospizes zu Charenton unter Anleitung des Herrn de Sade* (1964) ist eine von Geisteskranken aufgeführte phantasmagorische Revue, in der der enttäuschte Revolutionär de Sade seinen Individualismus

ENZENSBERGERS *Verhör von Habana* von 1970 ist so ein Tribunal gegen die USA: Enzensberger, der 1968 das Stipendium einer amerikanischen Universität zurückgegeben hatte und nach Kuba gegangen war, bearbeitete die auf die Schweinebucht-Invasion erfolgte blamable Selbstdarstellung der vom CIA gedungenen Konterrevolutionäre. Aus dem Tonband-Protokoll der 41 öffentlichen Fernsehverhöre vom April 1961 in Habana montierte Enzensberger zehn beispielhafte Befragungen, in denen die teils lächerlich verschrobenen, teils dumm-dreisten Argumente dieser bedenkenlosen Abenteurer herausgelockt und bloßgestellt werden.

In der erzählenden Literatur wurde das dokumentarische Verfahren zuerst von ALEXANDER KLUGE (geb. 1932) erneuert. Von ihm erschienen 1962 neun *Lebensläufe* aus der Kriegs- und Nachkriegszeit und 1964 die *Schlachtbeschreibung*. Doch weder Kluges teildokumentarische Prosamontage über den geschichtlichen Kampf um Stalingrad (vgl. Plievier, S. 270) noch Enzensbergers »kollektiver« Roman *Der kurze Sommer der Anarchie* von 1972, der den Tod des 1936 erschossenen spanischen Revolutionärs Buenaventura Durruti dokumentiert, wiesen der neuen Prosa den Weg; richtungweisend waren vielmehr die auf zeitnahen Dokumenten, Protokollen und Interviews beruhenden Reportagen aus der Arbeitswelt. Denn zwei Jahre nachdem die Literatur in der DDR auf den sogenannten »Bitterfelder Weg« geschickt worden war (vgl. S. 294), entdeckten auch die politisierten Schriftsteller der BRD die Arbeitswelt. Die Hauptvertreter sind Max von der Grün und Günter Wallraff.

MAX VON DER GRÜN, 1926 in Bayreuth geboren, arbeitete 1951 bis 1963 auf der Zeche »Königsborn« in Heeren-Werve, wo er als Schlepper (Hilfsarbeiter) anfing, dann

---

gegen Marats revolutionären »Drang mit Beilen und Messern / die Welt zu verändern und zu verbessern« verteidigt. Peter Weiss, der in fünf Bearbeitungen immer deutlicher den Standpunkt Marats vertritt, behandelt die geschichtlichen Zeugnisse hier allerdings so frei, daß man den bühnenwirksamen *Marat/Sade* kaum noch zu den Dokumentarstücken zählen kann.

Hauer und 1955, nach einem schweren Arbeitsunfall, Grubenlokführer wurde. Er debütierte 1962 mit dem Bergarbeiterroman *Männer in zweifacher Nacht*. Fritz Hüser, der Direktor der Städtischen Volksbüchereien in Dortmund, der privat ein »Archiv für Arbeiterdichtung und soziale Literatur« aufgebaut hatte, lenkte die Aufmerksamkeit des schreibenden Kumpels auf die früheren Arbeiterdichter, deren Stil Max von der Grüns erster Roman verwandt schien. Max von der Grün berichtete über seine post festum entdeckten Vorläufer Max Barthel, Karl Bröger, Gerrit Engelke, Heinrich Lersch u. a. in der *Gewerkschaftlichen Rundschau*. Vor allem aber kam es durch seine Begegnung mit Fritz Hüser zur Gründung der »Dortmunder Gruppe 61 für künstlerische Auseinandersetzung mit der industriellen Arbeitswelt«.

Diese Gruppe knüpfte nicht an die Überlieferung des marxistisch ausgerichteten Bundes Proletarisch-Revolutionärer Schriftsteller (BPRS) aus der Weimarer Republik an, sondern berief sich auf den 1912 von bürgerlichen Autoren gegründeten »Bund der Werkleute auf Haus Nyland«. Im Gegensatz zu den proletarisch-revolutionären Schriftstellern, denen Literatur eine Waffe im Klassenkampf war, strebten die bürgerlichen und sozialdemokratischen »Arbeiterdichter« nach Literarizität. So auch Max von der Grün, dessen zweiter Roman *Irrlicht und Feuer* in der Sprachgebung allerdings bereits nüchterner ist. Wegen der darin enthaltenen Kritik an Betriebsräten und Gewerkschaftsvertretern ließ die Gewerkschaft den erfolgreichen Arbeiterdichter fallen. Walter Arendt von der IG Bergbau und Energie befand, dieses Buch sei »gewerkschaftsfeindlich« und gehöre »verbrannt«. Die Maschinenfabrik Westfalia Lünen verklagte, allerdings grund- und erfolglos, den Autor und seinen Verlag, weil sie sich durch die Darstellung eines mörderischen Arbeitsgeräts getroffen fühlte. Trotz der aufstörenden Wirkung von *Irrlicht und Feuer* blieb Max von der Grüns literarischer Zugriff auf die Arbeitswelt auch in der Gruppe 61 umstritten. Die Programmforderung: »die künstlerischen Arbeiten müssen eine individuelle Sprache und Gestaltungskraft aufweisen oder entwicklungsfähige Ansätze zu eigener Form erkennen lassen«, stieß auf den Widerspruch von Erasmus Schöfer, Günter Wallraff, Peter Schütt, F. C. Delius und anderen, die wie die revolutionären Schriftsteller der Weimarer Republik den Kampfwert der Literatur höher als ihren Kunstwert veranschlagten und sich 1970 als »Werkkreis Literatur der Arbeitswelt« von der Gruppe 61 abspalteten.

Max von der Grün begegnete dem Vorwurf, daß die in der Gruppe 61 abverlangte individuelle Gestaltung zur Verbürgerlichung zwinge, mit dem Hinweis: »Arbeiterschaft ist Bürgertum geworden als Folge materiellen Denkens. Wenn ich dann also Arbeiterschaft gezielt erreichen will, dann kann ich sie nicht als Proletariat, sondern muß sie als Bürgertum ansprechen.«

GÜNTER WALLRAFF wurde 1942 als Sohn eines Kölner Ford-Arbeiters und einer Fabrikantentochter in Burscheid bei Köln geboren. Als nicht anerkannter Wehrdienstverweigerer leistete er 1963/64 Wehrdienst ohne Waffe, bis er nach zehn Monaten als verwendungsunfähige »abnorme Persönlichkeit« entlassen wurde. Die erste selbständige Sammlung seiner Industriereportagen erschien 1966 unter dem Titel *Wir brauchen Dich.* – Die bösen Erfahrungen im Streit um seine Anerkennung als Kriegsdienstverweigerer sowie fragwürdige Gepflogenheiten in der Bundeswehr haben Wallraff gelehrt, wie dringlich die Herstellung von Öffentlichkeit für die Verwirklichung von demokratischen Lebensformen ist.[9]

Um an Informationen heranzukommen, schlüpfte Wallraff immer wieder in die Rolle harmloser Arbeitnehmer. Als Fließbandarbeiter in den Kölner Ford-Werken, als Akkordarbeiter bei Siemens, als Werftarbeiter bei Blohm und Voss, als Hüttenarbeiter bei Thyssen und in den Benteler-Werken übte er vor Ort die »teilnehmende Beobachtung«. Sein gestaltender Zugriff beschränkt sich anfangs auf die Ein-

9 Vgl. »Mein Tagebuch aus der Bundeswehr 1963/64« und »Kasernenprotokolle. Soldaten berichten, 1967–1971« in dem Band *Die Reportagen.*

grenzung des darzustellenden Wirklichkeitsausschnittes, auf die Auswahl und Anordnung der verbürgten Einzelheiten und auf knappe Erläuterungen oder gelegentliche ironische Bemerkungen. In den jüngeren Reportagen kontrastiert Wallraff seine Erlebnisberichte mit einmontierten Zitaten aus wissenschaftlichen Abhandlungen zum Thema, aus Sozialgesetzen, Betriebsordnungen, Dienstvorschriften, Bekanntmachungen, Briefen, Direktorenreden und anderen Selbstdarstellungen der Arbeitgeberseite. Es kommt Wallraff darauf an zu zeigen, daß die antidemokratische Hierarchie der Betriebe, die nachgewiesenen Einschüchterungen, Beleidigungen und Bedrohungen der Arbeitnehmer sowie die Beschneidung ihrer gesetzlichen Rechte durch Täuschung oder Betrug der Vorgesetzten keine Ausrutscher, sondern systembedingte und daher der Tendenz nach verbreitete Erscheinungen unserer Gesellschaft sind.

Nachdem Wallraff schon früher durch Nachprüfungen festgestellt hatte, »›Bild‹ manipuliert nicht nur Nachrichten, es erfindet welche« (vgl. »Gegengeschichten zur Bildzeitung« in *Die Reportagen*), ließ er sich 1977 bei der *Bild*-Redaktion in Hannover als Journalist anstellen, um unter dem Namen Hans Esser die Arbeitsweise dieser »professionellen Fälscherwerkstätten« kennenzulernen. Seine teils grotesken Erfahrungen veröffentlichte er in drei Büchern: *Der Aufmacher. Der Mann, der bei ›Bild‹ Hans Esser war* (1977); *Zeugen der Anklage. Die ›Bild‹beschreibung wird fortgesetzt* (1979) und *Das ›Bild‹-Handbuch* (1981). Was Wallraff durch seine Recherchen und Reportagen an Unsitte und Unrecht zutage fördert, übersteigt in der Tat oft die Erwartung unterschwellig bereits verbreiteten Verdachts und ruft bei Lesern, die wie Wallraff Partei für die Unterlegenen ergreifen, Betroffenheit und Empörung hervor.[10]

---

10 Vgl. Heinrich Bölls verfilmte Erzählung *Die verlorene Ehre der Katharina Blum* von 1974 und seine Dokumentation *Bild. Bonn. Boenisch* von 1984. Im Oktober 1980 haben Günter Grass, Peter Rühmkorf und Klaus Staeck zu einem Boykott gegen die Zeitschriften aus den Springer-Verlagen aufgerufen. Diesem Appell »Wir arbeiten nicht für Springer-Zeitungen«, der

In seiner ersten Gedichtsammlung *Verteidigung der Wölfe* hatte ENZENSBERGER bereits 1957 »Ins Lesebuch für die Oberstufe« geschrieben: »Lies keine Oden, mein Sohn, lies die Fahrpläne: / sie sind genauer.« Seit 1965 betrieb er die »politische Alphabetisierung Deutschlands« für zehn Jahre als Herausgeber des *Kursbuch*. Diese Zeitschrift wurde bald zum Forum der Studentenbewegung und der intellektuellen außerparlamentarischen Opposition. Im *Kursbuch 15* vom November 1968 kommentiert Karl Markus Michel die Totsagung der Kunst und Literatur durch die Studenten der Pariser Mai-Unruhen, und Enzensberger faßt zusammen:

> Heute liegt die politische Harmlosigkeit aller literarischen, ja aller künstlerischen Erzeugnisse überhaupt offen zutage: schon der Umstand, daß sie sich als solche definieren lassen, neutralisiert sie. Ihr aufklärerischer Anspruch, ihr utopischer Überschuß, ihr kritisches Potential ist zum bloßen Schein verkümmert. [...] Wer Literatur als Kunst macht, ist damit nicht widerlegt, er kann aber auch nicht mehr gerechtfertigt werden.

Im folgenden Heft erklärt Peter Schneider, daß Künstler, »die ihre phantasie vom kapital noch nicht haben zerrütten lassen«, eigentlich nur noch agitatorische und propagandistische Funktionen zu erfüllen hätten. Wie das zu bewerkstelligen ist, entwirft Enzensberger in seinem »Baukasten zu einer Theorie der Medien«. Er schreibt im *Kursbuch 20*:

> Ein unmanipuliertes Schreiben, Filmen und Senden gibt es nicht. Die Frage ist daher nicht, ob die Medien manipuliert werden oder nicht, sondern wer sie manipuliert. Ein revolutionärer Entwurf muß nicht die Manipulateure zum Verschwinden bringen; er hat im Gegenteil einen jeden zum Manipulateur zu machen.

Wieder fünf Jahre später nahm Enzensberger gerade wegen dieser alles erfassenden Manipulation Abstand von der dokumentarischen Faktographie, die er jetzt eine Sackgasse

einen Beschluß der Gruppe 47 von 1967 bekräftigt, haben sich dann über 400 der bekanntesten Schriftsteller, Publizisten, Künstler und Journalisten und über 150 Abgeordnete der SPD angeschlossen.

nennt. Im Nachwort zu den fünf Lebensläufen *Der Weg ins Freie* schreibt er, der Begriff des Dokuments sei hohl und drücke meistens nur »vage Sehnsucht nach verlorener Authentizität« aus. Der »Echtheitszauber« des ursprünglichen Materials sei wegen der bewußt einseitigen Manipulation seiner Zwischenträger eine Augentäuschung. Enzensberger sieht jetzt

> den schwersten Fehler, den der Zwischenträger begehen kann, darin, daß er sein Material planiert, ihm seine Widersprüchlichkeit austreibt. Das ist eine verbreitete Übung. [...] oft ist es gerade das Interesse, sogar das politische Interesse des Überlieferers, das ihn zur Einebnung verführt. [...] So gerät die marxistische Klassenanalyse anhand von proletarischen Lebensläufen immer wieder zur voreiligen Abstraktion. Wie im Märchen ruft der Igel stets »Ick bün all da«. Die Vielfalt der Erscheinungen wird von vornherein reduziert.

Das heißt, vom »Tod der Literatur« ist nun keine Rede mehr. Die 37 Porträt-Gedichte, die Enzensberger 1975 in seinem *Mausoleum* versammelt, meinen zwar die »Geschichte des Fortschritts«, stehen aber durchaus in der Tradition von Benn[11] und Bobrowski.

Die Entwicklung, die Enzensberger durchgemacht hat, läßt sich auch in den politischen Liedern dieser Zeit verfolgen. FRANZ JOSEF DEGENHARDT (geb. 1931) z. B. begann mit der Bürgerkritik des Vereinzelten in Liedern wie »Deutscher Sonntag«; er fand sein Engagement in Gemeinschaftsliedern wie »2. Juni 1967« und steigerte sich in immer harschere Töne bis zu den Versen »Schöne Poesie ist Krampf / im Klassenkampf«. Schließlich kehrte er aber doch zu idyllischeren Szenen zurück und veröffentlichte 1978 seine gesammelten Lieder unter dem Titel *Kommt an den Tisch unter Pflaumenbäumen.*

11 Mittelpunkt der Sammlung *Die Furie des Verschwindens* von 1980 ist das Gedicht »Die Frösche von Bikini«, in dem Enzensbergers kulturpessimistisches lyrisches Ich ausruft: »Laßt mir Herrn Dr. Benn in Ruhe!« Werbung für das Buch erschien in dem nun von Enzensberger herausgegebenen Journal des Luxus und der Moden *TransAtlantik*.

Bemerkenswert ist auch das Verstummen von Erika Runge. ERIKA ANNA MARIA RUNGE (geb. 1939) war überzeugt, daß bürgerliche Autoren eigentlich keine Arbeiterliteratur machen können. Folgerichtig hat sie sich darauf beschränkt, Menschen aus dem Arbeitermilieu zum Reden über sich selbst und ihre Probleme zu bringen und die mit dem Tonbandgerät aufgezeichneten Selbstäußerungen als dokumentarische Protokolle zu veröffentlichen. Ihre *Bottroper Protokolle* (1968) muten wie völlig ungelenkte Monologe an; der Hinweis auf das Tonbandgerät und das Fehlen jeglicher Spur des Herausgebers oder seiner gestalterischen Eingriffe erwecken den Eindruck absoluter Authentizität. Erst als Erika Runge 1976 »Abschied von der Dokumentarliteratur« nahm, bekannte sie:

> Ich habe die Aussagen der Bottroper nach meinen Vorstellungen verwendet, habe sie benutzt wie Bausteine, ohne zu fragen, ob die Erzähler mit dem Ergebnis einverstanden sind. Sie haben weder über Auswahl noch Anordnung noch über die Sprachweise der Veröffentlichung mitbestimmt. Ich scheute die Auseinandersetzung. Lieber wollte ich unfair sein als aus diesem Buch nicht doch in gewisser Weise *mein* Buch zu machen.

Die Wirkung der *Protokolle* war umstritten: sowohl im Hinblick auf die Arbeiterschaft, bei der die erhoffte Ermunterung zum Protest ausblieb, als auch im Hinblick auf die bürgerlichen Leser. Immerhin gab Erika Runge mit ihren *Bottroper Protokollen* und mit ihren Interview-Büchern *Frauen. Versuche zur Emanzipation* (1969) und *Reise nach Rostock, DDR* (1971) den Anstoß zu einer bis heute reichenden Reihe von Befragungsbüchern.[12]

Die Allgegenwart nationalsozialistischer Vorstellungen und die zwölf Jahre währenden Sprachregelungen in deren Sinne

---

12 Vgl. Sarah Kirsch: *Die Pantherfrau. Fünf Frauen in der DDR*, DDR 1973, BRD 1978; Walter Kempowski: *Haben Sie Hitler gesehen? Deutsche Antworten*, 1973, *Immer so durchgemogelt*, 1974, *Haben Sie davon gewußt?* 1979; Franz Xaver Kroetz: *Chiemgauer Gschichten. Bayrische Menschen erzählen ...*, 1977; Gabriele Eckart: *So sehe ick die Sache – Protokolle aus der DDR*, 1984.

hatten die sprachlichen Übereinkünfte im Dritten Reich so stark geprägt, daß es am Ende selbst den wenigen Sprachbrauchern, die die Verlogenheit der Allgemeinsprache durchschauten, kaum möglich war, sich davon abzusetzen. Aus der Erfahrung ideologischer Gefangenschaft in der Gemeinsprache entsprangen einerseits das Bedürfnis nach Sprachreinigung (vgl. S. 276 f.), andererseits der Wunsch, Sprache überhaupt aus allen gesellschaftlich eingeschliffenen Verabredungen zu befreien und versuchsweise als reines Laut- und Zeichenmaterial neuen, leicht veränderbaren künstlerischen Regeln zu unterwerfen. Am Anfang dieser neuen experimentellen Literatur steht die ›konkrete Poesie‹ von Gomringer.

EUGEN GOMRINGER (geb. 1925) veröffentlichte 1953 seine *konstellationen* und erläuterte:

> die konstellation ist die einfachste gestaltungsmöglichkeit der auf dem wort beruhenden dichtung. sie umfaßt eine gruppe von worten – wie sie eine gruppe von sternen umfaßt und zum sternbild wird. in ihr sind zwei, drei oder mehr, neben- oder untereinandergesetzten worten – es werden nicht zu viele sein – eine gedanklich-stoffliche beziehung gegeben. und das ist alles!

Über das Wort als Grundlage der Konstellation sagt Gomringer:

> es ist eine größe. es ist – wo immer es fällt und geschrieben wird. es ist weder gut noch böse, weder wahr noch falsch. es besteht aus lauten, aus buchstaben, von denen einzelne einen individuellen, markanten ausdruck besitzen. es eignet dem wort die schönheit des materials und die abenteuerlichkeit des zeichens.

In Gomringers Ideogrammen fügen sich die geschriebenen oder gedruckten Zeichen zu sinnvollen Text- oder Schriftbildern:

vom rand	durchs zentrum
nach innen	der mitte
im innern	nach aussen
zur mitte	zum rand

```
        w w
         d i
        n n n
         i d i d
        w     w
```

Gomringer, dessen konkrete Poesie noch ganz in den fünfziger Jahren wurzelt und einen Zug zum Meditativen hat,[13] gehörte mit Heißenbüttel,[14] Mon,[15] Harig,[16] Döhl, Roth und anderen zu den experimentellen Autoren, die sich um den Informationsästhetiker Max Bense in Stuttgart versammelt hatten.

Angriffslustiger gegenüber dem bürgerlichen Ungeist in Sprache und Kulturbetrieb war die »Wiener Gruppe«. Zu ihr gehörten H. C. Artmann,[17] Friedrich Achleitner, Konrad Bayer, Oswald Wiener und Gerhard Rühm,[18] der 1967 die Gemeinschaftsarbeiten und Aktionen in dem Sammelband *Die Wiener Gruppe* dokumentierte; denn in den Jahren ihres Bestehens (1953–1964) konnten die Mitglieder der provokanten Gruppe in Österreich kaum einen Text veröffentlichen. Erst in der zweiten Hälfte der sechziger Jahre gelang es Jandl und Handke, ein breiteres Publikum für experimentelle Literatur zu interessieren.

ERNST JANDL (1925–2000) unterscheidet vier Typen von Gedichten: Gedichte in Normalsprache, Sprechgedichte, Lautgedichte und visuelle Gedichte. Die visuellen Gedichte (Ideogramme, permutierende Konstellationen, Palindrome,

---

13 Vgl. *Das Stundenbuch* (1965) und *Worte sind Schatten* (1969).
14 Vgl. *Textbuch 1–6* (1960–67) bzw. *Das Textbuch* (1970) und *D'Alemberts Ende* (1970).
15 Vgl. *Lesebuch* (1967, erweitert 1972), *herzzero* (1968) und »hören ohne aufzuhören«, in: *neue texte* 26/27 (1982).
16 Vgl. *Haiku Hiroshima* (1961), *Zustand und Veränderungen* (1963), *Reise nach Bordeaux* (1965), *im men see* (1969) und *Sprechstunden für die deutsch-französische Verständigung* [. . .] (1971).
17 Vgl. *med ana schwoazzn dintn* (1958), *ein lilienweißer brief aus lincolnschire. gedichte aus 21 jahren* (1969) und *die fahrt zur insel nantucket. theater* (1969).
18 Vgl. *fenster. texte* (1968) und *Gesammelte Gedichte und visuelle Texte* (1970).

Typogramme, Piktogramme) sind stumme Gebilde aus Buchstaben, Textbilder, die durch ihre graphische Form sprechen, wie z. B. »film«, »reise«, und »oeö«, die drei letzten Texte der Sammlung *Sprechblasen* von 1968. Die Lautgedichte dagegen lösen, in Anlehnung an den Lettrismus Isidore Isous, das Sprachmaterial in seine hörbaren Grundbestandteile auf, um die sinnfreien Laute unter klanglichen und rhythmischen Gesichtspunkten neu zu ordnen. Texte wie »im reich der Toten« in *Sprechblasen* und das Vokalsolo gegen Ende der »TEUFELSFALLE« in der Sammlung *der künstliche baum* von 1970 sind Notationen, deren musikalische Wirkung sich erst im Vortrag, am besten durch den Autor selbst, erschließt. Unmittelbarer wirken die semantisch sinntragenden Sprechtexte. ›Beat‹ und ›Sound‹ der »etüde in f« zum Beispiel oder des »bestiarium« aus *Laut und Luise* von 1966 sind beim lauten Lesen leicht zu erfassen. Jandls beste Texte sind gekennzeichnet durch »gründliche Simplizität« und durch »Unwiederholbarkeit« des gelungenen Experiments.

PETER HANDKE (geb. 1942) führt in seiner *Publikumsbeschimpfung* von 1966 die durch Brecht eingeleitete und in der Folge von Dürrenmatt und Weiss betriebene Auflösung des bürgerlichen Theaters fort, indem er dessen Darbietungs- und Rezeptionsweisen bewußtmacht: Er läßt vier Sprecher, einzeln oder im Chor, litaneiartige rhythmische Satzfolgen zum Thema Theater und Theaterkonsum sprechen. Am Ende wird das Publikum beschimpft und mit eben den Klischees verhöhnt, mit denen es selbst und die Kritiker sonst die Schauspieler loben. – Nach den kürzeren Sprechstücken *Selbstbezichtigung* (1966), *Weissagung* (1966) und *Hilferufe* (1967) folgte mit *Kaspar* 1968 Handkes erstes umfangreicheres Stück. »Es zeigt, wie jemand durch Sprechen zum Sprechen gebracht werden kann«: Unpersönliche, suggestive Einsager trichtern Kaspar Satz um Satz ein und passen den auf Ich-Werdung bedachten durch diese »Sprechfolterung« der in den Sätzen mitgegebenen Welt bis zum Verlust seiner Identität an. Kaspar erkennt: »Schon mit meinem ersten Satz bin ich in die Falle gegangen.«

Im Zusammenhang mit dem unüblichen Zugriff und der Sprachkritik in der experimentellen Literatur bildete sich in der zweiten Hälfte der sechziger Jahre das sogenannte Neue Hörspiel. Durch illusionsstörende Verfremdungen versuchten Autoren wie Jürgen Becker, Peter Handke, Helmut Heißenbüttel, Ernst Jandl, Franz Mon, Paul Pörtner, Gerhard Rühm, Ror Wolf, Wolf Wondratschek und Paul Wühr die durch das verinnerlichende lyrische Hörspiel der fünfziger Jahre entstandenen und verfestigten Hörgewohnheiten aufzubrechen. Anstelle der dramatischen Handlung rückten die experimentierenden Autoren verselbständigte Geräusche sowie das Sprechen und die Sprache selbst in den Mittelpunkt, wodurch das Wortspiel eine Tendenz zum Schallspiel bekam.

Der vielseitige Experimentator GERHARD RÜHM (geb. 1930) verfaßte bereits 1958 zusammen mit Konrad Bayer den Hörtext *sie werden mir zum rätsel, mein vater*. 1961 schrieb er *nähern und entfernen, ein hörstück für einen sprecher und drei tonbänder* und 1970 *Diotima hat ihre Lektüre gewechselt*. Das Hörspiel *Wald. Ein deutsches Requiem* von 1983 zeigt, daß Rühm wie Franz Mon zu den wenigen Autoren gehört, die dem Neuen Hörspiel über die kurze Zeit seiner Blüte in den Jahren zwischen 1968 und 1971 hinaus treu bleiben.

Als Durchbruch des Neuen Hörspiels aber gilt das 1967 von ERNST JANDL und FRIEDERIKE MAYRÖCKER gemeinsam verfaßte erste stereophone Hörspiel *Fünf Mann Menschen*: Verteilt auf fünf Positionen im Schallraum kommen hier ein Dutzend Lebensstationen zwischen Geburt und Tod von fünf männlichen Normal-Bürgern zur Sprache. Die sehr kurzen, oft gleichlautenden und gleichförmig abgerufenen Texte, die sich nach 13 Minuten zyklisch wiederholen, demonstrieren mit ihrer stereotypen Sprachlichkeit den Vorgang der Vermassung. Statt Individuation erfolgen Manipulation und Liquidation der fünf Mann Menschen. Fünf Neugeburten ermöglichen die Fortsetzung des sinnlosen Lebens.

PETER HANDKE, der in seinen frühen Sprechstücken[19] auf
die dem vieldeutigen System Sprache innewohnenden Steue-
rungen, auf die Abgründe ihrer Verdrängung, auf verräteri-
sche Anklänge, auf die Blind- und Taubheit der Sprachbrau-
cher gegenüber der Zwanghaftigkeit des Systems sowie auf
ihr Erschrecken im Augenblick des Begreifens hinwies,
arbeitet auch in seinem *Hörspiel* von 1968 und im *Hörspiel
Nr. 2* von 1969 mit unpersönlichen Rollenträgern. In dem
ersten *Hörspiel* befragt ein »Frager« einen von vier »Ausfra-
gern« »Ausgefragten« über das Verhör. Das Verhör selbst
bleibt der einzige Gegenstand des Spiels. Das *Hörspiel Nr. 2*
ist eine Collage aus geschäftlichen und privaten Sprechfunk-
mitteilungen, aus Radiomusik und nächtlichen Monologen
der am Taxifunk beteiligten Fahrer, eine für den Hörer
kaum verständliche Verständigung.

FRANZ MON (geb. 1926) fordert, daß über das gewöhnliche
illusionistische Hören hinaus selektiv-kombinatorisch und
musikalisch-formal gehört wird. Sein artikulatorisches Hörspiel *da du der bist* von 1973 beschränkt sich sprachlich auf
die vier Titelwörter und bedient sich ansonsten musika-
lischer Ausdrucksformen. Klaus Schöning spricht von
»Sequenzen akustischer Expressivität«. In seinem bekanntesten Hörspiel *das gras wies wächst* von 1972 spielt Mon
unter anderem mit den Redensarten ›Gras darüber wachsen
lassen‹, ›das Gras wachsen hören‹, ›ins Gras beißen‹, ›da
wächst kein Gras mehr‹ usw. Die Erwähnung des Namens
Eichmann genügt, um diesen Wendungen und allem weiteren eine andere Wertigkeit zu geben.

Während HELMUT HEISSENBÜTTEL (1921–1996) den von
Adorno verkündeten Verlust des bürgerlichen Individuums
1970 mit dem Hörspiel *Zwei oder drei Porträts* veranschau-
lichte, führten Harig und Wühr die Verselbständigung des
Zeitgeistes in der Gemeinsprache durch Originalton-Mon-
tagen vor:

LUDWIG HARIG (geb. 1927) collagierte 1969 authentische
Tonbandaufzeichnungen von Konrad Adenauers »Staatsbe-

19 Nach *Publikumsbeschimpfung* (1966), *Selbstbezichtigung* (1966), *Weissagung* (1966) und *Hilferufe* (1967).

gräbnis«, um den hohlen, phrasenhaften Pomp der vermeintlich würdevollen Feierlichkeit aufzudecken. Und PAUL WÜHR (geb. 1927) geht dem in der Gemeinsprache aufgehobenen Un- und Unterbewußtsein des kleinen Mannes nach, indem er seine Zeitgenossen befragte, »wie man sich in unserem Staate fühle, wie man die derzeitige Situation und unsere Lebensbedingungen beurteile«. Aus Bruchteilen der authentischen individuellen Antworten montierte Wühr 1971 in seinem Original-Ton-Hörspiel *Preislied* das Mosaik einer überindividuellen Aussage, in der freilich die manipulierte Pointe den blinden Glauben an den dokumentarischen Wert des O-Tons bricht.

Die mit der Stereophonie des Neuen Hörspiels angebahnte und von dem Theoretiker Friedrich Knilli vorab geforderte Entwicklung zum totalen Schallspiel überschritt um 1970 folgerichtig die Grenze zur Musik. Was in Anlehnung an den Begriff der Neuen Musik die Bezeichnung Neues Hörspiel genaugenommen verdient, wird heute zumeist von Musikern wie John Cage, Mauricio Kagel, Anestis Logothetis und Dieter Schnebel komponiert.

Diesem anspruchsvollen Neuen Hörspiel der Radio-Nachtprogramme steht, formal betrachtet, das neubelebte Volksstück gegenüber.[20] – Nachdem gegen Ende der sechziger Jahre das Interesse an Brechts ideologisch festgelegten und parabelhaft stilisierten Modellstücken nachgelassen hatte und die wirklichkeitsnäheren Volksstückautoren Horváth und Marieluise Fleißer (1901–1974) wiederentdeckt worden waren, knüpften die jungen Schauspieler Martin Sperr und Franz Xaver Kroetz an diese ältere Überlieferung an.

MARTIN SPERR (1944–2002) ist 1966 durch seine *Jagdszenen aus Niederbayern* bekannt geworden.[21] Diese zeigen eine

---

20 Vgl. die Entstehung des Volksstückes bei Raimund und Nestroy, S. 160 f. sowie seine Entwicklung durch Zuckmayer und Horváth, S. 260 f.
21 Neben *Landshuter Erzählungen* (1967) und *Münchner Freiheit* (1971) in: *Bayrische Trilogie* (1972); vgl. die 16 Jagdszenen mit Büchners *Woyzeck*, Marieluise Fleißers *Pioniere in Ingolstadt* (1926) und *Andorra* von Max Frisch.

auf Ruhe und Ordnung versessene unduldsame Dorfge-
meinschaft, die im Jahre 1948 unverändert jeden, der von
ihren engen gesellschaftlichen Normen abweicht, ausson-
dert, brandmarkt und bedroht.

Der 1975/76 meistgespielte lebende deutsche Dramatiker
FRANZ XAVER KROETZ (geb. 1946) ist 1971 mit dem Stück
Wildwechsel bekannt geworden. Wie Horváth und Marieluise Fleißer erkannte auch Kroetz in Sprache und Sprachbe-
hinderung der unteren Gesellschaftsschichten den Kern
einer ernstzunehmenden Volksstückdramaturgie. Unter
dem Einfluß der 1970 viel diskutierten soziolinguistischen
Sprachbarrieren-Theorie von Bernstein machte Kroetz Dia-
lekt und Soziolekt sowie das Versagen beider zum Angelpunkt seiner Stücke. Er sagt:

> Die Sprache funktioniert bei meinen Figuren nicht. Sie haben
> auch keinen guten Willen. Ihre Probleme liegen so weit zurück
> und sind so weit fortgeschritten, daß sie nicht mehr in der Lage
> sind, sie wörtlich auszudrücken. Sie sind introvertiert. Daran ist
> zum großen Teil die Gesellschaft schuld, die auf sie keine Rück-
> sicht nimmt und sie in ihrem Schweigen verharren läßt.

Die Folge davon ist eine geistige Gefangenschaft, in der
»das Proletariat der Sprachlosen« zwischen Apathie und Ag-
gression schwankt; so wie Kroetz, der sich dieser Zukurz-
gekommenen in seinen Volksstücken annimmt, zwischen
aufrüttelnder Belehrung und anrührender Beschreibung
schwankt.[22]

---

22 Vgl. das für ein DKP-Tribunal gegen Mietwucher und Bodenspekulation
   geschriebene Agitpropstück *Münchner Kindl* von 1972 und das Stück
   Furcht und Hoffnung der BRD von 1984.

b) Tendenzwende (1975)

Der Begriff ›Tendenzwende‹ ist umstritten. Er meint, grob gesagt, die seit Mitte der siebziger Jahre erfolgte Abkehr der Schriftsteller vom unmittelbaren politischen Engagement und ihre Hinwendung zum Privaten, zu ›neuer Sensibilität‹, ›neuer Subjektivität‹, ›neuer Innerlichkeit‹ und ›neuer Irrationalität‹. Tatsächlich sind dies die auffälligsten Eigenschaften der Gegenwartsliteratur. Dennoch sollte die Tendenzwende mehr als eine Kurskorrektur denn als glatte Umkehr der Schriftsteller verstanden werden.

Wacher politischer Sinn, Drängen auf Mitbestimmung und Demokratisierung, Erfahrung von Solidarität, Verteidigung politisch Verfolgter und Aufbegehren gegen Bürokratismus, gegen Zwänge der Leistungsgesellschaft und gegen Kriegstreiberei – das sind Bestandteile vom Beginn der Protestbewegung, die nicht einfach aufgegeben werden konnten. Aber in der darauf folgenden marxistisch-leninistischen Phase mit ihrer autoritären Dogmatik und ihrer Kunst- und Literaturfeindlichkeit sprangen die Wortführer der Studentenbewegung so humor- und rücksichtslos mit dem einzelnen um, daß die vielen einzelnen schließlich, wie zur Zeit der Spätaufklärung, gleich in mehreren Gegenbewegungen ihr Recht forderten. Dabei hatten die meisten literarischen Spielarten, die jetzt ›neu‹ entdeckt wurden, abseits der Protest-›Szene‹ von früher her fortbestanden.

Die neue Subjektivität hatte zumindest in ARNO SCHMIDT (1914–1979) einen markanten Vorläufer. Arno Schmidt debütierte 1949 mit den Erzählungen *Leviathan*.[23] Die Titelerzählung ist bitterer Hohn auf »die Beste aller Welten« (Leibniz), die der Krieg verheert. Sie endet mit einem Bekenntnis zu Schopenhauers Pessimismus und dem Wunsch des kritisch denkenden Erzählers, seinen »Individualwillen gegen den ungeheuren Gesamtwillen des Leviathan zu setzen«. Eigenwillig als Leser und Schreiber,

---

23 Symbol des allmächtigen Staates; vgl. Thomas Hobbes: *Leviathan or the Matter, Form and Authority of Government* (1651).

verfaßte er im dreißigjährigen Dialog mit sich selbst und großen Geistern der Vergangenheit ein monumentales Werk, das von der Orthographie über die Sprachgebung und Komposition bis zum typographischen Druckbild seinesgleichen an Originalität sucht.[24]

PETER HANDKE (vgl. S. 322 f. und 324) hatte bereits 1972 in seiner Aufsatzsammlung mit dem herausfordernden Titel *Ich bin ein Bewohner des Elfenbeinturms* bekannt:

> Zuallererst geht es mir um die Methode. Ich habe keine Themen, über die ich schreiben möchte, ich habe nur ein Thema: Über mich selbst klar, klarer zu werden [. . .]. Ein engagierter Autor kann ich nicht sein, weil ich keine politische Alternative weiß zu dem, was ist, hier und woanders, (höchstens eine anarchistische).

Nach seinen sprachkritischen experimentellen Anfängen wandte sich Peter Handke 1972 mit dem Roman *Der kurze Brief zum langen Abschied*, mit der *Wunschloses Unglück* betitelten Biographie seiner Mutter von 1972 sowie in der Erzählung *Die linkshändige Frau* von 1976 und in der *Kindergeschichte* von 1981 autobiographischen Stoffen zu und begann seit der Erzählung *Die Stunde der wahren Empfindung* von 1975 die dichterische Schau zu mythisieren. Die Erzählungen *Langsame Heimkehr* von 1979 und *Die Lehre der Sainte-Victoire* von 1980 sowie das Schauspiel *Über die Dörfer* von 1983 versuchen eine irrationale positive Botschaft zu vermitteln. In seiner Büchner-Preis-Rede sagte Handke 1973: »Ich bin überzeugt von der begriffsauflösenden und damit zukunftsmächtigen Kraft des poetischen Denkens.«

Im Gegensatz zu dieser Literatur des Heils schreibt Handkes Landsmann, der Österreicher THOMAS BERNHARD (1931–1989), eine finster groteske Literatur des Unheils, die

---

24 Vgl. die Typoskripte *Zettel's Traum* (1970), *Die Schule der Atheisten* (1972) und *Abend mit Goldrand* (1975); vgl. auch die literaturvermittelnden Bücher *Dya Na Sore. Gespräche in einer Bibliothek* (1958), *Belphegor. Nachrichten von Büchern und Menschen* (1961), *Die Ritter vom Geist. Von vergessenen Kollegen* (1965) und *Der Triton mit dem Sonnenschirm. Großbritannische Gemütsergetzungen* (1969).

aber nicht minder subjektiv getönt ist. Im Mittelpunkt seiner Romane *Frost* (1963), *Verstörung* (1967), *Das Kalkwerk* (1970), *Die Korrektur* (1975), *Beton* (1982) und *Der Untergeher* (1983) stehen völlig vereinzelte »Geistmenschen«, die in selbstbezogener Verstiegenheit ausweglos scheitern, denn das Schicksal des empfindlichen Individuums mündet für Thomas Bernhard unumgänglich in die Verlorenheit eines mitunter hellsichtigen Wahns.

Auch Botho Strauss (geb. 1944) thematisiert die bis ins Hypersensible gesteigerte Subjektivität des einzelnen und der Gesellschaft.[25]

Für Dieter Wellershoff (geb. 1925), der 1952 über Benn promovierte und später dessen Werke herausgab, ist der subjektive Blickwinkel programmatischer Bestandteil des von ihm vertretenen ›Neuen Realismus‹, einer phänomenologisch orientierten Schreibweise, die sich gegen jede vorschnelle Vereinfachung der Wirklichkeit zum stilisierten Sinnbild wendet; ihr Grundsatz lautet: »An Stelle der universellen Modelle des Daseins, überhaupt aller Allgemeinvorstellungen über den Menschen und die Welt tritt der sinnlich konkrete Erfahrungsausschnitt, das gegenwärtige [...] Leben in einem begrenzten Bereich.« – Wellershoff hat diesen vom ›nouveau roman‹ beeinflußten ›Neuen Realismus‹ in theoretischen Abhandlungen erläutert,[26] in eigenen Erzählungen erprobt[27] und vor allem jüngeren Autoren wie Born, Brinkmann, Herburger und anderen empfohlen, deren Anfänge er als Verlagslektor förderte und die unter der Bezeichnung ›Kölner Schule‹ bekannt geworden sind.[28]

25 Vgl. die Schauspiele *Die Hypochonder* (1971), *Bekannte Gesichter, gemischte Gefühle* (1974), *Trilogie des Wiedersehens* (1976) und *Groß und Klein* (1978), sowie die Erzählungen *Marlenes Schwester* (1975), *Die Widmung* (1977) sowie die Romane *Rumor* (1980) und *Der junge Mann* (1984).

26 Vgl. die Aufsatzsammlungen *Literatur und Veränderung* (1969), *Literatur und Lustprinzip* (1973), *Die Auflösung des Kunstbegriffs* (1976), *Das Verschwinden im Bild* (1980) und die Gesprächsprotokolle *Die Wahrheit der Literatur* (1980).

27 Vgl. die Romane *Die Schattengrenze* (1969), *Einladung an alle* (1972), *Die Schönheit des Schimpansen* (1977) und *Der Sieger nimmt alles* (1983).

28 Vgl. die Romane von Brinkmann: *Keiner weiß mehr* (1970), und von Born: *Die erdabgewandte Seite der Geschichte* (1978) und *Die Fälschung* (1979).

Brinkmann, Born und Herburger haben die neue Subjektivität auch in der Form persönlicher Alltagslyrik ausgeprägt, in dem gewöhnlichen Lied aus bewußt kunstlosen, lässigen Versen, die sowohl hermetische Dunkelheit als auch platte politische Parolen, nicht aber das selbsterlebte Banale scheuen.

ROLF DIETER BRINKMANN (1940–1975), dessen frühe Gedichte in dem Band *Standphotos* von 1980 vorliegen, schrieb 1968:

> Ich denke, daß das Gedicht die geeignetste Form ist, spontan erfaßte Vorgänge und Bewegungen, eine nur in einem Augenblick sich deutlich zeigende Empfindlichkeit konkret als snapshot festzuhalten. [...] Man braucht nur skrupellos zu sein, das als Gedicht aufzuschreiben. Wenn es diesmal nicht klappt, wirft man den Zettel weg, beim nächsten Mal packt man es dann eben, etwas anderes. [...] Es gibt kein anderes Material als das, was allen zugänglich ist und womit jeder alltäglich umgeht. [...] Ich gebe gerne zu, daß ich mich von der deutschsprachigen Lyrik nicht habe anregen lassen. Sie hat meinen Blick nur getrübt. Dankbar bin ich dagegen den Gedichten Frank O'Haras, die mir gezeigt haben, daß schlechthin alles ... ein Gedicht werden kann [...].

So zeichnet Brinkmann als »Einfaches Bild«:

> Ein Mädchen
> in
> schwarzen
> Strümpfen
> schön, wie
> sie
> herankommt
> ohne Laufmaschen.
> Ihr Schatten
> auf
> der Straße
> ihr Schatten
> an
> der Mauer.

Schön, wie
sie
fortgeht
in schwarzen
Strümpfen
ohne
Laufmaschen
bis unter
den Rock.

An anderer Stelle erläutert Brinkmann:

Zwischen
den Zeilen
steht nichts
geschrieben.

Jedes Wort
ist schwarz
auf weiß
nachprüfbar.

Neben Frank O'Hara gehören vor allem William Carlos Williams und Robert Creely zu Brinkmanns Vorbildern.[29]

Auch NICOLAS BORN (1937–1979) hat sich von ebendiesen amerikanischen Lyrikern anregen lassen. Die »imperativischen Sprechweisen« widerstrebten ihm. Als »letzter Anarchist« stellte er fest: »nichts trennt mich vom Sozialismus / aber mein Stoffwechsel dreht mich um«. Born blieb überzeugt: »Kein Gedicht bewirkt eine meßbare Veränderung der Gesellschaft, aber Gedichte können, wenn sie sich an die Wahrheit halten, subversiv sein.« Voraussetzung für die Wahrheit im Gedicht aber sei Offenheit statt einengender Programme.

---

29 Brinkmann hat seinen Dank an die amerikanischen Lyriker abgestattet, indem er sie übersetzte. Im Jahr 1969 gab er O'Haras *Lunch Poems und andere Gedichte* heraus, die Anthologie *Silver Screen. Neue amerikanische Lyrik* und, zusammen mit Ralf-Rainer Rygulla, *ACID. Neue amerikanische Szene*, eine Materialsammlung zur amerikanischen Subkultur der Beatniks und Hippies mit Lesebuch-Charakter.

Die Aufforderung zur Versachlichung schien Nicolas Born
im politischen Streit unannehmbar; bei Protesten gegen den
Lagerplatz für radioaktive Abfälle in Gorleben sagte er 1977:
»Unsere Emotionalität ist das Beste, was wir haben gegen
schieres Geld- und Machtinteresse. [...] unsere Sorge und
unsere Angst sind zugleich auch unsere Kraft, und die lassen
wir uns nicht versachlichen.«[30]

Der Lyriker JÜRGEN THEOBALDY (geb. 1944) hat 1977 die
neue subjektive Lyrik in der Anthologie *Und ich bewege
mich doch. Gedichte vor und nach 1968* gesammelt und im
Nachwort dazu erläutert:

> Worum es geht ist, daß die Sprache, in der sich die Lyrik derzeit
> organisiert, eine der persönlichen Erfahrung ist, ein Widerstand
> gegen die Massenmedien, Wirtschaftsverbände, Parteien und
> Ministerien mit ihren verstümmelnden, wirklichkeitsverzerren-
> den oder synthetischen Produkten. Der Bezug auf das Selbster-
> lebte ist der Versuch, Verläßliches, Überprüfbares zu sagen
> angesichts der öffentlichen Parolen. Es ist nicht der Wunsch, das
> eigene Innenleben als eine exotische Landschaft zu präsentieren.

In seinen eigenen Gedichtbänden[31] behandelt Theobaldy
Eindrücke und Erlebnisse aus seiner Jugend, aus seiner von
der Studentenbewegung geprägten Studienzeit und aus der
Zeit danach. Sein Gegenstand ist die Durchdringung von
Ideologie und Individualismus, von gesellschaftlicher und
privater Wirklichkeit. Häufig wiederkehrende Themen und
Motive sind das Wohnen, der Job, die Kneipe, Kino, Reisen, Literatur, Sex und Partnerschaft, Restauration und
Protest dagegen. Der Kritiker Jörg Drews wirft den Lyrikern der Neuen Subjektivität, zu deren Sprecher sich Theobaldy gemacht hat, politische Perspektivelosigkeit vor und
»eine selbst schon wieder recht schick halblinke Melancho-
lie«. Das spontane, prosanahe Sprechen im Jargon und die
additive Fügung vor allem der längeren Gedichte verleite zur

---

30 Nicolas Borns gesammelte Lyrik liegt in dem Band *Gedichte 1967–1978*
von 1978 vor.
31 *Blaue Flecken* (1974), *Zweiter Klasse* (1976), *Drinks* (1979) und *Schwere
Erde, Rauch* (1980).

Formlosigkeit und Oberflächlichkeit. Demgegenüber beharrt Theobaldy darauf, daß es eine eigentliche Leistung dieser Lyrik sei, »das Subjekt und sein Leben nicht von der politischen Geschichte abzutrennen«.[32]

Besonderen Erfolg hatte der Lyriker WOLF WONDRATSCHEK (geb. 1943). Seine vier Lyrikbände,[33] die er 1982 in dem Band *Chuck's Zimmer. Alle Gedichte und Lieder* zusammengefaßt hat, waren zuvor in über 100000 Exemplaren verkauft worden. – Im ungenierten Wechsel zwischen Pathos, Sentimentalität und Understatement bietet Wondratschek Identifikationsmöglichkeiten mit zitierbaren poetischen Pointen: »Es kam der Tag und ich verstand: / da ist die Tür, / geh durch die Wand.« – »Leben ist sinnlos wie Selbstmord / Und genau so leicht« – »Poesie ist fast nichts, aber das total.« – Voll Selbstironie charakterisiert Wondratschek die tiefstapelnde Sprachgebung der neueren Lyrik in dem Gedicht »XXX«:

> Jetzt schreiben sie alle
> einen ziemlich flotten Stil,
> knallhart, anbetungswürdig banal,
> mit ein paar eingestreuten surrealistischen
> Tatsachen, ein paar Kleinigkeiten
> in Lebensgröße und, ohne viel Worte,
> jede Menge Übertreibungen.
>
> Hauptsache,
> es klingt nicht besser als die Zeitung
> und du verstehst, was ich meine.
> Das ist augenblicklich modern:
> die Oberfläche,
> das Unterhemd,
> das Innenleben der Muskeln,
> [...]
> und die Schwäche für Kraftausdrücke
> ist das Stärkste, was sie
> zu bieten haben.

32 Vgl. auch die Lyrik-Diskussion in der Zeitschrift *Akzente*, 1977.
33 *Chuck's Zimmer* (1974), *Das leise Lachen am Ohr eines andern* (1976), *Männer und Frauen* (1978) und *Letzte Gedichte* (1980).

Das wiedererwachende Interesse am einzelnen Menschen führte folgerichtig auch zu einer ›neuen Biographik‹. So wie Enzensberger sich in den Porträt-Gedichten seines *Mausoleums* 1975 siebenunddreißig geschichtlich bedeutenden Gestalten zuwendet, nehmen sich auch Dramatiker und Erzähler wieder geschichtlicher Gestalten an.

Dorst schreibt 1968 über Toller und 1982 über d'Annunzio, Hölderlin findet mit Peter Weiss (1971), Gerhard Wolf (1976) und Peter Härtling (1976) gleich drei Biographen. Peter Härtling, der 1964 schon Lenau behandelt hatte, schreibt 1982, gleichzeitig mit Hermann Lenz, über Mörike. 1975 erscheinen de Bruyns Jean-Paul- und Muschgs Gottfried-Keller-Biographie. Hildesheimer wird 1977 Mozarts Biograph und 1982 der des erfundenen englischen Ästhetikers Marbot. Über die Musiker Wagner und Schütz schreibt Gregor-Dellin (1980 und 1984). Dieter Kühn bringt 1977 den Minnedichter Wolkenstein, Harig 1978 Rousseau und Christa Wolf 1979 Kleist und die Günderode in Erinnerung; und Martin Walser zeigt uns 1982 Eckermann *In Goethes Hand.*

Die Autobiographien befassen sich kritisch mit der Elterngeneration[34] oder geben teils erzählend, teils essayistisch einen Rückblick auf die eigene Vergangenheit.[35] Häufig entstehen umfangreiche Beschreibungen, die mit der beispielhaften Geschichte des eigenen Lebens zugleich einen wichtigen Ausschnitt gesellschaftlicher Bedingtheit darstellen oder im Überblick über mehrere Generationen ein umfassendes Zeitbild entwerfen:

HUBERT FICHTE (1935–1986) schildert in seinen autobiogra-

---

34 Vgl. Handkes Biographie seiner Mutter *Wunschloses Unglück* von 1972 und die Vater-Bücher *Der alltägliche Tod meines Vaters* (1978) von Paul Kersten, *Nachgetragene Liebe* (1980) von Peter Härtling, *Suchbild* (1980) von Christoph Meckel, *Der Vater eines Mörders* (1980) von Alfred Andersch und Walter Kempowskis Hörspiel *Moin Vaddr läbt* (1980).

35 Vgl. Hildesheimer: *Zeiten in Cornwall* (1971) und *Mitteilungen an Max* (1983), Rühmkorf: *Die Jahre, die Ihr kennt* (1972), Hilde Domin: *Von der Natur nicht vorgesehen* (1974), Max Frisch: *Montauk* (1975), Koeppen: *Jugend* (1976) und Wellershoff: *Die Arbeit des Lebens* (1985).

phischen Romanen[36] die Entwicklung eines jüdischen homosexuellen Jungen in gesellschaftlichen Randbereichen.

WALTER KEMPOWSKI (geb. 1929) verfolgt in sieben Romanen das Schicksal seiner bürgerlichen Familie vom Anfang des Jahrhunderts bis zum Jahre 1963.

UWE JOHNSON (1934–1984) sammelt in den vierbändigen *Jahrestagen* (1970–83) der Gesine Cresspahl seine Jugenderinnerungen und verbindet das Lob seines mecklenburgischen Herkommens mit einer kritischen Darstellung der Gegenwart New Yorks im Jahre 1967/68.

CHRISTA WOLF (geb. 1929) verbindet ihre frühesten Erinnerungen in *Kindheitsmuster* (1976) mit einem Besuch am Ort ihrer Kindheit (1971) und der Gegenwart der Aufzeichnung in den Jahren 1972 bis 1975.

THOMAS BERNHARD stilisiert sich in seiner Autobiographie zu einem seiner manisch subjektiven Helden. In fünf Bänden[38] beschreibt er das Schicksal des von seiner Umwelt unverstandenen und verfolgten empfindlichen Geistmenschen. Die autobiographische Episode *Holzfällen* (1984) setzt den angeschlagenen Ton fort.

PETER WEISS (vgl. S. 311 f.), der mit den autobiographischen Büchern *Abschied von den Eltern* (1961) und *Fluchtpunkt* (1962) begonnen hatte, verfaßte 1975 bis 1981 *Die Ästhetik des Widerstands*, eine anspruchsvolle dreibändige Wunschbiographie, in der das geschichtliche Erbe großer Kunstschätze für den proletarischen Revolutionär fruchtbar gemacht wird.

---

36 *Das Waisenhaus* (1965), *Die Palette* (1968), *Detlevs Imitationen ›Grünspan‹* (1971) und *Versuch über die Pubertät* (1974).

37 *Im Block* (1969), *Tadellöser & Wolff* (1971), *Uns geht's ja noch gold* (1972), *Ein Kapitel für sich* (1975), *Aus großer Zeit* (1978), *Schöne Aussicht* (1981) und *Herzlich willkommen* (1984).

38 *Die Ursache* (1975), *Der Keller* (1976), *Der Atem* (1978), *Die Kälte* (1981) und *Ein Kind* (1982). – Weitere Werke s. S. 328 f. Bernhard schrieb außerdem zahlreiche Theaterstücke, u. a.: *Der Ignorant und der Wahnsinnige* (1972), *Die Macht der Gewohnheit* (1974), *Der Präsident* (1975), *Minetti* (1977), *Vor dem Ruhestand. Eine Komödie von deutscher Seele* (1979), *Über allen Gipfeln ist Ruh* (1981), *Der Schein trügt* (1983).

Großen Erfolg hatten die temperament- und stimmungs-
voll erzählten Lebensstationen und Begegnungen des jüdischen Exulanten ELIAS CANETTI (1905–1994): *Die gerettete
Zunge* (1977) und *Die Fackel im Ohr* (1980), 1985 fortgesetzt und abgeschlossen mit dem Band *Das Augenspiel*.

Im Umfeld der Autobiographien erschienen Briefsammlun-
gen, Tagebücher, (Arbeits-)Journale und (aphoristische)
Aufzeichnungen; selbst die erzählende Prosa zeigt oft einen
Hang zum Diaristischen.[39] Leser aber, die sich daran
gewöhnt haben, auf den roten Faden einer schlüssigen
Handlung zu verzichten, brauchen bald auch keine Chrono-
logie mehr; sie schätzen nun auch das bunte Mosaik der
Gedanken in jenen aphoristischen Aufzeichnungen, von
denen in den letzten Jahren zahlreiche Sammlungen erschienen sind.[40]

Aus der Protestbewegung hervorgegangen, subjektiv und
autobiographisch begründet, ist auch der größte Teil der
Frauenliteratur, die sich seit Anfang der siebziger Jahre breit
entwickelt. Frauenliteratur meint im engeren Sinne feminis-
tisches Schrifttum, das wenig Wert auf künstlerische
Gestaltung legt, meint die autobiographischen Selbsterfah-
rungsberichte von schreibenden Frauen auf der Suche nach
ihrer Identität; ein Schrifttum also, das wie alle Zielgruppen-
literatur der Gefahr ausgesetzt ist, im Sektiererischen oder
Allzuprivaten steckenzubleiben. Da aber die Auseinandersetzung mit den besonderen Problemen der Frau auch von
Schriftstellerinnen bevorzugt wird, die keine Frauenliteratur
im engeren Sinne zu schreiben beabsichtigen, ist Frauenlite-

---

39 Vgl. Johnson: *Jahrestage* (1970–83), Grass: *Aus dem Tagebuch einer
   Schnecke* (1972) und *Kopfgeburten* (1980) sowie Brinkmann: *Rom, Blicke*
   (1979).

40 Vgl. Eich: *Maulwürfe* (1968 ff.), Bender: *Aufzeichnungen einiger Tage*
   (1971), Kurt Marti: *Zum Beispiel Bern 1972* (1973) und *Ruhe und Ordnung*
   (1984), Canetti: *Die Provinz des Menschen* (1973), Schnurre: *Der Schatten-
   fotograf* (1978), Handke: *Das Gewicht der Welt* (1978), *Die Geschichte des
   Bleistifts* (1982) und *Phantasien der Wiederholung* (1983), Strauß: *Paare,
   Passanten* (1981), Kunert: *Verspätete Monologe* (1981) und *Leben und
   Schreiben* (1983), Dürrenmatt: *Politik* (1980) und Martin Walser: *Meßmers
   Gedanken* (1985).

ratur im weiteren Sinne auch ein wesentlicher Bestandteil der allgemeinen schönen Literatur dieser Zeit.

Wegbereiter der Frauenliteratur waren informative und dokumentarische Texte wie Erika Runges Protokolle *Frauen. Versuche zur Emanzipation* (1970), von Sarah Kirsch *Die Pantherfrau. Fünf Frauen in der DDR* (1973), *Selbsterfahrung und Fremdbestimmung* von Ursula Krechel (1974) und Maxie Wanders Interviews *Guten Morgen, du Schöne* (1978). Als Bestseller der Frauenliteratur gelten daneben *Klassenliebe* (1973) von Karin Struck, *Häutungen* (1975) von Verena Stefan, *Mitteilung an den Adel* (1976) von Elisabeth Plessen, *Wie kommt das Salz ins Meer?* (1977) von Brigitte Schwaiger und *Gestern war heute – hundert Jahre Gegenwart* (1978) von Ingeborg Drewitz.

Christa Reinig, Christa Wolf, Gabriele Wohmann, Irmtraud Morgner und andere bekannte Autorinnen lehnen die einengende Bezeichnung Frauenliteratur für ihre Bücher ab, weil sich ihr Zugriff auf die Frauenproblematik nicht an feministischen Programmen orientiert.

Für Ingeborg Bachmann (vgl. S. 279–281, 283) bleibt es in dem Roman *Malina* von 1971 weitgehend ein unlösbares existentielles Problem der Heldin, die weiblich-emotionale mit der männlich-rationalen Seite ihrer Person zu versöhnen.

Gabriele Wohmann (geb. 1932) lenkt ihren psychologisierenden bösen Blick in *Ernste Absichten* von 1970 und in *Paulinchen war allein zu Haus* von 1974 nicht nur auf Partnerschaft und Familie, sondern auch auf ideologische Moden wie die antiautoritäre Erziehung und feministische Emanzipationsgesten.

Irmtraud Morgner (1933–1990) spielt mit der Frauenproblematik in dem Schelminnenroman *Leben und Abenteuer der Trobadora Beatriz nach Zeugnissen ihrer Spielfrau Laura* von 1974 und in dem Hexenroman *Amanda* von 1983.

Auch Christa Reinig (geb. 1926) faßt das Problem in ihrem Roman *Entmannung* von 1976 mit Humor an.

Bei Christa Wolf (geb. 1929) scheint die Rolle der weiblichen Heldinnen in den Romanen *Der geteilte Himmel* von 1963 und *Nachdenken über Christa T.* von 1968 zunächst noch vorwiegend durch die sozialistische Gesellschaft bestimmt. Das Geschlechtsrollenspezifische der Probleme wird zuerst 1972 in der utopischen Erzählung *Selbstversuch* behandelt. Der Konflikt zwischen den Geschlechtern bleibt danach auch ein Thema der autobiographischen *Kindheitsmuster* von 1976 sowie der identifikatorisch historisierenden Studie *Kein Ort. Nirgends* von 1979. In der Erzählung *Kassandra* von 1983 erscheint der Rollengegensatz zwischen Männern und Frauen schließlich wie in *Medea* (1996) von grundlegender gesellschaftlicher Bedeutung.

Mit der Subjektivierung haben die irrationalen Tendenzen in der Literatur zugenommen. *Seelenarbeit* nannte MARTIN WALSER (geb. 1927) 1979 den Roman des Chauffeurs Xaver Zürn, der täglich bis in seine Träume hinein an der Verarbeitung seiner Lohnabhängigkeit kaut. Seelenarbeit schildern im Grunde fast alle Bücher von Walser[41] und sehr viele Werke der neuesten Literatur. Das Ergebnis dieser verbreiteten individuellen Gemütsanstrengungen sind Mythenbilder, Phantasieflüge und nicht selten Zeugnisse der Angst und des Wahns.

Die Dramatiker Heiner Müller und Peter Hacks haben sich bereits Mitte der sechziger Jahre von der sozialistischen Gegenwart verabschiedet und der Geschichte bzw. dem Mythos zugewandt. PETER HACKS (geb. 1928) geht 1972/73 bis zu *Adam und Eva* zurück.[42] HEINER MÜLLER (1929–1995) sucht die geschichtlichen Wurzeln von Tod und Verderben 1976/77 in dem Greuelmärchen *Leben Gundlings Friedrich von Preußen Lessings Schlaf Traum Schrei.*[43] THOMAS BRASCH (1945–2001) dämonisiert den sozialistischen Helden

---

41 Vgl. *Ehen in Philippsburg* (1957), *Halbzeit* (1960), *Das Einhorn* (1966), *Die Gallistl'sche Krankheit* (1972), *Der Sturz* (1973), *Jenseits der Liebe* (1976), *Ein fliehendes Pferd* (1978), *Das Schwanenhaus* (1980), *Brief an Lord Liszt* (1982), *Brandung* (1985) bis hin zu *Finks Krieg* (1996).

42 Vgl. auch *Amphitryon* (1968), *Omphale* (1970) und die Klassikerbearbeitungen von Hacks.

43 Vgl. auch die *Hamletmaschine* (1977), *Germania Tod in Berlin* (1977) und *Verkommenes Ufer Medeamaterial Landschaft mit Argonauten* von 1983.

der Arbeit als ewig gefährlichen Tatmenschen in *Rotter. Ein Märchen aus Deutschland* (1977). Und TANKRED DORST (geb. 1925) beweist 1981 in seinem *Merlin oder Das wüste Land* am mythologischen Modell des Arthushofes die Unmöglichkeit, den rechten Weg zu einer menschlichen Kultur zu finden. Die auf Gesittung zielende, aber den Weltuntergang herbeiführende Idee des Gralsrittertums stammt vom Zauberer Merlin, dem Sohn des Teufels. Der gutwillige Merlin muß am Ende erkennen: »die Geschichte widerlegt die Utopie.«

> Die Idealisten, die Gralsucher, die Gründer von Tafelrunden und idealen Staaten, von neuen Ordnungen und Systemen, die mit ihren Theorien Erlösung versprechen und das große Glück über die Menschheit bringen wollen [...], die führen am Ende ganze Völker geradewegs in die Hölle!

Gemessen an diesen welttheatralischen Schauspielen wirken die urbane *Kalldewey Farce* (1981) und der kunstverwirrte *Park* (1983) von BOTHO STRAUSS (vgl. S. 329) eher zierlich; aber auch sie demonstrieren den völligen Sinnverlust wie WALTER KEMPOWSKI (vgl. S. 335) in seinem Hörspiel »Alles umsonst« von 1984.

Als umsonst oder sinnlos muß eine Wirklichkeit empfunden werden, für die weder aus dem religiösen Jenseits noch aus dem aufgeklärten Diesseits hinreichend glaubwürdig oder zwingend Werte hergeleitet werden können. Wo jedes allgemeinverbindliche Sollen hinter Unbestimmtheiten zurücktritt, entsteht ein Freiraum, der sowohl von der beflügelnden wie der beklemmenden Phantasie besetzt wird.

Von überbordender Phantasie beflügelt sind die utopistischen Romane GÜNTER HERBURGERS (geb. 1932),[44] die picarischen[45] Romane des wortgewaltigen schweizerischen Erzählers GEROLD SPÄTH (geb. 1939),[46] die ironisch-parodi-

---

44 Vgl. *Jesus in Osaka* (1970) und die große »Thuja-Trilogie« mit *Flug ins Herz* (1977), *Die Augen der Kämpfer* (1980–1983) und *Thuja* (1991).

45 Vgl. Kap. 3, Anm. 21.

46 Vgl. *Unschlecht* (1970), *Stimmgänge* (1972) und *Balzapf oder Als ich auftauchte* (1977).

stischen Formspiele seines Landsmannes Urs Widmer (geb. 1938),[47] dessen österreichischen Freundes H. C. Artmann (geb. 1921)[48] sowie die heiter naiven Erzählungen von Christoph Meckel (geb. 1935).[49] Wo Erzähler und Leser die beengenden Grenzen der Wirklichkeit überschreiten, um sich wie hier mit gutem Humor der Welt zu entheben, wirkt das befreiend.[50] Sobald aber Zweifel und Resignation das Weltbild des Autors bestimmen, verunsichern seine Imaginationen. Die Phantasmagorien in Gerold Späths *Commedia* von 1980 und die surrealistischen Gesichte in dem Roman *Der junge Mann* von Botho Strauß aus dem Jahre 1984 machen betroffen.

In der Lyrik, die von je her leichter zum Elegischen neigt, werden unverhohlen Zukunftssorgen und Ängste ausgesprochen, so daß Fritz J. Raddatz bereits 1981 feststellen konnte: »Die zeitgenössische Literatur ist Angst-Literatur«. »Der Anfang vom Ende / ist immer diskret«, schreibt Enzensberger 1978 in seiner Ballade vom *Untergang der Titanic*; und in seiner Gedichtsammlung *Die Furie des Verschwindens* von 1980 heißt es: »Utopien? Gewiß, aber wo?« und: »Ich denke gern an die Zukunft zurück.« Günter Kunert bietet in seiner Gedichtsammlung *Abtötungsverfahren* 1980 »Eine Tüte voll Angst« und als »Zukunft / eine

---

47 Vgl. den Abenteuerroman *Die Forschungsreise* (1974), die Romane *Die gelben Männer* (1976) und *Das enge Land* (1981) und das Märchen *Die gestohlene Schöpfung* (1984) sowie die Erzählung *Indianersommer* von 1985.

48 Vgl. die 27 kurzen Prosa-Kosmogonien *Die Sonne war ein grünes Ei* (1982).

49 Vgl. *Im Land der Umbramauten* (1961), *Bockshorn* (1973) und *Der wahre Muftoni* (1982).

50 Vgl. in diesem Zusammenhang die Entwicklung der sehr erfolgreichen phantasiebetonenden Kinderliteratur; zum Beispiel die *Kindergeschichten* (1969) von Peter Bichsel; von Herburger: *Birne kann alles* (1971), *Birne kann noch mehr* (1971) und *Birne brennt durch* (1975); von Michael Ende: *Momo* (1973) und *Die unendliche Geschichte* (1979); selbst Peter Rühmkorf legt 1983 mit dem *Hüter des Misthaufens* 13, allerdings »aufgeklärte Märchen« vor.

ferne Ruine am Horizont / unbewohnbar.«[51] Wolf Wondratschek beschwört in seiner Sammlung *Letzte Gedichte* den Weltuntergang und erklärt 1980: »Eines Tages, denke ich wird da kein Unterschied mehr sein / zwischen dem, was tödlich ist, / und dem, was funktioniert.«

»Daß unsere verdrängten Ahnungen von heute die Realitäten von morgen sind, unbekannt in ihrer Wirkung selbst von jenen, die sie geschaffen haben«, meint auch Wolfgang Hildesheimer, der in seiner Rede über »Das Ende der Fiktionen« 1975 »ein ubiquitäres Element der Furcht« vor den aus der Kontrolle geratenen Naturwissenschaften feststellt. Und unter dem Titel »Die Vernichtung der Menschheit hat begonnen« sagt Günter Grass in seiner Feltrinelli-Preis-Rede November 1982: »Unsere Gegenwart macht Zukunft fraglich, schließt sie in vielen Bereichen geradezu aus [. . .].«

> Aber das Dinner geht weiter, der Text
> geht weiter, die Möwen folgen dem Schiff
> bis zum Ende. Hören wir endlich auf,
> mit dem Ende zu rechnen! Wer glaubt schon daran,
> daß er dran glauben muß?
> > (Enzensberger: *Der Untergang der Titanic*,
> > Neunundzwanzigster Gesang.)

---

51 Vgl. Kunerts Gedichtsammlung *Stilleben* (1983), die Kurzprosa *Verspätete Monologe* (1981), die Aufsätze *Diesseits des Erinnerns* (1982), die Geschichten *Zurück ins Paradies* (1984), den von Theodor Lessing beeinflußten Geschichtspessimismus in der Rede *Kain und Abels Brüderlichkeit* (1984) und die Frankfurter Vorlesungen *Vor der Sintflut. Das Gedicht als Arche Noah.*

17. Das Jahrzehnt der Wiedervereinigung

a) Ermüdung, »Mittelmaß und Wahn«

Die prominenten Endzeit-Visionäre, die wie GÜNTER GRASS in seinem Roman *Die Rättin* (1986) ihre Ratlosigkeit und Depression angesichts des Wettrüstens und der Umweltzerstörung kundtaten, wurden bald von jüngeren Autoren nachgesprochen. Sowohl in West- als auch in Ostdeutschland wurden dieselben Sorgen mit Pathos, aber ohne ästhetisches Bewußtsein wiederholt.

Im Gespräch mit dem Kritiker Uwe Wittstock erklärte HEINER MÜLLER: »Der Weltuntergang ist zu einem modischen Problem geworden [...]. Die Weltuntergangsstimmung und -propaganda bewirkt einen Verfall oder eine Verkommenheit von Arbeitsmoral und Handwerk auch bei den Schriftstellern. [...] Man kann die größte Scheiße zusammenschmieren – es spielt überhaupt keine Rolle mehr, wenn es verkauft wird. [Vgl. das Zitat von Wondratschek, S. 333.] Und es wird verkauft mit dem Gefühl im Hinterkopf: ›Es dauert sowieso alles nicht mehr lange, und jetzt schnell noch kassieren‹. [...] Ich glaube, das ist [...] ein spezifisch westdeutsches Problem. In der DDR ist mit diesem Thema wenig zu verdienen, auch weil es dort einen Taburahmen gibt, der dagegengesetzt wird.« – Müller meinte das offizielle sozialistische Fortschrittsdenken und die Zensur in der DDR. Im Westen aber haben sich die Autoren der DDR, wie die Anthologie *einst war ich fänger im schnee* (1984) von Lutz Rathenow zeigte, kaum anders geäußert als ihre bundesdeutschen Kollegen.

Befragt nach möglicher Bewältigung der Untergangsängste, sagte Müller: »Die Angst ist ja etwas ungeheuer Pädagogisches. Ohne Angst gäbe es keinen Fortschritt, ohne Angst gäbe es keine Kultur. [...] Sie ist konstruktiv. Angst zwingt zu Lösungen. Wenn man die Angst verdrängt, dann verzögert man den Widerstand gegen das, was Angst macht.«

Die DDR wurde allerdings in anderer als endzeitlicher Hinsicht eine Angstgesellschaft genannt. Die durch politische Bespitzelung, Bedrohung und Unterdrückung hervorgerufene Angst in der DDR erzeugte nicht nur den kreativen Widerspruch der Dissidenten, sondern auch lähmende Resignation gerade bei den wenigen verbliebenen überzeugten Sozialisten.

Müller beklagte sich, daß seine Stücke in der Bundesrepublik nur als Enttäuschungsliteratur verstanden, »nur nach ihren Inhalten beurteilt« würden. »Es wird überhaupt nicht transportiert, daß es ein formulierter Text ist und daß die Formulierung eines Tatbestandes schon die Überwindung eines Tatbestandes ist. Das utopische Moment liegt in der Form, auch in der Eleganz der Form, der Schönheit der Form und nicht im Inhalt.«

Diese Berufung auf die Form ist freilich weit weg vom ursprünglichen Kunstkonzept der sozialistischen Literatur. – Doch obgleich Müllers Beliebtheit auf westdeutschen Bühnen seit der *Hamletmaschine* von 1977 wesentlich auf dem formalen Avantgardismus der Intertextualität[1] beruhte, ist er in der *Wolokolamsker Chaussee* (1985 bis 1987) auf die von ihm selbst als überholt bezeichnete Form des Lehrstücks zurückgekommen, denn er wollte mit diesen fünf Stücken in der DDR leichter rezipierbar sein. Schien ihm nämlich Verweigerung die richtige Haltung im kapitalistischen Westen, so wollte er ›sozialismusintern‹ immer noch ›die richtige Art, sich zu beteiligen‹ lehren:

Die Wolokolamsker Chaussee war die Straße, auf der die deutschen Panzer im Zweiten Weltkrieg, im Winter 1941, 120 Kilometer vor Moskau aufgehalten wurden. Das Stück *Wolokolamsker Chaussee I* thematisiert die Angst der Sol-

---

1 Intertextualität meint hier, daß sich der Text als Mosaik von Zitaten, aus Absorptionen und Transformationen anderer Texte aufbaut.

daten und sei als Diskurs über Pazifismus zu verstehen. Müller meinte: »es gibt ein Naturrecht zur Desertion, überhaupt zum Pazifismus, zum Sich-Heraushalten. Aber in einer Situation, in der einer ganzen Gesellschaft das Recht auf Leben bestritten wird, [...] setzt die Notwendigkeit zu überleben dieses Recht [...] außer Kraft.«

Ob nun die inhaltliche Fortschreibung sozialismusinterner Appelle in heroisierenden Blankversen für die DDR oder die formale Fortschreibung der Intertextualität für die Bühnen im Westen, Müller begann sich selbst zu wiederholen. Er verstarb am 30. Dezember 1995 in Berlin. In seinem Nachruf auf den Zyniker Heiner Müller, der eingestanden hatte: »Der eigentliche Spaß am Schreiben ist doch die Lust an der Katastrophe«, bemerkte Wolf Biermann: »Der Schritt vom Weltretter zum Apokalyptiker ist kurz.«

Heiner Müller hatte bedauert: »Die Leute verlangen von der Kunst immer Trost, [...] aber für Trost ist Kunst nicht da.« Diese Einsicht hatte auch THOMAS BERNHARD in seiner Erzählung *Alte Meister. Komödie* (1985) vermittelt. Wie Müller war auch Thomas Bernhard ein entschiedener Antifaschist, doch was ihn zum Schreiben trieb, war nicht die Lust an der Katastrophe, sondern die Lust an der »Erregung«, mit der er den Nationalsozialismus und die katholische Kirche in Österreich als eigentliche große »Spielverderber des Lebens« geißelte. Durch »Übertreibungskunst« wollte Thomas Bernhard für die Auslöschung dieser Schande sorgen.

Der Roman *Auslöschung. Ein Zerfall* (1986) ist die Niederschrift, mit der Franz-Josef Murau seinen »Herkunftskomplex« bewältigt. Murau ist auf Schloß Wolfsegg in Oberösterreich geboren worden. Das festungsartige Schloß war während der Naziherrschaft eine Hochburg des Nationalsozialismus und des Katholizismus. Murau bekennt: »Es ist mir zur Gewohnheit geworden, fortwährend zu denken (und zu sagen!), meine Mutter ist widerwärtig, meine Schwestern sind es ebenso und dumm, der Vater ist schwach, der Bruder ist ein armer Narr, alle sind sie Dummköpfe.« Wie schon sein Onkel Georg, »der zu dem richtigen Zeitpunkt die Barbaren hinter sich gelassen hat«, kann auch Murau als »Geistesmensch« nur in der Fremde, wo er kluge Freunde findet, überleben. Der Unfalltod seiner Eltern und seines Bruders indessen zwingt ihn, Wolfsegg noch einmal aufzusuchen. Zur Beerdigung erscheinen die ehemaligen Gauleiter und SS-Obersturmbannführer, von welchen er Jahrzehnte geglaubt hatte, sie seien längst tot. Dieser unverhohlene Auftritt der Altnazis und die Tatsache, daß der Gärtner niemals über seine Haft im Konzentrationslager gesprochen hat, bestärkt Muraus Absicht, in seiner »Antiautobiographie« an das totgeschwiegene NS-Verbrechen zu erinnern. »Auslöschung« soll der Titel sein, »denn mein Bericht ist nur dazu da, das in ihm Beschriebene auszulöschen [...], alles, das in dieser *Auslöschung* niedergeschrieben ist, wird ausgelöscht, sagte ich mir. [...] Und das, was ich zu Papier bringe, ist *das Ausgelöschte.*« Das Stilmittel solcher Auslöschung ist die Übertreibung. Murau erklärt: »Um etwas begreiflich zu machen, müssen wir übertreiben [...]. Das Geheimnis des großen Kunstwerks ist die Übertreibung [...].«

Als »Zweiterbe« nutzt Murau seine Chance: er vermacht »ganz Wolfsegg, wie es liegt und steht, und alles *Dazugehörende*, als ein völlig bedingungsloses Geschenk, der Israelitischen Kultusgemeinde in Wien« und stirbt.

Auch wenn der Unterhaltungswert des monologischen Redestroms mit seinen Invektiven und Schimpfkanonaden unverändert hoch ist, wiederholt und variiert doch auch Bernhard seine altbekannten Motive und Konstellationen, so daß Volker Hage zu Recht fragt, »wird in der Konsequenz nicht alles ausgelöscht, auch das Geschriebene, das hinter ihm ([Murau] und Bernhard) zurückbleibt?« Wie dem auch sei, festzustellen bleibt auch bei Thomas Bernhard ein Moment der Ermüdung.

Die ideologischen Positionen waren geklärt, alle Argumente ausgetauscht; selbst die alten Meister begannen sich zu wiederholen. Während Walser mit der *Brandung* (1985), Lenz mit dem *Exerzierplatz* (1985) und Grass mit dem Roman *Die Rättin* (1986) bewährte Erzählstile fortschreiben, blieb der längst fällige Generationswechsel aus, so daß die Kritiker Mangel an Neuem beklagten und sich trivialerer Bestseller annahmen. Sie lobten Patrick Süskinds unerhört spannende Geschichte eines Mörders mit dem Titel *Das Parfum* (1985) und begannen sogar, Simmel zu würdigen.

In seiner Essay-Sammlung *Mittelmaß und Wahn* (1988) schrieb HANS MAGNUS ENZENSBERGER: »Die Krise der Literatur ist nicht neu. [...] Und doch bleibt es wahr, daß mit unserer Institution irgend etwas passiert ist [...]. Sie hat an Gewicht verloren. Sie büßt immer mehr Terrain ein. Mit ihrer Wichtigkeit ist es nicht mehr so weit her wie einst. [...] Die Literatur ist frei, aber sie kann die Verfassung des Ganzen weder legitimieren noch in Frage stellen; sie darf alles, aber es kommt nicht mehr auf sie an.« Die verbleibende Literatur von Rang aber »ist nicht darauf angewiesen, daß man sie ›bespricht‹. Das bürgerliche Zeitalter hat ihr – vorübergehend – einen zentralen Platz auf der öffentlichen Bühne eingeräumt; die literarische Kritik hat, in ihren Glanzzeiten, diese Position begründet und verteidigt. Sie ist ehrenvoll gescheitert [...]. Die Literatur aber ist wieder zu dem geworden, was sie von Anfang an war: eine minoritäre Angelegenheit.«[2]

Die Stationen für die Ermüdung und den Verlust der Hoffnungen auf den Sozialismus in der DDR sind bekannt. Die Niederschlagung des Arbeiteraufstandes am 17. Juni 1953

---

2 »Rezensenten-Dämmerung«, in: *Neue Zürcher Zeitung*, 13. / 14. Dezember 1986. Vgl. auch Hermann Kinder: »Sätze zum Satz Vom Ende der Literatur«, in: H. K., *Von gleicher Hand: Aufsätze, Essays zur Gegenwartsliteratur und etwas Poetik*, Eggingen 1995, S. 216–225.

glaubte Brecht noch rechtfertigen zu können.[3] Als im August 1961 die Berliner Mauer gebaut wurde, konnte sich Christa Wolf gleichwohl in ihrer Erzählung *Der geteilte Himmel* (1963) noch für die DDR entscheiden. Auch Günter de Bruyn, der Angst hatte, mit seinen »bescheidenen Gaben in der großen Welt nicht bestehen zu können«, akzeptierte den Mauerbau: »Man war der Entscheidung, zu fliehen oder zu bleiben, enthoben«[4]. Franz Fühmann sah den »Antifaschistischen Schutzwall« nach der Niederschlagung des Prager Frühlings (1968) bereits kritischer. In seinem *Prometheus* (1973) heißt es: Wenn Prometheus »wirklich ehrlich sein wollte, mußte er zugeben, daß er den Schutzwall nicht nur gegen die Feinde von außen gebaut [hatte], sondern auch, daß seine Menschen ihm nicht entliefen. [...] Prometheus muß erkennen, daß es falsch war, ihnen die eigene Erfahrung abnehmen zu wollen.« Diese Ansicht durfte freilich nicht veröffentlicht werden. Fühmanns *Prometheus* erschien erst postum 1996 als Fragment. Als aber der engagierte Sozialist Wolf Biermann im November 1976 außen vor dem »Antifaschistischen Schutzwall« bleiben mußte, kamen auch Christa Wolf Bedenken. Sechs Jahre nach diesem politischen »Störfall« bekannte sie in einem Gespräch: »1976 war ein Einschnitt in der kulturpolitischen Entwicklung bei uns, äußerlich markiert durch die Ausbürgerung von Biermann. Das hat zu einer Polarisierung der kulturell arbeitenden Menschen auf verschiedenen Gebieten, besonders in der Literatur, geführt: Eine Gruppe von Autoren wurde sich darüber klar, daß ihre direkte Mitarbeit in dem Sinne, wie sie sie selbst verantworten konnte und für richtig hielt, nicht mehr gebraucht wurde.«[5]

---

3 Brechts Schüler Heiner Müller verhielt sich ›ästhetisch‹ wie der Brecht in Grassens Schauspiel *Die Plebejer proben den Aufstand* (1970): »Den 17. Juni habe ich nur als Beobachter erlebt. [...] Es war einfach interessant, ein Schauspiel. Ich hatte so etwas vorher noch nie gesehen. Wie eine Menschenmenge auf Panzer reagiert, wie sie sich dann zerstreut.«

4 *Vierzig Jahre* (1996).

5 *Die Dimension des Autors. Essays und Aufsätze, Reden und Gespräche 1959–1985* (1987).

Dennoch wuchsen Widerspruch und Kritik der DDR-Schriftsteller am realexistierenden Sozialismus. Die militärische Aufrüstung und 1986 der nukleare »Störfall« in Tschernobyl sorgten dafür, daß auch die DDR ihre literarischen Endspiele und ihre Warnliteratur bekam.

In VOLKER BRAUNS *Hinze-Kunze-Roman* (1985) fragt sich der Erzähler, ob die Parteigenossen »die Literatur als Angelegenheit des Volkes wollen oder als Verschlußsache.« Erzählt wird ein neofeudales Herr-Knecht-Verhältnis in der sozialistischen Gesellschaft, zu dem Diderots *Jacques der Fatalist* und Walsers Roman *Seelenarbeit* (1979) die Modelle lieferten. Die spöttisch in die Erzählung mit aufgenommene Zensur befindet: »Hinze und Kunze entwickeln sich nicht, wie man es verlangen kann – weil sie auf ihren Rollen bestehn, wie man es auch verlangen kann. Verflixt und zusammengenäht. Dieser mißratene Roman war eine Warnung.«

Brauns humorvolle Darstellung negativer Helden ist immer noch geleitet von der Frage: »Wie kommen wir vom faktischen zum möglichen Menschen?«

In seinen satirischen Gedichten *Langsamer knirschender Morgen* (1987) wiegt Brauns Zweifel am ›Neuen Menschen‹ im Sozialismus schwerer. Das Buch beginnt mit einer Parodie auf die Schlußapotheose in Goethes *Faust*: »Das fein Geplante / Ist doch zum Schrein. / Das Ungeahnte / Tritt eisern ein.« Am Ende liest man in den »Berlinischen Epigrammen«: »Immer noch fahnden sie laut nach dem positiven, dem Helden. / Helden die, sehn sich nicht um! Er sitzt, und still, im Parkett.« Und: »Gibt es kein Oben und Unten? so sage ich vorne und hinten / In der Schlange; zudem stehn manche niemalen an.« So etwas konnte man in der DDR nicht veröffentlichen, sondern nur in der BRD, und Braun seufzt: »Aber jetzt trägst du ins Ausland Perlen vor diese Säue! / Sie verdienen es nicht. Aber nicht besseres wir.«

Volker Braun hat als pathetischer Agitprop-Sänger begonnen.[6] Später wäre er gern ein kritischer Partner der Politiker seines Landes gewesen.[7] Weil in der DDR aber Kollaboration statt Unbestechlichkeit verlangt wurde, arbeitete er sich vergeblich am »Dreck der Verhältnisse« ab. Als Gorbatschow 1987 den realexistierenden Sozialismus der UdSSR durch ›Perestroika‹ (Umbau) und ›Glasnost‹ (Öffentlichkeit) zu korrigieren versuchte, offenbarte die DDR ihre Reformunwilligkeit. Resigniert hatte sich Volker Braun in den achtziger Jahren zum Satiriker entwickelt. Er schrieb über *Verheerende Folgen mangelnden Anscheins innerbetrieblicher Demokratie* (entstanden 1980, erschienen 1988), über den Wahnsinn der Hochrüstung (1981, ebd.) und über das Waldsterben (1983, ebd.).[8] Bei aller Kritik blieb er der Idee des Sozialismus treu und erklärte: »Ich bleib im Lande und nähre mich im Osten. / Mit meinen Sprüchen, die mich den Kragen kosten / In anderer Zeit: noch bin ich auf dem Posten.« Eine Flucht in den kapitalistischen Westen lehnte er ab: »Pressionen konnten mich nicht zu der Privatlösung bestimmen; die Sucht nach Lösungen für alle, *für den Letzten soll die Welt gemacht sein.* Und dann, die Lust: herauszufordern.« Darauf wollte er nicht verzichten.

b) 1989. »Das Ende der Kollektive ...«

Entscheidend für die Einstellung der Schriftsteller zum realexistierenden Sozialismus blieb die Frage nach dem Verhältnis zwischen Kollektiv und Individuum. »Die Schwie-

---

6 Vgl. seine frühen Gedichtbände: *Provokation für mich* (1965), *Wir und nicht sie* (1970) und *Gegen die symmetrische Welt* (1974).

7 Vgl. seine Notate *Es genügt nicht die einfache Wahrheit* (1975) und die *Stücke 1 & 2* (1975–81) sowie die Gedichte *Training des aufrechten Gangs* (1979).

8 Vgl. die Naturzerstörung in dem kurzen Prosatext *Bodenloser Satz* (entstanden 1988, erschienen 1990).

rigkeit, ›ich‹ zu sagen«[9], hatten bereits Peter Hacks in seinem *Moritz Tassow* (1965; vgl. S. 295 f.), Christa Wolf in
Nachdenken über Christa T. (1969), Ulrich Plenzdorf in
den *Neuen Leiden des jungen W.* (1975) und Wolf Biermann in seinen Liedern (bis 1976) behandelt. Auch in der
durch Mickel und Endlers Anthologie *In diesem besseren
Land* (1966) ausgelösten Lyrik-Debatte ging es wesentlich
darum, ob der dem sozialistischen Kollektiv verpflichtete
Dichter statt des geforderten Wir-Gefühls den subjektiven
Standpunkt des Lyrischen Ichs betonen dürfe (vgl. S. 307).
Die Reaktionen der Schriftsteller auf das politische Ansinnen, ihre Individualität zu verleugnen, war unterschiedlich.
Autoren, die ihre persönliche Meinung nicht ständig unter-
drücken wollten, verließen nach und nach die DDR (vgl.
S. 308, Anm. 6).[10] Andere setzten sich über den Gruppen-
zwang hinweg. Volker Braun dagegen verteidigte den Kollektivismus bis zuletzt. In seinem Prosatext »Der Mensch
ohne Zugehörigkeit« (1985) verhöhnt er einen Pariser Alt-
68er, der mit der »Hoffnung auf die universale Befreiung«
das kollektive *Wir* hinter sich gelassen hat und nun als erfolgreicher Unternehmer erklärt: »Das Ende der Kollektive
ist das Ende der Unterdrückung. [...] Ich bin ich«. Und
Heiner Müller, der sogar der Zusammenarbeit mit der Zensur eine positive Seite abzugewinnen vermochte, stellte
seine Autobiographie *Krieg ohne Schlacht* (1992) unter das
Motto: »Soll ich von mir reden Ich wer / von wem ist die
Rede wenn / von mir die Rede geht Ich wer ist das«; und
er entschuldigt die Formlosigkeit des langen ›Interviews‹
am Ende mit der Begründung: »Mein Interesse an meiner
Person reicht zum Schreiben einer Autobiographie nicht
aus. [...] Deshalb der vorliegende disparate Text, der pro-

---

9 Christa Wolf: *Nachdenken über Christa T.* Die Erzählung steht unter dem
   Motto: »Was ist das: Dieses Zu-sich-selber-Kommen des Menschen?«
   (Johannes R. Becher)
10 Vgl. auch Andrea Jäger, *Schriftsteller aus der DDR. Ausbürgerungen und
   Übersiedlungen von 1961 bis 1989*, Frankfurt a. M. 1995. [Über 97 Auto-
   ren und Autorinnen zwischen Mauerbau und Mauerfall.]

blematisch bleibt.« Problematisch wohl auch wegen des von
der Rätselhaftigkeit der eigenen Individualität abgewandten
Blicks. Müller entschied: »Bis zu meinem Tod muß ich mit
meinen Widersprüchen leben, mir selbst so fremd wie möglich.«

Die wachsende Auflehnung gegen den Kollektivismus war
auch generationsbedingt, denn die Nachgeborenen der
DDR-Gründer haben »den Sozialismus nicht als Hoffnung
auf das *Andere*« erfahren, sondern nur noch »als defor-
mierte Realität« (H. Müller). Selbst die Nachkommen der
Parteioberen wie Thomas Brasch[11] oder Monika Maron[12]
fragten nun: »wie eine Idee, die zum Glück aller erdacht
war, sich in das Unglück aller, selbst ihrer treuesten Anhänger verkehren konnte.« (Maron)

MONIKA MARON debütierte 1981 mit dem Roman *Flugasche*. Der zehn Jahre vor Christa Wolfs *Störfall* (1987) entstandene Text ist die erste Erzählung, die sich mit der Umweltzerstörung in der DDR befaßt.

Die Journalistin Josefa Nadler soll eine Reportage über die
sächsisch-anhaltinische Industriestadt Bitterfeld schreiben.
Sie schreibt ihre »eigene Wahrheit«: »B. ist die schmutzig-
ste Stadt Europas.« Das Redaktionskollektiv meint: »Damit lieferst du dem Gegner die Argumente.« Josefa besteht
auf ihrer Wahrheit und erfährt: »Diese Genossen ›Wir‹.
Gegen mein klägliches ›Ich habe gesehen‹ stellen sie ihr
unerschütterliches ›Wir‹, und schon bin ich der Querulant,
der Einzelgänger, der gegen den Strom schwimmt, unbe-
lehrbar, arrogant, selbstherrlich. Sie verschanzen sich hinter ihrem ›Wir‹, machen sich unsichtbar, unangreifbar.
Aber wehe, ich gehe auf ihre majestätische Grammatik ein
und nenne sie ›ihr‹ oder ›sie‹, dann hageln die strengen
Fragen: Wer sind ›sie‹? Wen meinst du konkret? Warum
sagst du ›ihr‹ und nicht ›wir‹? Von wem distanzierst du

11 Vgl. S. 338 f. Braschs Vater war Mitglied im Zentralkomitee der SED und
bis 1969 stellvertretender Kulturminister der DDR.
12 Stieftochter von Karl Maron, Chef der Volkspolizei, von 1955 bis 1963
Innenminister der DDR.

dich?« Josefa klagt: »Ich soll mir abgewöhnen, ich zu sein.«

Obwohl Josefas individualistischer Widerstand letztlich doch die geforderte Stillegung des überalterten Kraftwerks in Bitterfeld nach sich zieht, und die Journalistin damit eigentlich zur positiven Heldin der Arbeit wird, durfte der Roman in der DDR nicht erscheinen. Auch nicht der nachfolgende Roman *Die Überläuferin* (entstanden 1986, veröffentlicht 1988), in welchem Monika Maron die Phantasie zum eigentlichen Lebensinhalt ihrer Heldin macht.

c) »Was bleibt« – »Akteneinsicht«

Die von der DDR alimentierten Schriftsteller hatten den politischen Auftrag, sich für den Aufbau der sozialistischen Gesellschaft einzusetzen (vgl. S. 291 f.). Dementsprechend verfaßten sie anfänglich hoffnungsfrohe, zum Teil pathetische Gesinnungsliteratur. Als sich der sozialistische Fortschritt zunehmend als Entfernung von seiner Utopie entpuppte, begannen die Schriftsteller das real Existierende kritisch zu hinterfragen und die Utopie einzufordern. Die Machthaber sahen in den unbequemen Appellen der Schriftsteller aber nur wachsende Unbotmäßigkeit und reagierten darauf mißtrauisch maßregelnd: Politisches Wohlverhalten wurde durch erweiterte Privilegien belohnt, wobei seit 1970 von den Reisekadern als Treuenachweis selbstverständlich auch geheimdienstliche Erkenntnisse erwartet wurden. Unangepaßte, Zweifler und Kritiker dagegen wurden bespitzelt, denunziert, inhaftiert[13], geächtet

---

13 Inhaftiert waren unter anderen: Walter Kempowski: 1948–1956; Erich Loest: 1956–1963; Jürgen Fuchs, Gerulf Pannach, Christian Kunert, Rudolf Bahro, Ulrich Schacht: 1973–1976. Robert Havemann stand 1976 bis 1979 unter Hausarrest. Gefängnisliteratur schrieben unter anderen: Horst Bieneck: *Zelle* (1968); Walter Kempowski: *Im Block* (1969); Ulrich Schacht: *Brandenburgische Konzerte* (1989).

und zum Verlassen des Landes gedrängt oder gar ausgebürgert.

Der Konflikt des Einzelnen mit einem monolithischen Machtapparat, der das Individuum wegen verweigertem Konformismus zum Außenseiter stempelt und verfolgt, entwickelte sich zu einem DDR-spezifischen Stoff, der in den anderen deutschsprachigen Literaturen kaum eine Entsprechung hatte und daher bei den Lesern im Westen auch weniger Interesse fand.[14]

Die immer offensichtlicher werdenden politischen und technischen Störfälle bei gleichzeitig zunehmenden repressiven Maßnahmen der Partei und des Staatssicherheitsdienstes ließen die Zweifel vieler Schriftsteller schließlich zu einer empfindlichen Sinnkrise anwachsen, die bei einigen von ihnen zum gänzlichen Utopieverlust und zu völliger Verweigerung führte.

Eine Reihe junger Schriftsteller[15] wollte »die Bälle, die ihnen der Staat zuwirft, nicht mehr aufnehmen« (Uwe Kolbe). Sie zogen sich seit Ende der siebziger Jahre in den ärmlichen Ost-Berliner Stadtteil Prenzlauer Berg zurück, um aus dieser Nische heraus nur noch ästhetisch auf die allseits politisierte Gesellschaft zu reagieren. In sprachkritischen Auseinandersetzungen mit dem abgedroschenen Jar-

14 Vgl. Volker Brauns Erzählung: *Unvollendete Geschichte* (1975); Christoph Heins Romane: *Horns Ende* (1985) und *Der Tangospieler* (1989); Monika Marons Roman: *Flugasche* (1981); Erich Loests Roman: *Es geht seinen Gang* (1978); Günter de Bruyns Roman: *Neue Herrlichkeit* (1984); Jurek Beckers Roman: *Schlaflose Tage* (1978); Ulrich Plenzdorfs Erzählung: *Die neuen Leiden des jungen W.* (1972).

15 Sascha Anderson (geb. 1953; *jeder satellit hat seinen killersatelliten*, 1982; *totenreklame*, 1983; *brunnen, randvoll*, 1988; *JEWISH JETSET*, 1990); Cornelia Schleime (geb. 1953); Stefan Döring (geb. 1954; *Heutmorgestern*, 1989, *ZEHN*, 1990); Reiner Schedlinski (geb. 1956; *die rationen des ja und des nein*, 1988; *DIE MÄNNER DER FRAUEN*, 1991); Bert Papenfuß-Gorek (geb. 1956; *harm*, 1985; *dreizehntanz*, 1988; *tiské*, 1990, *vorwärts im zorn & sw*, 1990; *SOJA*, 1990); Andreas Koziol (geb. 1957; *mehr über rauten und türme*, 1991); Leonhard Lorek (geb. 1958); Ulrich Ziegler (geb. 1961). Vgl. *»im widerstand / in mißverstand«? Zur Literatur und Kunst des Prenzlauer Bergs*, herausgegeben von Christine Cosentino und Wolfgang Müller, Frankfurt a. M. 1995.

gon der Parteiorgane entdeckten die jungen Lyriker und
Liedermacher spielerisch experimentierend Formen, die
zwar innerhalb der DDR neu schienen, deren Herkunft aus
dem Dada und deren Verwandtschaft mit dem Surrealismus, der konkreten Poesie oder Texten der Wiener Gruppe
außerhalb der DDR aber sofort auffiel.

»Wir haben eine Literatur entwickelt, die konsequent an
der Zensur vorbeigeschrieben hat. Das ist ein eigenes
Kunstmittel, schafft eine ganz eigene ästhetische Qualität«,
behauptete Reiner Schedlinski. Doch Lutz Rathenow bezweifelte den Nutzen dieser ästhetischen Verweigerungsform. In seinem Artikel »Fluchtbewegungen« schrieb er:
»das zwanghafte Ausweichen vor den zugeworfenen Bällen, die angestrengte Nichtbeachtung vermeintlicher Klischees engen die Souveränität jener Verweigerungshaltung
ein. Die Flucht vor Reaktionen gerät selbst zu einer. Hat
die Macht über einen keine Macht mehr, wenn man aufhört,
sich damit zu beschäftigen? Oder weil der Staat diese
Gleichgültigkeit mit punktueller Toleranz honoriert?« Tatsächlich hatte die Stasi selbst diese vermeintlich ungestörte
Nische der Verweigerer voll im Griff.

Der Umstand, daß die Schriftsteller der DDR von Anfang
an auf einen Staat verpflichtet waren, in dem der politische
Zweck notfalls die Mittel heiligte und Autoren als ›Ingenieure der Seelen‹ (vgl. S. 293) auch manipulieren sollten,
hinderte manchen Schriftsteller, sich die grundsätzliche
Fragwürdigkeit der immer auf Vertrauensbruch fußenden
Spitzelei rechtzeitig vor Augen zu halten. Beabsichtigte
Staatstreue, Nachlässigkeit hinsichtlich politischer Moral
oder Verdrängung persönlicher Schuld, bloße Vorteilssucht
oder auch Erpressung und Angst veranlaßten überraschend
viele Schriftsteller zu mehr oder weniger enger Zusammenarbeit mit dem Staatssicherheitsdienst.[16]

16 Vgl. Joachim Walther, *Sicherungsbereich Literatur. Schriftsteller und
Staatssicherheit in der Deutschen Demokratischen Republik*, Berlin 1996.
Darin werden einhundertfünfunddreißig Fälle von Schriftstellern dokumentiert, die sich von der Stasi in Dienst nehmen ließen.

In der »Prenzlauer-Berg-connection« (Endler) waren es vor allem Sascha Anderson und Reiner Schedlinski, die ihre engsten Freunde bespitzelt und an die Stasi verraten hatten.

Mit der Erzählung *Was bleibt* (1990) offenbarte CHRISTA WOLF beispielhaft das ganze Elend moralischer Prinzipienlosigkeit in einem Spitzelstaat.

Der im Sommer 1979 entstandene und im November 1989 überarbeitete Text enthüllt, daß die Verfasserin eine Zeit lang von der Staatssicherheitspolizei unter Druck gesetzt worden ist. Das Überraschende an diesen Mitteilungen war nicht, daß die üblichen Repressalien der Stasi auch gegen die privilegierte Nationalpreisträgerin von 1964 und 1987 angewandt wurden, sondern daß Christa Wolf, die den Staatsratsvorsitzenden Erich Honecker bis zum Ende der DDR jederzeit persönlich anrufen konnte und die darüber hinaus durch ihre internationale Bekanntheit geschützt war, die Pressionen hinnahm, statt dagegen zu protestieren, indem sie die Angriffe auf ihr Privatleben ohne Verzug öffentlich machte.

Das heißt, Christa Wolf, die jahrzehntelang alle Vorteile aus der Zusammenarbeit mit dem sozialistischen Staat zog und die von ihm gesetzten Grenzen stets respektierte, die erst im November 1989 ihren Austritt aus der SED bekanntgab und selbst danach noch dem real existierenden Sozialismus die Treue hielt, stilisierte sich zu guter Letzt im nachhinein als Opfer der DDR-Machthaber.

Als entschuldigende Erklärung für ihr nun als Mitläuferschaft und Vereinnahmung durch das System hingestelltes Engagement formulierte Christa Wolf immer wieder eine ganz bestimmte frühkindliche Prägung. In ihrem ›Roman‹ *Kindheitsmuster* (1976) macht die autobiographische Heldin Nelly Jordan die Erfahrung »daß Gehorchen und Geliebtwerden ein und dasselbe ist«. Diese »Art« zu denken war nicht so schnell zu ändern, und noch weniger waren es bestimmte Reaktions- und Verhaltensweisen, die, in der Kindheit eingeschleust, die Struktur der Beziehungen eines

Charakters zu seiner Umwelt weiter bestimmen: die Gewohnheit der Gläubigkeit gegen übergeordnete Instanzen, der Zwang, Personen anzubeten oder sich doch ihrer Autorität zu unterwerfen, der Hang zu Realitätsverleugnung und eifervolle Intoleranz.«[17]

Noch bedenklicher für eine moralisierende Schriftstellerin ist aber das Eingeständnis, »daß wir in eigener Sache entweder romanhaft lügen oder stockend und mit belegter Stimme sprechen. Wir mögen wohl Grund haben, von uns nichts wissen zu wollen (oder doch nicht alles – was auf das gleiche hinausläuft).«[18]

Unter solchen Voraussetzungen führte die literarische ›Sklavensprache‹ nicht, wie erhofft und gern behauptet, listig am Zensor vorbei, sondern produzierte schließlich »jene Mischung aus Selbstlosigkeit und folgenloser Selbstbezichtigung, die noch im Schuldbekenntnis die Märtyrerhaltung sucht« (Schirrmacher).

Die ›Erzählerin‹ von *Was bleibt* seufzt: »Mein beschämendes Bedürfnis, mich mit allen Arten von Leuten gut zu stellen.« »[...] mit welchen Wörtern beschreibt man die Sprachlosigkeit des Gewissenlosen«? »Wir, angstvoll [...], dazu noch ungläubig, traten immer gegen uns selber an, denn es log und katzbuckelte und geiferte und verleumdete aus uns heraus, und es gierte nach Unterwerfung und nach Genuß.«

Christa Wolf, von der am 22. Januar 1993 auch noch bekannt wurde, daß sie von 1959 bis 1962 selbst als Geheime

---

17 Vgl. Christa Wolfs Dankrede zur Verleihung des Geschwister-Scholl-Preises vom November 1987. »Mir scheint, daß vielen Angehörigen meiner Generation [...] von ihren frühen Prägungen her der Hang zur Ein- und Unterordnung geblieben ist, die Gewohnheit, zu funktionieren, Autoritätsgläubigkeit, Übereinstimmungssucht, vor allem aber die Angst vor Widerspruch und Widerstand, vor Konflikten mit der Mehrheit und vor dem Ausgeschlossenwerden aus der Gruppe.«

18 Vgl. auch Nellys Triumph der Lüge: »Man kann böse sein, ohne Reue zu fühlen. [...] Wer lügt, siegt. [...] Alles, was so lange schiefgelaufen war, kam ins rechte Gleis, wenn man nur einmal im Leben standhaft blieb und log.«

Informantin und danach als Informelle Mitarbeiterin für
die Stasi gearbeitet hatte und die diese Tatsache vergessen haben wollte, hatte den Decknamen »Doppelzünglerin«.

Im November 1989 unterzeichnete sie Stefan Heyms Aufruf »Für unser Land«[19], mit dem so beharrliche Parteigänger
des Sozialismus wie Volker Braun ihre Utopie retten wollten. Ein letzter Reformversuch, meinte Heym, könn(t)e die
sozialistische Alternative zur Bundesrepublik erhalten. Wie
in ihrem Roman *Der geteilte Himmel* (1963) rief Christa
Wolf ihren Landsleuten also wieder und immer noch zu:
»Bleiben Sie doch in Ihrer Heimat, bleiben Sie bei uns!«

In einem Zeitungsartikel über »Die Schriftsteller und das
Volk« stellte Monika Maron daraufhin fest und fragte:
»Über die DDR herrschte eine unkontrollierte Geheim-
polizei; die DDR betrieb die Militarisierung bis in Schulen
und Kindergärten; in der DDR wurden Bücher, wenn nicht
verbrannt, so doch verboten; nicht die Bundesrepublik war
eine Diktatur, sondern die DDR; und nicht die Bundeswehr marschierte in ein anderes Land ein, sondern die Na-
tionale Volksarmee der DDR schickte ihre Truppen 1968
nach Prag.

Was treibt Menschen, deren Beruf das Denken ist, einen
Staat mit dieser Geschichte, dazu mit einer ruinierten Wirt-
schaft und einer demoralisierten Bevölkerung, zum Hort
der eigenen Utopie zu erklären? Und, was schwerer wiegt,
woher nehmen sie das Recht, jene, die ihrer Logik nicht folgen wollen, nationalistischer, sogar rechtsradikaler Motive
zu verdächtigen?«

Was also bleibt? –

DDR-Literatur, von der einige Literaturwissenschaftler
und Schriftsteller meinen, daß es sie eigentlich gar nicht
gäbe, besteht im wesentlichen aus belletristischen Texten,
die sich auf Grund persönlicher Erfahrungen ihrer Autoren

---

19 Vgl. den Wortlaut des Aufrufs, dem sich sogar Egon Krenz und Minister-
präsident Modrow anschlossen, in dem Magazin *Der Spiegel*, Nr. 49 (1989)
S. 233.

mit den Verhältnissen in der ehemaligen DDR befassen; sie
ist also eine durch ihre Stoffe und Motive zu definierende
Literatur. Viele Texte dieser Literatur waren insofern ein
Politikum, als sie innerhalb der DDR mitunter die Zeitungen ersetzten (z. B. *Flugasche* und *Störfall*) und auch außerhalb der DDR oft mehr ihres informativen als ihres literarischen Wertes wegen gelesen wurden. Die parteilinientreuen
Autoren der DDR wurden außerhalb ihres Landes kaum
rezipiert. Die verhalten kritischen Stimmen dagegen wurden von bundesdeutschen Kritikern, die nicht selten mit
der Idee des Sozialismus sympathisierten, mit einem sogenannten DDR-Bonus gewürdigt.[20] Nur die außerhalb der
DDR geschriebenen Texte, die wie Uwe Johnsons *Jahrestage* (1970–1983) die Enge der sozialistischen Provinz hinter sich gelassen hatten, fanden wirklich eine breitere Leserschaft. Mit dem Verschwinden der DDR verschwanden
auch die besonderen Entstehungs- und Rezeptionsbedin-
gungen dieser Literatur. Die ehemalige »Lesegesellschaft«
der DDR wandte sich von der Romanlektüre sofort den
unzensierten Journalen zu. Statt weiter zwischen den Zeilen
zu lesen, verlangte sie jetzt Klartext. Der war nun zu haben. Wolf Biermann, der freilich nie mit verstellter Stimme
gesprochen, sondern bereits in den sechziger Jahren gesungen hatte: »Die Stasi ist mein Eckermann«, veröffentlichte
seine gesammelten *Klartexte im Getümmel. 13 Jahre im
Westen. Von der Ausbürgerung bis zur November-Revolu-
tion* (1990). Die Stasi-Machenschaften im Zusammenhang
mit seiner Ausbürgerung zeigt STEFAN HEYM (1913–2001) in
seinem Tagebuch: *Der Winter unsers Mißvergnügens. Aus den
Aufzeichnungen des OV Diversant* (1996). Die Dokumenta-

---

20 Vgl. Peter Rühmkorf über die »seltsamsten Wettbewerbsverzerrungen und
Gesinnungsbelobigungen«: »Wem es gelang, einen Koffer mit literarischer
Konterbande durch die Mauer zu schmuggeln, oder wer in der DDR nur
eben mit ein paar verkrumpelten Dissidentenversen angeeckt war, wurde
gefeiert, belobigt, prämiert, als ob es die ganz große literarische Grenz-
überschreitung zu beklatschen gäbe, es waren manchmal nur Grenzfälle,
wobei eine ganze Anzahl von – seinerzeit so benannten – *BRD-Schriftstel-
lern* rettungslos in den Sichtschatten geriet.« (*TABU I*, S. 314).

tion *Deckname »Lyrik«* (1990) von REINER KUNZE (geb. 1933)
ist eine Auswahl aus Kunzes 12 Bände umfassender Stasiakte. Schließlich bot sich Christa Wolf alias IM »Margarete«
und OV »Doppelzünglerin« *Akteneinsicht* (1993).[21]
Der Kritiker Fritz J. Raddatz meinte zwar, Stefan Heym
habe »mit seinen Tagebüchern ein Kapitel der DDR-Lite-
raturgeschichte geschrieben«, doch im Grunde sind alle
diese Aktenveröffentlichungen nur sozialgeschichtlich in-
teressante Zeugnisse verhinderter Literatur.

d) »Ich« – »Ein weites Feld«

Die Dokumentation *Deckname »Lyrik«* beginnt und endet
mit den Akteneinträgen: »Eine Aussprache mit ihm [R. K.]
ergab, daß er für die inoffizielle Arbeit nicht geeignet ist.«
Gleichwohl ist »die Möglichkeit einer Zusammenarbeit des
Kunze mit dem Ministerium für Staatssicherheit zu ver-
breiten.« –
Wie empfindlich der Vertrauensbruch durch einen besonders nahestehenden Menschen gerade einen Schriftsteller
treffen kann, hatte sich bereits an Uwe Johnson gezeigt. Die
Entdeckung, daß seine Frau fast anderthalb Jahrzehnte lang
für den tschechoslowakischen Staatssicherheitsdienst und
dessen »Genossen vom ostdeutschen S. S. D.« tätig war, löste in ihm eine zehn Jahre dauernde Schreibhemmung aus,
weil die Erfahrung, derart hintergangen werden zu können,
dem Schriftsteller das Gefühl eines völligen Wirklichkeits-
verlustes aufdrängte. Johnson versuchte seine erschütternde
Lebenserfahrung in der *Skizze eines Verunglückten* (1981)
dichterisch zu verarbeiten.
Heute, nach dem Ende der DDR, erfahren wir von den
Identitätsproblemen der ehemaligen Spitzel. Während Hei-

---

21 IM = Informelle Mitarbeiterin der Stasi, Täterakte; OV = Operativer Vor-
    gang, Opferakte.

ner Müller sich lebenslang »selbst so fremd wie möglich«
bleiben wollte, ruft die Ich-Sucherin Christa W., die auch
nicht alles über sich wissen wollte, angesichts ihrer Stasiakte
entsetzt: »Ein fremder Mensch tritt mir da gegenüber. Das
bin nicht ich.«

WOLFGANG HILBIG (geb. 1941), der, wie Reiner Kunze,
selbst ein ideologisch nicht zu vereinnahmender Schriftsteller geblieben ist, interessierte sich für den Menschen, der als
Schriftsteller der Wahrhaftigkeit und als Spitzel zugleich
der Lüge verpflichtet war. Den Persönlichkeitszerfall eines
solchen Individuums in schizophrene Schichtungen schildert Hilbig in seinem Roman *Ich* (1993):

Der Held, M. W., Heizer eines Industriebetriebs, verfaßte
»ein uneinheitliches Gemisch von hypertropher Selbststili-
sierung (eines erfundenen Selbst)«. Durch Schmeichelei und
Erpressung macht sich der Stasi-Chef den schreibenden Arbeiter gefügig. Besuche der Agenten an seinem Arbeitsplatz
machen W. bei seinen Arbeitskollegen verdächtig: »fortan
war er ein Mann der Partei [. . .], einer von den Lumpen,
die für den Untergang der Welt schrieben . . .«. W. sitzt an
einem »Schreibtisch, der in zwei Hälften unterteilt war
[. . .]. Und ebenso war sein Gehirn in zwei Hälften aufgeteilt, und aus der einen Hälfte schwappten die wortreichen
Ausführungen Feuerbachs [seines Führungsoffiziers] in die
andere Hälfte über. –«

Dabei ergeben sich für den Staatssicherheitsdienst wie für
dessen Zuträger je eigene Probleme im Umgang mit der
Wirklichkeit. W. spürt einem Schriftsteller der inoffiziellen
Kulturszene nach. Dieser Schriftsteller S. R., alias OV »Reader«, wird oft von einer jungen Frau aus West-Berlin besucht, in die sich der Spitzel W. verliebt. Er schreibt: »ich
mußte eine weibliche Figur verfertigen, die in das Konzept
der Firma paßte! Der Reiz war für mich dabei der Anschein, daß ich sie buchstäblich am Schreibtisch erfinden
oder entwerfen mußte. – Der Firma einen Menschen zu
machen [. . .], das war die größte Leistung, die ein Mitarbeiter erbringen konnte [. . .]. Ziel des Dienstes war es, alle . . .

Ich sagte: *alle!* dachte er. Ausnahmslos alle … zu Mitarbeitern des Dienstes zu machen, auch wenn dieser Gedanke wahnsinnig klang. Damit alle von allen überwacht werden konnten, – das war die Sicherheit, die ihren Namen verdiente. [...] War dies nicht das unausgesprochene Ziel aller großen Utopien, von Platon über Bacon bis Marx und Lenin? Daß jeder jeden in der Hand hatte, vielleicht war dies das letztendliche Ziel des utopischen Denkens … und daher das geheime Verlangen der Utopisten nach Anarchie, die den Gedanken an den Zusammenbruch zutage fördert und den Dienst an der Überwachung der Gedanken erst notwendig macht. Im Grunde hätten sie einverstanden mit ihrer eigenen Überwachung sein müssen, die Utopisten … und waren sie es am Ende nicht auch?«

Um sich selber der allgegenwärtigen Spitzelei zu entziehen, hat sich W. im Labyrinth der Kellergänge und Abwasserkanäle unter den zerfallenden Häusern Ost-Berlins unmittelbar an der unterirdischen Betonwand der Stasizentrale in der Normannenstraße einen letzten Rückzugsort reserviert. Aber selbst hier wird er ›frequentiert‹.

Weil die Schriftsteller von sich aus dem Staat keinen Widerstand mehr leisten, soll W. zum Agent provocateur aufgebaut werden; denn: »Die immer schon abgesegneten Autoren, mit ihren Auflagen im Westen, die Devisenbeschaffer, die Halb- und Dreivierteloppos, die jedenfalls waren uns doch kein Abrunzeln wert! –«[22] Auf Sascha Anderson und die Literaturszene vom Prenzlauer Berg anspielend soll der Lyriker W. bekannt gemacht werden, »es werde darüber nachgedacht, ob man ihnen diesen führenden Kopf nicht beibringen solle … Haben Sie nicht Lust dazu?«. W. gibt sich Mühe, aber er mißtraut seinen eigenen Szene-Texten: »Und dann fiel ihm auf, daß alle Rezensionen, die er zu Gesicht bekam, einen beinahe identischen Inhalt hatten: [...] schließlich bedienten sich sogar westliche Zeitungen

---

22 Eine Spitze gegen Autoren wie Heiner Müller, Volker Braun und Christa Wolf.

der gleichen Formeln, der gleichen Interpretationen, oft genug derselben Sätze ...« Der Lyriker W. produziert also auftragsgemäß illegale Literatur: »Die Manuskripte waren ihm wirr und trotzdem auf unangenehme Weise durchsichtig erschienen. [...] wenn irgendein Leser nur andeutungsweise etwas von seinem Doppelleben erfahren hätte, dann wäre ihm eine Fehlinterpretation dieser Stellen kaum noch möglich gewesen. [...] der Mensch, der das geschrieben hatte, war zu feige, sich offen auszusprechen, und er hatte sich mit seiner Feigheit schon abgefunden. –«[23]

Doch das Unternehmen scheitert. W., der sich vergeblich mit erfundenen Berichten über den vermeintlichen Szene-Autor »Reader« abmüht, erfährt nun, daß auch IMS »Reader« eine fingierte Autoren-Identität ist, die mittels der jungen Frau aus West-Berlin für die Arbeit im Westen aufgebaut werden sollte. W. hatte nur die Funktion, IMS »Reader« als einen Stasi-Verfolgten erscheinen zu lassen. Inzwischen aber heißt es: »Sie müssen jetzt dem Spion nachspionieren. [...], denn darin liegt die Ironie konzentrierter Geheimdienstarbeit: ›Wenn man aufklärt und immer weiter aufklärt, passiert es, und man sieht die Leute nur noch von ihrer rein menschlichen Seite ... von ihrer besten Seite, könnte man auch sagen. Und plötzlich kommen die Zweifel, was mache ich da eigentlich. Das ist jedem guten Mann schon passiert, da ist keiner gefeit ... plötzlich fragt man sich, ist mein Führungsoffizier nicht eine größere Sau als der oder die, die ich da im Visier habe.‹«

Der Stasi-Lyriker W. fragt sich schließlich selbst: »was ›ich‹ in dieser Geschichte bin! – C. dachte: ›Ich‹ bin derjenige, der nichts glaubt, außer daß alle Figuren dieser Geschichte an einem Schreibtisch erfunden sind ... erfunden als Figuren, die den Staat vergöttern. Doch nun muß man sehen, daß diese Figuren das Spiel nicht mitspielen [...]. Und auch

23 Solche Stellen hat man nach der Enttarnung Andersons durch Biermann in seiner Lyrik gesucht. Schon der Titel *Jeder Satellit hat seinen Killersatelliten* weist in diese Richtung. Vgl. auch Verszeilen wie: »der dichter mit der Maske aus papier, papier / das nicht errötet«.

›Ich‹ will abbrechen, dachte er.« Er wird verhaftet und
kommt in eine Heilanstalt. Und er begreift, daß der Staatssicherheitsdienst der DDR die größte Unsicherheit in der
DDR verbreitet und statt erfolgreicher Feindabwehr selber
das häßlichste Feindbild geliefert hat:

»Wir, die kleinen und niederen, unscharfen, unermüdlichen
Schatten, die den Leuten des Landes anhingen: [...] Wir
hatten keinem etwas getan, aber wir hatten an der Seele des
Menschen geschnüffelt. Wir hatten sie in taugliche und un-
taugliche Seelen eingeteilt [...] wir waren die fleischgewor-
dene, schattenfleischgewordene Dunkelseite des Menschen,
wir waren der abgespaltene Haß. ›Ich‹ war der Haß ...«

Hilbigs Roman »Ich« spielt in der Endphase der DDR. Der
Roman *Ein weites Feld* (1995) von Günter Grass setzt
erst mit der Mauer-Öffnung ein und endet im Oktober
1991. Hauptschauplatz beider Romane ist Ost-Berlin.
Doch während Hilbig die Zusammenarbeit von Schriftsteller und Staatssicherheitsdienst bei allen Zuspitzungen und
Übertreibungen im wesentlichen wirklichkeitsnah schildert
und die psychologischen Momente der Manipulation ohne
nostalgische Verharmlosungen und ohne moralisierende Ab-
rechnungslust vermittelt, benutzt Günter Grass den Schrift-
steller-Stasi-Stoff in einer Brechung, die weniger das historische Problem als den politischen Standpunkt des Autors
spiegelt.

Mit der Redewendung »das ist ein weites Feld« ließ Fontane in seinem Roman *Effi Briest* (1896) den Vater der Heldin Gespräche abbrechen. Der Roman selbst endet mit dieser Floskel.

Der Held in dem Roman *Ein weites Feld* ist der Ost-Berliner Fontane-Forscher Theo Wuttke, der sich so intensiv
mit Fontane identifiziert, daß er sich gelegentlich selbst mit
dem »Unsterblichen« verwechselt und darum von den Mitarbeitern des Fontane-Archivs den Spitznamen Fonty bekommt.

Im Jahre 1919 geboren, arbeitete Theo Wuttke während des Zweiten Weltkrieges auf einem Drückebergerposten »so dankbar wie gedankenlos« für die Abteilung Kriegsbericht- erstattung und Propagandawesen – »nicht richtig faschi- stisch, aber Propaganda war das schon«, was er da schrieb. Und weil er, »in Moralfragen ein wenig lax«, sich in eine hübsche Partisanin verliebte, arbeitete er gleichzeitig für die französische Résistance: »Der Obergefreite Theo Wuttke [heißt es] ließ sich ab Frühjahr 44 von einer kleinen, isoliert aktiven Partisanengruppe benutzen.«

Nach dem Krieg wurde er Grundschullehrer; »für – zwi- schen Rückfällen – bewiesene Linientreue« bekam er als Kulturschaffender Prämien und jede Menge Orden; er wurde von der Stasi als Geheimnisträger eingestuft, aber die Privilegien eines Reisekaders erwarb er nicht. Dennoch bekennt er: »Ja, ich war für die Mauer, wenngleich sie mich auf Jahre vom Westen der Stadt, vom Tiergarten und, fast noch schmerzlicher, von meinem liebenswürdigen Vater und, zu meiner Frau Leidwesen, von dessen unentwegt nachwachsenden Kaninchenbraten getrennt hat ...«. Tat- sächlich waren die Folgen für ihn aber wohl doch ernster, denn »kaum war die Mauer da und die Jungs drüben im Westen, [...] waren die Nerven kaputt.« Während Wuttkes Söhne sich für ein Leben in der BRD entscheiden, engagiert sich seine Tochter Mete für die FDJ, die SED und die Stasi. Auch Wuttke bleibt Sozialist. Aber ein »bißchen Auf- mucken gehörte dazu ...«. Wegen des Einmarsches der DDR in die Tschechoslowakei ging er nicht in die Partei; und weil er behauptete, »Biermann hier ist besser als Bier- mann drüben«, wurde er vom Lehrer zum Aktenboten zurückgestuft. Trotzdem, noch im nachhinein meint der überzeugte Real-Sozialist Theo Wuttke: »Was heißt hier Unrechtsstaat! Innerhalb dieser Welt der Mängel lebten wir in einer kommoden Diktatur.« Dementsprechend hat Theo Wuttke viele Vorbehalte gegenüber der Wiedervereinigung, und er spricht sie öffentlich aus: »In Deutschland hat die Einheit immer die Demokratie versaut!«

Theo Wuttke wird nun Aktenbote bei der Treuhandanstalt. Er soll eine Werbe- und Denkschrift für die Treuhand verfassen, soll ein euphemistisches Ersatzwort für den Terminus ›Abwicklung‹ erfinden und schließlich beim Verkauf der märkischen Schlösser und Herrensitze behilflich sein. Obgleich Theo Wuttke alle diese Aufträge widerspruchslos übernimmt, schmäht er die Treuhandverwaltung. Dessen ungeachtet befreundet er sich mit dem Chef der Behörde, dem er den Attentatstod voraussagt. Am Ende verschwindet Wuttke in den französischen Cevennen.

Theo Wuttkes Biographie und Autobiographie wird ständig mit der Biographie Fontanes verknüpft. »Als Fonty in einem Zwischenkapitel über den Vater des Unsterblichen schrieb, war ihm sein eigener so nahe, daß er [. . .] beide Väter miteinander befreundete. Manchmal verwechselte er sie.«

Diesem schrulligen Philologen, der von Fontanes Werken wie von seinen eigenen spricht, ist der Stasi-Mann Hoftaller zugesellt. Hoftaller ist die erzählerische Fortsetzung des Titelhelden aus Hans Joachim Schädlichs Roman *Tallhover* (1986). Tallhover ist am 23. März 1819 geboren worden. Das war der Tag, an dem der Burschenschaftler Ludwig Sand den reaktionären Staatsrat August von Kotzebue erstach (vgl. S. 154, Anm. 1). Tallhover geistert bei Schädlich als ewiger Polizist und Spitzel der Mächtigen 136 Jahre lang durch die deutsche Geschichte; bei Günter Grass lebt er als Hoftaller fort.

Wuttkes Tochter Mete, die »der alleinseligmachenden Partei das Verlöbnis aufgekündigt und dann der alleinseligmachenden Kirche das Glaubensbekenntnis nachgesprochen« hat, meint die Spitzelei betreffend: »Müßte doch eigentlich Schluß damit sein, seitdem die Normannenstraße dichtgemacht ist und die Firma angeblich nix mehr zu melden hat. Aber nein! Ohne den [Hoftaller] läuft nix.« Denn: »Für Hoftaller gab es keine Brüche und Nullpunkte, nur fließende Übergänge. Gerne sprach er im Plural: ›Wir sind dabei, uns neu zu orientieren . . .‹«.

»Theo Wuttke schleppte eine Gewissenslast, sonst hätte Hoftaller ihn nicht so andauernd am Wickel haben können«; der junge Wuttke hatte schlichtweg »zu große Lendenkraft«. Doch obgleich Hoftaller ihn noch immer verfolgt, bedrängt, nötigt und – »wir können auch anders« – mit Stasi-Akten erpreßt, besteht Wuttke nicht auf Beendigung dieser Beziehung. Zwar beschimpfen Wuttkes Angehörige den Kerl, den Stoppelkopp, als Gesocks, Stinktier, Schleimer und Schmeißfliege, doch Wuttke nennt ihn seinen »Tagundnachtschatten«, seinen »Leibundmagenspitzel«, seinen »altvertrauten Kumpan« und ist angetan, »wie kolossal anhänglich diese Tallhover und Hoftaller sind« und erklärt öffentlich, »daß die Spitzel unsterblich sind wie die Dichter, die sie bespitzeln. Daß aber manchmal auch Dichter richtige Spitzel sind, die deshalb doppelt unsterblich werden«.

Derart einverstanden mit dem Spitzelwesen, spielt Wuttke mit Hoftaller auf der Glienicker Brücke Agentenaustausch. Hoftaller, der sich selbst einen Freund der Familie Wuttke nennt und sich ungebeten zu Familienfesten einstellt, schenkt auch mal belastende Kaderakten her oder pflegt aufopfernd seinen erkrankten OV. Nach einer gemeinsamen Ruderpartie widmet Wuttke Hoftaller die Reimverse:

> So sehen wir in einem Netz verstrickt
> das Opfer und den Täter;
> ob so viel Nähe sie verschwistert, gar beglückt,
> stellt sich als Frage ohne Antwort später.

Jedenfalls hat Wuttke Hoftaller zum Abschied umarmt und ermuntert: »Fahren Sie, wohin auch immer. Sie werden überall gebraucht.« Denn Theo Wuttke selbst geht es nicht um Aufrichtigkeit. Er rechnet es sich als kleine Tugend an, daß er den Menschen nicht ändern will. Die Wendehalsigkeit seiner Tochter Mete kommentiert er mit den Worten: »so ist sie nun mal, meine Mete, immer kolossal überzeugt«. Als Wuttkes jüngster Sohn Friedel auf Schwester Metes Hochzeit statt DDR-Nostalgie und neuer Existenz-

lügen »eine klare Offenlegung der Schuld« anmahnt, fertigt
Wuttke diesen »Gesinnungstrampel und Wahrheitshuber«
mit der Floskel ab: »die Schuld ist ein weites Feld und die
Einheit ein noch weiteres, von der Wahrheit gar nicht zu
reden«. – Entsprechende Würdigung findet der »Fall Johnson«. Wuttke trifft »Dr. Mutmaßlich«[24], den »Saubermann
hohen Grades«, in Neuruppin und amüsiert sich über
»seine furchtbar verzwickte Gradlinigkeit«, weil er Johnsons Grundsatztreue bloß für preußische Prinzipienreiterei
hält. Und Hoftaller meint allen Ernstes: »Dieses schwierige
Talent hätte sich bei uns [in der DDR] abklären und entwickeln müssen, nicht drüben, allein auf sich gestellt und
dem Markt überlassen. Wir haben uns mangelnde Fürsorge
vorzuwerfen«; »im Umgang charmant, doch unerbittlich
in der Sache [und] stur nach Gesetz handeln«, erkannte
Wuttke darin nicht den Grund für den absehbaren Untergang des Treuhand-Chefs? Da war ihm die korrupte Nische
auf dem Prenzelberg lieber:
»Sein Viertel [. . .]. Hier war der Mief besonders dicht und
von Heimlichkeiten gesättigt. Hier hatte sich in diversen
Lokalen die Szene mehr selbstbezogen als konspirativ versammelt. In einem Stadtteil wie diesem war jeder des anderen Informant und keiner unbeschattet gewesen. Hier waren Gedichte geheckt und wie Kassiber gehandelt worden.
Verrat ging ein und aus, und wie Wechselgeld blieb Verdacht im Umlauf. Talente trugen auf beiden Schultern.«
»Fonty, der, wie er sagte, ›aus Tradition‹ mit Verdächtigun-
gen und schuldhaften Verstrickungen lebte, hielt zu den
Jungpoeten [. . .]. Er sagte [. . .]: ›Furchtbar richtig, daß man
das junge Blut und sein noch gärendes Talent von der verfluchten Politik ferngehalten hat, wenngleich mir die bloße
Vergötzung der Form genauso wenig schmeckt wie der
nackte soziale Aufschrei. Doch schädlich sind solche sich
immer wieder avant gebenden Spielereien gewiß nicht

24 Eine Anspielung auf Johnsons Debüt-Roman *Mutmassungen über Jakob*
(1959).

gewesen. Bleibt hübsch anzusehen, was man mit viel gra-
phischem Geschick in der Lychener Straße produziert hat.
Liebhabereien für Sammler! Immerhin wurden unsere
Heißsporne dadurch gehindert, Dummheiten zu machen,
wie wir dazumal.‹«

Günter Grass schildert das Verhältnis zwischen Schriftsteller und Spitzel also völlig anders, als es nach der Lektüre
der Original-Stasi-Akten zu erwarten gewesen wäre. Im
Gegensatz auch zu Hilbigs Roman »*Ich*« endet seine Erzählung *Ein weites Feld* nicht mit dem Haß auf die »Dunkelseite des Menschen«, sondern versöhnlich. Das ist ein
politisches Programm. Doch diese Versöhnlichkeit, für die
auch manch anderer Autor der alten Bundesländer eintritt,
stößt auf das Unverständnis derer, welche durch die vermeintlich »kommode Diktatur« tatsächlich zu Schaden gekommen sind. Für diese entschiedenen und aufrechten
Gegner des Spitzelstaates DDR (Kempowski, Loest, Johnson, Biermann, Kunze, Kirsch, Fuchs, Schädlich und viele
andere) käme eine Versöhnung vor dem Schuldbekenntnis
ihrer Peiniger deren Verharmlosungen allzu nahe. Denn
bislang hat noch jeder enttarnte Spitzel, bis hin zu Hermann Kant, behauptet, er habe nur das Beste gewollt,
Schlimmeres verhindert und niemandem geschadet. Daß
dem nicht so war, weiß auch Günter Grass. Karl Corino
wirft ihm darum eine ungeheure Infamie gegenüber der historischen Wahrheit vor. Mit seiner Erzählung habe Grass
nur den Standpunkt der konservativen Linken verteidigt
und diese verteidige nun in Günter Grass sich selbst.
Tatsächlich hat Günter Grass in dem Roman *Ein weites
Feld* alle Themen und Thesen wiederholt, die er in seinen gesammelten Texten *Wider das dumpfe Einheitsgebot*
(1995), in *Ein Schnäppchen namens DDR* (1990) und *Gegen die verstreichende Zeit. Reden, Aufsätze und Gespräche
1989–1991* seiner Leserschaft teilweise bereits dreimal vorgelegt hat. Bedauerlich daran ist, daß nun auch der Erzähler, zwar in verteilten Rollen, jedoch ohne ernstzu-

nehmende Gegenstimme, spricht. Mehr noch: durch Art und Darstellung der Figuren beeinträchtigt der Erzähler das Vertrauen in die Urteilsfähigkeit derselben. Der nachgespielte Agentenaustausch, Fontys Begegnung mit dem nächtlich auf Rollschuhen durch die Büroflure sausenden Treuhand-Chef, die Besteigung des Fontane-Denkmals und dergleichen mehr sind zwar »kolossal ridikül«, mindern aber erheblich den Wert der »Vom Denkmal herab gesprochen[en kritischen Rede]«. Zudem belastet die kompositorische Absicht, Fontys Leben durchweg mit dem Leben Fontanes zu parallelisieren, die Erzählung mit den Mängeln des Professorenromans, ohne dabei wirkliches Wissen über Fontane zu vermitteln.

Der Roman *Ein weites Feld* ist mit ungewöhnlich großem Werbeaufwand als »Jahrhundertroman« angekündigt worden, doch die zu hoch getriebenen Erwartungen, die unpopuläre politische Ansicht des Autors von der Wiedervereinigung als einer durch die Stasi inszenierten »Furzidee« und die literarische Qualität enttäuschten. Trotzdem wurde so heftig und so anhaltend um das Buch gestritten, daß der Verlag neun Monate später aus über 10000 Beiträgen eine 495 Seiten umfassende Dokumentation mit dem Titel *Der Fall Fonty* nachschieben konnte.

e) »Anschwellender Bocksgesang«

›Bocksgesang‹ ist die scherzhaft-wörtliche Verdeutschung des griechischen *tragodia*, was den theatralischen ›Gesang um den zum Preis oder Opfer bestimmten Bock‹ meinte, ist also eine an das Urtümliche erinnernde Bezeichnung der Tragödie. – Den Zusammenhang von antikem Schauspiel und Blutopfer versuchte Gerhart Hauptmann anläßlich seiner Griechenlandreise im Jahre 1907 nachzuvollziehen. Er schrieb darüber in seinem Essay *Griechischer Frühling* (1908; vgl. S. 210, Anm. 14):

»Die Tragödie ist immer eine Art Höllenzwang. Die Schatten werden mit Hilfe von Blut gelockt, gewaltsam eingefangen und brutal, als ob sie nicht Schatten wären, durch Schauspieler ins reale Leben gestellt: da müssen sie nun nichts anderes als ihre Verbrechen, ihre Niederlagen, ihre Schande und ihre Bestrafungen öffentlich darstellen. Hierin verfährt man mit ihnen erbarmungslos.«

Hauptmann schrieb das vor den beiden Weltkriegen, vor dem nationalsozialistischen Blut-und-Boden-Kult, der zum Holocaust führte. Weil Botho Strauss sich in seinem Essay *Anschwellender Bocksgesang* (1993)[25] auf diesen alten Irrationalismus zurückbezog und dabei die historischen Reizwörter nicht aussparte, erhob sich ein langanhaltender eifervoller Disput in den deutschen Feuilletons.

Botho Strauß meint in dem umstrittenen Aufsatz *Anschwellender Bocksgesang*, unser gesellschaftliches System brauche den Druck von Gefahren, um sich zu regenerieren. Gesellschaften mit glaubensgestützten Bedürfnisbeschränkungen zeigten im Konfliktfall Überlegenheit. Die Überlegenheit aus der Bereitschaft, Blutopfer zu bringen, verstünden wir aber nicht mehr und hielten sie für verwerflich. Indessen zögen Konflikte herauf, die sich nicht mehr ökonomisch befrieden ließen. Wir haben uns zur Güte verpflichtet, aber da die Geschichte nicht aufgehört habe, tragische Dispositionen zu treffen, könne niemand voraussehen, ob unsere Gewaltlosigkeit den Krieg nicht bloß auf unsere Kinder verschleppe. Unsere öffentliche Moral toleriere die Verhöhnung des Eros, des Soldaten, die der Kirche, der Tradition und der Autorität. Der Liberale erscheine nicht mehr liberal durch sich selbst, sondern nur mehr als

---

25 Erschienen in dem Magazin *Der Spiegel* vom 8. Februar 1993, S. 202 ff.; später erweitert im Jahrbuch *Der Pfahl 7*, 1993, und in: *Die selbstbewußte Nation*, herausgegeben von Heino Schwiek und Ulrich Schacht, Frankfurt a. M. / Berlin 1994, S. 19–40. Vgl. auch den Selbstkommentar im *Spiegel* vom 18. April 1994 und Thomas Anz, »Sinn für Verhängnis und Opfer?«, in: *Jahrbuch der Deutschen Schillergesellschaft* 40 (1996) S. 379 bis 387.

entschiedener Gegner des Antiliberalismus. Ihm zur Seite
stehe der politisch Linke, der, voller Aufklärungshochmut,
seine Politik auf den Beweis der Machtlosigkeit von magischen Ordnungsvorstellungen begründe. Rechts zu sein,
bedeute die Übermacht einer Erinnerung zu erleben, die
den *Menschen* ergreife, weniger den Staatsbürger; es sei ein
Akt der Auflehnung gegen die Totalherrschaft der Gegenwart, die dem Individuum jede *Anwesenheit* von unaufge-
klärter Vergangenheit, von geschichtlichem Gewordensein,
von mythischer Zeit raube und ausmerzen wolle, sei eine
Phantasie des Verlustes und nicht der (irdischen) Verheißung. Eine Phantasie des Dichters, von Homer bis Hölderlin. Die Vergesellschaftung des Leidens und des Glücks
trenne den rechten Außenseiter von der Welt. Die kritisch
Aufgeklärten, die keinen Sinn für Verhängnis besäßen, verstünden nicht, daß die Jugend von 1968 heute von rechts
beerbt worden sei. Die neuen Jugendlichen täten nichts anderes als die ihr vorausgegangene Generation: sich großtun,
Initiation betreiben durch Tabuzertrümmerung. Die Verbrechen der Nazis seien jedoch so gewaltig, daß sie nicht
durch moralische Scham oder andere bürgerliche Empfindungen zu kompensieren seien. Es handle sich da um ein
Verhängnis in einer sakralen Dimension, nicht um ein einfaches Tabu. Der Mainstream des medialen Infotainments
verbreite jedoch nicht nur die irrige Verwechslung von
Tabu und Verhängnis, sondern er profitiere davon, indem
er das rechtsradikale Rinnsal zu vergrößern suche. Das me-
diale Pokerface und die verzerrte Visage des Fremdenhasses
bildeten den politischen Januskopf. Von der Gestalt der
künftigen Tragödie wüßten wir nichts. Wir hörten nur den
lauter werdenden Mysterienlärm, den Bocksgesang in der
Tiefe unseres Handelns. Die Tragödie habe ein Maß zum
Erfahren des Unheils gegeben wie auch dazu, es ertragen
zu lernen. Sie habe die Möglichkeit, es zu leugnen, es zu
politisieren oder gesellschaftlich zu entsorgen, ausgeschlossen. Die ursprüngliche Tragödie wirft ein heikles Licht auf
die Xenophobie als »›gefallene‹ Kultleidenschaft«, die ur-

sprünglich einen sakralen, ordnungsstiftenden Sinn gehabt habe: Der Fremde sei ergriffen und gesteinigt worden, wenn die Stadt in Aufruhr war. Der Sündenbock als
Opfer der Gründungsgewalt sei jedoch niemals lediglich
ein Objekt des Hasses, sondern ebenso ein Geschöpf der
Verehrung gewesen: Er habe den einmütigen Haß aller in
sich aufgesammelt, um die Gemeinschaft davon zu befreien. Er sei ein metabolisches [d. h. verwandelndes] Gefäß gewesen. Diese Dynamik des Heils habe auch der
Stammesherrscher selbst übernehmen können: indem er
die Macht der Finsternis verkörperte und alles Übel auf
sich zog, um es dann in Stabilität und Fruchtbarkeit zu
wandeln.[26] Solchen Vorstellungen gegenüber seien wir
heute aufgeklärt, aber die erstickende, satte Konvention
des intellektuellen Protestantismus, der kollektive Befindlichkeitsstrom, der die Reflexion durch konditionierte Reflexe ersetze, brauche einen Leitbild-Wechsel. Nämlich
den Einzelnen als unabhängigen Denker. Das Gesonderte
müsse sich stärken. Das Allgemeine sei mächtig und
schwächlich zugleich. Die Literatur biete genug Vorbilder
für junge Menschen, um Einzelgänger zu werden. Man
müsse nur wählen können; das einzige, was man brauche,
sei Mut zur Abkehr vom Mainstream. Strauß ist davon
überzeugt, daß ein versprengtes Häuflein von inspirierten
Nichteinverstandenen für den Erhalt des allgemeinen Verständigungssystems unerläßlich sei. Er plädiert für tolerante Mißachtung der Mehrheit. Es sei völlig gleichgültig, was in Dutzenden Kanälen ausgestrahlt werde, wenn
einmal die Stränge der Vermittlung gekappt seien. Es bedürfe keiner Beschwerde, keiner Klage mehr. Die Schande
der modernen Welt sei nicht die Fülle ihrer Tragödien,
sondern allein das unerhörte Moderieren, das unmenschliche Abmäßigen der Tragödien in der Vermittlung. Hellesein sei die Borniertheit unserer Tage. Was einmal die

26 Vgl. die Veranschaulichung dieser Vorstellung in Christa Wolfs *Medea*
(1996), besonders in Kap. 6, Glauke.

dumpfe Masse war, sei heute die dumpfe aufgeklärte Masse. Das Mißverständliche werde um so mehr zum Privileg des Kunstwerks, das Deutung fordere und nichts meine.

Daß Botho Strauß gegen den ›kollektiven Befindlichkeitsstrom‹ und für selbständiges Denken eintritt, dürfte bei Kenntnis seiner Werke[27] so wenig überraschend wie die Denkanstöße selbst, die er – von Nietzsche über Hauptmann bis zu Fred Hoyles *steady-state*-Theorie – dazu bereitstellt, neu sind. Aber Botho Strauß ist eben nicht immer gründlich genug gelesen worden – peinlicherweise auch nicht im Streit um den *Bocksgesang*. Der Grund für dieses Versäumnis liegt zum einen in eben der Oberflächlichkeit jener Mainstream-Intellektuellen, die Strauß kritisiert, zum anderen aber auch in der eigenwilligen Sprachgebung und dem eigensinnigen Weltbild des Autors selbst: Strauß macht es seinen Lesern oft absichtlich schwer, um eine aufmerksamere Lektüre zu erzwingen. Er benutzt ungewöhnliche, alte, fremde, sperrige Wörter und Fachwörter. Er spricht mit dem Gestus des *poeta doctus* oder im hohen pathetischen Ton eines *vates*. Vor allem aber schreibt Botho Strauß so, daß er nicht festgelegt werden kann. Er verharrt aus Überzeugung im Bereich des Problematischen und stellt fest: »Wie klein ist doch alles, was ›auf den Punkt‹ gebracht wurde, das Ausdrückbare in seiner Gedankenreinheit.« In *Beginnlosigkeit. Reflexionen über Fleck und Linie* (1992) hat Strauß diesen Gedanken aus *Paare, Passanten* weiter ausgeführt: Der Fleck ist das ausufernde, ausfransende, nicht auf den Punkt zu bringende Dionysische; die Linie dagegen, das geschlankte, ästhetisch geformte Apollinische.

27 Vgl. vor allem: *Diese Erinnerung an einen, der nur einen Tag zu Gast war. Gedicht* (1985), *Die Fremdenführerin. Stück in zwei Akten* (1986), *Niemand anderes. Prosa* (1987), *Kongreß. Die Kette der Demütigungen* (1989), *Fragmente der Undeutlichkeit* (1989), *Schlußchor. Drei Akte* (1991), *Angelas Kleider. Nachtstück in zwei Teilen* (1991), *Beginnlosigkeit. Reflexionen über Fleck und Linie* (1992), *Das Gleichgewicht. Stück in drei Akten* (1993), *Wohnen Dämmern Lügen* [Prosa] (1994), *Ithaka. Schauspiel* (1996).

Punkt, Linie, Fleck – hinzu kommt die postmoderne Figur der in sich geschlossenen Schleife, des endlosen geflochtenen Bandes[28]: Denn anders als Adorno reagiert Strauß nicht mit analytischer Denkbewegung auf die Welt, sondern dichterisch mit der von ihm bevorzugten synthetischen Stilfigur des Oxymorons. Das Oxymoron (von griech. *oxys* ›scharf‹, ›spitz‹ und *moros* ›dumm‹) verbindet zwei einander scheinbar widersprechende Begriffe zu einer Einheit; zum Beispiel »Unüberwindliche Nähe«. Diesen Titel gab Strauß 1975 einer Folge von sieben Gedichten, die bereits viele seiner Lieblingsmotive enthalten. So wie Strauß in seinen ersten Stücken und Erzählungen die Grenzen zwischen Traum oder Dichtung und Wirklichkeit kunstvoll verwischte, indem er sie ineinanderschlang, und so wie er später den Gegensatz von Gefühl und Vernunft und den Widerstreit innerhalb beider bevorzugt durch Oxymora ausdrückte, so zielen auch die Notate in *Paare, Passanten* oder *Niemand anderes. Prosa* (1987) weniger auf die denkerische Bewältigung der Widersprüche in den rationalen und irrationalen Ideologien unserer Zeit als vielmehr auf deren Beobachtung in dichterischer Zusammenschau.

»Da lebt das Oxymoron, das Untier des Geistes. Gedeih, kontaminiert mit Verderb. Foul is fair and fair is foul: nicht verkehrte Welt, sondern innigstes Oxymoron, mit feinsten Lamellen ineinander verklappte Ausschließungen, Gegensätze. Das Oxymoron – wörtlich: der stumpfe Scharfsinn – ist der in unsere Vernunft eingeschlagene Lichtstein der Offenbarung, Bruchstück des barmherzigen Vergelters.«

Es ist naheliegend, Botho Strauß mit Oswald Spenglers zyklischem Geschichtsbild in Zusammenhang zu bringen.[29] Bodo Kirchhoff skizziert die denkerische Kreisbewegung der Generation von Botho Strauß: »von Marx zu Adorno und von Adorno zu Freud, von Freud zu Derrida und von

---

28 Vgl. *Die unendliche Geschichte* (1979) von Michael Ende und den Bestseller *Gödel, Escher, Bach. Ein Endloses Geflochtenes Band* (1979) von Douglas R. Hofstadter.

29 Vgl. Oswald Spengler, *Der Untergang des Abendlandes* (2 Bde., 1918–22).

Derrida oder Bataille, in einer Schleife, schließlich wieder zum Camus und Hölderlin.«

Botho Strauß, der im Gegensatz zu Günter Grass die Öffentlichkeit scheut, zu keiner Premiere und keiner Preisverleihung geht, keine Lesung veranstaltet, gegen *talkshows* wettert und sich folgerichtig nie im Fernsehen zeigt, hat mit seinem Aufsatz über den *Anschwellenden Bocksgesang* im *Spiegel* als Medienverächter selbst das nachhaltigste Medienereignis ausgelöst und damit genau die Stimmen hervorgerufen, die er als einhelligen intoleranten Chor des linksintellektuellen Hauptstroms kritisierte.

Flüchtige Leser meinten, Strauß habe sich als »Der Rechte – in der Richte« *geoutet*. Aber hatte Strauß nicht geschrieben: »Das Mißverständliche wird [...] zum Privileg des Kunstwerks, das Deutung fordert und nichts meint«? – Strauß will nicht auf den Punkt, nicht auf der Linie, eher auf den Fleck oder im Kreis gehen. – »Ah, nicht wissen möcht ich, sondern / erklingen. Versaitet bis unter die Milz! / [...] / Im Dunklen loben. Dem Sehen entgegen.« – In *Beginnlosigkeit* formuliert er: »Der Geist besteht aus Entgleiten. Wo er an etwas festhält, verstößt er gegen seine Natur, das ewige glissando der Erkenntnisse. Seine einzige und ursprüngliche Leidenschaft ist es, vom Hundertsten ins Tausendste zu gelangen. [...] ›Für‹ oder ›gegen‹ etwas zu sein, wie es im Zen heißt, ist das schlimmste Übel des Geistes.«

Die plötzliche Empörung über Botho Strauß verdankt sich allein dem augenblicklichen Gefühl des Utopie- und Ideologieverlusts, wie er sich nicht nur in den Romanen von Hilbig und Grass zeigt. Daß Strauß selbst durchaus mit der Ironisierung seines neuen Blicks auf den Ursprung der blutrünstigen Tragik einverstanden ist, zeigt die Inszenierung seines jüngsten Stückes *Ithaka* (1996) durch Dieter Dorn in den Münchner Kammerspielen.[30] – Aber zunächst

---

30 Vgl. auch Moray McGowan: »Schlachthof und Labyrinth«, in: *Text und Kritik*, H. 81, Jan. 1981, bes. S. 69 f.

setzte sich der Streit um den *Bocksgesang* durch die Veröffentlichung von *Wohnen Dämmern Lügen* (1994) fort,
siebenunddreißig kurze Prosastücke, in denen einige der
Thesen aus dem provokativen Essay des Vorjahres wiederholt werden.

f) Der Blick der Diaristen: »Niemandsbucht« – »TABU I« – »Echolot«

So wie Botho Strauß trennt auch PETER HANDKE die Belange der Kunst von denen der Menge. Er hatte sich in seinem Aufsatz »Ich bin ein Bewohner des Elfenbeinturms«
(1972) bereits als »unfähig und unwillig zu einer politischen
Existenz«, aber »überzeugt von der begriffsauflösenden
und damit zukunftsmächtigen Kraft des poetischen Denkens« charakterisiert. Vor allem in den Erzählungen *Die
Stunde der wahren Empfindung* (1975), *Langsame Heimkehr* (1979), *Die Lehre der Sainte-Victoire* (1980) und in
dem dramatischen Gedicht *Über die Dörfer* (1981) hatte er
das mystisch-visionäre Moment dieses Denkstils konkre-
tisiert. In seiner bisher umfangreichsten Erzählung *Mein
Jahr in der Niemandsbucht*, einem Märchen aus den neuen
Zeiten (1994), nimmt Handke nun die schwer nachzuvoll-
ziehenden mystischen Momente zugunsten einer impres-
sionistischeren »Wesenssonne« in der Tradition von Stifter
und Rilke zurück.
Fiktiver Verfasser des Jahresprotokolls ist der aus der
Stunde der wahren Empfindung bereits bekannte Gregor
Keuschnig. Der nun fünfundfünfzig Jahre alte Jurist ist inzwischen Schriftsteller. Er hat sich aus Paris in eine Wald-
bucht des südlichen Chaville bei Versailles zurückgezogen,
um nun, nachdem ihn seine Frau und sein Sohn verlassen
haben, allein in seinem Hause ansässig eine neue Verwandlung seiner selbst, ›ein Sichaufmachen für das Erzählen‹ zu
erleben. Seine vielfältigen Reiseerfahrungen und die Rei-

seerzählungen anderer verursachen ihm »Weltverdruß« und ein »Bedürfnis nach Nichtigkeit, Nichtigkeit um Nichtigkeit, gleich um die Ecke«. Keuschnig möchte als seßhafter Chronist berichten, was er unmittelbar vor Augen hat und bestenfalls sieben seiner in aller Welt verstreuten Freunde in Gedanken begleiten: »was man Weltgeschichte nennt, sollte möglichst draußen bleiben«.

Keuschnigs Leitsatz heißt: »Fragmentarisch erleben, ganzheitlich erzählen, [...] umfassend träumen«. Und so geschieht es. Keuschnig beschreibt sein Haus, seinen Garten, die Vorstadthäuser, Straßen, die »Bar de la Pointe« und das »Café des Voyageurs« mit der Platane, in der die Spatzen schlafen. Er ruft den atmosphärischen Lärm »in der Zwikkelwelt zwischen Zuggleisen, Flugpiste und Autobahn« auf und wird zum minutiösen Beobachter der Natur im Wald um seine Allerwelts- und Niemandsbucht. Doch trotz der intensivierenden Nahsicht kommt nie das Gefühl der Enge auf, denn die nahe Großstadt Paris und die entferntesten Weltgegenden sind in Assoziationen und Erinnerungen immer zugegen. Das Entlegene, Fremde, Exotische verdichtet sich, wenn Keuschnig an seine Freunde denkt. Zum Ende des Jahres hat Keuschnig diese zu einem Fest nach Porchefontaine in Versailles geladen.

Das Jahresprotokoll erzählt seine eigene Entstehung, indem es die würdigende Anteilnahme am Gegenwärtigen festhält. Keuschnig macht sich klar, »wie doch von allen Tätigkeiten allein mein Schreiben es war, wobei ich je etwas wie eine Weltverbundenheit erlebt hatte«. Doch diese Weltverbundenheit gilt mehr den Dingen als den Menschen. Sie ist ein neuerliches *Irdisches Vergnügen in Gott* (vgl. Brockes, S. 66). Das Buch klingt aus mit den traumerzählerischen Sätzen des Wirtes von Porchefontaine: »die Dinge an ihren Platz zu rücken wird die neue Welt sein.« Verwandlung vollzieht sich beispielhaft in der Natur: »So ist es wie ein Märchen, wenn man den Geschöpfen zusieht. Und Märchen heißt: Es geht mit rechten Dingen zu. Und Märchen heißt: Am tiefsten vorgedrungen in die Welt sein. Der das

Blau vom Himmel holt, verstärkt es oben am Himmel. Ich habe geträumt: Der Schöpfer wurde übersehen, und die Schöpfung richtete sich auf.« Doch so empfindsam im Sinne von Sternes *Sentimental Journey* Keuschnigs Weltwahrnehmung ist, so wenig ist sie teilbar. Seine Frau sagt: »Du kannst dein Rauschen der Bäume und dein Zittern der Gräser nicht teilen – außer im Buch‹«. Im Leben hält Keuschnig Abstand von den Menschen und sein Verhältnis zur eigenen Familie und zu seinen Freunden ist trotz aller Friedensliebe ständig bedroht vom Zerwürfnis. Denn Keuschnigs Selbstverwirklichung im Schreiben bleibt wesentlich ungesellig.

Obwohl Handke erklärt hatte, daß er der Tagespolitik in seinen dichterischen Texten keinen Raum geben möchte, weissagte er in der *Niemandsbucht* dennoch für den Frühjahrsbeginn des ›Schreckensjahres 1997‹ einen kaum begründeten »deutschen Bürger- oder Vetternkrieg«, einen »Binnenblitzkrieg«, der in diesem umfangreichen Werk ein merkwürdig beiläufiges Motiv bleibt. Aber als Freund des zerfallenden Jugoslawien versucht Handke, wie Günter Grass, im Streit um die Wiedervereinigung sein Gewicht als Autor schließlich doch auch meinungsmachend in die Waagschale zu werfen. Er bezieht dabei mit bester Absicht eine Außenseiterposition wie Grass und stößt damit wie dieser auf heftigen Widerspruch. In *Abschied des Träumers vom Neunten Land. Eine Wirklichkeit, die vergangen ist: Erinnerung an Slowenien* (1991) bedauert Handke die neue Eigenstaatlichkeit seiner ›Geh-Heimat‹ Slowenien, in der er sich als Gast wohl gefühlt hatte. Handke schreibt: »Die Slowenen waren frei wie ich und du, innerhalb der Gesetze, die schon lange nicht mehr ausgelegt wurden als die eines autoritären Staates.« Und: »es kommt mir jetzt vor, eine große Zahl, jedenfalls die Mehrheit, innerhalb der nördlichen Völker Jugoslawiens, habe sich den Zerfall ihres Staates von außen einreden lassen«. Da die Slowenen selbst anderer Ansicht sind und ihr von Handke als geschichtsträchtig geschätztes Idyll als bloße Rückständigkeit empfinden, die sie gern mit mitteleuropäischen Modernismen tauschen möchten, sagt sich Handke von ihnen los.

In seinem Reisebericht *Eine winterliche Reise zu den Flüssen Donau, Save, Morawa und Drina oder Gerechtigkeit für Serbien* (1996) geht Handke noch einen Schritt weiter, indem er die international als Angreifer und Kriegstreiber angesehenen Serben zu exkulpieren versucht. Er schreibt polemisch: »Es drängte mich hinter den Spiegel; es drängte mich zur Reise in das mit jedem Artikel, jedem Kommentar, jeder Analyse unbekanntere und erforschungs- oder auch bloß anblickswürdigere Land Serbien. Und wer jetzt meint: ›Aha, proserbisch!‹ oder ›Aha, jugophil!‹ – das letztere ein *Spiegel*-Wort (Wort?) –, der braucht hier gar nicht erst weiterzulesen.« Handke beschreibt alsdann nicht die Gräber und Ruinen der Kriegsschauplätze, die allgemeines Entsetzen ausgelöst haben, sondern so wie in seiner *Niemandsbucht* sucht er auch in Serbien die vom unmittelbaren Geschehen abgelegenen Landstriche auf und beschwört alles, was dort immer noch lobenswert und genießbar ist. Im »Epilog« nimmt Handke die Haupteinwände seiner Kritiker vorweg:

»Aber ist es, zuletzt, nicht unverantwortlich [...], mit den kleinen Leiden in Serbien daherzukommen [...], während jenseits der Grenze das große Leid herrscht, das von Sarajewo, von Tuzla, von Srebrenica, von Bihač [...]? [...] Half, der vom kleinen Mangel erzählte (Zahnlücken), nicht, den großen zu verwässern, zu vertuschen, zu vernebeln?

Zuletzt freilich dachte ich jedesmal: [...] Die bösen Fakten festhalten, schon recht. Für einen Frieden jedoch braucht es noch anderes, was nicht weniger ist als die Fakten.

Kommst du jetzt mit dem Poetischen? Ja, wenn dieses als das gerade Gegenteil verstanden wird vom Nebulösen. Oder sag statt ›das Poetische‹ besser das Verbindende, das Umfassende – den Anstoß zum gemeinsamen Erinnern, als der einzigen Versöhnungsmöglichkeit, für die zweite, die gemeinsame Kindheit.

Wie das? Was ich hier aufgeschrieben habe, war neben dem und jenem deutschsprachigen Leser genauso dem und jenem in Slowenien, Kroatien, Serbien zugedacht, aus der Erfahrung, daß gerade auf dem Umweg über das Festhalten bestimmter Nebensachen, jedenfalls weit nachhaltiger als über ein Einhämmern der Hauptfakten, jenes gemeinsame Sich-Erinnern, jene zweite, gemeinsame Kindheit wach wird.«

Handke, dessen Held Gregor Keuschnig eben noch in der *Niemandsbucht* erklärt hatte: »die einzige Vision, die ich kenne, ist die Versöhnung. Warum ist kein Frieden? Warum ist kein Frieden?«, möchte bewußt ablenkend rufen: »Schau, jetzt schneit es. Schau, dort spielen Kinder.«[31]

Ein ähnlicher Versöhnungswunsch trieb wohl auch Günter Grass in seinen Verlautbarungen zur Wiedervereinigung, doch beide, Grass und Handke, haben durch ihren provozierenden Ton und ihre polemische Medienschelte zu unnötig heftigem Widerspruch gereizt.

Peter Handke hatte das diaristische Schreiben bereits 1975 für sich entdeckt. Die heterogene, unverplante »spontane Aufzeichnung zweckfreier Wahrnehmungen« in dem Tagebuch *Das Gewicht der Welt. Ein Journal (November 1975 – März 1977)* (1977) ist noch fortlaufend datiert. *Die Geschichte des Bleistifts* (1982) und die *Phantasien der Wiederholung* (1983) bieten die Aufzeichnungen der Jahre 1976 bis 1980 und 1981/82 schon ohne Datierung und mit einer Verschiebung des Akzents von den Wahrnehmungen und Empfindungen auf die Reflexion des Epischen. Das Jahresprotokoll *Mein Jahr in der Niemandsbucht* (1994) versucht schließlich alle chronologischen, aber undatierten Wahrnehmungen und Reflexionen ganzheitlich in den epischen Kontext märchenhafter Welterfassung einzuordnen.

---

31 *Winterliche Reise*, vgl. die Fortsetzung von Handkes politischer Bemühung in dem Bericht *Sommerlicher Nachtrag zu einer winterlichen Reise* (1996).

Peter Rühmkorf, der die Tagebücher Handkes kennt, hat 1977 *Das Gewicht der Welt* rezensiert und sich auch sonst mit dem Interesse des Praktikers gründlich unter den Tagebuchschreibern umgesehen. Ihn stört »der hörbar gehobene und sichtlich über den Tag hinauszielende Feiertagston« mancher Tagebücher. Er erwartet, »daß der Verfasser ein gewisses legeres Verhältnis zu sich selbst unterhält und sich mit dem eigenen Ego nicht unentwegt in essayistischer Prosa bekakelt« und sich auch nicht »vom ersten Moment an auf eine Art von Resümee oder Summa« spitzt. Darum sind ihm die Tagebücher von Pepys, Boswell, Janssen, Léautaud, Anaïs Nin, Lichtenberg, der Gebrüder Goncourt oder Isaak Babel lieber als die von Pavese, Frisch, Camus, Doderer oder auch Handke. Rühmkorf selbst hat bereits seit den fünfziger Jahren chronologisches Material für einen geplanten Zeitroman gesammelt. Er veröffentlichte mit seinen Erinnerungen an *Die Jahre die Ihr kennt* (1972) erstmals einen eigenen biographischen Rückblick und legt nun mit *TABU I. Tagebücher 1989–1991* (1995) ein Journal ebenjener Jahre vor, die auch sein politischer Gesinnungsfreund Günter Grass in seinem Roman *Ein weites Feld* geschildert hat.[32] Es lohnt sich, dieses Tagebuch des *homo politicus* Rühmkorf mit dem Jahresprotokoll des Elfenbeinturmbewohners Handke zu vergleichen.

Handke überträgt die Verfasserschaft seiner halbbiographischen Aufzeichnungen einer fiktiven Figur mit sprechendem Namen. Rühmkorf dagegen bekennt sich persönlich als Autor und nennt auch sonst stets Roß und Reiter. Handke/Keuschnig erfaßt *sein Jahr* als Ganzes. Er datiert es auf 1997 voraus und berichtet darüber ohne weitere Datierungen mit erzählerischem Abstand. Er verortet es geographisch exakt, nennt den Schauplatz aber gleichwohl seine *Niemandsbucht* und die Niederschrift »ein Märchen aus den neuen Zeiten«.

---

32 Seine Position im Streit um den Roman veröffentlichte Rühmkorf in dem Tagebuchnachtrag »Ich habe Lust, im weiten Feld ...« (1996).

Rühmkorf wählt die sprechende *Abkürzung TABU* verbunden mit der Numerierung I zum Titel. Dementsprechend wichtig ist ihm die genaue Datierung der »kalendarischen Selbsterfassung«. Er hält sogar, wie er sagt, »immer die Zeitung vom Tage mit hoch«. Er will »ein in progress mit-geschriebenes Bewußtseinsdrama. Tabu als sukzessiv und planlos abgelaichte Datenschnüre [findet er] vergleichsweise uninteressant. Aber wo es ans Wurzelziehen geht, tut es dann auch gleich weh.« Handke, der zwar auch »die spontane Aufzeichnung zweckfreier Wahrnehmungen« anstrebt, sucht darin das zeitlos Gültige; er sagt: »das Metaphysische für sich ist nicht zu fassen, wohl aber das beiläufig Metaphysische, in der Alltäglichkeit«. Rühmkorf war »immer stark in weltliche Dinge verwickelt gewesen«. Er genießt familiäre Partnerschaft, Gesinnungsfreundschaften, Parties mit Namhaften des Kulturbetriebs und öffentliche Auftritte. Und er verschleißt sich darin. Handkes Gewährsmann Keuschnig gibt sich ganz der Tätigkeit des Schreibens hin. Er ist ungesellig bis zum Egotismus, behutsam im Umgang mit sich selbst und sucht in der priesterlichen Sorgfalt seiner Beobachtungen und Formulierungen zugleich seine eigene aufbauende Verwandlung.

Als Lyriker ist auch Rühmkorf ein ausgemachter Einzelgänger. Er erklärt, ich habe »mich jedenfalls mein Leben lang für die subjektive Position entschieden und selbst noch intime Verstimmungen oder Ressentiments als einen wahrheitsgetreuen Zeit- und Gesellschaftsanzeiger betrachtet«. Denn: »Genaugenommen ist das lyrische Subjekt, das ich zu vertreten habe, auch ein Teil der Gesellschaft, von der es sich abwendet [...]. Das ist ja gerade das Fatale an bestimmten, abgehobenen Tonlagen unserer zeitgenössischen Lyrik, daß sie dem kommerziellen Anreißjargon etwas sozusagen Reines, Sakrales, Unversehrtes entgegenzusetzen suchen und letzten Endes selbst beim Kunstgewerbe landen. Im Gegensatz zu solchen restaurativen Versuchungen bin ich allerdings schon in sehr jungen Jahren in die Rolle des Selbstanreißers, Conférenciers und Marktschreiers gesprungen.«

Rühmkorfs Altersleiden sind so zahlreich wie die Drogen, die er nimmt. Und so wird ihm sein Tagebuch zum »Klagebuch« über seinen unaufhaltsamen Verfall. Er lobt »Lichtenberg als Überwinder: Aufhebung der Gebrechlichkeit durch den Witz«. Das heißt, während Handkes Keuschnig in unbestimmter Heilserwartung lebt, sieht Rühmkorf sein trauriges Ende voraus. Statt der Geste innerer Sammlung finden wir bei ihm humorvoll abgetane Resignation und müdes Abwinken.

Und doch gibt es Gemeinsamkeiten in den beiden Journalen. Schließlich behauptet auch Rühmkorf, daß die Politik seine »wirklichen Künste immer nur oberflächlich berührt hat«. Rühmkorf und Handke interessieren sich beide für Traum und Märchen. Allerdings deutet Rühmkorf seine Träume, und seine aufgeklärten Märchen sind konstruiert, während Handke Träume auf sich beruhen läßt und auch Märchen als traumhaft offene Gebilde schätzt.

Vor allem aber formuliert Rühmkorf Naturbeobachtungen, die zuweilen dem Ton von Handke sehr nahe kommen. »Im Garten: die Tulpenbäume wie Flamingos an der Tränke«; »Auf dem Spitzboden Pflänzchen begossen und besprochen«. Dann aber ist da auch schon wieder die Ironie des kritischen Blicks unübersehbar, jenes rationale Moment, das vom bloßen Eindruck zum Sinnbild führt: »einer Spinne ins Netz gegangen und ihr mindestens halbe Stunde lang wie gebannt beim Fadenziehen/Netzwirken zugesehen. Auch mehrfach den Kopf geschüttelt über so viel sinnreiches Naturweben in einer kaum noch als sinnvoll zu erkennenden Welt.

Da man sich alles als persönliches Beispiel zuzieht, anschließend sofort versucht, ein paar neue Kettfäden auf meinen alten Taburahmen zu spannen. Ein Roman als Entwicklungsroman eines Romans, der sich nicht nach Wunsch entwickeln kann, weil das Leben sich selbst romanhaft verwirrt und dem Kunstprodukt die Tour vermasselt.«

»*Irdisches Vergnügen in Gott*: Ein Schmetterling auf einem schlafenden Python, der gerade einen Junghirsch verschlungen hat.«

Rühmkorf und Handke, so verschieden, so verwandt in ihrer respektablen Eigenwilligkeit. Als dritter, ganz anderer Tagebuchschreiber muß hier WALTER KEMPOWSKI genannt werden. Kempowski, der als Chronist seiner Familie berühmt geworden ist (vgl. S. 335), hat mit *Sirius. Eine Art Tagebuch* (1990), eine diaristische biographische Montage vorgelegt.[33] In diesem Erinnerungsbuch durchläuft Kempowski sein ›Hundsjahr‹ 1983 und durchschießt das chronologisch datierte Kontinuum mit Notizen aus der Gegenwart des Jahres 1990 sowie mit Lesefrüchten, Prosa- und Verszitaten, mit Text- und Bilddokumenten wie Familien- und Straßenfotos, mit Karikaturen, kleinen Autographen usw. Dieses kunterbunte biographische Mosaik gibt nicht nur guten Einblick in Kempowskis Arbeitstage, sondern ist vor allem wegen der Kommentare aus dem Jahr 1990 lesenswert. Denn im Gegensatz zu Günter Grass und Peter Rühmkorf spricht hier ein Autor, der wie Reiner Kunze als ein Geschädigter des untergegangenen DDR-Regimes[34] diesem keine Träne nachweint und wegen der eigenen konkreten Erfahrungen wenig Verständnis für den Überhang linksideologischer Romantik aufbringt.

Aber nicht der *Sirius* hat Aufsehen erregt, sondern *Das Echolot. Ein kollektives Tagebuch. Januar und Februar 1943* (1993).[35]

Das Echolot ist ein nautisches Gerät, mit dem sich durch ausgesandte Schallwellen und deren Reflexe die Beschaffen-

---

33 Der Titel *Sirius* verweist auf Kempowskis Roman *Hundstage* (1988); da hieß es vorab: »Hundstage (dies caniculares) nennt man seit alters her die Zeit vom 23. Juli bis zum 23. August. Die Sonne steht um diese Zeit in der Nähe des Sirius, einem riesigen, acht Lichtjahre entfernten Fixstern, auch ›Hundsstern‹ genannt.«

34 Vgl. *Im Block. Ein Haftbericht* (1969) und *Ein Kapitel für sich* (1975).

35 Vgl. den Vorabdruck aus der ersten Fortsetzung *Dezember 1944 bis Mai 1945* in dem Magazin *Der Spiegel*, Nr. 19 (1995) S. 60 ff.

heit des Meeresbodens vermessen läßt. Analog möchte Kempowski durch erlebte und erzählte Erfahrungen vieler »Erlebnisträger«, durch sogenannte *oral history*, die komplexen Verwerfungen der Stalingrad-Epoche erfassen. Er sammelt, sichtet, ediert, arrangiert und kompiliert die Mitteilungen Unbekannter und collagiert sie mit bereits veröffentlichten Materialien namhafter Zeitzeugen zu einer neuen monumentalen historischen Textur.

Kempowski, der bereits in seiner siebenbändigen Familiensaga das dokumentarische Interesse eines Archivars verriet, der seine älteren Zeitgenossen befragte *Haben Sie Hitler gesehen?* (1973) und *Haben Sie davon gewußt?* (1979) und der sich seit 1980 ein umfangreiches »Archiv für unpublizierte Biographien«, private Briefschaften, Tagebuchaufzeichnungen und Fotoalben aus den vierziger Jahren aufgebaut hatte, notierte im *Sirius*: »**1990**: Inzwischen hat sich ganz von selbst ein Projekt ergeben, in das ein großer Teil der zeitgenössischen Berichte eingehen könnte: Das ›Echolot‹, ein kollektives Tagebuch von 1943–1949. Damit werde ich mich wahrscheinlich den Rest meiner Tage beschäftigen.« Ein ›kollektives Tagebuch‹ nennt Kempowski seine bisher vier Bände umfassende Dokumentation, denn: »Die Gleichzeitigkeit ist der didaktische Ansatzpunkt für das Projekt ›Echolot‹.« Den einzigen Zusammenhalt der heterogenen Materialien liefert tatsächlich die Gleichzeitigkeit ihrer Entstehung in den beiden Monaten Januar/Februar 1943, als mit dem Untergang der 6. Armee im Kessel von Stalingrad sich die Wende des Zweiten Weltkrieges anbahnte.

Die Aufnahme der umfangreichen Dokumentation war geteilt. Viele Kritiker[36] zollten dem archivalischen Verantwortungsbewußtsein und dem stupenden Fleiß für die politische Aufklärungs- und Erinnerungsarbeit großen Respekt. Doch andere meinten, »daß dieses Mixtum compositum

---

36 Zum Beispiel Volker Hage, Frank Schirrmacher, Jörg Drews und Fritz J. Raddatz.

wenig mit Literatur oder gar mit Historiographie zu tun hat, sondern daß es sich dabei lediglich um das Ergebnis eines monomanischen Sammeltriebs handelt« (J. Willms). Denn der Chronist Kempowski enthält sich jeglicher wertender Kommentare, weil er mit dem mündigen Leser rechnet, der sich selbst ein Urteil bilden kann.

Der kritische Leser Fritz J. Raddatz liest sich tiefe Verachtung aus dem »Radebrechen des nordischen Elite-Volkes«. Er haßt »diese klebrige Mixtur aus Gefühligkeit und Roheit«, wenn er liest: »– eine Mutter an ihren Sohn: ›Großartig, daß Ihr auch einen Engländer abgeschossen habt! Hast Du auch einen Verdienst daran? . . . Sorg für trockene Füße‹«. – »Dies peinliche Amalgam aus Hoffart und Kriecherei, Schnöseln und Schluchzen findet sich quer durch alle vier qualvoll zu lesende Bände [. . .]. Der Magen hebt sich einem bei soviel unreinem Schmalz.« So Raddatz.

Wenn aber schlichtere Leser die Menschenliebe des Chronisten kritiklos übernehmen, wird die Juxtaposition von erschütternden Zeugnissen und belanglosen Lebensäußerungen unerträglich. Schon in Kempowskis Familiensaga bestand die Gefahr, daß der Authentizitätszauber und die nostalgische Würdigung der vielen Nebensächlichkeiten, vor allem aber die ständig zur Identifikation einladende beschränkte Perspektive nicht die von Kempowski gemeinte Unbelehrbarkeit der Menschen sinnfällig macht, sondern gerade die Unbelehrbaren in ihrem Bedürfnis nach Verdrängung und Verklärung bestätigt.

Es ist sicher richtig, daß die einfachen Menschen, um leben zu können, sich mit den Kriegsverhältnissen arrangieren oder, wie Kempowski sagt, sich darin einrichten mußten, daß sie, ermüdet und abgestumpft vom Elend, ihre Blicke vom Grauen weg auf verbliebene Annehmlichkeiten lenkten. Doch angesichts der Bombardements, der Kesselschlacht um Stalingrad und der Judenvernichtungen klingen stereotype Empörungen nach dem Muster »wie isses nun bloß möglich . . .« unangemessen.

Frauke Meyer-Gosau schreibt: »Die Gefährlichkeit liegt im Anschein von Normalität, der den Krieg hier umgibt. Der Zynismus aber liegt im Verschweigen der Voraussetzungen für diesen Anschein. Denn niemand kann über Jahre hin fortwährend entsetzt, von Ängsten und Grauen geschüttelt, abgrundtief verzweifelt sein. Gerade gegen die Übermacht dieser Gefühle muß er vielmehr so weit als möglich eine Art Lebens-Routine aufzurichten suchen, um nicht vollständig verloren zu gehen, muß im Abnormen einen Alltag behaupten, Gewohnheiten aufrechterhalten oder etablieren. Die Briefe und Tagebücher, die aus dieser überlebensnotwendigen Haltung heraus geschrieben werden, werden gerade auf das Gewöhnliche als das Halt Versprechende, ›Tröstende‹ ausgehen. Als empirisches Material ohne weiteres reproduziert, ergeben sie jedoch ein Bild, das, obgleich authentisch, eben nicht ›das Wahre‹ ist, sondern, als Ganzes, das Unwahre: Das wirklich Erfahrene liegt außerhalb, davor.«[37]

Nützlicher als das *Echolot* ist für junge Leser wahrscheinlich Dieter Wellershoffs Roman *Der Ernstfall. Innenansichten des Krieges* (1995), weil Wellershoff das Leben und Sterben an der Front nicht als bloßen Sonderfall des Alltags darstellt, mit dem man sich arrangieren könnte, sondern als völlig ausweglose Zwangssituation, die nicht einmal mehr Gelegenheit zur Desertion bietet.

---

37 »Kopf-Kriege, Kopf-Frieden. Notizen zur Geschichtsvergessenheit«, in: *Text und Kritik*, H. 124: »Literaten und Krieg«, Oktober 1994, S. 101 f. Vgl. aber auch Wolfgang Preisendanz: »Zum Vorrang des Komischen bei der Darstellung von Geschichtserfahrung in deutschen Romanen unserer Zeit«, in: *Poetik und Hermeneutik 7* (1976) S. 153–164.

g) »Picknick der Friseure« – »Kippfigur«

Die zivilisations- und kulturkritische Angst- und Warnliteratur[38], die ersten Verarbeitungen der Wiedervereinigung auf der Linken[39], dazu der ›anschwellende Bocksgesang‹ auf der Rechten[40] und die diaristischen Rückblicke[41] haben den literarischen Diskurs im Jahrzehnt der Wiedervereinigung bestimmt.

Im selben Zeitraum erschienen aber auch die Erfolgsromane *Doch mit den Clowns kamen die Tränen* (1987) bis *Träum den unmöglichen Traum* (1996) von Simmel, *Die letzte Welt* (1988) von Ransmayr, *Das Parfum* (1991) von Süskind und *Schlafes Bruder* (1992) von Robert Schneider.

Eine ganze Reihe namhafter Autoren ist verstorben.[42]

Es debütierten unter anderen der Erzähler Ralf Rothmann mit den Romanen *Stier* (1991) und *Wäldernacht* (1994) sowie der Lyriker Durs Grünbein, der sich mit

38 Vgl. Grass: *Die Rättin* (1986); Bernhard: *Auslöschung. Ein Zerfall* (1986); Braun: *Langsamer knirschender Morgen* (1987); *Verheerende Folgen mangelnden Anscheins innerbetrieblicher Demokratie* (1988) und *Bodenloser Satz* (1988 entstanden, 1990 veröffentlicht).

39 Vgl. Wolf: *Was bleibt* (1990); Braun: *Iphigenie in Freiheit* (1990); Biermann: *Über das Geld und andere Herzensdinge* (1991); Delius: *Die Birnen von Ribbeck* (1991); Hochhuth: *Wessis in Weimar* (1992); Hilbig: *»Ich«* (1993); Grass: *Novemberland. 13 Sonette* (1993); *Ein weites Feld* (1995). Vgl. auch *Wende-Literatur. Bibliographie und Materialien zur Literatur der Deutschen Einheit*, herausgegeben von Jörg Fröhling, Reinhild Meinel und Karl Riha, Frankfurt a. M. 1996.

40 Vgl. Strauß: *Beginnlosigkeit* (1992); *Wohnen Dämmern Lügen* (1994).

41 Vor allem von Handke, Rühmkorf und Kempowski. Vgl. aber auch Ernst Jünger: *Siebzig verweht I–IV* (1980–1995); Paul Nizon: *Die Innenseite des Mantels* (1995) und die spielerische *Spreu* (1991) von Sarah Kirsch.

42 Unter anderen starben Hubert Fichte (am 8. 3. 1986), Ingeborg Drewitz (am 26. 11. 1986), Erich Fried (am 22. 11. 1988), Thomas Bernhard (am 12. 2. 1989), Wolfdietrich Schnurre (am 9. 6. 1989), Irmtraud Morgner (am 6. 5. 1990), Max Frisch (am 4. 4. 1991), Wolfgang Hildesheimer (am 21. 8. 1991), Friedrich Dürrenmatt (am 14. 12. 1991), Hans Werner Richter (am 23. 3. 1993), Heiner Müller (am 30. 12. 1995), Wolfgang Koeppen (im März 1996), Reinhard Lettau (im Juni 1996) und Helmut Heißenbüttel (am 19. 9. 1996).

Grauzone morgens (1988), *Schädelbasislektion* (1991), *Falten und Fallen* (1994) und *Den Teuren Toten* (1994) bereits den Georg-Büchner-Preis von 1995 erschrieb. – Und Felicitas Hoppe mit dem *Picknick der Friseure* (1996), einem schmalen Band mit zwanzig kurzen, phantastischen, grotesken oder absurden, jedenfalls artistisch-witzigen Geschichten.

Monumentalwerke entstanden: So der auf zwölf Bände hin angelegte Roman *Dessen Sprache du nicht verstehst* (1986) von Marianne Fritz. *Die Geschichte der Empfindlichkeit*, für die Hubert Fichte neunzehn Bände geplant hatte, begann mit *Hotel Garni* (1987) postum zu erscheinen. Günter Herburger beendete mit *Thuja* (1991) seine mit *Flug ins Herz* (1977) begonnene und mit *Die Augen der Kämpfer* (1980) fortgesetzte Romantrilogie. Und Kempowskis bisher vierbändiges *Echolot* (1993) soll im nächsten Jahrtausend fortgesetzt werden.

Unterhaltsamere Lektüre boten allerdings oft die zahlreichen kleineren Werke.[43]

Durch den allgemeinen Bedeutungsverlust der Ideologien wurde schließlich der Blick freier für ideologisch weniger festgelegte Autoren wie Ernst Jandl[44], Helmut Heißenbüttel[45] oder Ror Wolf[46]. Das heißt, nach der kritischen Theorie

---

43 Vgl. etwa Peter Handkes Versuche über ... *die Müdigkeit* (1989), ... *die Jukebox* (1990) und ... *den geglückten Tag* (1991); von Dieter Wellershoff die Erzählungen *Die Körper und die Träume* (1986) und die Novelle *Zikadengeschrei* (1995); von Reinhard Lettau die Kurzprosa *Zur Frage der Himmelsrichtungen* (1988) und den kurzen Roman *Flucht vor Gästen* (1994); von Peter Bichsel die Kurzprosa *Zur Stadt Paris.* Geschichten (1993); Hans Magnus Enzensbergers neue Gedichte *Kiosk* (1995) und die kleine Prosa und Kurzprosa von Sarah Kirsch, die 1996 den Georg-Büchner-Preis bekam: *Irrstern* (1986), *Schwingrasen* (1991), *Das simple Leben* (1994), ihre Chronik *Allerlei-Rauh* (1988), ihr Tagebuch *Spreu* (1991) sowie ihre Gedichtbändchen *Schneewärme* (1989) und *Bodenlos* (1996) und Eckhard Henscheids *Kleine Poesien* (1992).

44 *idyllen* (1989) und *stanzen* (1992).

45 *Textbuch 8. 1981–1985* (1985), *Textbuch 9. 1981–1984* (1986), *Textbuch 10 von Liebeskunst* (1986) und *Textbuch 11 in gereinigter Sprache* (1987).

46 *Mehrere Männer. Zweiundachtzig ziemlich kurze Geschichten, zwölf Collagen und eine längere Reise* (1987), *Raoul Tranchirers Mitteilungen an*

der Frankfurter Schule[47] kommt nun der Humor der absichtslosen »Neuen Frankfurter Schule«[48] mit F. K. Waechter, F. W. Bernstein, Eckhard Henscheid und Robert Gernhardt zur Geltung.

ROBERT GERNHARDT (geb. 1937), das vermeintliche Leichtgewicht, an dessen Würdigung sich Rühmkorf verständlicherweise ›einen Bruch hob‹[49], ist Maler, Zeichner, Cartoonist[50], Essayist, Kinderbuch- und Dramenautor, Kritiker, Satiriker, Lyriker und Romancier. Der als führender Kopf der Neuen Frankfurter Schule geltende Autor war durch gemeinschaftliche Veröffentlichungen mit F. W. Bernstein (d. i. Fritz Weigle) und F. K. Waechter[51] und durch seinen *Wörtersee. Gedichte und Bildgeschichten* (1981) längst bekannt, ehe ihn die Literaturkritik zu würdigen begann.[52] Mit seinem Roman *Ich Ich Ich* (1982) hatte er ebenso wie mit *Was bleibt. Gedanken zur deutschsprachigen Literatur unserer Zeit* (1985, Neuausgabe 1990) zwei Kardinalthemen des jüngsten Jahrzehnts bereits vorweggenommen. In der ver-

Ratlose (1988), *Raoul Tranchirers Welt- und Wirklichkeitslehre aus dem Reich des Fleisches, der Erde, der Luft, des Wassers und der Gefühle* (1990, als »der dritte und letzte Teil einer Enzyklopädie für unerschrockene Leser, die der Autor 1983 mit dem *Vielseitigen großen Ratschläger für alle Fälle der Welt* eröffnete«), *Nachrichten aus der bewohnten Welt* (1991), *Tranchirers letzte Gedanken über die Vermehrung der Lust und des Schreckens* (1994).

47 Dem Institut für Sozialforschung an der Universität in Frankfurt am Main, das unter Adorno, Horkheimer und Habermas kritische Gesellschaftsanalysen auf den Grundlagen von Marx und Freud lieferte.

48 Vgl. *Die Neue Frankfurter Schule. 25 Jahre Scherz, Satire und schiefere Bedeutung aus Frankfurt am Main*, hrsg. von W. P. Fahrenberg (1987).

49 Vgl. P. R.: *Dreizehn deutsche Dichter* (1989), S. 189–193; auch *Tabu I*, S. 187, 195, 197 ff. u. ö., 298.

50 Vgl. die 120 Bildergeschichten *Gernhardts Erzählungen* (1983) und die 120 Bildgedichte *Hier spricht der Dichter* (1985).

51 *Die Wahrheit über Arnold Hau* (1966), *Besternte Ernte* (1976) und *Die Blusen des Böhmen* (1977); vgl. den Wiederabdruck in: *Die Drei* (1981); vgl. auch die gemeinschaftlich gestalteten Nonsens-Doppelseiten aus *pardon*, wiederabgedruckt als *Welt im Spiegel. WimS 1964–1976* (1979) sowie Gernhardts ausgesuchte Satiren 1962–1984 *Letzte Ölung* (1984).

52 Vgl. »Kein Wörtchen für den Wörtersee«, in: *Wörtersee und Wege zum Ruhm* (1995).

gangenen Dekade erschienen von ihm unter anderem das Schauspiel *Die Toskana-Therapie* (1986), die Erzählungen *Kippfigur* (1986), die Humoresken *Es gibt kein richtiges Leben im valschen* (1987), die Gedichtbände *Körper in Cafés* (1987) und *Weiche Ziele* (1994) sowie seine von einem Essay »Über Malerei« gefolgten Bilder und Zeichnungen *Innen und Außen* (1988).

»Rasch wird sich das Atelier mit den sinnlichsten Werken füllen. ›Du, du, du‹, werden sie dem Maler von Tischen, Wänden und Staffeleien zurufen, wenn er des Morgens in ihre Mitte tritt. ›Ich, ich, ich‹, wird es ihn durchströmen, ›das alles bin ich. Ich mache, also bin ich. Wer immer seinen Schnabel daran wetzen will, ob zufälliger Betrachter oder professioneller Kritiker, er kann es doch nur, weil ich etwas gemacht habe. Hätte ich nichts gemacht, der Schnabel wüchse ihnen ins Fleisch, sich selbst überlassen, würden sie sich selber erdolchen. Ich bin der Wetzstein, der sie am Leben erhält und ins Brot setzt, ich, ich, ich.‹« (*Ich Ich Ich*).

Der Schaffende ist sich seiner selbst sicher, die Unsicherheit liegt im Geschaffenen, in der *Kippfigur*. Von einer Kippfigur spricht man, wenn das Figur-Grund-Verhältnis doppeldeutig ist, so daß in einunddemselben Bild je nach Zentrierung der perspektivischen Betrachtungsweise auch der *Bildgrund* als *Figur* gelesen werden kann. In seiner »Krankengeschichte« fragt Gernhardt: »Wer hat eigentlich wen im Griff? Der Kranke die Krankheit? Die Krankheit den Kranken? Der Kranke den Gesunden? Der Gesunde den Kranken? Oder verharren sie allesamt in einem lähmenden Clinch, den der Kranke nur dadurch aufbrechen kann, daß er noch kränker wird?« Ähnlich wird »Eine nichtgeschriebene Geschichte« zu einer geschriebenen Geschichte, in der, neun Zeilen vor ihrem Ende, der Erzähler die Perspektive umkippen läßt, indem er darauf verweist, daß es einem der drei verhinderten Schriftsteller, von denen die Rede war, doch gelungen ist, »das Verstummen in Worte zu fassen«.

Statt »Ernstelei«, hartnäckiger Beharrlichkeit auf dem eigenen Standpunkt, wie man sie bei Volker Braun, Günter Grass, Peter Rühmkorf, auch Botho Strauß und Peter Handke findet, spielen Autoren wie Jandl, Heißenbüttel, Ror Wolf, Felicitas Hoppe und Robert Gernhardt mit Standpunkten und Perspektiven. Ein Schriftsteller, der das schon immer auch im Politischen vermochte, ist Hans Magnus Enzensberger. In seinem jüngsten Gedichtband *Kiosk* (1995) schließt die »Gedankenflucht (III)« mit den Versen: »Auf Weiterungen / heißt es gefaßt sein. / Bei uns bleibt es nicht.« Auch der Verteidiger der Wölfe ist bescheiden geworden:

> Minimalprogramm
>
> Verzicht, Entsagung, Askese –
> das wäre schon zu hoch gegriffen.
>
> Überwältigend, was alles entbehrlich ist.
> Von Sonderangeboten keine Notiz zu nehmen,
>
> reiner Genuß! Nirgends aufzutauchen,
> das Meiste zu unterlassen –
>
> Erkenntnisgewinn durch Abwinken.
> Nur wer vieles übersieht,
>
> kann manches sehen.
> Das Ich: eine Hohlform,
>
> definiert durch das, was es wegläßt.
> Was man festhalten kann,
>
> was einen festhält,
> das ist das Wenigste.
>
> (*Kiosk*)

18. Um das Jahr 2000

a) Das Jahrhundertthema

Der Wilhelminismus, das heißt die Regierungszeit Kaiser Wilhelms des II. (1888–1918), mündete am Anfang des vergangenen Jahrhunderts in den Ersten Weltkrieg (1914 bis 1918). Der endete mit dem Friedensvertrag von Versailles (28. Juni 1919). Die anschließend ausgerufene Weimarer Republik (1919–1933) scheiterte an den schwer erfüllbaren Bedingungen des Versailler Vertrags, an der Inflation (1919 bis 1923), an der Weltwirtschaftskrise (1929–1933) und vor allem an ihren inneren gesellschaftlichen Spannungen, die schließlich 1933 den Reichskanzler Adolf Hitler (1889 bis 1945) an die Macht brachten. Das sogenannte Dritte Reich (1933–1945), das den Zweiten Weltkrieg (1939–1945) verursachte, führte zu den nie dagewesenen Verbrechen der Nationalsozialisten, die seither als Jahrhundertthema (R. Augstein) gelten. Für die Auseinandersetzung damit haben Historiker den Begriff ›Vergangenheitsbewältigung‹ geprägt.

Der Begriff ›Vergangenheitsbewältigung‹ hat tendenziell den Aufforderungscharakter, »sich der deutschen Vergangenheit zu stellen«. Gleichwohl sagt er jedoch nicht konkret, was »bewältigt« werden soll, noch ob dies überhaupt in angemessener Form möglich ist. Darum entzieht er sich einer konsensfähigen Definition. Im wesentlichen aber standen die juristische Ahndung der nationalsozialistischen Verbrechen, deren wissenschaftliche Aufarbeitung, ihre literarische Darstellung sowie die individuelle Gewissenserforschung hinsichtlich eigenen Versagens zur Debatte. Und immer war diese Debatte vom jeweiligen gesellschaftlichen und politischen Klima ihrer Zeit abhängig:

Zunächst war von der Kollektivschuld aller Deutschen die Rede. Die blieb umstritten, da aufgeklärte Moral persönliche Verantwortung voraussetzt und darum nur individuelle

Schuldzuweisungen erlaubt. Immerhin bekannten sich die deutschen evangelischen Kirchen im sogenannten ›Stuttgarter Schuldbekenntnis‹ (18./19. Oktober 1945) zu einer »Solidarität der Schuld« mit dem ganzen deutschen Volk. Die ›Hauptkriegsverbrecher‹ wurden vor ein internationales Militärgericht der Siegermächte gestellt und in den Nürnberger Prozessen (1945–1948) verurteilt. Als Maßnahme zur politischen Säuberung der Gesellschaft von ehemalig aktiven Nationalsozialisten unterzogen die Besatzungsmächte über sechs Millionen deutscher Bürger der Entnazifizierung (1945–1949). In sogenannten Spruchkammerverfahren unterschied die amerikanische Militärregierung zwischen Hauptschuldigen, Belasteten, Minderbelasteten, Mitläufern und Entlasteten.[1] Am Ende stand der Eindruck: Wenn die Hauptkriegsverbrecher gehängt und die vormals aktiven Nazis entnazifiziert seien, könne die Kollektivschuld des Normalbürgers nicht mehr schwer wiegen. Denn man glaubte immer noch, die katholische Kirche sei auch in dunkler Zeit Bewahrerin christlicher Werte geblieben und die Wehrmacht sei nichts als anständig und tapfer gewesen. Besonders deren jüngste Heimkehrer hielt man für eine bedauernswerte ›lost generation‹. Gern entlastete man einander durch sogenannte ›Persilscheine‹, bis die im Jahr 1949 gegründete Bundesrepublik Entnazifizierungs-Schlußgesetze erließ (1950–1954) und sich in ihrem Grundgesetz, Artikel 131, vorbehielt, auch vorbelastete Staatsdiener wieder zu bestallen. – Ein 1945 neu gegründetes Reise-Kabarett nannte sich »Die Amnestierten«.

Von den Millionen Kriegstoten und Ermordeten sprach kaum jemand. Vielmehr wurden die Opfer verschwiegen und die Erinnerung an schuldhaftes Versagen verdrängt. Der erste deutsche Bundeskanzler nach dem Zweiten Weltkrieg war Konrad Adenauer (1876–1967), dessen restaurative Regierung vorrangig darauf bedacht war, den Wie-

---

1 Vgl. den Roman *Der Fragebogen* (1951) von Ernst von Salomon im Kap. 15a, S. 272.

deraufbau und das Wirtschaftswunder (1948–1958) zu organisieren.

Erst die Frankfurter Prozesse gegen die Mannschaft des nationalsozialistischen Vernichtungslagers Auschwitz (1963 bis 1965 und 1977–1981), die mit dokumentarischer Genauigkeit die unvorstellbar grausame Wirklichkeit deutscher Konzentrationslager offenlegten und von Peter Weiss unter dem Titel *Die Ermittlung* (1965, vgl. S. 312) auf die Bühne gestellt wurden, zwangen die Öffentlichkeit zur Besinnung. Jetzt fragte der Philosoph Karl Jaspers (1883–1969): *Wohin treibt die Bundesrepublik?* (1966). Jaspers, der zwischen krimineller, politischer, moralischer und metaphysischer Schuld der Deutschen unterschied, sah durch die Übernahme der personellen Elite, Ärzten, Juristen, Angehörigen von Militär und Bürokratie, des nationalsozialistischen Staates dessen verwerfliche Mentalität und Denkmuster bewahrt. Auch Theodor W. Adorno (1903–1969) erklärte, »daß die objektiven gesellschaftlichen Voraussetzungen fortbestehen, die den Faschismus zeitigten«. Er dekretierte: »die Forderung, daß Auschwitz nicht noch einmal sei, ist die allererste an die Erziehung.« Die Psychoanalytiker Alexander und Margarete Mitscherlich (1908–1982; geb. 1917) versuchten die lange emotionelle Apathie der Deutschen angesichts der nationalsozialistischen Opfer durch Anwendung der psychoanalytischen Theorie Freuds auf sozialpsychologische Phänomene zu erklären. In ihrem Buch über *Die Unfähigkeit zu trauern* (1967) deuten sie das unnatürliche Schweigen und Verdrängen als Folge einer allgemeinen seelischen Störung. Die Studentenbewegung von 1968 griff die philosophischen, soziologischen und sozialpsychologischen Befunde der sogenannten Frankfurter Schule auf. Sie machte sich Adornos Verdikt (»Die Forderung, daß Auschwitz nicht noch einmal sei, ist die allererste an die Erziehung«) zu eigen und mobilisierte im Zuge ihrer neulinken Politisierung auch das gelähmte Schuldbewußtsein der bundesdeutschen Gesellschaft.[2] Als

2 Vgl. Kap. 16a.

schließlich Zeithistoriker wie Martin Broszat (geb. 1926) und Ernst Nolte (geb. 1923) versuchten, die nationalsozialistischen Verbrechen historisch zu begreifen und einzuordnen, kam es 1986 zum ›Historikerstreit‹. Jürgen Habermas (geb. 1929), 1955–1959 Assistent Adornos, sah in der ›Historisierung‹ eine unstatthafte Relativierung des Holocaust und wandte sich, gestützt auf Jaspers, öffentlich entschieden gegen die »apologetischen Tendenzen in der deutschen Geschichtsschreibung«.[3] Er beharrte auf der ›Singularität‹ der Naziverbrechen und erklärte, diesen gegenüber sei nicht analytisches Begreifen, sondern moralische Empörung angebracht. Da aber anhaltende Empörung nicht weniger unnatürlich ist als emotionelle Apathie, wurde die als allein angemessen definierte Haltung gegenüber dem Holocaust bald nur noch als bloße Forderung der ›Political Correctness‹ empfunden. Damit war die Diskussion der Vergangenheitsbewältigung an ihr vorläufiges Ende gelangt.

MARTIN WALSER, der im Historikerstreit die Position der Historisierer vertrat, legte mit dem autobiographischen Roman *Ein springender Brunnen* (1998) ein Zeugnis seiner eigenen Vergangenheitsbewältigung vor. In diesem Heimat- und Entwicklungsroman versichert sich Walser seiner Kindheit während des Dritten Reichs in Wasserburg am Bodensee. Der Held Johann (das ist Walsers zweiter Vorname) ist am Beginn fünf, am Ende 18 Jahre alt. Seine Entwicklung wird in drei Schritten erzählt: »I. Der Eintritt der Mutter in die Partei« (1932/33), »II. Das Wunder von Wasserburg« (Frühjahr/Sommer 1938) und »III. Ernte« (1945). Jedem der Teile voran und am Schluß des Ganzen stehen poetologische Gedanken zur Erfassung der Vergangenheit – als »Traumhausbau«.
Ganz am Anfang der Erzählung heißt es: »Solange etwas ist, ist es nicht das, was es gewesen sein wird. Wenn etwas vorbei ist, ist man nicht mehr der, dem es passierte.« Denn:

---

3 Vgl. die Wochenzeitung *Die Zeit* vom 11. Juli 1986.

»Wir überleben nicht als die, die wir gewesen sind, sondern als die, die wir geworden sind, nachdem wir waren. Nachdem es vorbei ist. Es ist ja noch, wenn auch vorbei.«

So wie Traumbilder sich deutender Versprachlichung entzögen, meint der Erzähler, entzöge sich auch das Vergangene der Darstellung, Deutung und Bewertung. »Die, die sich am sehnsüchtigsten um die Vergangenheit bemühen, sind am meisten in Gefahr, das, was sie selber hervorgebracht haben, für das zu halten, was sie gesucht haben. [...] In Wirklichkeit wird der Umgang mit der Vergangenheit von Jahrzehnt zu Jahrzehnt strenger normiert. Je normierter dieser Umgang, um so mehr ist, was als Vergangenheit gezeigt wird, Produkt der Gegenwart. Es ist vorstellbar, daß die Vergangenheit überhaupt zum Verschwinden gebracht wird, daß sie nur noch dazu dient, auszudrücken, wie einem jetzt zumute ist beziehungsweise zumute sein soll.«

Der Titel *Ein springender Brunnen* ist ein Nietzsche-Zitat aus Zarathustras *Nachtlied*. Es besagt, daß die Seele des Erzählers und deren Sprache der Liebe die Quelle für jene schönen Kindheitsbilder sind, die in den wirklichkeitsfremden Wundern von Wasserburg gipfeln. Das Elend von Auschwitz liegt da wirklich außerhalb des Horizonts um Johanns Elternhaus, die »Restauration«. Und draußen im mittelhochdeutschen ›ellende‹, im Ausland, in der Verbannung, soll das Wissen um die Judenverfolgung bleiben. Der tumbe Johann hatte seinen Altersgenossen Wolfgang Landsmann »vergessen und vergessen, daß er ihn vergessen gehabt hatte«. Als dieser ihm nun am Ende von der Angst seiner jüdischen Mutter vor der Naziverfolgung unterrichtet, wehrt Johann ab: »Die Angst, in der Frau Landsmann gelebt hat, engt ihn ein. Er will mit dieser Angst nichts zu tun haben. [...] Er hatte gespürt, daß Wolfgang, was er ihm erzählt hatte, erzählt hatte, weil Johann das wissen müsse. Vielleicht meinte Wolfgang, daß Johann ein Vorwurf zu machen sei, weil er all das nicht gewußt, nicht gemerkt hatte. Johann wehrte sich gegen diesen vermuteten Vorwurf. [...] Er wollte von sich nichts verlangen lassen. Was er

empfand, wollte er selber empfinden. Niemand sollte ihm
eine Empfindung abverlangen, die er nicht selber hatte. Er
wollte leben, nicht Angst haben. Frau Landsmann würde
ihn mit ihrer Angst anstecken, das spürte er. Er mußte wegdenken von ihr und ihrer Angst. Eine Angst gebiert die
nächste.«

In Anlehnung an Nietzsches Perspektivismus hält der Erzähler Geschichtsschreibung für bloße Fiktion, die durch
latente Voreingenommenheit oder gar Deutungsvorgaben
irgendeiner ›Political Correctness‹ verfälscht werde. Johann
macht die Erfahrung, daß schon der Versuch, einen Schuld-
traum durch Aufschreiben zu bewältigen, scheitern muß:
»Er hatte dem Traum durch das Aufschreiben die Beschä-
mungskraft nehmen wollen. Er hatte gezielt, anstatt sich
anzuvertrauen. Er mußte sich das Zielen abgewöhnen. Sich
den Sätzen anvertrauen. Der Sprache. [...] Die Sprache,
dachte Johann, ist ein springender Brunnen.«[4]

So endet der Roman, für den Walser den Friedenspreis des
Deutschen Buchhandels (1998) erhielt. Doch obwohl Walsers Kritik an der öffentlichen Verpflichtung zur Betroffenheit vor deutscher Schuld in dem Roman deutlich genug
war und er auch früher schon, zum Beispiel 1979 in der
Rede »Auschwitz und kein Ende«[5], freimütig über seinen
persönlichen Umgang mit der Kollektivschuld gesprochen
hatte, legte er in seiner Dank-»Rede zur Verleihung des
Friedenspreises des Deutschen Buchhandels« am 11. Oktober 1998 in der Frankfurter Paulskirche noch einmal kräftig
nach. In den »Erfahrungen beim Verfassen einer Sonntags-
rede« bekennt er: »An der Disqualifizierung des Verdrän-
gens kann ich mich nicht beteiligen. [...] Ich käme ohne
Wegschauen und Wegdenken nicht durch den Tag und
schon gar nicht durch die Nacht. [...] Gewissen ist nicht
delegierbar. [...] Jeder kennt unsere geschichtliche Last, die

---

4 Vgl. hierzu auch Walsers Ausführungen in seinem Aufsatz »Ich vertraue.
  Querfeldein« in der *Neuen Zürcher Zeitung* vom 10./11. Oktober 1998.
5 Abgedruckt in *Über Deutschland reden* (1988).

unvergängliche Schande, kein Tag, an dem sie uns nicht vorgehalten wird. Könnte es sein, daß die Intellektuellen, die sie uns vorhalten, dadurch, daß sie uns die Schande vorhalten, eine Sekunde lang der Illusion verfallen, sie hätten sich, weil sie wieder im grausamen Erinnerungsdienst gearbeitet haben, ein wenig entschuldigt, seien für einen Augenblick sogar näher bei den Opfern als bei den Tätern? [...] Kein ernstzunehmender Mensch leugnet Auschwitz;[6] [...] wenn mir aber jeden Tag in den Medien diese Vergangenheit vorgehalten wird, merke ich, daß sich in mir etwas gegen diese Dauerpräsentation unserer Schande wehrt. [...] ich glaube, entdecken zu können, daß öfter nicht mehr das Gedenken, das Nichtvergessendürfen das Motiv ist, sondern die Instrumentalisierung unserer Schande zu gegenwärtigen Zwecken.« Indessen: »Auschwitz eignet sich nicht dafür, Drohroutine zu werden, jederzeit einsetzbares Einschüchterungsmittel oder Moralkeule oder auch nur Pflichtübung.«

Vor allem die Formulierungen »Instrumentalisierung«, »Drohroutine« und »Moralkeule« empörten die ehemaligen Nazi-Opfer und deren Vertreter. Ignatz Bubis (1927–1999), der damalige Präsident des Zentralrats der Juden in Deutschland, nannte Walser daraufhin einen »geistigen Brandstifter« und warf ihm »latenten Antisemitismus« vor. Indessen brachte *Die Walser-Bubis-Debatte* (1999) wenig Neues zur Vergangenheitsbewältigung. Der monatelange heftige Streit war gleichsam ein letztes Vermächtnis in der Auseinandersetzung um das Selbstverständnis der Täter- und Opfergeneration, sozusagen eine Endmoräne. Doch die unmittelbaren oder mittelbaren Zeitzeugen können nicht bestimmen, welchen Einfluß ihre Geschichte auf die Nachgeborenen haben wird (Robert Leicht). Selbst Rudolf Augstein (1923–2002) meinte: »Auschwitz ist und bleibt eine Katastrophe. Aber in der praktischen Politik

---

6 Die sogenannte Auschwitz-Lüge gilt seit dem 13. Juni 1985 nach § 194 des StrGB als Beleidigung.

können wir das doch nicht perpetuieren. Das geht nicht. Das können ja unsere Kinder gar nicht mehr verstehen.« Gleichwohl fürchtet auch er: »ich wandle am Rande der Political Correctness« mit einer solchen Meinungsäußerung.

Ein frühes Zeugnis des sich ändernden historischen Bewußtseins ist BERNHARD SCHLINKS (geb. 1944) Bestseller *Der Vorleser* (1995). Dieser in drei Teilen erzählte Roman datiert die ersten Selbstzweifel der Ankläger in den Auschwitzprozessen sogar noch um dreißig Jahre zurück. Der Held und Ich-Erzähler Michael Berg gerät als Fünfzehnjähriger in sexuelle Hörigkeit der einundzwanzig Jahre älteren Straßenbahnschaffnerin Hanna Schmitz. Diese erkundigt sich, was der Gymnasiast lerne – Homer, Cicero, Hemingway, Lessing, Schiller – und bittet: »Lies es mir vor!« – »Vorlesen, duschen, lieben und noch ein bißchen beieinanderliegen – das wurde das Ritual unserer Treffen«, berichtet der Erzähler. Darüber hinaus hatten wir »keine gemeinsame Lebenswelt, sondern sie gab mir in ihrem Leben den Platz, den sie mir geben wollte. Damit hatte ich mich zu begnügen.« Als Hanna spürt, daß ihr der junge Michael zu entgleiten droht, weil er sich mehr und mehr zu seinen Klassenkameradinnen und -kameraden hingezogen fühlt, entläßt sie ihn nach einer letzten Umarmung: »Jetzt ab zu deinen Freunden. [...] Am nächsten Tag war sie weg.« Ohne Abschied. Spurlos.

Im zweiten Teil ist Michael Berg Student der Rechtswissenschaft und verfolgt im Rahmen eines Seminars einen Prozeß gegen fünf KZ-Aufseherinnen. Unter den Angeklagten befindet sich Hanna Schmitz, die am Tod Hunderter gefangener Frauen schuldig geworden war. Michael Berg erklärt mit juristischem Sprachgestus: »Die Generation, die sich der Wächter und Schergen bedient oder sie nicht gehindert oder sie nicht wenigstens ausgestoßen hatte, als sie sie nach 1945 hätten ausstoßen können, stand vor Gericht, und wir verurteilten sie in einem Verfahren der Aufarbeitung und Aufklärung zur Scham.« Walsers drei Jahre später geäußer-

ten Verdacht, diese Schamverpflichtung anderer könne
auch der Selbstentlastung dienen, vorwegnehmend, bekennt der Erzähler selbstkritisch: »Ich denke jetzt, daß der
Eifer, mit dem wir Furchtbarkeiten zur Kenntnis nahmen
und anderen zur Kenntnis bringen wollten, tatsächlich abstoßend war. Je furchtbarer die Ereignisse waren, über die
wir lasen und hörten, desto gewisser wurden wir unseres
aufklärerischen und anklägerischen Auftrags. Auch wenn
die Ereignisse uns den Atem stocken ließen – wir hielten sie
triumphierend hoch. Seht her!« Gleichzeitig nimmt der Erzähler eine allgemeine Abstumpfung der Prozeßbeteiligten
gegenüber den Greueltaten wahr. Hanna sitzt »wie gefro-
ren«, sein eigenes Gefühl ist »wie betäubt«. »Wie der KZ-
Häftling, der Monat um Monat überlebt und sich gewöhnt
hat und das Entsetzen der neu Ankommenden gleichmütig
registriert. [...] Auch in den spärlichen Äußerungen der Täter begegnen die Gaskammern und Verbrennungsöfen als
alltägliche Umwelt, die Täter selbst auf wenige Funktionen
reduziert, in ihrer Rücksichts- und Teilnahmslosigkeit, ihrer Stumpfheit wie betäubt oder betrunken. Die Angeklagten kamen mir vor, als seien sie noch immer und für immer
in dieser Betäubung befangen, in ihr gewissermaßen ver-
steinert.« Aber: »Was sollte und soll meine Generation der
Nachlebenden eigentlich mit den Informationen über die
Furchtbarkeiten der Vernichtung der Juden anfangen?« Der
Prozeß entlarvt Hanna nicht als Bestie oder Monster, sondern als hilflose Ordnungsfanatikerin, deren Fehlverhalten,
wie der Erzähler jetzt begreift, in ihrem schicksalhaften
Analphabetismus wurzelt, den sie peinlichst zu verstecken
suchte, sogar um den Preis zusätzlicher Belastung vor Gericht. Michael Berg versteht Hannas Furcht vor ihrer Bloß-
stellung als Analphabetin und weiß nicht, wie er sich verhalten soll: »Konnte ich ihr ihre Lebenslüge wegnehmen,
ohne ihr eine Lebensperspektive zu eröffnen?« Er sucht
den Rat seines Vaters, des Rechtsphilosophen, sowie das
Gespräch mit dem Vorsitzenden Richter. Doch unüberwindliche Kommunikationsschwierigkeiten mit der älteren

Generation verhindern, daß es Michael Berg gelingt, das Fehlurteil über Hanna abzuwenden. »Hanna bekam lebenslänglich.« – Nach dieser Erfahrung distanziert sich Michael Berg vom Stil der Vergangenheitsbewältigung durch die Studentenbewegung. Er fragt sich: »Wie kann man Schuld und Scham empfinden und zugleich selbstgerecht auftrumpfen?« Er wird Rechtshistoriker und liest im dritten Teil der Erzählung nach einigen Jahren für Hanna Belletristik auf Tonkassetten, ohne aber mit ihr in brieflichen Kontakt zu treten. Hanna lernt und liest die KZ-Literatur der Opfer und Täter sowie die wissenschaftlichen Kommentare dazu. Als sie nach achtzehn Jahren Haft begnadigt wird, kommt es zu einer Gegenüberstellung mit Michael Berg. Da erklärt Hanna: »Ich hatte immer das Gefühl, daß mich ohnehin keiner versteht, daß keiner weiß, wer ich bin und was mich hierzu und dazu gebracht hat. Und weißt du, wenn keiner dich versteht, dann kann auch keiner Rechenschaft von dir fordern. Auch das Gericht konnte nicht Rechenschaft von mir fordern. Aber die Toten können es.« Das eben war Michael Bergs Dilemma: »Ich wollte Hannas Verbrechen zugleich verstehen und verurteilen. Aber es war dafür zu furchtbar. Wenn ich versuchte, es zu verstehen, hatte ich das Gefühl, es nicht mehr so zu verurteilen, wie es eigentlich verurteilt gehörte. Wenn ich es so verurteilte, wie es verurteilt gehörte, blieb kein Raum fürs Verstehen. [...] Ich bin damit nicht fertiggeworden.« Hanna weiß, daß sie für immer verstoßen bleibt und erhängt sich am Morgen ihrer Entlassung aus der Haft.

Die mit dem Mauerfall von 1989 einsetzende allgemeine Entideologisierung[7] erlaubt es zehn Jahre später, die Gewissensprüfung hinsichtlich persönlicher Verstrickung in den Kontext deutscher Vergangenheit sogar am skurrilen Fall darzustellen: Im Jahr 1997 hat ein Bassist der Deutschen Oper Berlin während eines Gastspielaufenthalts in Israel in einer Hotelbar in Tel Aviv eine Rechnung mit »Adolf Hit-

---

7 Vgl. Kap. 17g, S. 389.

ler« unterschrieben, woraufhin er fristlos entlassen und nach Berlin zurückgeschickt wurde. In seiner Erzählung *Die Flatterzunge*[8] (1999) versucht FRIEDRICH CHRISTIAN DELIUS, diese skandalöse Entgleisung nachvollziehbar zu machen, indem er seinen Delinquenten, dem Posaunisten Hannes, auf Anraten von dessen Anwalt, Dr. Möller, aufschreiben läßt, wie es zu dieser Augenblicks-Idiotie kam. Aus den zunächst für die Rechtfertigung in einer Wiedereinstellungsklage gedachten Notizen entsteht das tagebuchartige Psychogramm eines einfältigen unpolitischen Menschen, der faselnd zwischen Selbstmitleid und Empörung schwankt: Hannes ist geschieden. Seine beruflichen Leistungen lassen nach, ebenso sein Glück bei Frauen. Er trinkt und ärgert sich bei der Getränkeabrechnung über die Nachlässigkeit eines Kellners. Dem möchte er die mangelnde Aufmerksamkeit auf vermeintlich witzige Weise vorhalten. Doch der Kellner reagiert »humorlos«, und schon ist der Eklat da. Aber ein Antisemit ist Hannes nicht. – Die schöne Kollegenwitwe Marlene O. hält ihm vor: »Sie eiern mit albernen Erklärungen herum«, statt sich zu entschuldigen »bei den Israelis, bei der Oper, bei den Deutschen«. Warum er überhaupt derart aus der Rolle gefallen sei? Hannes meint: »Ich habe in diesem blöden Augenblick in Tel Aviv die Wahrheit gesagt, glaube ich. Vielleicht spinne ich, aber … steckt nicht in jedem von uns, nicht nur uns Deutschen, der Bruchbruchteil eines Nazis, auch wenn wir noch so demokratisch, noch so prosemitisch, noch so aufgeklärt sind?« – Die Verlogenheit in den Versöhnungsgesten habe ihn ausrasten lassen. – Hannes merkt: »ich finde Gefallen am Aufschreiben. Will nicht überlegen müssen, was nützlich ist und was nicht, was paßt, was nicht. Die Begegnung mit Frau O. hat vor Gericht nichts zu suchen. Gerade deshalb schreib ich es auf. Also: keine Zensur beim Tippen.«

---

8 Flatterzunge ist der Fachausdruck für eine durch schnelle Flatterbewegungen der Zungenspitze bewirkte tremoloartige Tonwiederholung bei bestimmten Blasinstrumenten.

Das heißt, Hannes möchte sich wie Johann in Walsers Roman *Ein springender Brunnen* ganz seinen Eingebungen anvertrauen. Doch auch seine Sätze zielen absichtsvoll. Hannes gibt zu: »Ich ließ mich von ihren [Marlene O.s] Reaktionen leiten und war meiner Eroberung sicher: Sie ist mir, weil sie opponiert, gewogen, dies ist ein Vorspiel.« Marlene O. besteht darauf: »Sie hätten Ihr Unbehagen ja ausdrücken können, aber den falschen Strich, den Ausrutscher, die grobe Beleidigung zurücknehmen müssen, und damit das Bild verbessern, ergänzen.« Doch solche »Pentimenti, Reuezüge«[9] gelingen Hannes so wenig wie Martin Walser im Streit mit Ignatz Bubis. Hannes meint: »Fallen, nichts als Fallen: Wenn ich mich mit Israel oder dem ›deutsch-jüdischen Verhältnis‹ beschäftige, gilt das als Eingeständnis meiner Schuld, als Versuch, etwas abzuarbeiten. ›Wiedergutmachen‹. (Bin kein Nazi, kein Adenauer, kein Politiker.) Wenn ich es nicht tue, als Gleichgültigkeit, Verachtung oder Indiz für meinen Antisemitismus.« Er jammert: »ich bin doch das Opfer, das jüngste Opfer dieser Scheiß-Nazis [...]: Den andern, die mich als Täter sehen, geht es doch prima mit ihrer Empörung auf ihren politischen Stammplätzen!« Und er zitiert H. Martenstein aus dem *Tagesspiegel*: »Wahrscheinlich sind wir Deutschen wirklich perfektionistischer als andere Völker. Wir wollen nämlich auf den bestorganisierten Mord der Geschichte die stilistisch gelungenste Bußübung der Geschichte folgen lassen. Es gibt aber, was uns Deutsche betrifft, zu Auschwitz kein richtiges Verhalten. Schweigen ist falsch. Alles, was man sagen, tun oder herzeigen könnte, ist auch falsch. So viel haben wir begriffen, nicht zuletzt durch die Diskussion über das Berliner Holocaust-Mahnmal. Die deutsche Hölle: ein Ort, an dem korrektes Verhalten nicht möglich ist.« Die zeitgemäße Befreiung aus diesem Dilemma scheint der

---

9 Pentimenti, zu ital. *pentimento* ›Reue‹, vom Künstler überarbeitete Linien und Pinselzüge auf Zeichnungen und Gemälden, welche die vorausliegenden Zustände des Werks erkennen lassen.

Unernst. Hannes fragt sich immer noch: »Wieso hat der [Kellner] mich nicht ausgelacht?« Hat nicht Brechts Schwiegersohn Hitlers *Mein Kampf* auf eine Doppel-CD gelesen und veröffentlicht, intendierend: »Es soll Kunst sein, zum Lachen und Abschrecken.« Tatsächlich endet das Tagebuch mit einem »Brief aus Tel Aviv. Off-Theater ›Shariot‹ bereitet eine Performance vor, ›My last enemy‹. ›We didn't forget your performance last year in the *Ambassador*-Hotel. It was a moment of strange truth.‹ Sie wollen mich als Solo-Posaunisten, klassische und Jazz-Stücke. ›Don't worry, we don't want you to be a parody of a new Hitler. Just be the German you are.‹«

Hannes war ganz sicher kein »Opfer dieser Scheiß-Nazis«, wie er wähnte, sondern ausschließlich ein Opfer seiner eigenen Einfalt. Aber es hatte ja tatsächlich Millionen deutscher Kriegsopfer gegeben, von denen bisher öffentlich selten gesprochen wurde. In seinen Züricher Vorlesungen über *Luftkrieg und Literatur* (1997, hrsg. 1999) meint der Schriftsteller W.[INFRIED] G.[EORG] SEBALD (1944–2001), »daß es uns bisher nicht gelungen ist, die Schrecken des Luftkriegs durch historische oder literarische Darstellungen ins öffentliche Bewußtsein zu heben«. Während in Großbritannien die 1942 beschlossene Strategie der Flächenbombardements kritisch hinterfragt wurde, seien deutsche Schriftsteller – mit ganz wenigen Ausnahmen – der unverblümten Darstellung des Bombenkriegs ausgewichen.[10] Die Gründe dafür seien mannigfach. Wie im Falle der KZ-Erfahrungen bewirkte auch hier das Entsetzen eine Betäubung der Betroffenen. Es sei unmöglich, »die Tiefen der Traumatisierung in den Seelen derer auszuloten, die aus

---

10 Sebald erwähnt: Hermann Kasack, *Die Stadt hinter dem Strom* (1947), Hans Erich Nossack, *Nekyia. Bericht eines Überlebenden* (1947) und *Der Untergang* (1948), Alexander Kluge, »Der Luftangriff auf Halberstadt am 8. April 1945« (1970), Hubert Fichte, *Detlevs Imitationen ›Grünspan‹* (1971), Heinrich Böll, *Der Engel schwieg* (1992), Peter de Mendelssohn, *Die Kathedrale* (1983). Volker Ullrich ergänzt: Gerd Leidig, *Vergeltung* (1956), Walter Kempowskis Collage über die Vernichtung Dresdens und Dieter Forte, *Der Junge mit den blutigen Schuhen* (1995). Vgl. auch den aktuellen

den Epizentren der Katastrophe entkamen. Das Recht zu
schweigen, das diese Personen in ihrer Mehrzahl sich nahmen«, sei unantastbar; »niemand, auch die mit der Bewah-
rung des kollektiven Gedächtnisses der Nation betrauten
Schriftsteller nicht, durfte uns später, gerade weil wir unsere Mitschuld erahnten, so schmachvolle Bilder in Erinnerung rufen wie jenes vom Dresdner Altmarkt zum Beispiel,
auf dem im Februar 1945 6865 Leichen auf Scheiterhaufen
verbrannt wurden von einem SS-Kommando mit Erfahrung in Treblinka. Jede Beschäftigung mit den wahren
Schreckensszenen des Untergangs hat bis heute etwas
Illegitimes, beinahe Voyeuristisches«. Um lebensfeindliche
Verstörungen im kollektiven Seelenleben zu verdrängen,
pflegte man damals zum Teil grotesk anmutende Alltagsri-
tuale und Alltagsroutine und befaßte sich mit der Redefini-
tion des Selbstverständnisses im Hinblick auf die Vergangenheit sowohl als auf den anstehenden Wiederaufbau. –
Pentimenti hieß das bei Delius. »In solcher Präokkupation
mit der Nachbesserung des Bildes, das man von sich über-
liefern wollte, lag, meines Erachtens, einer der wichtigsten
Gründe für die Unfähigkeit einer ganzen Generation deutscher Autoren, das, was sie gesehen hatten, aufzuzeichnen
und einzubringen in unser Gedächtnis«, schreibt W. G. Sebald. Im Grunde ist es aber nicht die mangelnde Themati-
sierung des Luftkriegs in der deutschen Literatur, was Sebald beklagt, sondern der falsche, mythisch sinnstiftende
Blickwinkel von Kasack (vgl. S. 272) und Nossack (vgl.
S. 284). Sebald verlangt nach der Enttabuisierung der deutschen Opferrolle als Voraussetzung für angemessenere
Darstellungen. Und obwohl diese eigentlich durch WALTER
KEMPOWSKIS *Echolot* bereits seit 1993 in dokumentarischer Nüchternheit und ganz ohne moralisierende Unter-

---

Versuch des Historikers Jörg Friedrichs, der in seinem Buch *Der Brand.
Deutschland im Bombenkrieg 1940–1945* (2002) erstmals die Erfahrungen
der Opfer in den Mittelpunkt stellt. Zeitgleich erscheint von dem britischen
Militärhistoriker Robin Neillands *Der Krieg der Bomber. Arthur Harris
und die Bomberoffensive der Alliierten 1939–1945* (2002).

scheidungen zwischen Täter und Opfer geleistet wird (vgl. S. 384), tritt GÜNTER GRASS in seiner Novelle *Im Krebsgang* (2002) dem Zeitgeist folgend nun mit großem Aplomb noch einmal als vermeintlicher Tabubrecher auf.

Am 30. Januar 1945, kurz nach 21 Uhr, wurde das Flüchtlingsschiff »Wilhelm Gustloff« durch drei Torpedos des russischen U-Boots »S-13« nahe der Stolpebank, nordwestlich von Danzig, in der Ostsee versenkt. Dabei fanden etwa neuntausend Menschen, meist Frauen und Kinder, den Tod. Das sind sechsmal so viele Opfer wie beim Untergang der »Titanic«. Dennoch wurde der Untergang der »Gustloff« weder im Reich noch in den offiziellen Berichten der baltischen Rotbannerflotte bekanntgegeben. Ja, selbst in der 19. Auflage des *Brockhaus* von 1994 wird diese wohl größte Schiffskatastrophe aller Zeiten noch immer mit keinem Wort erwähnt. Um das Andenken an diese deutschen Kriegstoten nicht rechten Revanchisten zu überlassen, verfaßte Günter Grass den Opfern der »Gustloff«-Katastrophe mit der Novelle *Im Krebsgang* (2002) sein »In memoriam«.

Der Autor Grass, der die gründlich recherchierten historischen Fakten raffiniert mit einer Figur aus seiner Danziger Trilogie verknüpft, tritt in der Erzählung selbst als »der Alte« auf: »Eigentlich, sagt er, wäre es Aufgabe seiner Generation gewesen, dem Elend der ostpreußischen Flüchtlinge Ausdruck zu geben: [...] Niemals, sagt er, hätte man über so viel Leid, nur weil die eigene Schuld übermächtig und bekennende Reue in all den Jahren vordringlich gewesen sei, schweigen, das gemiedene Thema den Rechtsgestrickten überlassen dürfen.« Doch der Alte hat »sich müdegeschrieben« und darum die Ehrenpflicht des Gedenkens einem Jüngeren übertragen: Paul, der Erzähler, ist Journalist und Alt-68er. Das heißt, er gehört jener Generation an, die sich mehr für Auschwitz und die Untaten ihrer Eltern als für deutsche Kriegsopfer interessierte. Doch er ist eben auch eines der fünf Kinder, die während des Untergangs der »Gustloff« geboren wurden. Seine Mutter ist niemand anderes als Tulla, die aus den Erzählungen *Katz und Maus* und *Hundejahre* bekannte Tischlerstochter Ursula Pokriefke, die jetzt betont: »Ech leb nur noch dafier, daß main Sohn aines Tages mecht Zeugnis ablegen.« Sie liegt Paul in den Ohren: »Wie aisig die See jewesen is und wie die Kinderchen alle koppunter. Das mußte aufschraiben. Biste ons schuldig als glicklich Ieberlebender.« Aber Paul »wollte nicht. Mochte doch keiner was davon hören, hier im Westen nicht und im Osten schon gar nicht. Die *Gustloff* und ihre verfluchte Geschichte waren jahrzehntelang tabu, gesamtdeutsch sozusagen.« Erst als Paul entdeckt, daß »sogenannte Vorgestrige, aber auch frischgebackene Jungnazis« die »Gustloff«-Katastrophe im Internet unter »www.blutzeuge.de« thematisieren, entschließt er sich, der Sache nachzugehen:

Wilhelm Gustloff (1895–1936) war Landesgruppenleiter der NSDAP in der Schweiz. Er wurde von dem Medizinstudenten David Frankfurter (geb. 1909) in Davos erschossen. Dieser, Sohn eines Rabbiners aus Danuvar in Serbien, stellte sich mit den Worten: »Ich habe geschossen, weil ich Jude bin. Ich bin mir meiner Tat vollkommen bewußt und bereue sie auf keinen Fall.« Der jüdische Romanautor Emil Ludwig (1883–1948) lobte den »Kampf Davids gegen Goliath«, während die Nationalsozialisten den »Blutzeugen ihrer Bewegung« betrauerten und 1939 das größte Kreuzfahrtschiff der NS-Gemeinschaft »Kraft durch Freude« auf dessen Namen tauften.

Paul beobachtet im Chatroom des Internet »ein streitbares Rollenspiel« zweier »Bescheidwisser«, die unter ihren fiktiven Namen Wilhelm und David »immer wieder die Tat und deren Motive« durchkauen; »ihr individueller, mal scharfer, dann wieder kumpelhafter Ton« verriet, »daß sich im virtuellen Raum zwei junge Leute gefunden hatten, die, bei allem feindseligen Getue, hätten Freunde werden können.« – Wilhelm schlägt denn auch vor: »Wir sollten uns kennenlernen, bißchen beschnuppern, möglichst bald …«. Die beiden verabreden sich für den 20. April 1997 an Gustloffs

Geburtshaus in Schwerin und besuchen die inzwischen geschleifte Ehrenhalle des »Blutzeugen«. Dort deklamiert Wilhelm: »Gelebt für die Bewegung – Gemeuchelt vom Juden – Gestorben für Deutschland.« Als Antwort habe David »Als Jude fällt mir nur soviel dazu ein‹ gesagt und dann dreimal auf das vermooste Fundament gespuckt, also den Ort des Gedenkens [...] ›entweiht‹.« Woraufhin Wilhelm David erschießt und »sich mit den Worten ›Ich habe geschossen, weil ich Deutscher bin‹«, stellt. Der achtzehnjährige philosemitische David, eigentlich Wolfgang Stremplin aus Karlsruhe, war aber kein Jude. Der siebzehnjährige neonazistische Wilhelm ist tatsächlich Pauls Sohn Konrad, der bei seiner geschiedenen Mutter Gabi aufgewachsen und von seiner Großmutter Tulla indoktriniert worden ist. Nun rechtfertigt er sich vor Gericht mit altklugen, pathetischen Phrasen: »Ich schoß aus Prinzip«; »weil aus David der ewige Jude sprach.« »Dem Blutzeugen verdanke ich meine innere Haltung. Ihn zu rächen war mir heilige Pflicht!« usw. Konrad wird zu sieben Jahren Jugendhaft verurteilt und kommt in der Haft allmählich zur Vernunft. Doch da erscheint bereits eine neue Webseite: »www.kameradschaft-konrad-pokriefke.de«. »Wir glauben an Dich, wir warten auf Dich, wir folgen Dir ...« Und der Erzähler stöhnt: »Das hört nicht auf. Nie hört das auf.«

Zwar bricht die Novelle *Im Krebsgang* durch ergreifende Schilderungen das vermeintliche Opfertabu, zwar gibt sie durch die Figuren der Hexe Tulla und des Neonazis Konrad Pokriefke den verpönten revanchistischen Ansichten reichlich Raum, doch am Ende kehrt die Erzählung mit ihrer konstruierten Pointe, dem Mord, seiner gerichtlichen Bestrafung sowie der pädagogischen Läuterung des Delinquenten wieder zur alten Position zurück. Das heißt also auch hier im Hinblick auf die »Political Correctness« Pentimenti.

Rückblickend werden hier also fünf Stationen im Wandel des historischen Bewußtseins deutlich: Erstens: Walser wendet sich in seiner autobiographischen Erzählung *Ein springender Brunnen* deutlich von der deutschen Auschwitzschuld ab. Zweitens: Schlink stellt in seinem Roman *Der Vorleser* die politisch korrekten Ankläger aus der Studentengeneration von 1969 selbst in Frage. Drittens: Delius ironisiert mit seiner *Flatterzunge* sowohl den Tabuverletzer als auch die »Political Correctness«. Viertens: Sebald möchte mit seinen Züricher Vorlesungen über *Luftkrieg und Literatur* den Blick auf die eigenen, deutschen Opfer umlenken. Fünftens: Grass entspricht diesem Wunsch in seiner Novelle *Im Krebsgang* – ohne allerdings die Grenzen der »Political Correctness« völlig aufzuheben.

Diese ideologischen Relativierungen und Differenzierungen, die bereits 1989 einsetzten und hier exemplarisch am Motiv der Vergangenheitsbewältigung aufgezeigt wurden, lassen sich auch an manch anderen, weniger aufsehenerregenden Werken und in anderen Zusammenhängen beobachten. So etwa bei UWE TIMM (geb. 1940). Von dessen sechs Erzählungen in *Nicht morgen, nicht gestern* (1999) heißt eine »Der Mantel«. Das ist die erlebte Rede einer Rentnerin, die sechsundvierzig Jahre in einer Hamburger Kürschnerei als Pelznäherin gearbeitet und sich in monatelanger Feierabendarbeit einen handwerklich meisterhaften Nutriamantel genäht hat: »damals sah man noch die Pelzmäntel, ganz selbstverständlich wurden sie im Winter getragen. [...] Und dann kamen die Leute, die dagegen protestierten. So kam es, daß all die Geschäfte schließen mußten, die Kürschner entlassen wurden«. – Der Pelzmantel, das Erinnerungsstück und einziger Besitz der Rentnerin wird hinterrücks durch Ölfarbe zerstört. »Es war etwas Rotes. Ja. Ganz sicher. Und die Leute haben gelacht. Das hatte sie gesehen. Das hatte sie am meisten verwirrt, wie die Umstehenden in dem Kaufhaus gelacht hatten.« – Das heißt: aus dem Blickwinkel des Opfers wird hier die Ideologie des militanten Tierschützers in Frage gestellt.

Wo aber die alten ideologischen Überzeugungen ungebrochen fortgeschrieben werden, muten sie inzwischen unzeitgemäß an. So zum Beispiel bei CHRISTOPH MECKEL. Mekkel hat im *Suchbild*. *Über meinen Vater* 1980 das Lebensbild eines nationalsozialistischen Mitläufers gezeichnet, eine beispielhafte, bis heute lesenswerte Kritik an der Vätergeneration der Studentenbewegung. Das *Suchbild. Meine Mutter* von 2002 hingegen überzeugt nicht mehr als private Aufarbeitung des historisch geprägten Epochen-Milieus.[11] Man liest, die Mutter »begann ihre Ehe als strahlende Doktorandin und ohne zu wissen, was eine Küche ist. [...] Sie literarisierte die Existenz.« Ihr Weltbild war »bürgerlich, deutsch und christlich. [...] Sie war, was zeitgeschichtliche Formeln behaupteten: die deutsche Frau, die tapfere Mutter im Krieg, die Frau des Frontsoldaten – ein deutscher Fall«. Aber als Mutter dreier Söhne war sie unnatürlich gefühlskalt, »das Trauerspiel einer monströsen Instinktlosigkeit«. Nach dem Tod ihres Mannes purgiert sie dessen Bild. Sie unterschlägt, »daß ihr Mann ein nationaler Mitläufer war. [...] Daß er faschistische Parolen signierte. Sie erstickte Wahrheit in Eigenliebe, verhinderte Einsicht, Kenntnis und Erkennen, behauptete Widerstand, wo keiner war, ließ ihren Mann als einwandfrei erscheinen, ließ ihre Söhne jede Täuschung glauben und unterzeichnete das falsche Bild.« – Das sind die Redefinitionen, von denen Sebald sprach, die Pentimenti in der Erzählung *Die Flatterzunge* von F. C. Delius, die inzwischen allzuvertrauten Reuezüge als Element der Vergangenheitsbewältigung, die nun selbst allmählich als Endmoräne des vergangenen Jahrhunderts wahrgenommen wird.

Der inzwischen ziemlich abgedroschene Begriff von der ›Vergangenheitsbewältigung‹ wurde nach der Wiedervereinigung im Jahr 1989 auch noch auf die Auseinandersetzung mit der Geschichte der DDR ausgedehnt.[12] Doch auch dieser Streit um die DDR-Geschichte hat nach anderthalb Jahrzehnten viel von seiner anfänglichen Heftigkeit verlo-

---

11 Vgl. die Mutterbücher von Peter Handke, *Wunschloses Unglück* (1972), Urs Widmer, *Der Geliebte der Mutter* (2000) und Michael Lentz, *Muttersterben* (2001).

12 Vgl. Kap. 17c und 17d, S. 352 ff.

ren. Die Rückblicke auf diese vergangene Epoche sind ab-
geklärter geworden.[13] MONIKA MARONS Roman *Endmoränen* (2002) liefert das Stichwort für die neue Stimmung.
Endmoränen sind das Steingeröll, das nach dem Gletscher-
geschiebe einer Eiszeit zurückbleibt, ein erdgeschichtlicher
Restbestand. Johanna, die Ich-Erzählerin dieses Romans
über das Altern, und ihr Mann Achim sind ehemalige
DDR-Bürger und Germanisten. Johanna arbeitet auf dem
Lande im fiktiven Basekow bei Berlin an einer Biographie
der Mätresse Wilhelmine Enke (1753–1820), während ihr
Mann in Berlin an einem Kleist-Projekt beteiligt ist. Weil
ihr der Neuanfang nach dem Ende der DDR nicht gelungen
ist, fühlt sie sich alt und nutzlos. Johanna weiß: »Wir hatten
die Chance, ein ganz neues Leben zu beginnen, eins, das für
uns nicht vorgesehen war und mit dem niemand von uns
gerechnet hatte. Ich hätte alle Festlegungen aufheben und
mein Leben neu erfinden dürfen.« – »Die Enke hat die
Chance eines zweiten, unverhofften, ihr durch Geburt nicht
zugedachten Lebens, die Friedrich Wilhelm ihr gab, als er in
dem dreizehnjährigen Kind die Frau erkannte, die er sich
zur Geliebten wünschte, mit allem, was ihr gegeben war,
mit Intelligenz, Wißbegier, Schönheit, Willenskraft, gepackt
und fortan mit Klauen und Zähnen verteidigt.« Johanna dagegen ist durch quietistische Gemütsträgheit einem lebens-
dämpfenden Alterskonservatismus verfallen, der sie durch
den erlebten Normenverlust mit lähmendem Sinn- und
Selbstzweifel quält. Die Fragwürdigkeit der Normen beobachtet sie an all ihren Bekannten: Ihre Basekower Nachba-
rin, die alte Friedel Wolgast, verliert »die feste Ordnung ihrer Welt und Gedanken« im Streit mit einem rücksichtslosen neuen Nachbarn aus Westdeutschland. Johannas eigene

---

13 Günter de Bruyn, *Vierzig Jahre* (1996), Christoph Hein, *Von allem Anfang
an* (1997), Günter Kunert, *Erwachsenenspiele* (1997), Klaus Schlesinger, *Von
der Schwierigkeit, Westler zu werden* (1998), und *Trug* (2000), Brigitte Rei-
mann, *Ich bedaure nichts / Alles schmeckt nach Abschied* (1998), Erich
Loest, *Gute Genossen* (1999), Christa Wolf, *Leibhaftig* (2002), Jana Hensel,
Zonenkinder (2002).

und ihres Mannes philologische Arbeiten scheinen belanglos geworden zu sein. Der vormals von ihnen bewunderte und beneidete Wohlstand und Besitz des befreundeten Münchner Lektors Christian P. und der Westberliner Malerin Karoline Winter erwiesen sich nicht als Lebenshilfe für die beiden. Deren vermeintliche größere Freiheit, die dialektfreie Sprache, das ungenierte Lachen, die Zwanglosigkeit und Weltläufigkeit stellten sich als täuschende Oberfläche heraus. Die berufliche Stellung des Lektors und das künstlerische Ansehen der Malerin sind für Johanna überraschend unbeständig. Zu diesem Befund im privaten Umfeld kommen die Verunsicherungen im Allgemeinen: Die wissenschaftlichen Errungenschaften der Humanmedizin zum Beispiel sind überhaupt nicht mehr verläßlich einzuordnen. Johanna verweigert sich diesen Problemen: »Über dem ganzen Streit hing die Frage, ob mich das alles wirklich noch anging und warum ich mich erhitzen sollte an einer Welt, die ganz sicher kommen, in der ich aber nicht mehr leben würde. Laß sie doch ziehen, die Welt ...« Johanna fragt sich: »Haben wir alle verlernt, um unser Glück zu kämpfen? Oder sind wir nur unsicher darin geworden, was unser Glück sein könnte?« Dem »Gefühl, zu früh aus der Welt gefallen zu sein«, der vorzeitigen Endgültigkeit in ihrem Leben, will sie entgegentreten. Denn was heißt schon »Mätresse« angesichts der Ehen aus Staatsräson? Was heißt »Alterstreue«, wo keine Versuchung mehr lockt? Mögen Glück und Liebe für Johannas Freundin Elli auch »Autosuggestion und Selbstbetrug« sein, für Johanna wäre völlige Leidenschaftslosigkeit der Tod. Wie Achim sich an seiner alten Arbeit festkrallt und ihr unverändert den Rücken zukehrt, gefällt ihr nicht mehr, zumal der Galerist Igor, ein arroganter Russe, ihr erklärt: »man müsse vor allem im eigenen Leben dafür sorgen, daß es zu jeder Zeit genügend Anfänge gibt, glückliche Anfänge. [...] Er sei gewissermaßen ein Anfangsfetischist.« Er fragt Johanna: »Wollen Sie mit mir schlafen?« und Johanna sagt: »Ja«.

b) Medienspektakel und Spaßkultur

Schon was eben im Zusammenhang mit dem Jahrhundertthema der Vergangenheitsbewältigung als Literaturgeschichte vorgestellt wurde, waren im Grunde weniger literarische Ereignisse als gesellschaftspolitische, vor allem
aber Medien-Ereignisse.

Von 1988 bis Ende 2001 besprach der Kritiker MARCEL
REICH-RANICKI (geb. 1920) mit zwei weiteren Kritikern
und einem wechselnden Gast regelmäßig jeweils fünf Bücher vor laufender Kamera. Diese *Literarisches Quartett*
benannte »Talkshow«, die bewußt den Gesetzen des Amü-
siermediums Fernsehen folgte, endete meistens mit undiffe-
renzierten, aber deutlichen Urteilen zwischen »herrrlich!«
und »grrräßlich!«. Was in diesem Sinne Furore machte,
weil es als epochal oder skandalös herausgestellt werden
konnte, wurde dann nicht selten von dem Nachrichtenma-
gazin *Der Spiegel* aufgegriffen und lieferte im Nachgang die
Dauerbrenner in den Feuilletons der Tages- und Wochen-
zeitungen, deren Beiträge zum Thema schließlich gesammelt in Buchform erschienen.[14] Im Mittelpunkt des *Literarischen Quartetts* standen weder die Bücher noch deren Rezensionen, sondern die in ihren Rollen verfestigten Kritiker
selbst, genauer gesagt: Marcel Reich-Ranicki, der als Litera-
turpapst aller Autoritätsgläubigen stets das letzte Wort
behielt. Ein allzu energischer Widerspruch der Kritikerin
Sigrid Löffler (geb. 1942), der in persönlichen Zwist um-
schlug und ihren Austausch durch Iris Radisch (geb. 1959)
nach sich zog, galt folglich als besonderer Höhepunkt am
Ende dieses Fernseh-Serien-Spektakels.

Einige seiner fundierteren Kritiken hatte Reich-Ranicki unter dem Titel *Lauter Verrisse* (1970) herausgegeben. Im Oktober 1993 erschien er auf einem Titelblatt des *Spiegel* als
»Der Verreißer«; und 1995 zeigt ihn ein anderes Titelblatt

---

14 Vgl. zum Beispiel die Rezeption des Romans *Ein weites Feld* von Günter
Grass, S. 369.

des *Spiegel*, wie er den Roman *Ein weites Feld* von Günter Grass »in der Luft zerreißt«. Doch obgleich der populäre Kritiker kräftig austeilt, ist er selber empfindlich und neigt dazu, »Kritik an seiner Person auch unter dem Aspekt der Abgrenzung zu einem Juden, im besten Fall als Gedankenlosigkeit, im schlimmsten Fall als (unterschwelligen) Antisemitismus zu werten«.[15] Das hat MARTIN WALSER wohl gewußt, und dennoch hat er, obwohl ihm seit seiner Friedenspreisrede von 1998 »Nachkriegsantisemitismus« vorgeworfen wird, sich erkühnt, den von so manchem Schriftsteller gehaßten Kritiker[16] mit dem Roman *Tod eines Kritikers* (2002) parodistisch aufs Korn zu nehmen:

Der *Tod eines Kritikers* wird in drei Teilen erzählt. Der Ich-Erzähler der beiden ersten Teile »Verstrickung« und »Geständnis« ist der Mystik-Forscher Michael Landolf, der sich im dritten Teil »Verklärung« überraschenderweise als Alter Ego des Helden Hans Lach herausstellt. – Hans Lachs Buch »Mädchen ohne Zehennägel« ist in der berühmten und beliebten Fernseh-Show »Sprechstunde« von dem Kritiker André Ehrl-König unsanft behandelt worden. Auf der Party, die regelmäßig nach der Sendung in der Villa des Verlegers Pilgrim stattfindet und zu der der Autor Lach nicht eingeladen war, greift dieser den Kritiker an. – »Als ihn zwei Butler hinausbeförderten, habe er ausgerufen: Die Zeit des Hinnehmens ist vorbei. Herr Ehrl-König möge sich vorsehen. Ab heute nacht Null Uhr wird zurückgeschlagen. Diese Ausdrucksweise habe unter den Gästen, die samt und sonders mit Literatur und Medien und Politik zu tun hätten, mehr als Befremden, eigentlich schon Bestürzung und Abscheu ausgelöst, schließlich sei allgemein bekannt, daß André Ehrl-König zu seinen Vorfahren

15 Tim Schleider, *Stuttgarter Zeitung*, Nr. 126, 2. Juni 2000, S. 35.
16 Vgl. zum Beispiel die Anfeindungen Marcel Reich-Ranickis durch Brinkmann, Grass, Handke, Henscheid, Heißenbüttel, Christa Reinig u. a. – »Wir sind in unserem langen Leben … mit der Absicht, uns zu ermorden, hinreichend konfrontiert worden« (Reich-Ranicki über sich und seine Frau).

auch Juden zähle, darunter auch Opfer des Holocaust. Auf
dem Kühler von Ehrl-Königs Jaguar, der am nächsten
Morgen immer noch vor der Villa des Verlegers stand, sei
der berühmte gelbe Cashmere-Pullover, den der Kritiker in
seiner Fernsehshow immer um seine Schultern geschlungen
trage, gefunden worden. Von André Ehrl-König fehle jede
Spur.« – Hans Lach, Verfasser auch eines Buches mit dem
Titel »Der Wunsch, Verbrecher zu sein«, wird des Mordes
verdächtigt, inhaftiert und schweigt sich aus, während Michael Landolf »Party-Archäologie« betreibt, um in Gesprächen mit den Gästen des Verlegers Pilgrim und deren
Angehörigen, Freunden und Bekannten Beweise für Lachs
Unschuld zu suchen. Indessen gesteht Lach die Tat und
wird in die forensische Psychiatrie Haar verlegt. Als auch
die Gattin des Kritikers, Madame Ehrl-König, gesteht, »ihren Mann getötet zu haben«, taucht dieser wohlbehalten
wieder auf. Er »sei, als er in jener Nacht seine Windschutz-
scheibe von Schnee und Eis befreien wollte, von einem
heftigen Nasenbluten befallen worden«. Cosima von Syr-
genstein habe ihn mit auf ihr Schloß genommen. »Erst als
sie lasen und hörten und sahen, wie ihr Ausflug von den
Medien verarbeitet wurde, sei ihm die Idee gekommen,
mitzuspielen, das heißt: jetzt nicht gleich wieder auftau-
chen! Zu warten, die Sache sich entwickeln lassen, vielleicht werde sogar noch ein Lehrstück daraus.« – Am
Aschermittwoch hält Ehrl-König die Grabrede auf den inzwischen verstorbenen Verleger Pilgrim, während Hans
Lach mit dessen hübscher Witwe Julia vorübergehend nach
Fuerteventura entflieht und seine Mystik-Forschung »Von
Seuse zu Nietzsche« fortsetzt.

Satire also, Kolportage sowie, durch die Mystik-Forschung
einer multiplen Persönlichkeit, etwas tiefere Bedeutung.
Liebhabern des *Literarischen Quartetts* hätte die brillante
Karikatur Marcel Reich-Ranickis durchaus gefallen können. Doch es kam anders: Frank Schirrmacher (geb. 1959),
Mitherausgeber der *Frankfurter Allgemeinen Zeitung*, der
bei der Friedenspreisverleihung noch die Laudatio auf Wal-

ser gehalten hatte und in dessen Blatt Walsers Romane gewöhnlich vorabgedruckt wurden, denunzierte den Roman *Tod eines Kritikers* noch vor dessen Erscheinen in einem öffentlichen Brief als »ein Dokument des Hasses voller antisemitischer Klischees«. Das löste in grotesker Perversion eine schrille Literaturdebatte vor solider Kenntnis der inkriminierten Literatur aus und bestätigte damit wie seinerzeit die Reaktion auf den *Spiegel*-Essay »Anschwellender Bocksgesang« von Botho Strauß (1993, vgl. S. 373) eben die auch von Walser aufs Korn genommene Oberflächlichkeit der Medienmacht und Medienwelt. Kaum jemand in den Medien, der keine Meinung zu dem Buch, das noch gar nicht vorlag, hatte. Als das Buch zum Skandal endlich erschien, interessierten nur noch die Fragen, zielt die Satire auf den Kritiker, oder wird hier ein Jude verunglimpft – und wer ist wer in diesem Schlüsselroman.[17] Die eigene, irrationale Position des Erzählers Walser wurde so wenig zur Kenntnis genommen wie »Das Wunder von Wasserburg« in seinem Roman *Ein springender Brunnen*. Immerhin mehrten sich nun die Stimmen, die dem Antisemitismusvorwurf widersprachen.

Nachzutragen wäre, daß Marcel Reich-Ranicki schon in einer früheren Erzählung Walsers als Inspektor und in seinem Roman *Ohne einander* (1993) figuriert, daß Walser bereits eine Fortsetzung über den Medienrummel um den *Tod eines Kritikers* verfaßt hat; schließlich, daß in derselben Woche wie der *Tod eines Kritikers* auch von BODO KIRCH-

---

17 Schlüsselroman nennt man eine Erzählung, in der wirkliche Personen und Ereignisse unter veränderten Namen so dargestellt werden, daß sie nach dem Willen des Autors für den Wissenden wiedererkennbar sind.
Walser bestreitet zwar, daß sein *Tod eines Kritikers* ein Schlüsselroman sei, dennoch sind hinter der Figur André Ehrl-Königs Marcel Reich-Ranicki, hinter den Erzählern Landolf und Lach der Verfasser Martin Walser, hinter dem Verleger Pilgrim und dessen Gattin Frau Julia Pelz Siegfried und Ulla Unseld, hinter Professor Silberfuchs Joachim Kaiser und hinter Wesendonck Jürgen Habermas usw. auszumachen. Vor allem aber ist die Fernseh-»Sprechstunde« der Erzählung unverwechselbares satirisches Abbild des *Literarischen Quartetts*.

HOFF (geb. 1948) eine Parodie auf den Medienbetrieb mit dem Titel *Schundroman* (2002) erschien, an deren Anfang der jüdische Kritiker Louis Freytag, der gerade sein eigenes Bild in der Zeitung betrachtet, versehentlich durch einen zu heftig geratenen Schlag auf die Nase umkommt – »natürlich glaubte niemand den Zufall, und so wird auch bald ein älterer Autor mit Tatmotiv verdächtigt, von dem noch dazu ein Manuskript unter indiskreten Vertrauenspersonen zirkuliert, ›Tod eines Kritikers‹ …«. – »[…] das Sizilianische unseres Literaturbetriebs lieferte die Notwehrlage für diesen Roman aus der Hüfte«, heißt es in dem kurzen Vorwort des Verfassers Bodo Kirchhoff. – Als Reich-Ranicki von dem Buch hörte und sich beim Verlag erkundigte, ob es stimme, daß Kirchhoff einen jüdischen Kritiker sterben lasse, und ihm versichert wurde, Jüdisches spiele da keine Rolle, erwiderte Ranicki spontan: »Ja, dann ist es nur ein missratenes Buch.« – Kühn, aber falsch geurteilt für jeden, der das Buch zuvor liest.

Gleichviel. Vom *Spiegel* befragt: »Was man lesen muß«,[18] verkündet Marcel Reich-Ranicki, »Literatur muß Spaß machen«. Das entspricht einer Umfrage des deutschen Buchhandels, wonach von heiteren Romanen mit 29,4 % der größte Leseanreiz ausgeht, gefolgt von Krimis (21,7 %) und klassischer oder anspruchsvoller Literatur (15,9 %). Möglicherweise war das schon immer so. Doch Reich-Ranickis Leseempfehlung, die sich sonst wenig von den üblichen Kanons unterscheidet, endet jetzt mit Robert Gernhardt, dem prominentesten Vertreter der neuen Frankfurter Schule (vgl. S. 390 f.). Hauptträger der sogenannten Spaßkultur aber ist die *Generation Golf* (2000). So nennt der Feuilletonredakteur der *Frankfurter Allgemeinen Zeitung*, Florian Illies (geb. 1971), die zwischen 1965 und 1975 Geborenen, die er anhand von acht Werbesprüchen für den gleichaltrigen Volkswagentyp Golf charakterisiert: etwas

---

18 Vgl. Marcel Reich-Ranicki auf dem Titelblatt des *Spiegel* Nr. 25 vom 18. Juni 2001.

orientierungslos, ohne großen Generationskonflikt sei die Generation Golf aufgewachsen, selbstbezogen, mehr ästhetisch als moralisch bestimmt, politisch indifferent, eher konservativen Werten zuneigend und tolerant.[19] »Das Verhältnis unserer Generation zur Geschichte allgemein und zum Holocaust«, schreibt Florian Illies, »ist dermaßen Roman-Herzoghaft unverkrampft, daß Kritiker dahinter Geschichtsvergessenheit vermuten, Ignoranz und Schlimmeres. Doch es ist eben das Problem der Generation der Gemeinschaftskundelehrer, daß sie bereits in der leidenschaftslosen Haltung, die die Generation Golf zur Geschichte einnimmt, Gefahren wittern, weil sie die Aufarbeitung der Vergangenheit noch mit so viel Leidenschaft gegen das Schweigen und den Widerstand ihrer Eltern durchsetzen mußten. Weil bei ihnen die Faschismusdebatte noch die gesamte Gesellschaft polarisierte. In dieser Kritik übersehen die Kritiker jedoch, daß wir das Thema Nationalsozialismus zwischen dem dritten und dreizehnten Schuljahr mindestens achtmal auf dem Lehrplan stehen hatten. [...] Die Generation Golf verstand sehr gut, was Martin Walser meinte, als er von der ›Dauerpräsentation unserer Schande‹ redete und von der Kultur des Wegschauens.« Das mit beständigem Ernst zum Engagement drängende Gehabe der 68er-Generation empfand die Generation der Nachgeborenen als »albern«. »Zu kämpfen, so sagen 56 Prozent der Generation Golf, lohnt sich vor allem gegen die Spaßfeindlichkeit der Gesellschaft.« Aber nicht der Humor von Dieter Hildebrandt, Hans Dieter Hüsch, Otto Waalkes oder der Zeitschrift *Mad* entsprach ihnen, sondern Loriot, Helge Schneider und Harald Schmidt. Man wollte, die »Political Correctness« snobistisch ignorierend, »über Polenwitze lachen, ohne gleich an den Polenfeldzug von 1939 denken zu müssen«. – Die bevorzugte Literatur der Generation aber war die sogenannte Popliteratur.

---

19 Vgl. die Generation *Zonenkinder* (2002) der 1976 in Leipzig geborenen Jana Hensel.

Popliteratur[20] gab es schon in den sechziger Jahren; so zum
Beispiel den frühen Handke sowie die Prosa und Lyrik von
Brinkmann und Wondratschek (vgl. S. 332 f.). Ein besonde-
res Kennzeichen dieser Stilrichtung ist die Ablehnung der
wirklichen oder vermeintlichen Sinntiefe der jeweilig gängi-
gen Hochkultur zugunsten der als authentischer empfundenen alltäglichen, massenhaft verbreiteten Banalitäten sowohl der Sprache als auch der industriellen Warenwelt. Die
Pop-Kultur schillert in begriffsarmer Uneigentlichkeit. Im
»Jargon der Eigentlichkeit« (Adorno) würde man sagen: sie
sei der Welt verfallen, dem zufälligen Dasein, und gehe
ohne Rest im Mitsein auf, in Neugier, Zweideutigkeit und
Geschwätz. »Das Ja zur modernen Welt erschien uns [...]
vorübergehend als die denkbar größte Möglichkeit zu politischer Dissenz«, zitiert Moritz Baßler[21] den »Pop-Veteran«
Thomas Meinecke (geb. 1955).

Am Anfang der neuen deutschen Popliteratur steht der
kleine Debüt-Roman *Faserland* (1995) von Christian
Kracht (geb. 1966). Sein Ich-Erzähler ist ein verwöhnter,
einfältiger junger Mann, der ohne Ziel von Sylt über Hamburg, Frankfurt, Heidelberg, München und Meersburg
nach Zürich reist, ständig raucht, sich auf Partys betrinkt
und keine andere Sorge kennt, als daß seine teuren Kleider
dem »Dress-Code« genügen. Die ersten zwei Seiten reichen, um den »Sound« des Textes zu erfassen. Es ist die

---

20 Popliteratur ist »cool«, sie zu definieren »uncool«. Die Bezeichnung der
vorrangig von und für Jugendliche geschriebenen Literatur stammt möglicherweise von engl. *popular literature* ›Populärliteratur‹, in Anlehnung an
die Pop Art genannte Malerei von Andy Warhol (1930–1987) und Roy
Lichtenstein (1923–1997) u. a. seit Mitte der fünfziger Jahre und an die Popmusik seit derselben Zeit.

21 Vgl. dessen Poetik des Pop, *Der deutsche Pop-Roman. Die neuen Archivi-
sten* (2002). Baßler nennt dort als Hauptvertreter der neuen Popliteratur seit
1990: Thomas Brussig (geb. 1965), Reinald Goetz (geb. 1954), Max Goldt
(geb. 1958), Wolf Haas (geb. 1960), Christian Kracht (geb. 1966), Andreas
Mand (geb. 1959), Thomas Meinecke (geb. 1955), Andreas Neumeister (geb.
1959), Benjamin von Stuckrad-Barre (geb. 1975), Matthias Politycki (geb.
1955). – Rainer Moritz erweitert die Reihe um: Alexa Hennig von Lange
(geb. 1973), Tim Staffel (geb. 1965) und Stefan Beuse (geb. 1967).

Tonlage eines Jugend-Jargons, voller Floskeln, Phrasen und Verallgemeinerungen; ungenaues, unerhebliches Plappern in flüchtigen Zuwendungen, ein monologes, selbstentlarvendes »Schwallen«. Der Erzähler erweist sich darin als weich bis weinerlich, schnöselig bis provokant wie ein unartiges Kind, respektlos bis borniert und verantwortungslos. Da ihm die Oberfläche aller Wahrnehmungen genug ist, charakterisiert er alles und jeden durch Warenmarkennamen sowie Namen und Titeln aus der Film- und Popmusikwelt – eben Generation-Golf-mäßig. Erstaunlich nur, daß Florian Illies diesen in sich stimmigen Rollentext als ernstzunehmendes Identifikationsangebot annahm.

Unter demselben Blickwinkel, unter dem Krachts Held sein »Faserland« vorführt, erscheint dies auch in den *Remix*[22] (1999) benannten Kolumnen des Journalisten Benjamin von Stuckrad-Barre (geb. 1975). Diese Texte aus den Jahren 1996 bis 1999 sind eine chronologisch geordnete Auswahl von Feuilletons des Autors: Kurzgeschichten, Porträts namhafter und unbekannter Zeitgenossen, Reportagen, Glossen, Pamphlete und Kataloge,[23] in denen der Ton die Musik macht; und der ist fast immer unsachlich, parodistisch, ironisch spottend oft von oben herab schmähend bis hemdsärmelig grob. Allerdings, und da liegt der Unterschied zu Krachts *Faserland*: die Oberflächlichkeit, die Gedankenarmut und die manchmal denunziatorischen (Vor-)Urteile sind bei Stuckrad-Barre kein fiktionaler Rollentext, mithin ein durchaus fragwürdigerer Spaß. Typisch für den Unterstellungsstil ist zum Beispiel die Einleitung:

---

22 Remix nennt man die Neuabmischung bzw. elektronische Bearbeitung von bereits zuvor veröffentlichtem musikalischem Material.

23 Katalog, von griech. *katalogos* ›Verzeichnis‹, besonders von Büchern, Bildern usw.; im literarischen Kontext: Auflistungen, die nach einer Überschrift oder einem Einführungssatz kommentarlos als Texteinheit für sich selber sprechen. Vgl. die unterschiedlichen Formen von Homers Schiffskatalog im zweiten Gesang der *Ilias* bis zu Handkes »Aufstellung des 1. FC Nürnberg vom 27. 1. 1968«. – Hier in *Remix* etwa das »Fachpressenvokabular – Musiker sind«, »Fahrradläden in Studentenstädten, die wirklich so heißen« oder »Sampler dieser Welt«.

»Ich war nicht beim Konzert der Rolling Stones, erzähle aber trotzdem gerne, wie es dort war«. Und tatsächlich, so hätte es gewesen sein können. Stuckrad-Barre verdammt den Kitsch: »Die Tigerente ist wie ein Hakenkreuz – wenn man es sieht, weiß man, man ist am falschen Ort und unter schlechten Menschen«; ebenso geißelt er die klassische »Kunstkacke«. Sein Maßstab ist der Britpop, vor allem »Oasis«, die Band der talentierten, aber rüpelhaften Brüder Liam und Noel Gallagher.

Sympathischer, weil ungleich sensibler als Stuckrad-Barres brachial apodiktische Auslassungen, sind die Texte des etwas älteren MAX GOLDT (geb. 1958). Max Goldt, selber Pop- und Rockmusiker, Texter, Hörspiel- und Comic-Autor, schreibt als »Kult-Kolumnist« (R. Gernhardt) des Satiremagazins *Titanic* und trägt seine Texte als hochprofessioneller Interpret auf erfolgreichen Lesereisen *live* sowie auf Compact Disks vor. Wie Harald Schmidt nimmt Max Goldt alles, und damit nichts wirklich ernst. Aus dem Titel *Die Unfähigkeit zu trauern* der Mitscherlichs (vgl. oben, S. 395) wird bei Max Goldt »Die Unfähigkeit zu frühstükken« (1986). Seine »Betrachtungen, Essays u. a.« erscheinen unter dem Titel *Der Krapfen auf dem Sims* (2001). Der Autor erläutert: »DER KRAPFEN AUF DEM SIMS. Das ist nicht zu humorig, nicht zu lakonisch, nicht deutlich auf etwas anderes anspielend, nicht zu originell, nicht zu unspektakulär, sondern ein schöner Buchtitel. In ca. 30 % aller Rezensionen und Hinweise wird es zwar KARPFEN statt KRAPFEN heißen, aber Karpfen machen sich ja auch gut als Simsbelag.« Die assoziativ trudelnden oder mäandernden Texte, die gelegentlich an die leise Ironie in Ror Wolfs Welterklärungsbücher erinnern (vgl. S. 389, Anm. 46), sind im Endeffekt ein einziger, diskontinuierlich fortlaufender Text. Man ist eingestimmt, wenn man liest: »Viel Freude bereitet mir meine Geschirrspülmaschine.« – Wozu ist die sonst da? – »Zum Reinigen einer elektrischen Zahnbürste ist übrigens eine mechanische Zahnbürste sehr geeignet, während man noch nie davon gehört hat, daß Rockmusiker ihre elektrischen Gitarren mit akustischen Gitarren putzen.« – Erstaunlich, aber wahr auch, »daß Gott anrufen etwas ganz anderes bedeutet als Mutti anrufen«. Das Hör- und Lesevergnügen liegt bei Max Goldt wie bei Harald Schmidt darin, die jeweiligen »Veränderungen des Ironie-Levels [...] wahrzunehmen.«[24] In seinem »Tagebuch-Buch« *Wenn man einen weißen Anzug anhat* (2002) berät Goldt, »Was man nicht sagt« und »Was man durchaus ab und zu sagen kann«. Da heißt es zu »*Wunderbar unironisch*: Seit die von den Medien so genannten Pop-Literaten herausgefunden haben, daß es mit der Ironie vorbei sei, liegt das Heer der Nachbeter dem Phänomen der Unironie zu Füßen«.[25] Anschließend liest man »wunderbar unironisch« zu: »*Im Endeffekt:* Vor zwölf Jahren empfahl ich milde körperliche Strafen für Leute, die keinen Satz sprechen können, ohne daß darin ›im Endeffekt‹ vorkommt. Mein gesellschaftlicher Einfluß war jedoch gering, und ›im Endeffekt‹ breitete sich noch weiter aus. Heute, wo plötzlich wieder breite Kreise darauf erpicht zu sein scheinen, gebildet zumindest zu wirken, ist es vielleicht effektiver, darauf hinzuweisen, daß ›im Endeffekt‹ immer außerordentlich ungebildet wirkt. Eine häufige Verwendung dieses Füllsels ist, das sage ich sachlich und ohne Rüpelei und Dünkel, ein recht zuverlässiger Unterschichtindikator.«

Die Texte von Kracht, Stuckrad-Barre und Goldt bieten kleine, episch gereihte Prosaformen unterhalb der eigentlichen Erzählung. THOMAS BRUSSIG (geb. 1965) hingegen benutzt für sein Debüt *Helden wie wir* (1995) den Schelmenroman als Folie, um zu zeigen, wie sich die Vergangenheit der DDR mit poppigem Spaß erzählend bewältigen läßt. Sein Held, Klaus Uhltzscht, am 20. August 1968 geboren,

---

24 »Die neue Form ist, einfach zu zeigen, wie Peter Struck von einem Mitarbeiter gegrüßt wird. Mit einer Geste. Ohne die Vorwarnung: ›Achtung, jetzt kommt was Lustiges!‹« (Harald Schmidt).

25 Vgl. das Jarvis-Cocker-Zitat »Irony is over. Bye Bye.« auf der Einbandrückseite von *Mesopotamia. Ernste Geschichten am Ende des Jahrtausends* (1999), hrsg. von Christian Kracht.

als die Panzer der DDR in Richtung Tschechoslowakei rollten, ist der Sohn eines Stasi-Spitzels und einer Hygiene-inspektorin. Er erzählt sein Leben einem Mr. Kitzelstein für die New York Times auf sieben Tonbändern, weil allein er es war, der die Berliner Mauer zu Fall brachte: »Ja, es ist wahr. Ich war's. Ich habe die Berliner Mauer umgeschmissen. [...] Ich werde Ihnen erzählen, wie es dazu kam. Die Welt hat ein Recht auf meine Geschichte, zumal sie einen Sinn ergibt.« Sein Vater, erzählt Klaus U., sei ein »Kotz-brocken«, ein »Stinkstiefel«, ein »Monster« gewesen; er »öffnete jede Tür so, als wollte er Geiseln befreien. Es kracht – und dann steht er da. Wenn er zum Feierabend nach Hause kam, konnte ich nie sicher sein, ob er die Woh-nungstür aufgeschlossen oder eingetreten hatte. [...] Er konnte mich mit einem Blick ansehen, unter dem sogar Blumen verwelken müßten.« Dieser »Scheißtyp« hält sich für pfiffig und seinen Sohn für einen Versager, weil dieser erst mit vierzehn Jahren herausfindet, daß sein Vater Stasi-Spitzel ist. Der Staatssicherheitsdienst ist die ›Firma‹, die nie ihren Namen nennt, sondern nur von ›wir‹ oder ›uns‹ redet und ›Sie wissen doch, wo Sie jetzt sind‹, sagt. Sie ist ein Verein von spießigen Dummköpfen, für den der einfäl-tige und sexbesessene Klaus U. als Mitarbeiter dennoch in fremden Briefen schnüffelt, Menschen observiert, ängstigt, ein Kind entführt und sogar pervers wird, um schließlich dem todkranken perversen Generalsekretär Honecker mit dem benötigten Perversenblut zu dienen. Den Höhepunkt dieses grotesken Lebenslaufes enthält das siebente und letz-te Tonband, auf dem »Der geheilte Pimmel« steht, eine An-spielung auf Christa Wolfs Roman *Der geteilte Himmel* (1962). Bei der Protestdemonstration am 4. November 1989 auf dem Alexanderplatz in Berlin wundert sich Klaus U., woher die vielen Unzufriedenen kommen, »haben doch alle mitgemacht! Haben die das vergessen?« – Aber was ihn aufbringt, ist die Rede der Eislauftrainerin Jutta Mül-ler; »als ich die Ansprache Jutta Müllers hörte, wußte ich, *wogegen* ich war. Ich war gegen diesen Krampf mit dem Namen Wenn-aus-Forderungen-Rechte-also-Pflichten-werden. Vielleicht kann man von einer Eislauftrainerin auch nur erwarten, daß sie wie eine Eislauftrainerin spricht, aber was hat das dann noch mit befreiter Sprache zu tun? Oder dieses genüßliche Herumlutschen auf dem Wort *Wende*, und wie sie ar-ti-ku-lier-te *Wir fürchten benutzt zu werden, ver-wen-det*«. Wenig später muß Klaus U. erkennen: »Irrtum! Ich hatte Jutta mit Christa verwechselt! Die Rednerin war Christa Wolf, die Schriftstellerin! [...] aber daß eine Schriftstellerin die Revolutionsrede einer Eislauftrainerin hält – nee, also diese Dimension der Harmlosigkeit war nicht harmlos!« Klaus U., der sich auf der Demo einen »Besenstiel in die Klöten« gespießt hat, liest im Krankenhaus den Roman *Der geteilte Himmel* und interessiert sich »nach einer halben Seite mehr für die Autorin als für ihre Geschichte. *Wer schreibt so was?*« Ein Liebesroman als Erektionstöter. Klaus U. rechnet mit der Autorin vermeintlich anspruchsvoller Literatur und mit seinen Landsleuten ab: »Alle waren dagegen und trotzdem waren sie integriert, haben mitgemacht, kleinmütig, verblendet oder einfach nur dumm. [...] Was fehlte, war der Ausbruch des gerechten Volkszorns.« Während die Menge am 9. November vor dem Schlagbaum nach Westberlin verharrend ruft: »Wir sind das Volk!« und der »besonnene Rebell« nach dem Verantwortlichen verlangt, ruft Klaus U.: »Na los! Ihr müßt mehr drücken, verdammt noch mal! Volle Pulle! Ihr schafft es!« und schaut dabei die Grenzer an, als ob er diese meine. Im Augenblick allgemeiner Ratlosigkeit denkt er: »Vielleicht waren auch diese Grenzer Söhne von Müttern, die mit *Hastewiederdranrumgespielt* in Schach gehalten wurden.« Dieser Eingebung gehorchend entblößt er sein durch einen postoperativen Wachstumsschub enorm vergrößertes »Zentralorgan«, für das er im Verlauf seiner Erzählung an die vierzig verschiedene Namen benutzte; und der Exhibitionismus wirkt: Die Grenzer sind wie gelähmt. »Was sich ihnen darbot, war so unglaublich, daß sie mit niemandem darüber sprechen konnten, weil ihnen niemand glauben wird. Ich ließ mir Zeit, viel Zeit, ich sah nacheinander allen in die Augen, und schließlich entriegelte einer von ihnen wie hypnotisiert das Tor. Ehe sie es sich wieder anders überlegten [...], schrie ich, [...] ›loslaufen müßt ihr selber!‹ [...] Alle freuten sich, und keiner hatte begriffen, was wirklich passiert war [...].« Die passive Menge glaubte, selber die Mauer überwunden zu haben. Gleichviel, meint Klaus U.: »Sollen sie an eine Kraft glauben, die sie nie hatten – so wie sie Angst hatten vor einer Macht, die es nie gab!«

In seiner Erzählung *Am kürzeren Ende der Sonnenallee* (1999) zeigt Thomas Brussig eine kleine Jugend-Clique im Schatten der Berliner Mauer: Micha, Mario, Wuschel, Brille und der Dicke, dazu die *Welt*schönste Miriam und eine rothaarige Malerin. Die Jungen sind ideologieferne, an westlicher Popmusik und Mädchen interessierte Typen, die sich widerwillig in die muffige Enge des realverkorksten Sozialismus fügen, jedoch ohne sich korrumpieren zu lassen. – Die rothaarige Malerin war »Existentialistin durch und durch. Niemand muß etwas tun, was er nicht tun will. Die Existentialistin beschwor Mario. Jeder hat die Verantwortung für sich, und jeder ist auch an seinem Unglück schuld. Denn du hast immer die Freiheit, dich zu entscheiden, sagte sie, und du kannst niemandem die Schuld geben für das, was du tust [...], das imponierte Mario nicht nur, es änderte sein Leben. [...] ›Du machst dich nur frei, wenn du auch alle anderen frei machst‹, sagte sie, und begann sich und Mario frei zu machen [...] – eine echte Existentialistennummer [...]: Na, habe ich dich jetzt entbübt?« – Auch Micha ist von dem existentialistischen Grundgedanken freier Selbstbestimmung angetan. Doch ein jonglierender Kulissenschieber belehrt ihn, daß politische Fundamentalkritik in der angepaßten DDR-Gesellschaft scheitern muß: »Rate mal, warum sich hier nichts ändert! Wenn du *sagst*, was los ist, wirst du verhaftet, und alle halten dich für bescheuert, weil du nicht mal weißt, was man nicht sagen darf. Wenn du nicht verhaftet werden willst, mußt du verschweigen, was los ist. Aber wenn du *verschweigst*, was los ist, ändert sich auch

nichts, denn alle halten die Welt für in Ordnung. Und deshalb kann sich hier auch nie etwas ändern.« Michas Mutter, Frau Kuppisch, versucht ihrem Sohn, den sie schon Mischa nennt, durch opportunistische Anbiederung an die Parteilinie den Weg über die Kaderschmiede Rotes Kloster zu einem Studium in Moskau zu ebnen. Doch Micha zerstrubbelt sein Haar, öffnet sein Hemd, kaut Kaugummi und sagt im entscheidenden Augenblick: »›Ras, dwa, tri – Russen wer'n wir nie!‹, und das wurde verstanden.« – Das heißt die Vorwürfe, die Brussig seinen Landsleuten in *Helden wie wir* gemacht hat, nimmt er jetzt zumindest für die junge Generation zurück. Die Unzulänglichkeiten der DDR-Gesellschaft erscheinen *Am kürzeren Ende der Sonnenallee* im milden Licht eines versöhnlicheren Humors, gleichwohl ohne falsche Nostalgie. Der Erzähler schließt seinen Beitrag zur Vergangenheitsbewältigung mit der Erläuterung: »Wer wirklich bewahren will, was geschehen ist, der darf sich nicht den Erinnerungen hingeben. Die menschliche Erinnerung ist ein viel zu wohliger Vorgang, um das Vergangene nur festzuhalten; sie ist das Gegenteil von dem, was sie zu sein vorgibt. Denn die Erinnerung kann mehr, viel mehr: Sie vollbringt beharrlich das Wunder, einen Frieden mit der Vergangenheit zu schließen, in dem sich jeder Groll verflüchtigt und der weiche Schleier der Nostalgie über alles legt, was mal scharf und schneidend empfunden wurde. Glückliche Menschen haben ein schlechtes Gedächtnis und reiche Erinnerungen.« Das ist eine klare Antwort an Martin Walser, der im Gespräch mit Rudolf Augstein erklärt hatte: »Ich mache nämlich einen Unterschied zwischen Erinnerung und Gedächtnis. Ich arbeite nicht mit Gedächtnis. […] Über ein Gedächtnis kann man verfügen, über Erinnerungen nicht. Von einem Gedächtnis kannst du verlangen, was du willst. Von der Erinnerung kannst du nichts verlangen. […] Die Erinnerung ist eine Produktion, an der die Gegenwart genauso beteiligt ist wie die Vergangenheit.«
In dem Maße, wie Gedanken, Werthaltungen, Verantwortungsbewußtsein, Zielstrebigkeit, mithin Eigentlichkeit an

Bedeutung gewinnen, verschwimmt die Abgrenzung der Popliteratur zur »Literatur-Literatur«. Das heißt die sinnfreien Ausgangspositionen von Kracht und Stuckrad-Barre sind auf Dauer schreibend kaum zu halten. Schon am Ende von *Faserland* schleicht sich die Sinnfrage ein, wird der Text symbolisch bedeutsam. Der junge Held erträumt sich ein Leben irgendwo auf den Bergen, weil er noch irgend etwas Befriedigenderes erwartet. Er sucht im nächtlichen Friedhofsdunkel vergeblich »das blöde Grab von Thomas Mann« und findet schließlich doch nur seinen Charon. »Bald sind wir in der Mitte des Sees. Schon bald.« Dieser unironische Schlußsatz ist nicht mehr »poppig«.

Noch fragwürdiger wird Krachts Position als Pop-Autor in dem Roman *1979* (2001). Das ist wiederum eine Reiseschilderung, allerdings mit weniger Stationen und Zuspitzung der aus *Faserland* bekannten Motive. Der erste Teil der Erzählung spielt in Teheran während des Ausbruchs der islamischen Revolution. Der zweite Teil beginnt in Tibet und endet in den Umerziehungs- und Arbeitslagern der nordchinesischen Provinz Xinjiang. Der Ich-Erzähler ist wiederum ein tumber, unbedarfter junger Mann (naiv, unschuldig, rein, offen – leer). Seine Weichheit, Gefallsucht und Hingabebereitschaft erklärt sich homoerotisch, sein Ästhetizismus und Marken-Moden-Faible beruflich: Er ist Innenarchitekt. Er reist mit seinem Freund Christopher, obgleich die Beziehung längst zerstört ist und dieser rüpelhafte Schönling nur noch Beleidigungen für ihn übrig hat. Statt der vielen Partys in *Faserland* gibt es in *1979*, unmittelbar vor dem Sturz des Schahs, nur noch eine letzte große Party mit neunzig Gästen in einer kostbar ausgestatteten Villa, einen rücksichtslosen Kehraus des dekadenten Westens, bei dem sich Christopher einem selbstzerstörerischen Drogenexzeß anheimgibt, an dessen Folgen er stirbt. Der Erzähler findet dieses Ende »wenig schick« und erklärt: »Ich will so nicht mehr weiterleben, dachte ich, so nicht. Irgend etwas muß sich ändern.« Als der deutsche Botschafter, der ihm rät, den Iran sofort zu verlassen, fragt, ob er an das Böse glaube, sagt der Erzähler nein. Er läßt sich von der revolutionären Menge Teherans treiben. Man spuckt ihm auf die Schuhe, küßt ihn, schlägt einen Clown nieder, küßt einem Geistlichen die Füße, macht glückliche und fanatische Gesichter und schwenkt Banner mit Revolutionären von Mao Tse-tung bis »Bater-Meinof«. Der freundliche Wirt Massoud glaubt: »In diesem Land wird eine neue Zeitrechnung beginnen, außerhalb des Zugriffs Amerikas. Es gibt nur eine Sache, die dagegen stehen kann, nur eine ist stark genug: Der Islam. Alles andere wird scheitern.« – Das ist aber nicht die Veränderung, die der Erzähler sucht. Massoud führt ihn auf einem Schleichweg zu dem Rumänen Mavrocordato, den der Erzähler auf der letzten großen Party kennengelernt hat und der ihm dort verriet, »es gibt Gegenbewegungen zu all dem Horror hier«. – Mavrocordatos Großvater hatte nach dem Ersten Weltkrieg, zeitgleich mit D'Annunzios Fiume, an der Schwarzmeerküste einen utopischen Kleinstaat gegründet, »ein anarchistisch-dadaistisches Experiment, ein Witz als Staatsform«. Er selber ist ein »Hippie-Revoluzzer«, der nachts Monitore vor Überwachungskameras montiert, um den hermetischen Zustand elektronischer Selbstbeobachtung herzustellen. Dieser Spaßvogel und Wanderprediger schickt den Erzähler nach Tibet: »Sie müssen zum heiligen Berg Kailasch […], auch Mount Meru genannt. […] Diesen Berg müssen Sie im Uhrzeigersinn umkreisen, er ist eine Art gigantische Mandala der Natur, also ein Gebet als Weltbegehung.« Der Erzähler meint zwar: »Das klingt ja völlig dämlich«, aber er versucht es. (Vermutete doch schon der Held aus *Faserland* das Heil irgendwo auf den Bergen.) Tatsächlich zeigt schon der mühsame Aufstieg, daß die hochgelobten und ständig erwähnten Berluti-Schuhe weniger taugen als die vom Bergführer genähten Filzschuhe. Schöner als die Popmusik scheint der schlichte Gesang des Mönchs, der den Erzähler im Schlaf umarmt und »Body Shattva« nennt, weil dieser ihm seine Unterhose von Brooks Brothers überlassen hat. Bei der dreitägigen Umrundung des heiligen Berges erfährt der Erzähler freilich nur den Uhrzeigersinn. Erst nachdem er die Umrundung mit einer Gruppe von zwölf Pilgern wiederholt, erlebt er »das wunderbare Gefühl, Teil einer Gemeinschaft zu sein, als ob ich plötzlich eine Erinnerung zurückerhalten hätte, wie es im Kindergarten war, oder an den ersten Schultagen; es war wie ein goldenes Geschenk des Himmels«. Aus diesem Walserlichen Glück, nachdem der Erzähler süchtig ist, reißt ihn die Verhaftung durch das chinesische Militär. Doch nun ist er bereits ein »Body Shattva«, zu jeder Entbehrung und Demütigung bereit bis zur völligen Selbstaufgabe, wozu die chinesischen Umerziehungs- und Arbeitslager nachdrücklichst einladen. Der letzte Absatz der Erzählung lautet: »Alle zwei Wochen gab es eine freiwillige Selbstkritik. Ich ging immer hin. Ich war ein guter Gefangener. Ich habe immer versucht, mich an die Regeln zu halten. Ich habe mich gebessert. Ich habe nie Menschenfleisch gegessen.« – Hut ab! wäre ein angemessener Popreflex. Doch wie immer der Leser die Karriere dieses Boddhisattva[26] beurteilt, sie wirft Fragen nach Sinn und Werten auf und zwar so unabweisbar, wie sie von einer Spaßkultur nicht mehr beantwortet werden können.

Kritiker halten 1979 für den »Abgesang auf die kurze Scheinblüte des literarischen Pop«.[27] Fritz J. Raddatz kratzt am Image von Robert Gernhardt. Die Zuschauerquoten von Harald Schmidts Late Night Show sinken. Auf der Buchmesse 2002 wurde eine »neue Ernsthaftigkeit« unter den Jungliteraten bemerkt. Und aus den Vereinigten Staaten von Amerika erreicht uns »eine Streitschrift wider den Kult der Oberfläche und der zynischen Indifferenz« als programmatische »Antwort auf Stefan Raab und Harald

---

26 Der Boddhisattva ist ein vom Mitleid (*karuṇā*) bewegter, sich rückhaltlos für andere einsetzender buddhistischer Heiliger. Als transzendenter Boddhisattva ein Wesen, das die Heiligkeit und Erlösung verwirklicht hat, aber aus Mitleid freiwillig in der Welt bleibt, um den Leidgequälten ihre Lebensbürde abzunehmen und erst dann ins nachtodliche Verlöschen (pari nirvāṇa) eingeht, wenn alle erlöst sind (nach H. W. Schuhmann, *Buddhistische Bilderwelt*, Köln 1986, S. 26).

27 Hubert Spiegel; ähnlich Gisa Funck und Ijoma Mangold.

Schmidt«: *Das Elend der Ironie* (2002) von Jedediah Purdy (geb. 1975). Nur in der Deutschen Zeitschrift für europäisches Denken *Merkur*[28] wird das Lachen als Vorrecht der westlichen Zivilisation verteidigt. Denn die »islamistischen Anschläge vom 11. September 2001 haben sich auch explizit dagegen, gegen den westlichen Hedonismus, gewandt, wofür hiesige Kulturkritiker insofern Sympathie aufbrachten, als sie hofften, daß damit immerhin die ›Spaßgesellschaft‹ ihr Ende gefunden habe«, schreiben die Herausgeber im Vorwort. Vor diesem Hintergrund und im Zusammenhang mit Krachts *1979* ist auch die sarkastische Kunst- und Kulturkritik in dem reaktionären pornographischen Roman *German Amok* (2002) des 1964 in Anatolien geborenen deutschen Autors FERIDUN ZAIMOGLU zu sehen.

c) Nicht zu vergessen – was es sonst noch gab

Heinz Schlaffer (geb. 1939), der auf herausfordernde Weise *Die kurze Geschichte der deutschen Literatur* (2002) eingesteht, macht »einen außerliterarischen Ernst«, der im 18. Jahrhundert die deutsche Klassik und Romantik zu begründen half und der sich zuletzt in den »mindere predigenden Literatur – von Böll und Frisch bis Fried und Christa Wolf« fortgeschrieben habe, mitverantwortlich für die Kürze. Denn ein »Prinzip, das allen Literaturgeschichten zugrunde liegt«, sei nun einmal »die Unterscheidung des Geglückten vom Mißglückten«; und die mache die deutsche Literaturgeschichte eben kurz. – Doch wenn statt des Kanonischen die Entwicklung gesucht wird, muß die wertende Unterscheidung wohl zurücktreten, weil bekannterweise Zeitstiltendenzen und literarische Moden eher am zweitrangigen als am herausragenden Werk mit bleibendem Wert deutlich werden. Tatsächlich ist W. G. Sebalds Roman

---

28 Heft 9/10 (Sept./Okt. 2002) 56. Jg. [= Nr. 641/642].

Austerlitz (2001) literarisch bedeutsamer als seine Vorlesungen über *Literatur und Luftkrieg*, Uwe Timms Roman *Rot* (2001) gewichtiger als seine Kurzgeschichte »Der Mantel«, Martin Walsers Roman *Der Lebenslauf der Liebe* (2001) besser als der *Tod eines Kritikers* und Bodo Kirchhoffs Roman *Parlando* (2001) gelungener als sein amüsanter *Schundroman*. Es waren der laute hitzige Streit um Diskurs und Begehren oder »Political Correctness« und Spaßkultur sowie der übertriebene Jubel der Verlage angesichts vieler, meist sehr junger Debütanten,[29] die den Blick auf die Bücher jener Autoren verstellt haben, die nicht im Trend lagen. Aus größerem zeitlichen Abstand werden die oberflächlichen Medienerfolge verblassen und den Blick freigeben auf Werke, die eine individuellere Würdigung verdienen; darunter: Brigitte Kronauers (geb. 1940) kunstvoller und sprachlich überbordender Liebesroman *Teufelsbrück* (2002), Ulla Hahns (geb. 1946) autobiographischer Roman einer Nachkriegs-Kindheit und Jugendzeit *Das verlorene Wort* (2001), Adolf Muschgs (geb. 1934) melancholischer Eheroman *Sutters Glück* (2001); die historischen Romane *Der Traum der Vernunft. Roman des deutschen Jakobiners Eulogius Schneider* (2001), *Der Nebelfürst* (2001), ein Stück wilhelministischer Kolonialgeschichte von Martin Mosebach (geb. 1951) und *Hoffmann oder Die vielfältige Liebe. Eine Romanze* (2001) von Peter Härtling (geb. 1933). Lesenswert sind ferner die zu Recht gelobten Erzählungen der Debütantin Judith Hermann (geb. 1970) in den Sammlungen *Sommerhaus, später* (1998) und *Nichts als Gespenster* (2003); die kürzeren Prosatexte *Das Partikular* (2000) von Botho Strauß, *Die große Beleidigung* (2001) und *Mozarts Friseur* (2002) von Wolf Wondratschek; *Unter Tanten und andere Stilleben* (1996) von Ingomar von Kieseritzky

---

29 Die Feuilletons vermeldeten im vergangenen Jahrzehnt an die fünfzig Debüts, nicht selten auch kümmerliche Versuche. Das sogenannte »Fräuleinwunder« gipfelte in der Vorausmeldung eines fünfundzwanzigjährigen »Partygirls«: »Im Moment schreibe ich meinen ersten Roman, davor habe ich einen Stilratgeber geschrieben.«

(geb. 1944), auch dessen Roman *Kleiner Reiseführer ins Nichts* (1999); die Novelle *Frühling* (2001) von Thomas Lehr (geb. 1957) über 39 Sekunden vor dem Tod, Friederike Mayröckers (geb. 1924) *Requiem für Ernst Jandl* (2001) und die zwei Bände *Gesammelte Novellen* (2002) von Hartmut Lange (geb. 1937).

<blockquote>
die rache
der sprache
ist das gedicht
</blockquote>

schrieb Ernst Jandl auf die Rückseite seiner letzten Gedichte *peter und die kuh* (1996). Reiner Kunzes jüngste Gedichtsammlung heißt *ein tag auf dieser erde* (1998). *Nacht-Vorstellung* (1999) heißt der Lyrikband von Günter Kunert. *wenn – aber dann* (1999) nennt Peter Rühmkorf seine »Vorletzten Gedichte«. Hans Magnus Enzensberger schreibt »Moralische Gedichte« *Leichter als Luft* (1999). Durs Grünbein nennt seine Gedichte *Nach den Satiren* (1999), Wulf Kirsten (geb. 1934) *Wettersturz* (1999). Peter Härtlings Alterslyrik ist *Ein Balkon aus Papier* (2000), *pech & blende* (2000) sind Lutz Seilers (geb. 1963) Nachrufe auf die DDR; und Sarah Kirsch schreibt kurze »Zeilen und Wunder« unter dem Titel *Schwanenliebe* (2001).

<blockquote>
Optionen für einen Dichter

Mit anderen Worten
dasselbe sagen,
immer dasselbe.
Mit immer denselben Worten
etwas ganz anderes sagen
oder dasselbe ganz anders.
Vieles nicht sagen,
oder mit nichtssagenden Worten
vieles sagen.
Oder vielsagend schweigen.

(Enzensberger, *Leichter als Luft*)
</blockquote>

Personenregister

Das Register enthält alle Personennamen mit Ausnahme der Verfasser von Forschungsliteratur. Autoren werden auch dann erfaßt, wenn nur Titel ihrer Werke genannt sind. Kernstellen erscheinen mit *kursiven* Seitenzahlen. Der Buchstabe A hinter der Seitenzahl und die folgende Ziffer verweisen auf Anmerkungen.

Register der Sach- und Fachworterläuterungen

Die im Text gegebenen Begriffsbestimmungen und Erläuterungen stützen sich in Fragen der Semantik* meist auf Gerhard Wahrig (Hrsg.), *Deutsches Wörterbuch*, Gütersloh 1968; in Fragen der Poetik auf Gero von Wilpert, *Sachwörterbuch der Literatur*, 5., verbesserte und erweiterte Auflage, Stuttgart 1969. (Der Leser, der die hier beiläufig, bei Wilpert alphabetisch gegebenen poetologischen Erläuterungen in ihrem Zusammenhang sucht, sei auf die 3., neubearbeitete und erweiterte Auflage der systematischen Poesie in Stichworten von Ivo Braak, Kiel 1969, verwiesen.) Für die Erläuterungen philosophischer Begriffe leistet Heinrich Schmidts *Philosophisches Wörterbuch*, 19. Auflage, durchgesehen, ergänzt und herausgegeben von Georgi Schischkoff, Stuttgart 1974, gute Dienste.
Der Buchstabe A hinter der Seitenzahl und die folgende Ziffer verweisen auf Anmerkungen.

---

* Die Semantik (von griech. *semantikos* ›bezeichnend, bedeutend‹) ist das Teilgebiet der Sprachwissenschaft, das sich mit der Lehre von der Bedeutung und dem Bedeutungswandel der Wörter befaßt.

Deutsche Dichter

Leben und Werk deutschsprachiger Autoren

Herausgegeben von
Gunter E. Grimm und Frank Rainer Max

Das achtbändige, insgesamt über 4000 Seiten umfassende
Werk *Deutsche Dichter* ist deutschsprachigen Autoren
vom Mittelalter bis zur jüngeren Gegenwart gewidmet. Auf
anschauliche Weise schreiben Fachleute in Beiträgen von
5 bis zu 50 Seiten Umfang über Leben und Werk von
rund 300 bedeutenden Dichtern. Ein Porträt des Autors
und bibliographische Hinweise ergänzen die einzelnen
Darstellungen.

Philipp Reclam jun. Stuttgart